新 潮 文 庫

チャップリン自伝

栄光と波瀾の日々

中 里 京 子 訳

チャップリン自伝

栄光と波瀾の日々

第一二章

孤独は他人《ひと》を遠ざける。魅力や面白みがないという悲しいオーラをそこはかとなく放つからだ。だから人は孤独でいると、どこか引け目を感じてしまう。とはいえ程度の差こそあれ、孤独と縁のない人などいないだろう。それにしても、わたしの場合はもどかしかった。友達作りに必要な条件はすべて揃《そろ》っていたのだから。若くて、金持ちで、有名だったのに、わたしはひとりニューヨークの街をさまよい、きまり悪い思いをしていた。五番街を歩いていたときに、美人で名高いイギリスの喜歌劇スター、ジョージー・コリンズ（一八八七〜一九五八）にばったり出会ったことを思い出す。「まあ、いったいどうしたの？　ひとりぼっちで」と彼女は同情するように言った。軽い罪を犯したところを見つかってしまったような気がして、わたしは照れ笑いを浮かべ、友達と昼食を食べにいくところだと答えた。でも、ほんとうのことが言えたらどんなによかったろう。自分は孤独で、あなたと昼食に行けたらすごく嬉《うれ》しいと。でも小心者のわたしには、それができなかった。

その日の午後、メトロポリタン・オペラハウスの横をぼんやり歩いていたとき、デイヴィッド・ベラスコ（アメリカの劇作家・演出家。一八五三〜一九三一）の義理の息子、モーリス・ゲストに出くわした。ロサンゼルスで初めて会ったとき、モーリスはダフ屋をしていた（ダフ屋というのは、劇場の特等席を買い占め、入口の外で高値で売る商売で、わたしが最初にニューヨークを訪れたときには、かなり手広く行われていた）。だがその後は興行主として彗星《すいせい》のように出世街道を駆けのぼり、マックス・ラインハルト（演劇界の〝皇帝〟と呼ばれたオーストリア出身の演出家・プロデューサー。一八七三〜一九四三）の演出による大スペクタクル劇『奇跡』で得意の絶頂に立っていたのだった。青白い肌にインゲン豆みたいな大きな目と分厚い大きな唇を持ったスラブ系のモーリスは、オスカー・ワイルド（アイルランド出身の詩人・作家・劇作家。一八五四〜一九〇〇）を安っぽくしたみたいに見える。感情的な人間で、その口ぶりには人を威嚇《いかく》するようなところがあった。

「いったいどこに行ってたんだ？」モーリスはそう言うと、わたしが答える間もなく畳みかけた。

「なんで俺に電話してこない？」

ただ散歩していただけだと答えると、

「なんだと！　ひとりでいるなんて！　どこへいくつもりだ？」と言う。

「べつにどこへも」わたしはおずおずと答えた。「ただ外の空気を吸いたくて」

「来い！」モーリスはそう言うと、わたしの体の向きをクルリと変え、逃れられないようにむんずと腕を組んだ。「俺が本物に紹介してやる——あんたが付き合うべき人種にな」

「どこへ行くんだい？」わたしは心配になった。

「俺の友達のカルーソー（イタリア生れのオペラ史上最も有名なテノール歌手のひとり。一八七三～一九二一）に会いに行くんだよ」

抵抗したが、無駄だった。

「きょう、カルーソーとジェラルディン・ファーラー（アメリカのソプラノ歌手・映画女優。一八八二～一九六七）が出てる『カルメン』のマチネがあるんだ」

「でもぼくは——」

「なんてこった、ビビってるのか⁉　カルーソーはいいヤツだよ——単純で、あんたと同じように気取ってない。あんたに会えたら大喜びするだろうな。似顔絵を描いたりなんかしてね」

散歩して新鮮な空気を吸いたいのだと言おうとしたが、聞く耳を持たない。

「こっちのほうが、新鮮な空気なんかより、ずっといいさ！」

こうしてわたしは、メトロポリタン・オペラハウスのロビーをずんずん通り抜け、通路を縫って、二続きの空席があったところに連れていかれてしまった。

「ここに座っててくれ。俺は幕間《まくあい》に戻って来るから」そう囁《ささや》くと、モーリスは大またで通路を進み、どこかに消えた。

『カルメン』は何度も聴いたことがあったのだが、上演されている曲は、どこかしっくりこなかった。プログラムを見ると、水曜日のきょうは確かに『カルメン』の上演日だと書いてある。だが演奏されているのは、それとは違う聞き覚えのあるアリアで、『リゴレット』のように思われた。わたしはすっかり混乱してしまった。幕が下りる二分ほど前に、モーリスが隣の席に滑り込んできた。

「これ、『カルメン』なのかい？」わたしは小声で訊《き》いてみた。

「そうさ」と彼が言う。「プログラム持ってないのか？」

モーリスはプログラムをひったくると、「ほら」と囁いた。「カルーソーとジェラルディン・ファーラー、水曜日のマチネ、『カルメン』って書いてある！」

幕が下りると、モーリスはわたしを急《せ》き立てて席の間を進ませ、舞台裏につながる通用口に連れていった。

そこでは音の出ない靴を履いた男たちが舞台装置をあちこち動かしていて、どこに行っても自分が邪魔者になっているような気がしてならなかった。その場の雰囲気は、さながら不安な夢。その中に、背が高くて手足のひょろ長い男がぬっと立っている。尖《とが》った顎鬚《あごひげ》をはやし、いかめしい陰鬱《いんうつ》な面持ちをして、ブラッドハウンドのような鋭い目つきでわたしを上から見下ろしていた。そんなふうにして舞台の真ん中に立ち、自分の周りを行きかう舞台装置を心配そうに見ていた。

「やあ、シニョール・ギャッティ＝カザッツァ（イタリア出身のメトロポリタン・オペラの総支配人。一八六九〜一九四〇）、ご機嫌いかがかな」モーリスがその男に手を差し出して言った。

手を握ったギャッティ＝カザッツァは、さげすむような仕草をして、何やらブツブツつぶやいた。すると、モーリスが振り向いて言った。「あんたは正しかったよ。『カルメン』じゃなくて『リゴレット』だった。ジェラルディン・ファーラーが風邪を引いたって、直前に電話してきたんだと。こちら、チャーリー・チャップリン」モーリスはわたしを紹介した。「カルーソーに引き合わせようと思ってね。彼の気分も変わるかもしれないし。いっしょに来ないかい？」だがギャッティ＝カザッツァは陰鬱な様子で首を横に振った。

「楽屋はどこだい？」

ギャッティ＝カザッツァは舞台監督を呼び寄せて言った。「彼に案内させよう」

こんなときにカルーソーを邪魔するべきではないと本能的に感じたわたしは、モーリスにそう言った。だがモーリスの答えは、

「ばかいえ」だった。

わたしたちはカルーソーの楽屋に向かって暗闇《くらやみ》の中を手探りで進んだ。

「誰かがあかりを消しちまったようですね」と舞台監督が言う。「ちょっと待ってください。スイッチを探しますから」

そのとき、「あのな」とモーリスがわたしに話しかけた。「俺、人を待たせてるんだ。行かないと」

「まさか、ぼくをひとりにするんじゃないだろうね？」わたしはあわてた。

「心配ないさ。あんたはうまくやるよ」

言葉を返す暇もなく、モーリスはわたしを暗闇の中に残して、どこかへ行ってしまった。舞台監督はマッチを擦った。「さあ、つきました」そう言って、ドアを軽くノックする。すると中から、イタリア語で怒鳴る声が聞こえてきた。

わたしの連れもイタリア語で返事したが、最後の単語が「チャーリー・チャップリン！」だったことだけはわかった。

また怒鳴り声が聞こえてきた。

「あのう」とわたしは小声で言ってみた。「また別の機会にします」

「まあ、まあ」と舞台監督が答えた。今や彼には果たすべき使命があったのだ。そのとき、ドアがほんの少し開いて、衣装係が闇の中を覗《のぞ》いた。舞台監督は、プライドを傷つけられたような口調で、わたしが誰であるかを告げた。

「おお！」と衣装係は言って、いったんドアを閉めたが、すぐに「おはいりください」という声とともに再びドアを開けた。

舞台監督は、この小さな勝利に元気づけられたようだった。楽屋の中に入ると、カルーソーがいた。こちらに背を向けて化粧台の鏡の前に座り、髭《ひげ》を切り揃えている。

「ああ、シニョール」とわたしの連れが嬉しそうに言った。「映画界のカルーソーをあなたにご紹介できるのは望外の喜びです。こちらがチャーリー・チャップリン氏です」

カルーソーは鏡に向かってうなずいた。でも髭を切る手は止めなかった。ようやくカルーソーが立ち上がり、ベルトを締めながら、わたしをじろじろ見つめた。「君は大成功したのだろ？　ええ？　いっぱい儲《もう》かったか」

「はい」と言ってわたしは微笑《ほほえ》んだ。

「とてもウレシー《アッピー》だろうね」

「ええ、とても」と答えたあと、わたしは連れに目をやった。

「では」と舞台監督は快活な調子で言って、いとまごいのタイミングを示した。

わたしは立ち上がり、カルーソーに笑顔で言った。「闘牛士の場面を見過ごしたく

青年時代のチャップリン。

はないですからね」

「それは『カルメン』だよ、これは『リゴレット』」と、カルーソーは言って、わたしの手を握った。

「ああ、そうでしたね、もちろん！　あっはっは！」

＊

　わたしは自分が置かれた状況下で楽しめる限りニューヨークを満喫したが、〝虚栄の市〟の楽しみが陰ってしまう前に引き上げるべきときが来たと感じた。それに、新しい契約のもとで早く仕事を始めたかった。

　ロサンゼルスに戻ると、五丁目とメイン・ストリートの角にある、市内一しゃれたアレクサンドリア・ホテルに部屋をとった。それは壮麗なロココ様式の建物で、ロビーは大理石の列柱やクリスタルガラスのシャンデリアで飾られている。中央に豪華な〝百万ドル《ミリオンダラー》カーペット〟が敷かれたこのロビーは、映画の大型取引のメッカになっていた。〝ミリオンダラー〟というあだなは、ゴシップ屋や興行主気取りの連中が、その上で天文学的な数字の金の話をすることから付けられたものだ。

もっとも、エイブラムソン（一八六九〜一九三四）という男は、この絨毯《じゅうたん》の上でほんとうに一財産を築いたのだった。貸スタジオと失業中の俳優を使って低予算の安っぽい映画を作り、「州内配給形式《ステーツ・ライト》」（フィルムごとに販売・貸出する配給制度で、一九一五年ごろまで〝ロードショー〟形式と並行して使われていた）でそれらを売って大儲けしたのである。当時そうした映画は「貧乏横丁《ポヴァティ・ロウ》」（B級映画制作用のスタジオが集まっていた一画）の産物として知られていた。コロンビア映画の社長だった故ハリー・コーン（一八九一〜一九五八）も、元はと言えば貧乏横丁の出だ。

エイブラムソンは現実主義者で、芸術性などどうでもよく、金だけ儲かればいいと認めてはばからない男だった。ひどいロシアなまりの英語を話し、映画の監督をするときは、主演女優にこんなふうに指示を出していた。「よし、シリのほうから来《き》るんだ」（奥から、という意味）。「さあ、カガミのとこ来て、自分を見ろ。〝まあ、わたしはなんて可愛《かわい》いの！〟ここで、二〇フィート分のブラブラをする《モンキー・アラウンド》」（映画二〇フィート分、アドリブで演じるという意味）。たいていの場合、ヒロインは胸の豊かなかわいい娘で、襟ぐりが深くてゆったりしたドレスをまとい、たっぷり胸の谷間を見せつけた。エイブラムソンはそうした女優をカメラの真正面に立たせて、靴紐《くつひも》を締めさせたり、ゆりかごを揺らさせたり、犬をなでさせたりさせて二〇〇万ドル儲けたあと、賢明にもさっさと隠退したのである。

ミリオンダラー・カーペットは、シド・グローマンもサンフランシスコから呼び寄せることになり、彼はその上で、ロサンゼルスにいくつも建設を予定していたミリオンダラー劇場の交渉を行った。ロサンゼルスが繁栄するにつれて、彼もそれにあやかったのだ。シドには奇妙な宣伝の才能があり、二台のタクシーに役者を乗り込ませ、街中でカーチェイスを繰り広げながら空の拳銃《けんじゅう》で撃ち合いをさせて、ロサンゼルス中の度肝を抜いたこともあった。そのタクシーの後尾には「『暗黒街』――グローマンのミリオンダラー劇場で絶賛上映中！』というプラカードがちゃっかり掛かっていた。

シドは安ピカ物の発明家だった。なかでもとびきりのアイデアは、自分が経営するチャイニーズ・シアターの前で、ハリウッド映画スターの手や足を、生乾きのコンクリートに押し当てさせる、というものだろう。なぜか俳優たちは彼の思い付きに乗り、そこに手形や足形を残すことは、アカデミー賞を取るのと同じぐらい名誉なことになってしまった。

アレクサンドリア・ホテルに到着した最初の日、わたしはフロントで、ミス・モード・フィーリー（アメリカ出身の舞台・映画女優。一八八三～一九七一）からの手紙を渡された。ミス・フィーリーは、サー・ヘンリー・アーヴィングやウィリアム・ジレットを相手にヒロインを務めた有名な女優である。その彼女が、水曜日にパヴロワ（ロシア生まれの世界的バレリーナ。一八八一～一九三一）のためにハリウッド・ホテルでディナーを開くから、わたしにも来てほしいというのだ。とても嬉しかったことは言うまでもない。じかにミス・フィーリーに会ったことはなかったが、ロンドン時代に、いたるところで彼女の絵葉書を目にし、その美しさには前から憧《あこが》れていた。

約束の前日、ディナーがプライベートなものなのか、それとも黒のネクタイを締めていったほうがよいのかを確かめるため、わたしは秘書に電話をかけさせた。

「どなた？」とミス・フィーリーが電話に出て言った。

「ミスター・チャップリンの秘書です。水曜日のディナーのことで――」

それを聞いた彼女は驚いたようだった。「まあ！　もちろんプライベートなものでしてよ！」

ミス・フィーリーは、ハリウッド・ホテルのポーチでわたしを待っていてくれた。

その美しさは絵葉書そのまま、みじんも衰えていなかった。ふたりで少なくとも半時間ほど当たり障《さわ》りのない話をしたころだったろうか、わたしは、いつほかの客が現れるのかと怪訝《けげん》に思いはじめた。

ようやく彼女が言った。「お食事にしましょうか」

驚いたことに、食卓に用意されていた食事はふたり分だったのである！

ミス・フィーリーは、魅力的な淑女であることに加えて、とても無口な人だった。テーブル越しに彼女を眺めながら、こんなふたりきりの親密な場を設けた動機はいったい何なのかと、わたしはしきりに考えをめぐらした。破廉恥《はれんち》なあさましい考えも一瞬脳裏をよぎったが、彼女はとてもデリケートな女性で、わたしのゲスの勘ぐりなど、まったくそぐわないように思えた。それでも、わたしはアンテナを立てて何が期待されているのか探ってみることにした。「こんなふうにふたりきりで食事するのはほんとうに楽しいですね！」

ミス・フィーリーは、気のなさそうな笑みを浮かべた。

「ディナーのあと、何か面白いことをやりましょう」わたしは快活に言った。「ナイトクラブに出かけるとかして」

すると彼女の表情がやや困ったように曇り、戸惑うような仕草を見せた。

「申し訳ないのだけれど、今夜は早く寝なければならないの。明日の朝から『マクベス』のリハーサルが始まるので」

アンテナがぐらつき、わたしは完全に路頭に迷ってしまった。ありがたいことに、最初の皿が運ばれてきたので、わたしたちはしばらく無言のまま食事を進めた。何かおかしい。ふたりともそう感じていた。そのうち、ミス・フィーリーがためらうように口を開いた。「ごめんなさいね。今夜はとても退屈でしょう」

アンナ・パヴロワと（私のスタジオで）。

「いいえ、そんな、とても楽しいですよ」わたしは答えた。

「三カ月前、パヴロワのために開いたディナーのときにいらしてくださったらよかったのに。彼女、あなたのお友達でしょ。でも、あなたはそのときニューヨークにいらしたのよね」

「ちょっと失敬」わたしは急いでミス・フィーリーからもらった手

紙を取り出し、初めて日付に目をやった。そして手紙を彼女に手渡しながら、大笑いしたのである。「なんと、ぼくは三カ月も遅刻してしまったわけですね！」

＊

一九一〇年のロサンゼルスは、西部開拓者や実業界の大立者《タイクーン》が活躍した最後の時代で、わたしもそうした大物の多くから、よくもてなしを受けた。

たとえば、ウィリアム・A・クラーク（ロサンゼルス・フィルハーモニックの創設者。一八七七～一九三四）がいた。巨万の富を築いた大富豪、鉄道王、銅山王の息子にしてアマチュア音楽家で、フィルハーモニック・シンフォニー・オーケストラに毎年一五万ドルを寄付し、自らも第二ヴァイオリン奏者としてオーケストラに加わっていた。

〝死の谷《デス・ヴァレー》〟・スコッティーというあだ名の神出鬼没の男もいた。ふっくらした丸顔の陽気な男で、テンガロンハットをかぶって赤シャツとダンガリーを着こみ、スプリング・ストリートの地下ビヤホール《ラーツケラー》やナイトクラブで毎晩のように数千ドルを散財してはどんちゃん騒ぎを繰り広げ、給仕に百ドル札のチップを握らせたりしていたかと思うと、ミステリアスにかき消えてしまう。だが一カ月も経《た》つと再び姿を現し、またパーティー三昧《ざんまい》を繰り返すのだ。そんな生活を長年送っていたにもかかわらず、金の出処は謎《なぞ》だった。デス・ヴァレー（カリフォルニア州南東部の乾燥盆地）に秘密の金山でも持っているに違いないと踏んだ者があとをつけてみたが、いつも巻かれてしまい、結局今日に至るまで、誰ひとりとして彼の秘密を知り得た者はいない。一九四〇年にこの世を去る前、彼はデス・ヴァレーの砂漠のど真ん中に五〇万ドル以上をはたいて巨大な城を築いた。この建造物は今でも灼熱《しゃくねつ》の太陽の下で朽ちながら建ちつづけている（「スコッティーズ・キャッスル」のこと。実際の所有者はスコッティーの友人で大富豪のアルバート・ジョンソンだった。現在はアメリカ合衆国国立公園局の管理下にある）。

パサデナのミセス・クレイニー＝ギャッツは、四〇〇〇万ドルの資産を持つ熱心な社会主義者で、大勢の無政府主義者、社会主義者や世界産業労働組合《IWW》（一九〇五年にシカゴで結成された国際的な労働組合で、政府の弾圧を受けた）のメンバーの訴訟弁護費用に私財を投じていた。

グレン・カーティス（一八七八～一九三〇）もいた。当時は、飛行機のスタントマンとしてセネットの下で働いていて、今やアメリカ航空業界の大手になっているカーティス社（現在もカーティス・ライト・コーポレーションとして存続している）を旗揚げするための資金を必死にかき集めていた。

A・P・ジアニーニ（一八七〇～一九四九）は、そのころ小さな銀行を二つ経営していた。それらは後に、アメリカ有数の金融機関、バンク・オブ・アメリカになる。

ハワード・ヒューーズ（一九〇五～一九七六）は近代的な油井《ゆせい》掘削機を発明した父親から莫大《ばくだい》な遺

産を受け継ぎ、その財産を航空産業に注ぎ込んで、さらに増やした。エキセントリックな男で、三流ホテルの一室から電話一本で巨大な産業を動かし、ほとんど人前に姿を現さなかった。映画産業にも手を出して、亡《な》きジーン・ハーロウ（アメリカの女優。一九一一〜一九三七）が主演した『地獄の天使（Hell's Angels）』（一九三〇年公開）などの作品で、かなりの成功を収めた。

そのころのわたしの定期的な楽しみと言えば、金曜日にヴァーノン・アリーナでジャック・ドイルのプロモーションによるボクシング試合を観《み》て、月曜の夜にオーフィアム劇場でボードビルを鑑賞し、木曜日にはモロスコ劇場の座付劇団の舞台を観て、ときおりクリューンズ・フィルハーモニック・オーディトリウムに交響曲を聴きに出かける、というものだった。

*

ロサンゼルス・アスレチック・クラブは、夕食前のカクテルアワーに地元の社交界や実業界のエリートが集う場所になっており、さながら外国人居留地のような趣を呈していた。

その談話室に、ある端役《はやく》専門の若手俳優がよく座っていた。孤独な陰のある男で、一旗揚げようとハリウッドにやって来たのだが、思い通りにいかなかったらしい。その名をヴァレンティノ（イタリア出身の二枚目俳優。一八九五～一九二六）と言い、わたしはジャック・ギルバートという、もうひとりの端役俳優を介して知り合ったのだった。その後一年ほど会わないうちに、ヴァレンティノはスターダムにのし上がっていた。再会したときは遠慮がちでよそよそしかった。だが「最後に会ったとき以来、君は不滅の連中の仲間入りを果たしたね」とわたしが言うと、笑って警戒を解き、打ち解けてきた。

　ヴァレンティノにはもの悲しさがまとわりついていた。名声を誇るようなこともせず、むしろ、それに押し潰《つぶ》されているようにさえ見えた。聡明《そうめい》で、物静かで、見栄《みえ》を張るようなところはみじんもなく、大いに女性にもてたものの、その方面では成功をつかめず、妻にした女たちには軽くあしらわれた。なかでもひとりなどは、結婚直後から現像所の男といい仲になり、しょっちゅうその男と暗室に閉じこもるという始末。彼ほど女性に人気があった男もいないが、彼ほど女性に裏切られた男もいなかったろう。

　わたしはいよいよ六七万ドルの契約を履行する準備を始めた。ミューチュアル・フィルム社の代表者で全業務を統括していたコーフィールド氏が、ハリウッドの中心部にスタジオを借りてくれた。エドナ・パーヴァイアンス、エリック・キャンベル、ヘンリー・バーグマン、アルバート・オースティン、ロイド・ベーコン、ジョン・ランド、フランク・ジョー・コールマン、レオ・ホワイトからなる、小さいながらも優秀なレパートリー劇団を手にして、自信をもって映画の制作を始めることができた。

ミューチュアル初の作品『チャップリンの替玉（The Floorwalker）』（一九一六年公開、以下『チャップリンのスケート（The Rink）』まで同年公開）は、嬉しいことに大当たりした。設定がデパートだったので、わたしはエスカレーターを使う追いかけっこを盛り込んだ。セネットはこの映画を観たとき、「なんで、エスカレーターのことを思い付かなかったんだ」とくやしがった。

ほどなくして仕事は軌道に乗り、毎月二巻物のコメディー作品を生み出すことができた。『チャップリンの替玉』のあとには、『チャップリンの消防士（The Fireman）』、『チャップリンの放浪者（The Vagabond）』、『午前一時（One A.M.）』、『チャップリンの伯爵《はくしゃく》（The Count）』、『チャップリンの質屋（The Pawnshop）』、『チャップリンの舞台裏（Behind the Screen）』、『チャップリンのスケート』、『チャップリンの勇敢（Easy Street）』、『チャップリンの霊泉（The Cure）』、『チャップリンの移民（The Immigrant）』、『チャップリンの冒険（The Adventurer）』（『勇敢』以下、一九一七年公開）と続き、これら一二本の作品を、風邪やら、ちょっとした不都合やらで中断した期間を含め、すべて一六カ月以内に撮り終えた。

ときには話の筋に問題が生じ、その解決に苦しむこともあった。そんなときには撮影を中断して、考えることに意識を集中させ、苦しみながら楽屋の中を歩き回ったり、セットの後ろに何時間も座り込んだりして解決策を見出《みいだ》そうとした。経営幹部や、ぼう然とわたしを見つめる俳優たちの姿を目にするだけで、気まずい思いがした。ミューチュアル社は制作費を負担していたので、撮影が順調に進んでいるかどうか調べるために、コーフィールド氏自身が現場にやってきて目を光らしていたのだ。

彼が撮影所内を歩き回る姿を、わたしは遠目で見ていた。その輪郭を目にしただけで、何を考えているのかはよくわかった――何も完成していない、間接費だけが膨らんでいる……。そこでわたしは、物を考えているときにはひとりにして欲しいこと、そしてみんなが気をもんでいるというプレッシャーを与えられたくはないことを、大《おお》槌《づち》を振り下ろすがごとく〝やんわりと〟ほのめかした。

何も成果が得られなかった日の終わりにスタジオを出ようとすると、コーフィールド氏が偶然を装《よそお》って現れ、見せ掛けの気楽さで尋ねる。「どんな具合かね?」

「最悪ですよ! もうだめかもしれない! なにも考えられません!」

すると彼は空虚な音を立てる。笑い声のつもりだ。

「心配しなさんな。そのうちいいアイデアが浮かんでくるさ」

ときには、あらゆることを考えては捨て去り、絶望的になっていたときに、ようやく名案が浮かんでくることもあった。そんなときには、大理石の床の上に積もっていたチリが払われ、探していた美しいモザイク模様が突然現れるような気がした。緊張は解け、スタジオは活気を取り戻す。そしてコーフィールド氏がどんなに笑い転げたことか！

わたしの映画では、キャストが怪我《けが》を負うことは決してなかった。乱暴な仕草については慎重にリハーサルを行い、バレエの振り付けのように扱った。平手打ちは、いつだってフェイクだった。ほんのちょっとした小競《こ ぜ》り合いのシーンでも、全員が自分の動きを完璧《かんぺき》に把握しており、あらゆることがタイミングを計って行われた。怪我には弁解の余地がない。なぜなら、暴力だろうが地震だろうが、果ては沈没でも大惨事でも、でっち上げられるのが映画だからだ。

ミューチュアルの全作品の中で事故が起きたのは一度だけだった。それは『チャップリンの勇敢』を撮っていたときのことで、乱暴者をガスでノックアウトしようとして柱を曲げたとき、ガス灯の頭部が折れて、鋭い金属がわたしの鼻梁《びりょう》を直撃したのである。おかげで二針縫う羽目になった。

　おそらくわたしのキャリアのなかで、もっとも楽しかった時期は、ミューチュアル社の仕事をしていたときではないかと思う。身軽で誰にも縛られず、齢《とし》は二七歳。前途は洋々としていて、目の前には好意的で華やかな世界が広がっていた。それに、もうじき百万長者になろうとしていた――こうしたことはみな、どこか狂っているように思えた。金は怒濤《どとう》のように流れ込んできた。毎週受け取っていた一万ドルは積もり積もって数十万ドルになり、四〇万ドルの資産家になったと思ったら、その次の瞬間には、五〇万ドルの資産家になっているという具合である。それでもわたしは、そうしたことを当然のこととして軽くあしらうことができなかった。

　あるとき、Ｊ・Ｐ・モーガン（「若き日々」にも言及のあったジョン・ピアポント・モーガン。モルガン財閥の創始者。一八三七〜一九一三）の友人のマクシーン・エリオット（アメリカの女優で実業家。一八六八〜一九四〇）が「お金って、忘れることに意義があるのよね」と言った。だがわたしとしては、お金とは覚えておきたい物事でもある、と言いたい。

　成功した者の暮らす世界が、ふつうの人のものとは違うことに疑問の余地はない。わたしに会うと、相手はすぐさま関心を示して顔がパッと輝いたものだ。わたしは成り上がり者だったにもかかわらず、何を言っても真剣に受け取ってもらえた。よく知らない人でも喜んで暖かい友情の手を差し伸べてくれ、問題を抱えると、家族でもあるかのように同情してくれた。そうしたことはみな嬉しいことではあったが、わたしの性格は、そういった親密さにはなじまない。わたしは友人を、音楽を好むように好む——一緒にいたい気分になったときにだけ付き合いたいのだ。だがそうした自由は、代償として、時に孤独をもたらした。

ミューチュアルとの契約が終わりに近づいたある日、アスレチック・クラブのわたしの寝室に兄がやってきて陽気に宣言した。「さて、チャーリー、ついに百万長者の仲間入りをしたぞ。ついさっき、ファースト・ナショナル社と二巻物のコメディー八本を一二〇万ドルで制作する契約をまとめてきたんだ」

そのとき、わたしは風呂《ふろ》から出たばかりで、腰にタオルを巻いて部屋の中を歩き回りながら、ヴァイオリンで『ホフマン物語』（オッフエンバック作のオペラ）の曲を弾いていた。「ふうん、喜ぶべきことなんだろうね」

シドニーはふいに大声で笑いだした。「これはぼくの自伝に入れなくっちゃな。タオルを腰に巻きつけてヴァイオリンを弾いているおまえ。そしてぼくが一二〇万ドルの契約を取り付けてきたと聞いたときの、おまえの反応といったら！」

わたしの反応には、ちょっと作ったところがあったと白状しなければならない。というのも、そんな巨額の金は何もせずに転げ込んでくるものではないからだ——金を手にするには働かなければならない。

それでも、これほどの莫大な富が転げ込んでくるという見込みも、わたしのライフスタイルを変えることはなかった。金持ちになったという事実こそ受け入れたものの、その使い方にはまだなじんでいなかったのである。稼いだ金はいわば伝説みたいなものので、現金を見ていなかったから、単なる数字にすぎなかった。そんなわけで、わたしには大金持ちになったことを自分に証明する必要があった。そこで、秘書と従者と運転手を雇い入れ、車を買うことにした。ある日ショールームのわきを歩いていると、乗客を七人乗せられる高級車「ロコモーバイル」が目に入った。当時、アメリカ最高の乗用車とみなされていた車である。それはあまりにも壮麗だったため販売用だとは思えなかったのだが、ともかく店内に入って、声をかけてみた。「おいくらかな?」

「四九〇〇ドルです」

「包んでくれたまえ」わたしは即座に言った。

セールスマンは仰天し、思い付きで買おうとするわたしの気を押しとどめようとするかのように「エンジンをご覧になりませんか?」と言った。

「そうしたところで何も変わらないさ。エンジンのことなど何も知らないのでね」わたしはそう答えた。それでも、タイヤを親指で押して、玄人《くろうと》っぽいふりはして見せた。

手続きは簡単だった。名前を紙に書きつけただけで、車はわたしのものになった。

一方、金の投資はむずかしく、わたしにはほとんど何の知識もなかった。だが、シドニーはその分野の専門用語にすべて通じていて、簿価《ぼか》のことから、キャピタルゲイン、優先株と普通株、AとBの格付け、転換株と転換社債、工業信託、貯蓄銀行の法的安全性まで、あらゆることを知っていた。当時は、投資の機会がそこらじゅうにあった。あるロサンゼルスの不動産屋がパートナーになってくれとわたしに頼み込んできたことがある。双方で二五万ドルずつ投資して、ロサンゼルス・ヴァレーにある広大な一画を買おうというのだ。もし彼のプロジェクトに投資していたら、わたしの取り分は五〇〇〇万ドルになっていただろう。のちにその土地から油田が見つかって、カリフォルニア有数の豊かな土地になったのだ。

第一三章

そのころ、高名な芸術家が続々とスタジオを訪ねてきた。音楽家のメルバ（オーストラリア出身のソプラノ歌手で、「ピーチメルバ」は彼女にちなんで命名されたデザート。一八六一〜一九三一）、レオポルド・ゴドフスキー（当時のロシア帝国出身のポーランド人ピアニスト。一八七〇〜一九三八）、パデレフスキー（ポーランドのピアニスト。一八六〇〜一九四一）、舞踏家のニジンスキー（ロシアの舞踏家、振付師。一八九〇〜一九五〇）やパヴロワといった面々である。

パデレフスキーはとても魅力的な人物だったが、どこか威厳を見せつけるような、ブルジョワくさいところがあった。長い髪といかめしい口ひげを蓄えた風貌《ふうぼう》は印象的で、下唇の下にも一房の顎《あご》ひげを生やしていた。でも、わたしにはそれが、神秘的な雰囲気をまとおうとする虚栄心の表れのように思えた。リサイタルを開くときには、部屋の照明を暗くして、厳粛でおごそかな雰囲気を演出していた。彼がピアノのスツールに座ろうとするときにはいつも思ったものである。誰かが、彼の尻《しり》の下からスツールをさっと引き抜いてくれればいいのに、と。

パデレフスキーが第一次世界大戦中にニューヨークのリッツ・ホテルを訪れてきたとき、わたしは熱烈に歓迎し、コンサートを開くのですかと尋ねた。すると彼は尊大

ゴドフスキー（ピアニスト）と。

な厳粛さを決め込んで、「祖国の任務に身を捧《ささ》げているとき、わたしはコンサートなどしない」とのたまわったのだ。

パデレフスキーはのちにポーランドの首相になったが、わたしはクレマンソー（フランスの首相。一八四一〜一九二九）と同意見である。クレマンソーはパデレフスキーにこう言ったのだ。「あなたほどの才能ある芸術家が、なぜ政治家などに身をやつすのかね」と。

一方、彼よりもっと才能があったピアニストのレオポルド・ゴドフスキーは、気取らないユーモラスな男で、小柄な身体《からだ》つきに丸い顔を持ち、いつも笑みを浮かべていた。コンサートを開きにロサンゼルスにやって来たあと、そのまま家を借りて住みついたので、よく会いに行ったものだ。そうして日曜日には、練習を聴いたり、とびぬけて小さな手の類《たぐい》まれな動きと技巧をじかに目にしたりする特別の恩恵に浴すことができたのである。

ニジンスキーも、「バレエ・リュス」（ロシア・バレエ団）のメンバーとともにスタジオにやって来た。真面目《まじめ》で美形の彼は高い頬骨と悲しい目つきの持ち主で、平服を着た僧侶《そうりょ》のような印象を与えた。そのときスタジオでは『チャップリンの霊泉』を撮影している最中で、ニジンスキーはカメラの背後に座って、わたしの演技をじっと見ていた。それは笑いを誘う演技だったにもかかわらず、笑顔さえ一度も見せず、ほかの見物人が笑いに興じるなか、座ったまま、どんどん意気消沈していくように見えた。スタジオを去る前、ニジンスキーはわたしのところに来て握手を求めた。そして、うつろな声で、どれほどわたしの作品を楽しんだか話し、また来てもいいかと尋ねた。「ぜひとも」とわたしは答えた。その後二日にわたり、彼はスタジオにやって来ると、悲しげに座って、わたしを見つめつづけた。最後の日には、フィルムを入れないで撮影するようにとカメラマンに指示しなければならなくなった。ニジンスキーの憂鬱《ゆううつ》さが伝染して、面白い演技ができなくなってしまうことがわかっていたからである。にもかかわらず、彼は帰り際《ぎわ》に必ずわたしを褒めた。「あなたのコメディーはバレエそのものです。あなたはまさしく舞踏家です」と。

わたしはバレエ・リュスの公演をまだ観《み》ていなかった。それどころか、バレエ自体、まったく鑑賞したことがなかったのだが、その週末のマチネに招待されたので、出かけることになった。

劇場に着くと、ディアギレフ（ロシアの芸術プロデューサーでバレエ・リュスの主宰者。一八七二〜一九二九）が、自ら出迎えてくれた。彼は活力みなぎる熱血漢で、その日の演目が、わたしの一番喜びそうなものでなかったことについて詫《わ》びた。「きょうの演目が『牧神の午後』（ドビュッシーの『牧神の午後への前奏曲』に基づくバレエ。ニジンスキーが振り付け・主演を務めた）でなかったのは、まことに残念です。きっとお気に召していただけたでしょうに」だが、そのすぐあと、マネージャーに向かってこう言ったのだ。「ニジンスキーに言ってくれ。幕間《まくあい》のあと、〝シャルロ〟（チャップリンのフランス語の愛称）のために『牧神』をやるとな」

最初の演目は『シェヘラザード』（リムスキー＝コルサコフの交響組曲に基づくバレエ）だった。わたしの反応は、どちらかというとネガティブなものだった。演技の部分が多すぎて、肝心の踊りが少なすぎたし、リムスキー＝コルサコフの曲は繰り返しが多くてダラダラしているように思えたからだ。だが、次のバレエはニジンスキーのパ・ド・ドゥ（男女ふたりの踊り手によるバレエ）だった。そして、彼が登場した瞬間、電流に打たれたようにゾクッとしたのだ。わたしが天才だと思った人物は世界にも数えるほどしかいないが、彼はまさしくそのひとりである。ニジンスキーは観る者を夢中にさせ、その姿は神々《こうごう》しく、彼の憂《うれ》いはこの世のものではない雰囲気を醸《かも》し出していた。あらゆる動きが詩的で、あらゆる跳躍が不思議な空想の世界へと誘う飛翔《ひしょう》だった。

ニジンスキーは、幕間にわたしを楽屋に連れてくるようにディアギレフに頼んでいた。わたしは言葉がなかった。いくら手を揉《も》み合わせたところで、偉大な芸術に対する感動が言葉に表せるわけはなく、黙ったまま座り、『牧神』の奇妙な化粧のために頰に緑色の丸い模様を描いていくニジンスキーの顔を鏡越しに眺めていた。彼は不器用に会話を進めようとして、わたしの映画についてとるに足りない質問をしたが、こちらのほうでも「ええ」とか「いいえ」とか答えるのがやっとだった。幕間の終わりを知らせるベルが鳴ったので、わたしは席に戻りますと言った。だが彼は、「いやいや、まだいいですよ」と引き留めるのだ。

誰かがドアをノックした。「ニジンスキーさん、序曲が終わりました」

わたしは心配になってきた。

「だいじょうぶですよ」とニジンスキーは言った。「まだ時間はたっぷりありますから」

わたしは愕然とした。なぜ彼がそんなふうにふるまっているのか、まったくわけがわからなかった。「もうおいとましたほうがいいのでは？」

「いや、いや、ほかの序曲を演奏させておけばいいんですよ」

ついにディアギレフが楽屋に飛び込んできた。「急げ、急ぐんだ！　客が拍手してるぞ」

「待たせておけばいいんです。こっちのほうが面白い」とニジンスキーは言って、また陳腐な質問を繰り出し始めた。

わたしはすっかり面食らってしまい、「ほんとうに席に戻らなくては」と言った。

『牧神の午後』のバレエで、ニジンスキーに匹敵する者は未《い》だ《ま》に現れていない。彼が創《つく》りあげた神秘的な世界、そしてその世界の中の動きにつれて露《あらわ》になる、美しい田園の陰に潜む未知の悲劇……。彼は情熱的な悲しみの神だった。そして、それらすべてを努力のあとも見せずに、ほんのわずかのシンプルな仕草で表してみせたのである。

その六カ月後、彼は精神に異常をきたした。あの日の午後の楽屋で観客たちを待たせていたときに、すでにその兆候が表れていたのだ。わたしは、繊細な精神が、悲惨な戦争に引き裂かれた世界から自らの夢の世界に抜け出そうとする瞬間を目にしていたのである。

崇高さには、どんな芸術でもめったに到達できるものではない。だがパヴロワはそれを達成した稀有《けう》な芸術家だ。彼女の舞台を見て、深く心を動かされなかったことは一度もない。その芸が才能あふれるものだったことはもちろんだが、それにはどこか白薔薇《しろばら》の花びらのように繊細で淡く透き通る特質が備わっていた。彼女が踊ると、その一挙一動が重力の中心になった。彼女が登場した瞬間、たとえそれがどれほど陽気で愛嬌《あいきょう》のある踊りでも泣きたくなったものである。

〝パヴ〟（パヴロワは友人たちからそう呼ばれていた）に初めて会ったのは、彼女がハリウッドのユニヴァーサル・スタジオで映画を撮っていたときで、以来、とても親しくなった。昔のカメラの速度が速すぎて、叙情的な彼女の舞踏のエッセンスがとらえられなかったのは大いなる悲劇である。そのせいで、彼女の偉大な芸術が永遠に失われてしまったのだから。

あるとき、ロシアの領事館が彼女に敬意を表して晩餐会《ばんさんかい》を設けたことがあり、わたしもその機会に招かれた。とても国際的な会で、雰囲気はかなり厳粛なものだった。だが、その最中には、フランス語やロシア語で乾杯やスピーチが何度も行われた。わたしの前の日スピーチを求められたイギリス人はたぶんわたしだけだったと思う。

に、ある教授がロシア語で、パヴロワの芸術に対して素晴らしい賛辞を寄せた。そして、途中で感極まり、突然泣き出したかと思うとパヴロワに駆け寄ってキスの雨を降らせた。そんなスピーチのあとでは、どれほど頑張ったところで、つまらないものになってしまっただろう。そこでわたしは、立ち上がって言った。パヴロワの芸術の偉大さはわたしの英語では到底表現できないので、中国語でお話ししたいと思います、と。こうしてわたしは中国語もどきの言葉を繰り出し、教授がやったように徐々に感情を高めていき、教授よりさらに情熱的にパヴロワにキスの雨を降らせ、ついにはナプキンを広げて彼女とわたしの頭をおおい、その下でキスをしつづけた。会場は笑いの嵐《あらし》に包まれ、堅苦しさも和らいだのだった。

サラ・ベルナール（フランスの世界的な舞台女優。一八四四〜一九二三）も、オーフィアム劇場を訪れて公演を行ったが、だが、もちろんそのころは高齢になっていて、キャリアも終焉《しゅうえん》に差しかかっていたから、その演技を公平に評価することはできない。一方、エレオノラ・デュース（イタリアの有名な舞台女優。一八五八〜一九二四）がロサンゼルスに来たときには、その齢《とし》とキャリアの終わりに差し掛かっていたという事実さえ、その天才的な演技の才を曇らすことはなかった。彼女は優れたイタリア人キャストに支えられていた。なかでも彼女が登場する前、あるハンサムな若い男優が素晴らしい演技を見せて、観客の心をつかんでいた。いったいデュースは、どうやって、この若者の卓越した演技を超えるのだろう？　わたしは少々気がかりになった。

そうするうちに、下手奥《しもて》から、デュースがアーチをくぐって控えめに舞台に現れてきた。そしてグランドピアノの上に置かれた白菊の花か、ご、の背後で足を止めると、静かに花を直しはじめた。劇場内に低いつぶやきが広がり、わたしの意識は若い男優をすぐに離れて、デュースに向かった。彼女は男優にも他の俳優にも目をやらず、持ってきた花を花かごに足し、静かに花を整えた。そしてそれが済むと、ゆっくり舞台を斜め前方に歩き、暖炉の横の肘掛《ひじか》け椅子《いす》に腰を下ろして暖炉の火を見つめた。一度だけ——たった一度だけ——デュースは若者に目をやった。そのまなざしには、人間の持てるあらゆる知恵と悲しみがこもっていた。そのあとは、両手を火にかざして温めながら、若者の台詞《せりふ》に耳を傾けつづけた。その手が、なんとデリケートで美しかったことか。

若者が熱のこもった台詞を口にしたあと、デュースは暖炉に目を向けたまま、静かに話しはじめた。彼女の台詞回しには、劇につきものの芝居がかったところがまったくなく、その声は悲劇的な情熱の燃えさしから立ちのぼってきたかに思えた。イタリア語の台詞は一言も理解できなかったのだが、かつて出会ったことのないほどの偉大な女優を目の前にしていることだけははっきりわかった。

*

サー・ハーバート・ビアボーム・トリー（イギリスの俳優・劇場経営者。一八五二～一九一七）一座の主演女優だったコンスタンス・コリアー（イギリスの舞台・映画女優。一八七八～一九五五）が、トライアングル・フィルム社の映画『マクベス（Macbeth）』（一九一六年公開）で、サー・ハーバートを相手にマクベス夫人を演じることになった。わたしは少年時代、ロンドンのヒズ・マジェスティーズ劇場の天井桟《さ》敷《じき》に何度も足を運び、『永遠の都』（イギリスの劇作家、ホール・ケインの戯曲）やディケンズの『オリヴァー・ツイスト』のナンシー役などで見せた彼女の印象深い演技に強い感銘を受けていた。そんなわけで、《レヴィズ・カフェ》にいたときに、ミス・コリアーから、お話ししたいので席までお越しいただけないか、というメモを受け取ったときには、二つ返事で応じた。以来、わたしたちは終生の友になった。彼女は温厚な人物で、人の心を温めるやさしさと、生きる情熱に満ち溢《あふ》れていた。人の仲をとりもつのが大好きで、目下の計画は、わたしをサー・ハーバートと、ダグラス・フェアバンクス（冒険活劇映画で活躍したアメリカの俳優・脚本家・映画監督・映画プロデューサー。一八八三～一九三九）という若者に会わせることだという。フェアバンクスとあなたはとても似ているところがある、と彼女は言った。

サー・ハーバートは、イギリス演劇界の重鎮中の重鎮だったと言っていいだろう。俳優としても一流で、感情のみならず知性にも訴える繊細な演技をした。『オリヴァー・ツイスト』のフェイギンの演技は、ユーモラスでありながら、ゾクリとさせられるものだった。彼は何の苦労もなく、耐えきれないような緊張感を生み出すことができた。フェイギンの手下の小悪党、アートフル・ドジャーを冗談めかしてトースト用のフォークでつつくだけで、えも言われぬ恐怖感をみなぎらせることができたのである。トリーの人物解釈は、常に斬新《ざんしん》だった。たとえば、滑稽《こっけい》なスヴェンガーリ（ジョージ・デュ・モーリアの小説『トリルビー』に登場する催眠術師）がその例だ。彼はこの馬《ば》鹿《か》げたキャラクターが実在の人物であるかのように観客に信じ込ませ、おかしさだけでなく、詩的な情緒まで感じさせたのである。批評家は、トリーがマンネリ化の問題を抱えていると指摘した。それは確かに的を射てはいたものの、トリーはそれを効果的に使っていたのだった。彼の演技はきわめて現代的だった。『ジュリアス・シーザー』における解釈は知的で、トリーが演じたマーク・アントニーは、葬儀の場面で、従来のように群衆に向かって仰々しい熱弁をふるうようなことはせず、皮肉と侮蔑《ぶべつ》の念を込めて、群衆の頭越しに淡々と話をした。

一四歳の少年だったころ、わたしはトリーの優れた舞台の多くを観ていた。だから、コンスタンスが、サー・ハーバートと彼の娘のアイリスとわたしのために内輪の夕食会を計画してくれたときには、その機会を心待ちにした。アレクサンドリア・ホテルのトリーの部屋で落ち合うことになっていたのだが、その日、わたしはわざと遅れて出かけて行った。コンスタンスが先に到着すれば、緊張感を和らげてくれるだろうと思ったからだ。けれども、サー・ハーバートがドアを開けて部屋に案内してくれたとき、そこにいたのは、サー・ハーバート自身と映画監督のジョン・エマソンだけだった。

「ああ、チャップリン君、入りたまえ」サー・ハーバートが言った。「君のことは、コンスタンスからずいぶん聞かされたよ！」

エマソンを紹介したあと、サー・ハーバートは、『マクベス』のいくつかの場面について話し合っているところだと説明した。ほどなくしてエマソンは帰ったが、わたしはふいに、あがってしまった。

「お待たせして失礼した」わたしの向かいにある肘掛け椅子に座ってサー・ハーバートが言った。「魔女の場面の効果について話し合っていたところでね」

「あ、あ」わたしは口ごもった。

「風船の上にガーゼをかぶせて、空中に漂わせたら効果的だと思うんだが。君は、どう思うかな?」

「す、す、す……素晴らしいです!」

サー・ハーバートはここでちょっと口をつぐんで、わたしを見た。「君は驚くべき成功を収めたね」

「いいえ、そんなことは」わたしは弁解するように、ぼそぼそと話した。

「だが、君の名は世界中に知れ渡っているぞ! イギリスとフランスでは、兵士たちが君の歌を歌っているそうじゃないか」

「そうなんですか?」わたしは知らないふりをした。

サー・ハーバートはまたわたしを見やった。その顔に不信感と疑念が広がっている。ここで彼は立ち上がり、「コンスタンスは遅いな。どうなっているのか電話してみよう。その間、娘のアイリスと話していてくれ」と言って、部屋を出て行った。

わたしはほっとした。自分のレベルで学校のことや映画のことが話せる幼い女の子を想像したからだ。が、そのとき、すらりとした長身の若い女性が部屋に入って来た。指には長いシガレット・ホルダーが挟まっている。そして朗々とした低い声でこう言ったのだ。「はじめまして、ミスター・チャップリン。映画の中であなたを見たことがないのは、世界でもわたしぐらいでしょうね」

わたしはにんまり笑って頷《うなず》いた。

ブロンドの髪をボブに切り詰め、上向きの鼻と淡いブルーの瞳《ひとみ》を持つアイリスは北欧系に見えた。まだ一八歳のとても魅力的な女性で、メイフェア（ロンドンの社交界）の洗練された雰囲気を漂わせている。それに一五歳で詩集を出版した才女でもあった。

「コンスタンスはいつもあなたのことを話していてよ」とアイリスは言った。

わたしはまた、にんまり笑って頷いた。

ようやくサー・ハーバートが戻って来て、コンスタンスは衣装合わせに手間どって来られないから、わたしたち三人で食事をすることになったと言った。

ああ、どうしよう！　この初対面のふたりを相手に、どうやって一晩中耐え抜けばいい？　わたしは、この差し迫った思いを胸に抱いて、彼らと一緒に無言で部屋を出、無言でエレベーターに乗り、無言でホテルのダイニングルームに入って、まるで葬儀から戻って来たところみたいに席に着いた。

気の毒なサー・ハーバートとアイリスは、会話をはずませようと一所懸命努力した。だが、アイリスはすぐにあきらめ、椅子に背を凭《もた》せて、ダイニングルームの検分を始めた。食事さえ運ばれて来ればなんとかなる。食べれば、ぎこちない緊張感も和らぐだろう……。わたしはそう願った。父娘《おやこ》は、南フランスやローマやザルツブルクについて少し話を交わしたあと、わたしを会話に加わらせようとして質問してきた――君も行ったことがあるかい？　マックス・ラインハルトのプロダクションを観たことがおありかしら？

わたしは詫びるように、首を横に振った。

トリーは今や、探るようにわたしを見て言った。「ねえ君、旅をしたほうがいいな」

わたしは、そうする時間がまったくとれないのだと弁解した。そのとき、ようやくふだんの自分が戻ってきた。「実は、サー・ハーバート、わたしはあまりにも急に成功を摑《つか》んだので、いまだに追いつけないでいるのです。でも、一四歳の少年だったころ、あなたがスヴェンガーリ、フェイギン、アントニー、フォルスタッフ（シェイクスピアの『ヘンリー四世』と『ウィンザーの陽気な女房たち』の登場人物）を演じるのを観ていました。繰り返し観た劇だって、いくつもあります。それ以来、あなたはずっとぼくのアイドルでした。だから、あなたが舞台以外の場所に存在するなど、考えたこともなかったんです。あなたは伝説です。ここロサンゼルスで今晩ご一緒に食事ができることなど、まさに感無量です」

わたしの言葉はトリーの心の琴線に触れたようで、「ほお！」「ほお！」と彼は何度も言った。

その晩以来、わたしたちはとても仲の良い友人になり、ときおりサー・ハーバートから電話がかかってきて、アイリスと三人で食事をとった。ときにはコンスタンスも加わって《ヴィクトル・ユーゴー》レストランに出かけ、コーヒーを飲みながら、感傷的な室内楽に耳を傾けたりしたものである。

＊

ダグラス・フェアバンクスの魅力と才能については、コンスタンスからよく聞かされていた。人柄が素晴らしいだけでなく、テーブルスピーチの名手でもあると言う。当時わたしは、頭の切れる若い男、とりわけテーブルスピーチがうまい男が苦手だった。それでもとにかく、彼の家で開かれる夕食会で会うことになった。

その晩初めて出会ったときのことについては、ダグラスもわたしも、よく人に話して聞かせたものである。わたしのほうは、彼の家に行く前にコンスタンスに連絡して、具合が悪いから行けないと言い訳をしたのだが、彼女は聞く耳を持たなかった。そこで、頭痛を装《よそお》って早めに退散することに決めてしぶしぶ出かけて行ったのだった。一方、ダグラスのほうも緊張していたので、ドアのベルが鳴るやいなや、すぐに地下に逃げて、そこに備えてあったビリヤードテーブルで遊び始めたそうだ。だが、あの晩こそ、生涯続く友情の始まりだったのである。

ダグラスが大衆の愛情と想像力をとりこにしたのにはわけがある。彼の映画の精神、つまり楽観主義と絶対的な確実性は、アメリカ人の好みにぴったり合っていたのだ。というより、全世界の好みに合っていたと言うべきだろう。彼には磁石のような驚くべき牽引力《けんいんりょく》と魅力、それに本物のボーイッシュな情熱が備わっていて、それが人々に伝わったのだ。親しく知るにつけ、ダグラスは拍子抜けするくらい正直な人間であることがわかった。俗物《スノッブ》になって、成功者が近寄って来るのが楽しいとまで素直に認めていたほどである。

ダグ（ダグラスの愛称）はとてつもない人気者だったが、惜しみなく他人の才能を褒める一方、自分については謙虚で、メアリー・ピックフォード（〝アメリカの恋人〟と呼ばれて親しまれたカナダ出身の女優・プロデューサー。一八九二～一九七九）とわたしは天才だが、自分にはちょっとした才能しかないとよく言っていた。これはもちろん、真実ではない。ダグラスはクリエイティブな人間で、物事をダイナミックなやり方でやってのけた。

たとえば映画『ロビンフッド（Robin Hood）』（一九二二年公開）を撮ったときには、四ヘクタールもあるセットを作り、その中に、巨大な城壁と跳ね橋のある城を築き上げた。それは、それまで実在したどんな城をもはるかに凌《しの》ぐ壮大な城だった。ダグラスは得意満面で、その巨大な跳ね橋にわたしを案内した。「素晴らしいな！」とわたしは言った。「これを使ったら、ぼくのコメディーの出だしが、さぞかし見事なものになるだろうね。跳ね橋が降りてくる。と、ぼくが現れて猫を城から外に出し、外に配達されていた牛乳瓶を中に取り込むんだ」

ダグラスにはカウボーイから国王にまで至る多種多様な友人がいて、そのひとりひとりに面白さを見出《みいだ》していた。チャーリー・マックというカウボーイもそのひとりだったが、ぺらぺらしゃべる軽薄でくどい男だったにもかかわらず、ダグラスはとりわけ気に入っていた。わたしたちが夕食をとっていると、チャーリー・マックが戸口に立って、こんなふうに語りかける。「ええ家だな、ダグ」そしてダイニングルームをぐるりと見まわして言う。「だがな、テーブルから暖炉までツバキを飛ばすにゃあ、ちっと遠すぎるな」そのあと、しゃがみ込んで、彼の妻が〝虐待《ギャクテエ》〟を理由に〝離婚《リーコン》〟訴訟を起こしているという話をするのだ。「判事に言ってやりてえよ。あの女の小指には、俺っちの体ぜんぶをあわせたより、ずっといっぱい〝ギャクテエ〟が詰まってるってな。どんな娘だって、あのあまっこ《ギャル》ほど銃が好きなやつはいねえ。あいつは、うちの古い木のうしろにいた俺っちを猛烈に撃ちまくりやがった。もう、とび上がったり、よけたり、あわてまくったのなんのって。しまいには、木が穴だらけになっちまって、向こう側が透けて見えるって始末よ！」チャーリーの空威張りは、おそらくダグの家に来るまえに周到にリハーサルされたものだったに違いない。

ダグラスの家は、もともと狩猟小屋だった。不格好な二階建ての小屋で、当時はまだみすぼらしい荒地にすぎなかったビバリーヒルズの丘のど真ん中に建っていた。周囲にはアルカリ性の土壌とヤマヨモギの酸《す》っぱい刺激臭が漂い、喉《のど》や鼻の中をヒリヒリさせた。

そのころのビバリーヒルズは、打ち捨てられた不動産開発地みたいだった。舗道が突如何もない原っぱの中に消え、白く丸い電球の街灯柱がひと気のない街路を飾っていた。だが、ほとんどの電球は欠けていた。居酒屋から出てくる酔っ払いどもに撃ち落されてしまったからだ。

ダグラス・フェアバンクスは、ビバリーヒルズに最初に住みついた映画スターで、週末をいっしょに過ごそうと、よくわたしを誘ってくれた。夜には寝室にいると、コヨーテの遠ぼえが聞こえた。コヨーテは群になってゴミ箱を襲いに来る。その遠ぼえは、小さな鐘が鳴り響くようで、薄気味悪かった。

ダグラスの家には、いつもとりまきが二〜三人泊まっていた。彼の映画の脚本を書いていたトム・ジェラティ、元オリンピック選手のカールをはじめ、カウボーイたちもよくいた。トムとダグとわたしは、さしずめ三銃士のような仲だったと言えるだろう。

日曜日の朝には、ダグがカウポニー（牧牛を集めるための軽量乗用馬）を用意し、暗いうちから起き出して丘の上で日の出を拝んだ。カウボーイたちは馬を杭《くい》につなぎ、キャンプファイアの火をおこして、コーヒー、ホットケーキ、そして〝メスブタの腹《サウベリー》〟（塩漬けの豚肉）からなる朝食を整える。夜が白み始めるのを眺めていると、ダグは饒舌《じょうぜつ》になった。わたしのほうは、睡眠不足にさせられたと軽口をたたき、唯一《ゆいいつ》見るに値する夜明けは、ご婦人とともに迎えるものだ、と揶揄《やゆ》した。ともあれ、こうした早朝の遠足にはロマンがあった。そしてダグは、唯一わたしを馬に乗らせることができた男だった。わたしのほうは、馬という動物は意地悪で扱いにくく、愚かな精神しか持ち合わせていないのに、人は馬を感傷的に扱いすぎる、と言い張って抵抗したのだが。

そのころダグは最初の妻と別居していた。夕方になると、いつも友人を食事に招いたが、その中に、当時彼が夢中になっていたメアリー・ピックフォードがいた。ダグもメアリーも、ふたりの関係については、まるでおびえたウサギのようにふるまっていた。わたしは、結婚などしないで一緒に暮らし、そのうち熱が冷めるのを待てばい、とよく助言したものだったが、ふたりともわたしの型破りな考えには同調できなかった。わたしがあまりにも結婚に反対したので、ついにふたりが結ばれたときには、友人がみな結婚式に招かれるなか、わたしはよばれずじまいに終わったのだった。

当時ダグラスとわたしはよく、陳腐な哲学談義にふけった。わたしが人生の無意味さについて長々と論じると、ダグラスのほうは、人生とは予《あらかじ》め定められたものだから運命は重要だと主張する。ダグラスがこの神秘的な情熱に囚《とら》われると、わたしはよけいシニカルになった。思い出すのは、ある暖かな夏の夜、ふたりで巨大な水槽によじ登り、その上に座って、ビバリーヒルズの壮大な自然を眺めたときのことだ。星はミステリアスにまたたき、月は煌々《こうこう》と輝いていた。にもかかわらず、わたしは、人生には意味などないと言い張った。

「見ろ！」とダグラスが、天上にあるあらゆるものを抱えるように腕で弧を描きながら、情熱的に叫んだ。「あの月！　あの無数の星！　これらすべての美しいものには、必ず意味があるはずだ。何らかの宿命を達成しようとしているんだ！　それはきっと何か善いことに違いない。君もぼくもその一部なんだ！」そのあと彼は、突然ひらめいたように、わたしに体を向けて言った。「君が、才能と、世界中の何百万人もの人々の心に届く映画という素晴らしい媒体を与えられたのはなぜだと思う?」

「じゃ、それがルイス・B・メイヤー(アメリカの映画プロデューサーでメトロ・ゴールドウィン・メイヤーの共同創始者。一八八四〜一九五七)とワーナー兄弟(ワーナーブラザーズ・ピクチャーズを創業した四兄弟)にも与えられたのは、なぜだと思う?」わたしはこうまぜかえし、彼は笑った。

　ダグラスはどうしようもないロマンティストだった。週末を彼のところで過ごしていたあるときには、熟睡中の午前三時に、ハワイアン・オーケストラのセレナーデで起こされた。ダグラスがメアリーのために仕組んだのである。演奏者たちは、たちこめた霧の中で楽器を奏でていた。それはそれでとてもチャーミングなことではあったものの、個人的に関与していないときに、彼の熱意に波長を合わせるのは楽ではなかった。けれども、こうしたボーイッシュな気質が彼を愛すべき人物にしていたことは間違いない。

　ダグラスはまた陽気なスポーツマンタイプで、ウルフハウンドや警察犬をキャデラックのオープンカーの後部座席に乗せていた。とにかく、そうしたことが心底大好きな男だったのだ。

＊

ハリウッドは急速に作家、俳優、知識人のメッカになりつつあり、高名な作家も世界中から集まってきた。サー・ギルバート・パーカー（カナダ生まれのイギリスの作家・政治家。一八六二～一九三二）、ウィリアム・J・ロック（イギリスの小説家・劇作家。一八六三～一九三〇）、レックス・ビーチ（アメリカの小説家・劇作家。一八七七～一九四九）、ジョーゼフ・ハージェスハイマー（アメリカの小説家。一八八〇～一九五四）、サマセット・モーム（イギリスの小説家・劇作家。一八七四～一九六五）、ガヴァニューア・モリス（アメリカの小説家。一八七六～一九五三）、ビセンテ・ブラスコ・イバニェス（スペインの作家。一八六七～一九二八）、エリノア・グリン（イギリスの女流作家・劇作家。一八六四～一九四三）、イーディス・ウォートン（アメリカの女流作家。一八六二～一九三七）、キャスリーン・ノリス（アメリカの女流作家。一八八〇～一九六六）は、そのほんの一例だ。

サマセット・モームの小説は映画会社にとって羨望《せんぼう》の的だったのだが、ハリウッドで仕事をすることはついになかった。とはいえ、素晴らしい短編小説がいくつも生まれることになる南太平洋の諸島に向かう前、彼はハリウッドに数週間滞在した。ある夕食の席で、彼はダグラスとわたしに、短編『セイディ・トンプソン』について詳しい話をしてくれた。この話は実話に基づいたものだったという。この作品は、のちに『雨』という題で戯曲化されることになる（さらには、一九二八年に『港の女』という題〔原題は『セイディ・トンプソン』〕で映画にもなった）。わたしは常々『雨』は模範的な戯曲だと思ってきた。デイヴィッドソン牧師とその妻の人物造形は見事で、ヒロインのセイディ・トンプソンよりずっと面白い。もしトリーが牧師を演じていたら、どんなに素晴らしかったことか！　おそらく彼はこのキャラクターを、物静かで、無慈悲で、舌先三寸のゾッとする人物として表現しただろう。

この繁栄するハリウッドに、ハリウッド・ホテルという名の、三流を下回るだだっ広いだけの納屋《なや》のごとき宿泊施設があった。だがそんなホテルが、急に脚光を浴びるようになったのである。いわば厖大《ぼうだい》な遺産が転げ込んできて面食らった田舎娘のようなものだった。宿泊料は異常に高かった。そんな高額を吹っ掛けることができたのも、ロサンゼルスとハリウッドをつなぐ道があまりにもひどくて、ほぼ通行不能だったからだ。セレブ作家たちは、映画スタジオのそばに住みたがったのである。とはいえ、ホテルに辿《たど》りついた者はみな、間違った住所に来てしまったみたいに呆然《ぼうぜん》とした。

エリノア・グリンはこのホテルの二間を占領し、片方の部屋を応接間に改造していた。要するに枕《まくら》をパステルカラーの布でおおい、それをベッドの上に配置して、ソファっぽく見せたのである。そして、その部屋で客人をもてなした。

わたしが初めてエリノアに会ったのは、彼女がそこで一〇人の客を夕食に招待したときだった。客はホテルのダイニングルームに行く前に彼女の部屋でカクテルをふるまわれることになっており、最初に到着したのがわたしだった。「ああ」と彼女は言って、わたしの顔を両手で包み、真剣なまなざしで見つめた。「お顔をよく見せてくださいな。まあ、驚きだわ！　あなたの目はブラウンだと思っていたけれど、はっきりしたブルーなのね」はじめこそやや圧倒されたが、やがてわたしは彼女が大好きになった。

エリノアは、イギリスの道徳感を体現する記念碑のような女性だったにもかかわらず、小説『三週間』によって、エドワード朝時代（英国王エドワード七世の治世。一九〇一～一九一〇）の英国社会にショックを与えた。この物語の主人公ポールは育ちの良い若い英国紳士で、のちに妃《きさき》になる女性と恋仲になる――相手にとっては年老いた王と結婚する前の最後の火遊びだったのだが。その結果、王には隠していたものの、産まれてきた皇太子は実はポールの血を引いていたのであった、という次第。ほかの客を待つ間に、エリノアはわたしをもうひとつの部屋に案内した。その壁にいくつも飾られていたのは、第一次大戦の英国将校たちの額縁入りの写真だった。腕で弧を描くようにして写真を示し、エリノアは言った。「みんな、わたしのポールなのよ」と。

エリノアはオカルトに熱中していた。ある日の午後、メアリー・ピックフォードが疲労と眠気を訴えたときのことを思い出す。わたしたちはメアリーの寝室にいた。

「北の方角を教えて」とエリノアが命令した。そして指をメアリーの眉毛《まゆげ》にそっと置くと、「さあ、ぐっすり眠ってしまった！」と何度も繰り返した。ダグラスとわたしがそっと近づいてメアリーを見ると、まぶたがピクピク動いている。あとになってメアリーがこっそり打ち明けた。部屋に留まったエリノアに見つめられていたので、一時間も眠ったふりをしなければならなかったと。

　エリノアは人の度肝を抜くという評判をとっていたが、彼女ほど生真面目な人間もいなかった。映画における彼女の恋愛表現は、いたって乙女チックかつナイーブなもので、愛する男性の頬をまつげでこする貴婦人とか、虎《とら》の敷物の上で恋に身をやつす淑女、といったものだった。

　ハリウッド映画用にエリノアが書いた三部作の題は、どんどん短くなっていった。第一作目は『三週間（Three Weeks）』（一九一四年公開）、二作目は『彼の一時間（His Hour）』（一九二四年公開。邦題は『男子凱旋』）、三作目に至っては『彼女の瞬間（Her Moment）』（正しくは一九二一年公開の『大いなる瞬間［The Great Moment］』）といった具合である。『彼女の瞬間』は、きわどい思わせぶりたっぷりの映画だった。筋はこうだ。グロリア・スワンソン（アメリカの女優。一八九九〜一九八三）扮《ふん》する上流婦人が、意に染まぬ結婚をしようとしている。舞台は彼女の婚約者が駐在している熱帯のジャングル。ある日彼女はひとり馬に乗って外出し、植物に興味があったので、馬から降りて珍しい花を観察しようとする。だが身をかがめたそのとき、毒ヘビに襲われて、胸のふくらみを咬《か》まれてしまう。グロリアは思わず乳房を抑えて、叫び声をあげる。と、彼女がほんとうに愛している男が（たまたま都合よく、そばを通りかかって）その声を聞きつける。その役は、ハンサムなトミー・メイハン（一八七九～一九三六）が演じた。急いで藪《やぶ》の中から現れた彼は、一声叫ぶ。「どうなさったんです？」

彼女は毒ヘビを指さす。「咬まれたのよ！」

「どこを？」

彼女は胸を指す。

「こいつは、もっともタチの悪いやつだ！」とトミー（もちろん、ヘビのことだ）。

「急いで何か手を打たないと！　一刻の猶予《ゆうよ》もない！」

だが、医者がいるのは何マイルも先。それに、通常の応急措置――ハンカチを止血帯に使い、患部を縛って血液の流れを止める措置――ももちろん使えない。突然彼は彼女を抱き上げ、彼女のシャツブラウスを引き裂いて真っ白な両肩をむき出しにする。そして、彼女の体を下品なカメラの視線から隠すように倒すと、その上に覆《おお》いかぶさり、毒を吸い出しては吐き捨てる。この吸出し手当ての結果、ふたりはめでたく結ばれることになるのであった。

第一四章

ミューチュアル社との契約を果たすと、ファースト・ナショナル社の仕事を早く始めなければと気になったが、同社にはスタジオがなかった。そこで、ハリウッドに土地を購入し、自分のスタジオを建てることにした。場所はサンセット・ブールバードとノース・ラ・ブレア・アヴェニューの角。そこには、一〇部屋からなる壮麗な邸宅と二ヘクタールにおよぶレモン、オレンジ、桃の果樹園があった。こうして現像所と編集室、そして事務所からなる完璧《かんぺき》なスタジオが手に入った。

スタジオの建設中、わたしは一カ月の休養をとるために、エドナ・パーヴァイアンスとホノルルに出かけた。ハワイは当時、美しい島だった。だが、本土から三二〇〇キロも離れた地にいることを考えると憂鬱《ゆううつ》になってきた。そのきらめく美しさ、パイナップル、サトウキビ、エキゾチックな果物と花々をもってしても、ロサンゼルスに戻る日が来たときには、ほっとしたものである。ちょっとした閉所恐怖症のようなものに陥っていたのだ。それはいわば、ユリの花の中に閉じ込められるような気分だった。

エドナ・パーヴァイアンスのような美しい娘がいつも近くにいたら、恋に落ちないわけがない。仕事のために初めてロサンゼルスに来たとき、エドナはアスレチック・クラブの近くにアパートメントを借り、わたしはほぼ毎晩のように、彼女をクラブに招いて、夕食をともにした。ふたりとも真剣に交際し、わたしは心の底でいずれ結婚することになるだろうと思っていたのだが、それでも一抹の不安がぬぐえなかった。エドナの気持ちが完全にはつかめず、自分自身の気持ちについても完全に理解しているとは言い難かったのだ。

一九一六年には、切っても切れない仲になっていて、赤十字が主催したすべての園遊会やパーティーに、ふたり揃《そろ》って出かけた。だが、そうした機会にエドナは嫉妬《しっと》深くなり、やんわりとだが陰湿な方法で、それを示した。ほかの女性がわたしに関心を示しすぎたりすると、エドナはどこかに消え、やがて彼女が失神してわたしを呼んでいる、というメッセージが届くのである。もちろんわたしは彼女のもとに馳せ参じ、その晩ずっと一緒に過ごした。あるとき、わたしのためにガーデン・パーティーを開いてくれた美貌の女主人が、社交界の華から華へとわたしを引き回したあげく、わたしを小部屋に連れ込んだことがあった。そのときも、エドナが失神したというメッセージが届いた。あれほど美しい娘が、意識を取りもどすと、いつもわたしを求めてくるというのは嬉《うれ》しくはあったものの、それが毎度のことになると、さすがにいささかうんざりしてきた。

決裂のきっかけは、ファニー・ウォード（アメリカの女優。一八七二～一九五二）が開いたパーティーだった。そのパーティーは、大勢の美しい娘やハンサムな若者でひしめいていた。ここでもまたエドナが失神した。けれども意識を取り戻したときに彼女が呼んだのは、長身でハンサムなパラマウント映画社の看板俳優、トマス・メイハンだったのである。その日はそのことを知らずに過ぎたのだが、翌日になって、ファニー・ウォードから聞かされたのだった。エドナに対するわたしの気持ちを知っていたファニーが、わたしを笑いものになることから救ってくれたのだ。

わたしは唖然《あぜん》としてしまった。プライドが傷つき、激しい怒りに襲われた。もしそれがほんとうなら、ふたりの仲もおしまいだった。とはいえ、そうあっさりとエドナを手放すわけにもいかない。彼女がいなくなった虚無感は耐えがたいものになることがわかっていたからだ。お互いがいかに大切な存在であったかという思いが、いまさらながら胸にこみあげてきた。

その一件の翌日は、仕事が手につかず、午後近くになって、エドナに釈明を求める電話をかけた。怒りをぶつけて非難するつもりでいたにもかかわらず、プライドがそれを許さず、わたしは皮肉っぽくなった。軽い冗談まで飛ばしたほどだ。「ファニー・ウォードのパーティーでは、間違えて違う男を呼んでしまったようだが、きっと君は健忘症にかかっていたんだろうね！」

エドナは笑ったが、かすかにきまり悪さがにじむのを、わたしは聞き逃さなかった。

「いったい何のことかしら？」と彼女はとぼけた。

わたしは、エドナが必死に否定することを期待していた。だが彼女は如才なくふるまい、誰がそんな馬鹿《ばか》げたことを言っているのかと訊《き》いてきた。

「誰に聞いたかなんてどうでもいい。でも、ぼくは君にとって、人前で笑いものにする以上の価値のある男だと思っていたよ」

エドナはとても落ち着いていて、あなたは嘘《うそ》を吹き込まれたのよと言い張った。

わたしは、無関心を示すことによって彼女を傷つけてやりたかった。「ぼくに言いつくろう必要なんかないさ。君は自由にやりたいことをやればいい。ぼくと結婚しているわけでもないし。良心的に仕事をしてくれさえすれば、あとはどうでもいいさ」

こうしたことすべてについてエドナは愛想よく同意し、仕事上の関係が損なわれることは望んでいないと言った。ずっといいお友達でいられるわ、と言った彼女の言葉が、さらにわたしを無性にみじめな気分にした。

電話での話は一時間を超えた。不安な気持ちで動揺し、何とか仲直りの糸口をつかみたかった。そうした状況ではありがちなことだが、わたしはエドナに新たな情熱を抱きはじめ、結局のところ、わたしたちの関係について話し合うという口実で、その晩、夕食を共にしてくれと頼み込む羽目に陥った。

エドナは躊躇《ちゅうちょ》したが、わたしは引き下がらなかった。というより、プライドも自己弁護もかなぐり捨てて、懇願し哀願したのだった。ついに彼女も折れ、その晩わたしたちは、エドナのアパートメントで、簡素なハムと卵の夕食を食べた。ふたりの間には和解のようなものが生まれ、わたしの動揺もやや収まった。すくなくとも、次の日は働けるようになった。とはいえ、わびしい絶望感と良心の呵責《かしゃく》はなくならず、ときどきエドナをなおざりにしてきたことについて自分を責めた。わたしはジレンマに陥っていた。彼女と完全に別れるべきか、それともよりを戻すべきか？もしかしたら、メイハンの話はほんとうに嘘だったのでは？

それから三週間ほどたって、小切手を受け取りにスタジオにやって来たエドナが、帰り際《ぎわ》に、たまたまわたしと鉢合わせした。エドナは友人と一緒だった。「こちらトミー・メイハン。もうお知り合いよね」と、彼女は素っ気なく言ったが、わたしにとっては、ややショックだった。一瞬エドナが、まるで初めて会ったばかりの女性のように思えた。「もちろん」とわたしは答えた。「調子はどうだい、トミー？」彼はバツが悪そうだった。握手して、二、三、とりとめのない言葉を交わしたあと、ふたりは一緒に去っていった。

とはいえ、人生とは止《や》むことのない葛藤《かっとう》の代名詞である。恋愛が問題でなければ、ほかの問題が持ち上がるだろう。成功は素晴らしいが、成功すればしたで、あの人気という移り気な妖精《ようせい》と付き合わなければならない。それでも、わたしにとっての慰めは仕事だった。

それにしても、一年のうち五二週間もぶっ通しで脚本を書き、演技し、監督しつづけるのは苛酷《かこく》な重労働で、途方もない精神的エネルギーを必要とする。ひとつ作品を仕上げると、わたしはがっくりして疲れ果て、丸一日寝込まなければならなかった。

そんな日は夕方になると、ベッドから抜け出して、ひとり散歩に出かけた。疎外《そがい》感を抱き、メランコリーにひたって、街をあてどなく歩き、ぼんやり店のショーウィンドウを眺める。そんなときは何も考えようとはしなかった。そもそも脳が停止状態に陥っていた。とはいえ回復は早かった。たいていは翌朝スタジオに行く車のなかで元気を取り戻し、また頭が回転し始めた。

わたしはいつも、単なる思い付きでセットを注文した。するとセットの建設中に美術監督がやってくるので詳細を詰め、いかにも前から考えていたようなふりをして、ドアやアーチ付きの入口の位置などの指示を出す。多くのコメディー作品の撮影は、こんな行き当たりばったりのやり方で始められたのだった。

ときおり、頭がねじれた紐《ひも》のようにこんがらがり、何らかの方法でほどくことが必要になった。そんなときは、夜の外出が役に立つ。とはいっても、アルコールの刺激は、あまり好きではなかった。実のところ、仕事をしているときには、ほんの少しのどんな刺激でも、洞察力に悪影響を与えるという迷信を抱いていた。コメディー作品の構想を練って監督することほど冴《さ》えた頭脳を要求するものはない。

セックスについて言えば、欲望のほとんどは仕事でまぎれていた。だが、それが愉《たの》しい頭をもたげたときには、人生とはなかなかうまくいかないもので、供給過剰になるか、深刻な欠乏に陥るかのいずれかだった。とはいえ、わたしは自制心旺盛《おうせい》で、仕事を真剣に捉《とら》えていた。一晩のセックスは小説の丸一ページ分を無駄にすると信じていたバルザック（フランスの大作家。一七九九～一八五〇）同様、わたしも一夜のセックスはスタジオの丸一日の仕事を無駄にすると考えていた。

＊

わたしが自伝を書いていることを聞きつけたある有名な女流作家が言った。「勇気を出して真実を伝えていただきたいわ」と。彼女は政治的なことを指しているのだと思いきや、実は、わたしの性生活のことについて言っていたのだ。おそらく、どんな自伝でも、性的衝動《リビドー》に関する論文のようなものが求められるのだろう。でも、なぜそんなことをしなければならないのかはわからない。わたしには、人物を理解したり、性格を表したりするのに、そうしたものが大した助けになるとは思えないのだ。フロイトとは異なり、わたしはセックスが複雑な人間の行動における最も重要な要素であるとは思っていない。寒さ、飢え、貧しさを恥じる気持ちのほうが、よほど人の心理に影響すると思う。

ほかの誰もと同じように、わたしの性生活にも周期があり、ときには精力がみなぎるときもあれば、まったく心もとないこともあった。けれども、セックスだけが人生最大の関心事というわけではなかった。わたしには創造的な興味があり、それはセックスと同じくらい夢中になれるものだった。いずれにせよ本書では、性欲の発作のようなことについて逐一詳述するつもりはない。なぜなら、そうしたことは、非芸術的かつ臨床的で、詩的なものではないからだ。それよりも、その行為を導くことになった状況のほうが、ずっと面白いと思う。

そのことについて言えば、ニューヨークからロサンゼルスに戻った最初の晩、アレクサンドリア・ホテルで、ちょっと気の利《き》いた即興演奏をすることになった一件がある。早めに部屋に引き上げたわたしは、鼻歌を歌いながら寝間着に着替えていた。ニューヨークで流行《はや》っていた最新の曲のメロディーだ。ときどき、考えごとに気を取られて中断すると、隣の部屋から、その先のメロディーを歌い継ぐ女性の声が聞こえてきた。彼女が中断すると、わたしが先を続け、わたしが中断すると、彼女が続ける。こうしてそれは愉快な遊びになった。ついにわたしたちは、一曲すべてを歌い終えた。彼女と知り合うべきだろうか？　だが、それにはリスクを伴う。それに、相手がどんな容姿をしているのか、まったくわからない。そこで、ふたたび同じ曲を口笛で吹いてみた。するとまた、同じことが起こった。

「はっはっは！　これは面白い！」わたしは笑いながら、独り言にも彼女に話しかけているともとれるように語尾を微妙に加減して言った。

隣の部屋から声が聞こえてきた。「今なんておっしゃったの？」

そこでわたしは鍵穴《かぎあな》から囁《ささや》いた。「君もニューヨークからやってきたばかりのようだね」

「よく聞こえないわ」と彼女が言う。

「じゃあ、ドアを開ければいい」とわたし。

「ほんの少し開けるけれど、こっちへ来ちゃだめよ」

「約束する」

一〇センチほどドアが開くと、うっとりするような美貌《びぼう》のブロンド娘がわたしを見つめていた。彼女が何を着ていたのか正確には覚えていないが、夢のような効果を発揮する絹のネグリジェのようなものに身を包んでいたと思う。

「来ないでね。そしたらぶつわよ！」と、よく揃った白い歯を見せながら、彼女がかわいらしく言った。

「はじめまして」わたしは小声で自己紹介した。相手はわたしが誰であるかについても、そして隣に部屋をとっていたことも、先刻ご承知だった。

その晩遅くその娘は、たとえどんなことがあろうとも、人前で挨拶《あいさつ》するようなことは絶対に避けるようにと釘《くぎ》を刺した。ホテルのロビーで出会ったときに頷《うなず》くことすらだめだと言う。彼女が自分に関して語ったのは、それがすべてだった。

次の晩、部屋に戻ると、彼女はためらいもせずにドアをノックし、わたしたちはもう一度、夜の世界の冒険に旅立った。しかし、三日目の晩にもなると、いささかうんざりしてきた。それに、わたしには考えるべき仕事とキャリアがあった。そこで四日目の晩は、気づかれないように自分の部屋のドアをこっそり開けると、忍び足で中に入ったのだが、彼女はその音を聞きつけてドアを軽く叩《たた》き始めた。わたしはそれを無視してベッドに直行し、寝てしまった。翌日、ホテルのロビーですれちがったときには、氷のように冷たい目つきでにらまれた。

その次の晩、彼女はノックをしなかった。代りに、続き部屋のドアノブがきしんだ音を立ててゆっくり回るのが見えた。でもドアには、わたしの部屋の側の鍵がかかっている。彼女は乱暴にハンドルを回すと、苛《いらだ》立ったようにドアを叩いた。翌朝、わたしはホテルを去った方が身のためだと思い、アスレチック・クラブにまた部屋をとることにした。

*

新しいスタジオで撮った最初の映画は『犬の生活《ア・ドッグズ・ライフ》(A Dog's Life)』(一九一八年公開)だっ

ハリウッドのチャップリン・スタジオ。

た。この話には、犬の生活を浮浪者の生活に重ねて描くという、風刺の要素を盛り込んだ。このテーマを土台として、さまざまなギャグやおきまりのドタバタ喜劇を重ねていったのである。わたしはコメディーを構造的に考えはじめ、その形式を意識するようになっていた。つまり、個々のシークエンス（ひとつのエピソード）が次のシークエンスをもたらすものになり、それらひとつひとつが全体的に関連し合うという形式だ。

　最初のシークエンスは、犬同士の争いから一匹の犬を救い出すというものだった。次のシークエンスは、まさに〝悲惨な生活《ドッグズ・ライフ》〟を送っている少女をダンスホールから救い出すというもの。ほかにも多くのシークエンスがあり、それらすべてが論理的に出来事の連鎖を構成していた。ドタバタ喜劇は単純で見え透いたものではあるが、それでも数多くの熟慮と創意工夫が注ぎこまれている。ギャグが物事の論理的な流れを妨げるような場合には、それがどれほど面白いものであっても、却下して使わなかった。

キーストン時代の浮浪者は、もっと自由で、その行動がプロットに制約されることもあまりなかった。当時の彼の脳はほとんど機能しておらず、ただ本能に従って生きていたと言っていい。つまり、食物、保温、シェルターという、生きていくための必《ひっ》須《す》条件だけを求めて暮らしていたのだ。けれども、そのあとコメディーを作るたびに、浮浪者のキャラクターはずっと複雑なものになっていった。彼の情緒面が人物造形に反映されるようになってきたのである。これは問題になった。彼にはドタバタ喜劇というしばりがあったからだ。頭でっかちに聞こえるかもしれないが、ドタバタ喜劇こそ、もっとも厳密な心理分析を要求するものなのである。

この問題は、浮浪者をある種の道化としてとらえることを思いついたときに解決した。この考えに基づけば、コメディーにもっと自由に情緒的表現が盛り込めるようになる。けれども、美しい娘が浮浪者に関心を抱くというシチュエーションは、論理的に難しかった。これはわたしの映画でいつも難題になった点である。『黄金狂時代(The Gold Rush)』(一九二五年公開)では、浮浪者に対する娘の関心は、彼をからかうことから始まる。それがのちに哀れみの情を抱かせることになるのだが、浮浪者はそれを恋愛感情と勘違いしてしまう。『街の灯《ひ》（City Lights）』（一九三一年公開）の娘は盲目だ。この関係では、彼は娘に対しロマンティックで好感の持てる男性としてふるまう——彼女の視力が戻るまで。

ストーリーを構造化するスキルが上達すると、今度は、コメディー面での自由が制約を受けるようになった。初期のキーストン時代の喜劇のほうが後の映画より好きだというあるファンは、こんなふうに書き送ってきた。「あのころは一般大衆があなたの奴《ど》隷《れい》になっていましたが、今ではあなたが一般大衆の奴隷になってしまいましたね」

けれども、初期の映画においてさえ、わたしはムードの構築に気を配っていた。そして、たいていその役目を果たしてくれたのが音楽だった。『チャップリンの移民』では、『ミセス・グランディ』という古い歌が雰囲気を醸《かも》し出した。その旋律には哀愁を帯びた優しさがあり、陰鬱《いんうつ》な雨の日に結婚する、ふたりの孤独な落伍《らくご》者《しゃ》にぴったりだった。

この物語ではまず、アメリカに向かう途上のシャルロ（チャップリンの浮浪者キャラクターのフランスなどでの愛称）が紹介される。三等船室で、彼は自分と同じくらい落ちぶれている若い娘とその母親に出会う。ニューヨークに着くと、彼らは別れ別れになる。最終的にシャルロは娘に再会するのだが、そのとき彼女はひとりきりで、彼と同じように落伍者の人生を送っていた。ふたりで座って話しているとき、彼女は意図せずに黒い縁のあるハンカチを取り出す。それは母親が亡《な》くなったことを暗示するものだった。そしてもちろん、ふたりは陰鬱な雨の日に結婚するのである。

ほかのコメディーでも、ちょっとしたシンプルな旋律によってイメージを喚起した。警官と子守りたちが登場する、荒々しい仕草と公園で起きるナンセンスな出来事満載の『恋の20分（Twenty Minutes of Love）』（一九一四年公開）では、一九一四年に流行したツーステップのダンス曲『芥子《からし》がききすぎる』に合わせてシチュエーションを展開させた。『街の灯』には『ラ・ヴィオレテーラ』という歌を、『黄金狂時代』には『蛍の光』を使って雰囲気を出した。

早くも一九一六年の時点で、わたしは長編映画のアイデアを温めていた。そのひとつは、月旅行に関するスペクタクル喜劇映画。月面でオリンピックをやり、重力にまつわるジョークで笑いをとろうという案である。実現していたら、技術の進歩を風刺する映画になっていただろう。わたしは自動食事機や、人の思考を記録する無線帽について、そしてその帽子をかぶって、月に住む異星人のセクシーな妻に紹介されたときに陥る窮地について案をめぐらした。自動食事機のほうは『モダン・タイムス（Modern Times）』（一九三六年公開）で使うことになる。

よくインタビューで、映画のアイデアはどうやって生まれるのかと質問されることがあったが、今日に至るまで、満足な説明はできずにいる。ただ、長年の間に気づいたのは、アイデアはそれを一心不乱に求めつづければ訪れるということだ。粘り強く求めていると、精神は想像力を刺激してアイデアをもたらしそうな出来事を見張る塔になる。そんなふうにして、音楽や日没がアイデアにイメージをもたらしてくれることがあるのだ。

だから、刺激が得られるテーマを選び、それを膨らませていっそう複雑なものにし、それ以上発展させられないようだったらあきらめて、またほかのテーマについて考えることをお勧めする。たくさん溜《た》めたあとに除いてゆくという方法こそ、自分が求めているものを探す手段になるだろう。

では、アイデアはどうやってひらめくのか？　その答えは、気も狂わんばかりに我慢しつづけること。だがそうするには、長期間にわたって不安感に押しつぶされながらも熱意を保ちつづけられる能力が必要だ。ひょっとしたら簡単にアイデアがひらめく人もいるのかもしれないが、わたしにはそうと思えない。

もちろん、新進気鋭の喜劇役者はみな、コメディー哲学の法則といったようなものをひねり出そうとする時期を経る。「意外性とサプライズの要素」は、キーストン映画社で二日に一度は聞かれたフレーズだ。

わたしはここで、人間の行動を説明するために、精神分析の奥底まで潜るようなことをするつもりはない。人間の行動とは、人生そのものと同じぐらい説明不可能なものだ。観念的な衝動強迫のほとんどは、セックスや幼児期に受けたトラウマなどよりも、隔世遺伝に由来しているとわたしには思える。とはいえ、人生のテーマが対立と苦悩であることを知るには、本を読むまでもないだろう。わたしは本能的にあらゆる喜劇的な演技を対立と苦悩の上に築いた。笑いをとるプロットをひねり出す方法はいたってシンプル。人を困難に陥らせたり、それから救い出したりするプロセスを描けばよかった。

けれどもユーモアは、それとは違い、もっとずっと繊細だ。マックス・イーストマン（アメリカの批評家・詩人。一八八三～一九六九）は、著書『ユーモアというもの』の中でユーモアの分析を行っている。彼によると、ユーモアとは一言で言えば、楽しい苦しみから生まれるものだそうだ。ホモ・サピエンスは元来自虐《じぎゃく》的な生き物で、さまざまな形の苦痛を楽しみ、観客は他人の苦しみを自らに重ねて楽しむという。ちょうど子供たちが〝インディアンごっこ〟をするのと同じだ。子供たちは撃たれて断末魔の苦しみをこうむる真似《まね》を楽しむのである。

わたしもこうしたことすべてに同感だ。だが、イーストマンの見解は、ユーモアの分析というより、ドラマの分析である。両者はほとんど同じものとはいえ。わたし自身のユーモアの概念はそれとは少し異なっている。ユーモアとは、一見正常な行動に見えるものから感じとれる微妙な食い違いだ。言い換えれば、わたしたちはユーモアを通して、論理的に思えることに非論理性をみつけ、重要に思えることに取るに足らない面をみつけるのである。ユーモアはまた、生存本能を際立たせて、正気を保たせてくれる。ユーモアのおかげで、わたしたちは人生の浮き沈みによるストレスを緩和することができるのだ。ユーモアはバランス感覚を引き出して、度が過ぎる真面目《まじめ》さの背後には滑稽《こっけい》さが潜んでいることを教えてくれる。

たとえば、葬儀の場で、友人や親類が棺《ひつぎ》の回りを囲み、静まり返って死者に敬意を表しているところを想像してみてほしい。葬儀がまさに始まろうとするそのとき、ある会葬者が遅れてやってきて、忍び足で席に着こうとする。だがそこには、ほかの会葬者のシルクハットが置かれてある。あわてていた男は、うっかりその上に座ってしまう。男は、厳粛な面持ちで黙ったまま潰《つぶ》れた帽子を申し訳なさそうに持ち主に差し出す。持ち主の方も声を出すわけにいかないので、黙って腹立たしげに帽子を受け取り、葬儀の言葉に耳を傾けつづける。このように、その場の厳粛さが、かえって滑稽さをもたらすことがあるのだ。

第一五章

第一次世界大戦の勃発《ぼっぱつ》当初、大方の意見は四カ月もたたずに戦争は終わるだろうというものだった。科学を駆使した近代戦はおびただしい人命を奪うから、人類はそんな蛮行をすぐさま止《や》めさせることになるだろうと思っていたのだ。だが、それは誤りだった。人類の当惑をよそに、わたしたちは雪崩《なだれ》のように押し寄せる狂気の破壊行為と残忍な大虐殺《だいぎゃくさつ》に巻き込まれ、惨劇は四年間もやまなかったのである。人類は世界規模の大量出血を始めてしまい、それを止めることはできなかった。何十万人もの人々が戦い、命を落とすのを見て、人々はようやく、なぜ、どのようにして戦争が始まったのかを知りたいと思うようになった。だが明快な答えは得られなかった。一部の者は、ある大公の暗殺が原因だったと言った。けれども、そんな説明では、あれほどの世界的な大戦争を引き起こした理由として到底納得できるわけがない。人々はもっと現実的な説明を求めた。すると今度は、民主主義にとって安全な世の中を築くための戦争なのだと言われた。守るべき財産もなく、裕福な者と違って戦うべき理由がない者が多かったのに、残忍にも犠牲は民主的に強いられた。しかし何百万という人々が無慈悲に殺戮《さつりく》されていくにつれ「民主主義」という言葉は、いよいよ声高に叫ばれるようになった。そしてその結果、いくつかの君主制が倒れ、共和制が築かれて、ヨーロッパの有り様は一変したのである。

それでもアメリカ合衆国は、一九一五年に「我々の自尊心は戦争を許さない」と断言した（当時の米国大統領ウッドロウ・ウィルソンの言葉）。この言葉により『兵士にするために息子を育てたわけじゃない』という反戦歌が生まれ、アメリカ国民の間で大ヒットした。が、それも『ルシタニア号』（一九一五年にドイツ軍の潜水艦に撃沈されたイギリス客船。多数のアメリカ人乗客が犠牲になったため、アメリカが参戦するきっかけになった）が撃沈されるまでだった（実際には、ルシタニア号の撃沈は演説の数日前に生じ、ウィルソンは事件に対する直接の言及を避け、不戦の立場を強調した）。この事件は、もうひとつの歌『あそこへ《オーヴァー・ゼア》』などの多くの勇ましい軍歌を生むことになる。『ルシタニア号』事件が起きるまで、カリフォルニアは、ヨーロッパで起きていた戦争の重荷の影響は何も受けておらず、物資が欠乏することも、配給制度が敷かれることもなかった。赤十字が募金のための園遊会やパーティーを催してはいたものの、それは単なる社交の口実だった。たとえば、ひどく上品なある晩餐会《ばんさんかい》で、二万ドルもの大金を赤十字に寄付した女性がいたが、その理由はわたしの横の席に座るだけのためだったのだ。それでも時の経過とともに、戦争の悲惨な現実は、徐々に人々の心に染《し》み込んでいった。

アメリカは一九一八年までに、二度にわたって自由公債《リバティーボンド》（戦時公債の一種）を発行していた。

そして三度目の発行にあたり、メアリー・ピックフォードとダグラス・フェアバンクスとわたしの三人が、ワシントンで公式キャンペーンのオープニングを司《つかさど》るように要請されたのである。

ちょうどその時期は、ファースト・ナショナル社の最初の映画『犬の生活』の完成目前にあたっていて、映画の公開日を自由公債キャンペーンの開催日に合わせる約束をしたため、三日三晩、不眠不休で編集作業に没頭しなければならなかった。映画が完成すると、疲労困憊《こんぱい》のていで列車に乗り込み、二日間ぶっ通しで眠りつづけた。ようやく目覚めると、今度は三人でスピーチ原稿を書き始めた。わたしは一度も真面目《まじめ》な演説などしたことがなかったので緊張していた。するとダグラスが、駅で待っている群衆相手に腕試しをしてみ

ダグとメアリーとワシントンへ出発。

たらどうかと提案した。ある駅で停車したとき、展望車の回りにかなりの群衆が集まってきた。展望車に乗ったダグラスがメアリーを紹介し、彼女がちょっとしたスピーチをしたあと、わたしを紹介した。けれどもわたしが口を開くやいなや、列車が動きだしたのである。群衆から離れるにしたがって、わたしは雄弁になり、身振りもいっそう派手になった。こうして、群衆がどんどん小さくなるにつれて、わたしの自信も高まっていったのだった。

ワシントンに到着すると、わたしたちはまるで君主さながら街をパレードして、最初のスピーチを行う予定のフットボール競技場に着いた。

粗削りの板で作られた演壇の回りには万国旗がめぐらされていた。陸軍や海軍の代表者の中に長身のハンサムな青年がいて、わたしの横に立っていたので、少し話をした。正式な演説などしたことがないので心配だと言うと、彼は自信たっぷりにこう言った。「心配することなど何もありませんよ。ただ単刀直入に言えばいいんです。自由公債を買いなさいと。面白おかしく話そうなどとは考えずにね」

「その点はご心配なく！」わたしは皮肉を込めて答えた。

そのすぐあと、わたしが紹介される声が聞こえたので、フェアバンクスの流儀で演壇に駆け上がり、一刻の休みもなく機関銃のように一気にまくしたてた。息継ぐ暇さえほとんどなかった。「ドイツ軍はもうあなたがたの家のドアの前まで迫っています！　何としてでも押しとどめなければなりません！　彼らを押しとどめることはできます。あなたがたが自由公債を買ってくだされば！　忘れないでください。あなたがたが買う公債一口ごとに、ひとりの兵士の命が——ある母親の息子の命が——救われることを！　そして、この戦争を早く勝利に導くことができることを！」あまりにも興奮してまくしたてたので、わたしは演壇で滑ってマリー・ドレスラー（カナダ出身の女優。チャップリンと『醜女の深情〔Tillie's Punctured Romance〕』〔一九一四年公開〕で共演していた。一八六八～一九三四）につかみかかり、彼女もろとも例のハンサムな青年の上に倒れ込んでしまった——そのとき海軍次官の地位にあったフランクリン・D・ローズヴェルト（後の第三二代アメリカ合衆国大統領。一八八二～一九四五）の上に。

　公式行事のあとは、ホワイトハウスでウィルソン大統領と会見することになっていた。期待と興奮で胸をふくらませたわたしたちは、グリーンルームに通された。と、突然ドアが開き、秘書官が現れて事務的に言った。「一列に並んで、一歩前に出てください」そのあと現れたのが大統領だった。

　まず、メアリー・ピックフォードが口火を切った。「大統領閣下、人々の関心は高く、とても満足のいくものでした。公債キャンペーンは、必ずや大成功を収めることでしょう」

「ほんとうにそうでしたし、きっと……」わたしは緊張しきって、しどろもどろに口をはさんだ。

大統領はいぶかし気にわたしを見ると、ウィスキー好きな閣僚に関する上院議員の内輪のジョークを口にした。わたしたちはみな礼儀正しく笑い声をあげ、その場をあとにした。

その後、ダグラスとメアリーは、アメリカ北部諸州を公債販促キャンペーンの地に選び、わたしはまだ行ったことがなかった南部諸州に出かけることにした。そしてロサンゼルスから友人の肖像画家兼作家のロブ・ワグナーを招き、わたしの客として行動を共にすることにした。鳴り物入りで行われた公債販促キャンペーンは野心的で、非常にうまく運営されていたので、数百万ドル分もの公債を売り上げることができた。

ノース・カロライナ州のある都市で行われたキャンペーンでは、地元の実業家が歓迎委員会の会長を務めていた。彼はあとでこう打ち明けた。実は、駅にカスタード・パイを手にした少年を十人並ばせて、わたしに投げつけさせるつもりだったのだと。けれども、下車した随行団がひどく真面目だったのを見て、考え直したのだと言う。

この紳士が、わたしたちを夕食に招いてくれた。そこには、アメリカ合衆国の将軍も何人かいて、そのひとりがスコット将軍だった。どうやら将軍は、この実業家を嫌

南部での大群衆を前に。

っていたらしい。夕食の最中に、こんなジョークを飛ばしたからだ。「今夜の晩餐会の主人とバナナの違いがわかるかな?」その場にちょっとした緊張感が走った。「バナナなら、皮をひん剝《む》くことができる」

南部の伝説的な紳士と言えば、ジョージア州オーガスタで、その典型とも言える人物に出会った。公債販売委員会の会長を務めていたヘンショー判事である。わたしたちは、判事から手紙を受け取っていた。たまたまオーガスタで誕生日を迎えるわたしのために、カントリークラブで誕生パーティーを開いてくれるという。大勢の人に囲まれて雑談をしつづけなければならない会を想像したわたしは、とても疲れていたので、誘いを辞退してホテルに直行しようと心を決めていた。

たいていの場合、駅に到着すると、わたしたちは地元のブラスバンドの演奏とともに、黒山の人だかりに迎えられたものだった。けれどもオーガスタで待っていたのは、黒の絹紬《けんちゅう》のコートに、日に焼けた古いパナマ帽をかぶったヘンショー判事ただ一人。物静かで礼儀正しいこの判事は、自己紹介をしたあと、ロブとわたしを古風なランドー馬車に乗せて、ホテルに向かった。

しばらくの間、みな黙りこくっていた。が、ふいに判事が口を開いた。「君のコメディーが好きなのは、基本を押さえているからなんだ――つまり、人間の体のなかで、もっともみっともない部分は尻《しり》なんだが、君の作品は、まさにその証左にほかならない。君が太っちょ紳士の尻を蹴《け》ると、その男のあらゆる威厳がはぎ取られる。たとえ、大統領就任式のようないかめしい機会でも、君が大統領の後ろに回り込んでその尻を蹴ったら、厳粛な雰囲気は一気に崩れるだろうな」馬車が陽光のなかを進むなか、判事は気まぐれに頭をかしげて独り言をつぶやいていた。「疑いの余地はない。尻は自意識が宿る場所なんだ」

わたしはロブを肘《ひじ》で小突いて囁《ささや》いた。「誕生パーティーには行くことにしよう」

パーティーは、集会と同じ日に行われた。わたしたちのほかには、三人しか招待されておらず、判事は、大掛かりなパーティーでないことを詫《わ》びたあと、自分は利己的で、わたしたちをひとり占めしたかったからだと打ち明けた。

ゴルフクラブは美しい場所だった。緑の芝生に高い木々の影が優雅に落ちるなか、わたしたち六人はテラスに置かれた丸テーブルの回りに座った。テーブルの上には、ろうそくが灯《とも》されたバースデーケーキが置かれていた。

判事はセロリをかじりながら、ロブとわたしを見た。その目がキラキラ輝いている。「はたしてオーガスタで公債がたくさん売れるかどうか……わたしは催しのお膳立《ぜんだ》てがあまり得意ではないのでね。とはいえ、町の連中は君たちが来てくれたことは知っていると思う」

わたしは、その場の美しさをほめそやし始めた。「そうだな」と判事は言った。「ミント・ジュレップ（砕いた氷の上にミント・シロップとバーボンを注いだカクテル）があれば、完璧《かんぺき》なんだがね」

その一言から、話題が禁酒法の可能性やその問題点と利点の話に移った。「医学的な報告によると」とロブが言った。「禁酒法は、人々の健康によい影響を与えることになるようですよ。医学雑誌は、ウィスキーを飲むのをやめれば胃潰瘍《いかいよう》は減るだろうと言っています」

判事は傷ついたような顔つきをした。「ウィスキーを胃の観点から語るのは心外だな。ウィスキーは魂の糧《かて》なんだから！」そのあと、判事はわたしに向かって言った。「チャーリー、きょうは君の二九回目の誕生日だろう？　なのに、まだ結婚していないのかい？」

「ええ」わたしは笑っていった。「あなたは？」

「わたしもだ」判事は思いに沈むように言った。「あまりにも多くの離婚訴訟を扱ってきたんでね。と言っても、もういちど若返ることができたら、おそらく結婚するだろう。独身というのは寂しいものだ。もっとも、離婚には賛成だ。おそらくわたしはジョージア州で一番悪名高い判事に違いない。夫婦がもう一緒に暮らしたくないというなら、わたしは、そんなことを強制したりはしないさ」

しばらくして、ロブが腕時計に目をやった。「集会が八時半から始まるなら、そろそろ急がないと」

判事はセロリをかじりながら答えた。「まだ時間は十分にある。もう少しわたしと一緒にゆっくりしてくれたまえ。無為に時を過ごすのが好きなんでね」

集会に行く途中、小さな公園の中を通ったとき、二〇体ほどの上院議員の彫像が立っていた。片手を後ろに回したり、腰に置いたり、巻物を持っていたりする像もあり、みな、滑稽《こっけい》なほど横柄《おうへい》に見えた。わたしは冗談めかして、彼らはさっき話していたズボンの尻蹴りコメディーにはもってこいですね、と言った。

「ああ」と判事は嬉《うれ》しそうに返事をした。「連中には、小便と崇高な目的がたっぷり詰まっているようだな」

判事は自宅にも招いてくれた。昔ながらの美しいジョージア風の邸宅で、ジョージ・ワシントン（アメリカ合衆国初代大統領。一七三二〜一七九九）その人が〝実際に泊まった〟という部屋もあり、家具調度類は一八世紀アメリカのアンティークだった。

「なんて美しいお宅なんでしょう」とわたしは言った。

「ああ、でも妻がいなければ、空の宝石箱みたいなものだ。だからチャーリー、君もあまり先延ばしにしないほうがいいぞ」

アメリカの南部諸州では、軍事訓練キャンプをいくつか訪問し、陰気で苦渋に満ちた表情を多々目にすることになった。この旅のクライマックスは、ニューヨークのウォール街にある財務省分局の外で行われた最後の公債キャンペーンだった。そこでは、メアリーとダグラスとわたしとで、二〇〇万ドル以上の公債を売り上げることができた。

ニューヨークは重苦しい雰囲気に包まれ、軍事主義という鬼があらゆるところにはびこっていた。それから逃れるすべはなかった。アメリカじゅうが服従を強いる体制に囚《とら》われ、戦争という宗教があらゆる思考を凌駕《りょうが》していた。マディソン街の憂鬱《ゆううつ》なビルの谷間を通る軍楽隊のみせかけの陽気さもやりきれなかった。ヨーロッパに向けて出帆するためにバッテリー埠頭《ふとう》に向かう兵士を送るその楽曲を、わたしは泊まっていたホテルの一二階の部屋で聞いていた。

そうした陰鬱な雰囲気にもかかわらず、ときどき、ちょっとしたユーモラスな出来事も起きた。あるとき、七組の軍楽隊が野球場を行進して、ニューヨーク市長の閲兵を受けることになった。だが、球場の外で、なんらかのインチキバッジを胸に付けて職員を装《よそお》ったウィルソン・マイズナー（作家かつ談話家。一八七六〜一九三三）が、軍楽隊を一隊ずつ止めては、市長の特別観覧席の前を通るときに国歌を演奏するようにと偽《にせ》の指示を出したのだ。市長と観客は国歌の演奏に合わせて毎回起立する羽目に陥り、ついに四回目に起立したあと、市長は、これからやって来る軍楽隊には国歌の演奏をさせないようにと言わざるをえなくなったのである。

*

第三回自由公債のキャンペーンのためにロサンゼルスを発《た》つ前、わたしは、パラマウント映画の主演女優としてハリウッドに来ていたマリー・ドロ（アメリカの女優。「若き日々」に登場。一八八二〜一九五六）に会った。彼女はチャップリンのファンで、ハリウッドで会いたいのは、チャーリー・チャップリンだけだ、とコンスタンス・コリアーに話していたそうだ――ロンドンのデューク・オブ・ヨークス劇場でわたしと共演していたことなど知る由《よし》もなく。というわけで、マリー・ドロに再会したわけだが、それはまるでロマンティックな劇の第二幕が開いたかのようだった。コンスタンスに紹介されたあと、わたしはマリーに言った。「でも、ぼくらはすでに出会っているんです。ぼくはあなたに心を引き裂かれました。打ち明けはしなかったものの、あなたに恋していたんです」柄付き眼鏡を通してわたしを見ていたマリーの美しさはそのままで、彼女は「まあなんて素敵なの」と言った。そして、わたしは『シャーロック・ホームズ』でビリー少年を演じていたことを明かしたのだった。あとになって、わたしたちは庭で夕食をとった。それは暖かな夏の夕べで、キャンドルのゆらめく光のもと、わたしは、人知れず片思いに身を焦《こ》がしていた少年の日のもどかしい想《おも》いのこと、そして、デューク・オブ・ヨークス劇場で、「こんばんは」と言う言葉を絞り出すだけのために、彼女が楽屋から出てくる時間を見計らって階段ですれ違ったことなどを明かした。ロンドンとパリについても語り合った。マリーはパリが大好きで、話は尽きなかった。ビストロのこと、カフェのこと、マキシムのこと、シャンゼリゼのこと……。

そして今、マリーがニューヨークにいたのだった！　わたしがリッツに泊まっていることを聞きつけた彼女は、手紙を寄越して、彼女のアパートメントで夕食をとらないかと誘ってきた。手紙は、こんなふうに書かれていた。

親愛なるチャーリー、

わたしのアパートメントは、シャンゼリゼ（マディソン街）のすぐ脇《わき》にあるの。そこで夕食をとってもいいし、《マキシム》（《ザ・コロニー》）に出かけることもできるわ。そのあと、もしお気に召せば、森《ボア》（セントラルパーク）をドライブすることもできてよ……。

とはいえ、わたしたちはそのどれもやらなかった。マリーのアパートメントで、ふたりきりの静かな夕食をとったのだった。

映画づくりはセットの組み立てから始まる。

＊

ロサンゼルスに戻ると、ふたたびアスレチック・クラブに居を定め、仕事について考え始めた。『犬の生活』の制作は予想していたより時間も費用もやや余分にかかってしまったが、契約の終わりまでには帳尻が合うと思って心配してはいなかった。それよりも、次の映画のアイデアをひねり出すことのほうが気がかりだった。そうこうするうちに、ある構想が浮かんできた——戦争に関するコメディーを作ったらどうだろう？　それについて数人の友人に話すと、みな首を横に振った。デミルは「今の時期に戦争を笑いものにするのは、危険すぎる」と言った。だが、危険だろうがなかろうが、この構想にわたしはすっかり夢中になった。

『担《にな》へ銃《つつ》（Shoulder Arms）』（一九一八年公開）は、もともと五巻物として考えた映画だった。冒頭は「家庭生活」、中盤は「戦争」そして最後は「祝宴」で、全ヨーロッパの君主が一堂に会し、ドイツ皇帝《カイザー》を生け捕りにしたわたしの英雄的行為を称《たた》えるという筋である。もちろん最後は、夢から目覚めて終わることになる。

だが結局、戦争の前と後のシークエンスは捨てることになり、祝宴のシーンについては撮影もしなかった。それでも、家庭生活の部分は一応、撮影することはし、その部分の喜劇的効果には暗示的手法を用いた。主人公のシャルロが、四人の子供とともに家に帰って来る。子供たちを置いてしばらくどこかへ行くが、やがて口を拭《ぬぐ》い、ゲップをしながら戻って来る。家に入るやいなや、フライパンが飛び出してきて、シャルロの頭をしたたか叩《たた》く。彼の妻は一度も姿を見せないのだが、台所の洗濯ひもにかかった巨大なシュミーズが彼女の体格を暗示する。

次のシークエンスはシャルロが徴兵検査を受けるところで、素っ裸になっている。傾いた事務所のガラスドアに「ドクター・フランシス」という名札がかかっている。

ロケ先での昼食。

ドアの向こう側から人影が近づいてきてドアを開けようとするのだが、フランシスという名前からてっきり女医だと思い込んだシャルロは、もうひとつのドアから逃げ出し、ガラスのパーティションで区切られた迷路のようなオフィスに入り込んでしまう。そこでは女性事務員たちが一心不乱に仕事に没頭しており、なかのひとりが顔を上げるのを見て、シャルロは机の反対側に隠れようとする。が、そうしたところで、隣の女性に姿を見られてしまうだけだ。そこでまたドアから逃げ出すのだが、次の部屋も、また次の部屋も、同じようにパーティションで区切られたオフィスが延々と続く。こうして元いた場所からどんどん遠ざかった彼は、ついにバルコニーにたどりつき、混雑した大通りを素っ裸で見降ろす羽目に陥るのだ。このシークエンスは、撮影はしたが使わなかった。理由は、シャルロの人物像は曖昧《あいまい》なままにして、何の背景情報も与えずに、軍隊にいるところから始めたほうが効果的だと思えたからである。

『担へ銃』は、焼けつくような暑さの中で撮影された。木にカモフラージュした衣装を着こんで演技をするのは（シークエンスのひとつにそんな場面があったのだ）、居心地悪いことこの上なかった。そもそもわたしは、戸外のロケーションで撮影するのは、気が散るので大嫌いである。集中力とインスピレーションを風がさらっていってしまうのだ。

この映画の制作には時間がかかり、その出来栄《できば》えにも満足できなかった。そして、そんなわたしの気分はスタジオにいた者全員に伝染した。そんななか、ダグラス・フェアバンクスが映画を見たいと言ってきた。そこで、友人をひとり連れてやって来たとき、あまりにも出来が悪いからゴミ箱に捨ててしまおうと思っていると、前もって彼に断っておいた。だが、映画の冒頭から、ダグラスは爆笑しっぱなしで、それが止まったのは、笑いすぎてせき込んだときだけ。心やさしいダグラス――彼はわたしにとって最高の観客だった。上映が終わって明るいところに出たとき、彼の目は笑いで涙がにじんでいた。

「ほんとに、そんなにおかしいかい？」わたしは信じられない思いで尋ねた。

　彼は友人に向かい、わたしを指して言った。「この男をどう思う？　これほどの映画をゴミ箱に捨てようと思っているんだぜ！」ダグラスのコメントは、それだけだった。

『担へ銃』は大成功を収め、戦時中全体を通じて兵士の間で大人気を博したが、この映画も思ったより制作に時間がかかったうえ、『犬の生活』よりもさらに制作費が膨らんでしまった。今や、それ以上の作品を作りたいと思うようになったわたしは、ファースト・ナショナル社の支援があてにできないかと考えた。同社の業績はわたしが加わってからうなぎのぼりになり、プロデューサーやスターたちと契約を交わしては、映画一本につき二五万ドルと売り上げの五〇パーセントを支払っていたからだ。だが彼らの映画は、わたしの喜劇より制作費もかからず、作るのもずっと簡単だった――そしてもちろん、興行成績もわたしの映画を下回っていた。

　ファースト・ナショナル社の社長J・D・ウィリアムズ氏は、その件については、取締役会で検討すると言った。わたしの要求はたいしたものではなく、余分にかかった費用を埋め合わせるだけの額で、映画一作につき一万ドルから一万五〇〇〇ドルほどでしかなかったろう。ウィリアムズ氏は一週間以内にロサンゼルスで会合を持つから、取締役たちに直談判したらいい、と言った。

当時の映画配給業者はたくましい商人で、彼らにとって映画とは、一ヤードあたりいくら儲《もう》かるかという商品でしかなかった。わたしとしては、事情をうまく誠実に説明できたつもりでいた。予想以上に制作費がかかっているので、ほんの少し増額してほしいと頼んだだけだったのだ。だが、一工場労働者がゼネラルモーターズ社に昇給を求めるほうが、まだうまくいったかもしれない。わたしが話し終えると、沈黙が広がり、しばらくして代表者が口を開いた。「チャーリー、君との契約はだな、ビジネスの取引なんだ。君は契約書に署名しただろう。だから我々は、君がそれを履行するものと思っている」

わたしは素っ気なく答えた。「これからの六本は、数カ月で作ることだってできますよ。そんなたぐいの映画でよければね」

「それは君次第さ、チャーリー」と落ち着いた声が返ってきた。

わたしは続けた。「増額を頼んでいるのは、仕事の質を保つためなんです。あなたがたがこの件に無関心なのは、人間の心理に対する理解と先見の明が欠けているからでしょう。これはソーセージの問題じゃないんですよ、一個人の情熱の問題なんです」だが、どれほど言葉を尽くしたところで、彼らを動かすことはできなかったに違いない。彼らの態度はまったく不可解だった。なにしろ、わたしは当時、アメリカ随一の目玉商品とみなされていたのだから。

「それはきっと、この映画業者会議とかいうやつのせいだな」と兄のシドニーが言った。「映画制作会社が合併を企《たくら》んでいる噂《うわさ》があるんだ」

翌日、シドニーはダグラスとメアリーに会った。このふたりも、契約の満了が近づいていたのにパラマウント社が何も言ってこないので不審に思っていた。そしてシドニーと同じように、ダグラスも原因はこの映画業界の合併にあるに違いないと考えて、こう提案した。「探偵を雇って探らせたらどうかな。何が起こっているのか知るために」

探偵を雇うというダグラスの案に全員が賛成したので、わたしたちは、とても頭の回転が速く身だしなみのいい美人の若い娘を雇うことにした。ほどなくして、彼女は重要な映画制作会社の重役とデートの約束をとりつけた。送られてきた報告によると、この標的にアレクサンドリア・ホテルのロビーで出会い、微笑《ほほえ》みかけたあと、昔の知り合いと人違いしてしまったわ、と言い訳したそうだ。その晩、彼女は男から夕食に誘われた。標的は貪欲《どんよく》な性的衝動にかられている口の軽い自慢屋であることが報告書から読み取れた。三日間というもの、彼女はこの男と夕食をともにし、気を持たせたり、言い訳をしたりしながら、なんとか身を守りつづけた。そしてそうするなかで、映画業界で起きていることの全貌《ぜんぼう》をちゃっかり把握したのである。彼とその仲間は、あらゆる映画制作会社を合併して四〇〇〇万ドル規模の企業を作り上げようと画策し、全米の映画館主に五年間の配給契約を結ばせようとしていた。男はこう言ったという。自分たちは、天文学的な給料をぶんどっている一握りの狂った俳優たちに映画業界を牛耳らせるのをやめさせ、事業をちゃんとした商業ベースに乗せようとしているのだ、と。これが彼女の話の骨子で、目的は十分に果たされた。わたしたち四人が、この報告書をD・W・グリフィスとビル・ハート（主に西部劇俳優として活躍したアメリカの俳優・脚本家・映画監督・プロデューサーのウィリアム・S・ハートのこと。一八六四〜一九四六）にも見せると、ふたりも同じ反応を示した。

シドニーは、この合併策を打ち負かす方法があると言った。映画館主たちに向かって、わたしたちは独自の制作会社を設立する予定で、制作した映画は公開市場で売り、独立を保つつもりだ、と発表すればいいと。当時わたしたちは、映画界トップクラスの人気俳優だった。とはいっても、本気でこのプロジェクトを実行するつもりだったわけではない。この合併案に基づいて映画館主たちが五年契約を結ぶことを阻止することだけが目的だった。スター俳優が出演しなければ、この合併策は無価値になる。

そんなわけでわたしたちは、彼らの映画業者会議の前夜に、アレクサンドリア・ホテルのメイン・ダイニングルームに集まって、報道機関に意向を発表することにした。

その晩、わたしたちは、メアリー・ピックフォード、D・W・グリフィス、W・S・ハート、ダグラス・フェアバンクスとわたしの五人で、メイン・ダイニングルームのテーブルを囲んだ。効果は電撃的だった。まず、何も知らないJ・D・ウィリアムズが夕食をとりにやってきたが、わたしたちを見たとたん、あわてて部屋を出ていった。次々にプロデューサーがダイニングルームの入口に現れては、わたしたちの姿をみとめて、すぐに引き返していった。その間わたしたちは、一大事業計画の相談をしているふりをして、天文学的な数字をテーブルクロスの上でなぞったりしていた。ダイニングルームにプロデューサーが顔を出すたびに、ダグラスはふいに突拍子もない話を始めた。「このところ、ピーナッツに載せるキャベツとポークに載せる食料品が、非常に重要になってきたらしいな」などというふうに。グリフィスとビル・ハートは、ダグラスの頭がいかれてしまったのではないかと思ったそうだ。

ほどなくして、半ダースほどの新聞記者がわたしたちのテーブルについてメモを取り始め、わたしたちは、画策されている大規模な合併と闘って独立を守るために、〝団結した芸術家たち《ユナイテッド・アーティスツ》〟の会社を設立する予定だと発表した。このニュースは、各紙

ユナイテッド・アーティスツ社の創始者。左からフェアバンクス、チャップリン、グリフィス、ピックフォード。

第一面で大きく報道されることになった。
翌日、複数の映画制作会社の社長が、自分の会社を辞めて、新会社の社長になりたいと申し出てきた。給料は少しでいいから新会社の利益を配当してほしいと言う。そうした反応を目にしたわたしたちは、このプロジェクトを実現することに決めた。かくして、ユナイテッド・アーティスツ社の誕生とあいなったのである。

＊

わたしたちは、メアリー・ピッ

クフォードの家で会合を持つことにし、それぞれ弁護士とマネージャーを連れて集まった。とても威厳のある会だったので、みなの言葉は、公的な演説みたいだった。実のところわたしは、何か言わなければならないたびにビクビクしていた。メアリーの法律とビジネスに関する識見は驚くべきもので、分割償還や後配株といった用語にすべて通じていただけでなく、定款《ていかん》の条項すべてを理解し、七ページ第二七条A項にある不一致や、第二四条D項の重複と矛盾を冷静に指摘する、という具合だったのである。そんなときには、驚きよりも悲しみのようなものを感じた。なぜなら、「アメリカの恋人」（メアリー・ピックフォードのニックネーム）のそんな一面は、それまでわたしが知らなかったものだったからだ。今でも、忘れられないフレーズがひとつある。弁護士たちを相手に厳粛な長演説をぶったあと、彼女はこう言ったのだ。「諸君、われわれの本分たるや――」わたしは吹き出して、何度も繰り返した。「われわれの本分たるや！　われわれの本分たるや！」

当時メアリーは、その美貌にかかわらず敏腕事業家でもあることが評判だった。わたしは彼女に初めて会ったとき、メイベル・ノーマンドから冗談めかしてこんなふうに紹介されたのを覚えている。「こちら、ヘティー・グリーン（原注／世界でもっとも裕福な女性のひとりだった本物のヘティー・グリーンは、その鋭いビジネス感覚で一億ドル以上を蓄えたという評判だった）、またの名をメアリー・ピックフォードというの」

こうしたビジネスの話し合いにわたしは何も貢献できなかったが、運よく兄はメアリーと同じくらいビジネスに精通していた。そしてダグラスは、愛想のよい無関心を装ってはいたものの、その実、わたしたちの誰よりも抜け目なかった。弁護士たちが法律上の問題で押し問答をするなか、ダグラスは少年のように悪ふざけをしまくっていたが、定款の条項を読むときには、コンマひとつ見逃さなかった。

仕事を辞めて、わたしたちの会社で働きたいと申し出たプロデューサーのひとりに、パラマウント映画社の社長かつ創設者のアドルフ・ズーカー（ハンガリー出身で、一八九〇年ごろアメリカに渡った。一八七三～一九七六）がいる。活気に満ちた人柄のよい小男で、その姿も情熱的なところもナポレオンにそっくりだった。ビジネスを語るときには、ドラマティックで、人を惹《ひ》きつけてやまなかった。「諸君――」とズーカーはハンガリーなまりでぶち上げた。「諸君は、自ら努力して得たものの恩恵を存分に手にして当然なのだ。なぜなら芸術家なのだから！　諸君は創造者なのだ！　大衆が映画館に足を運ぶのは、まさに諸君を見るためなのである！」わたしたちは控えめに同意した。「諸君は――」と彼は続けた。「会社を設立しようとしている。それはきっと業界最強になるだろう。ただし――ただし」彼はこの部分を強調した。「適切に経営されたならば、のことだ。諸君は、このビジネスのひとつの端で創造力を発揮し、わたしはそのもう一方の端で創造力を発揮する。

これ以上望ましい関係がありうるだろうか？」

ズーカーはこんなふうに、わたしたちの心をがっちりつかんで、自らのヴィジョンと信念について話しつづけた。映画館とスタジオの双方を併合する計画を立てていたことは認めたが、それをすべて喜んで手放し、わたしたちと運命を共にする心づもりだと言う。彼の口ぶりは熱烈で、物がわかっている目上の者のように話した。「諸君は、わたしを敵だと思っている！　だが、わたしは味方だ――芸術家の味方なのだ。思い出してほしい。最初にヴィジョンを描いたのはわたしだったことを！　諸君のみすぼらしいニッケルオデオン（一九一五年ごろまで流行していた規模の小さい庶民的映画館。名前の由来は五セントの入場料から）を一掃したのは誰だったか？　映画館にビロードの席を持ち込んだのは誰だったか？　諸君の偉大な映画館を築き、入場料を上げ、諸君が映画から巨額を得られるようにしたのは、このわたしにほかならない。にもかかわらず、その諸君が――まさにその諸君が、わたしを責めようとしているとは！」

ズーカーは偉大な役者であるだけでなく敏腕ビジネスマンでもあり、自ら築いた劇場チェーンは世界最大規模を誇っていた。とはいえ、わたしたちの会社の株を持ちたがったので、交渉は実を結ばなかった。

メアリーとダグラスは会社設立後六カ月もたたないうちに映画の制作を始めていた

ジョージア・ヘイル（『黄金狂時代』）。

が、わたしのほうは、ファースト・ナショナル社と契約した映画制作がまだ六本分残っていた。同社の容赦ない態度に苦々しい思いをさせられていたため、仕事はなかなか捗《はかど》らなかった。わたしは契約金を払い戻し、さらに一〇万ドルの利益を提供すると持ち掛けたのだが、拒絶されてしまった。

新会社を通じて映画を配給していたスター俳優はメアリーとダグラスだけだったため、わたしの作品がないために負担を強いられていると、ふたりはしょっちゅうこぼしていた。映画は二〇パーセントという非常に低い価格で配給していたので、新会社には一〇〇万ドルの赤字が生じていた。それでも、ユナイテッド・アーティスツでのわたしの第一作目『黄金狂時代』が封切られると（実際には、同社での第一作は『巴里の女性』。自身が主演した第一作目という意味か？）、この赤字はたちまち解消され、ふたりの腹立ちも収まって、二度と不満を口にすることはなかった。

＊

戦争は今や悲惨を極め、ヨーロッパ中が無慈悲な殺戮と破壊に巻き込まれていた。兵士の訓練所で教えられていたのは、銃剣による攻撃方法――叫び、突撃し、はらわたに突き刺し、敵の股間《こかん》に突き刺さって抜けなくなったら、相手の腹を撃ち抜き、緩めて抜く方法だ。どこもかしこもヒステリーに襲われていた。徴兵忌避者は五年の刑に処され、男たちはみな登録カードを携行することが義務付けられた。ほとんどすべての若者は軍服を着ていたから、平服でいることは屈辱の象徴だった。軍服を着ていないと、登録カードの提示を求められるか、女たちから臆病者《おくびょうもの》の印の白い羽根を手渡された。

わたしは、いくつかの新聞から、従軍していないことについて批判された。が、その一方で、わたしの喜劇は、わたしが従軍するよりずっと価値があると書いて弁護してくれた新聞もあった。

新たに参戦して活力がみなぎっていたアメリカ陸軍は、フランスに上陸すると、すぐに戦闘を始めたがった。そして、三年間にわたって血まみれの戦闘を繰り広げてきたイギリスとフランスの忠告にもかかわらず、勇気と向う見ずさだけで戦闘に突き進んだのである。だがその結果は、数十万人もの死傷者を出しただけだった。何週間にもわたって、重苦しいニュースばかりがつづき、新聞には、アメリカ人兵士の死傷者リストが延々と掲載された。そんなおりにしばらく小康状態がつづき、アメリカ軍は数カ月間にわたって、他の連合国軍と同様に塹壕《ざんごう》に籠《こも》り、泥と血にまみれた倦怠《けんたい》期を過ごすことになった。

しかし、ようやく連合国軍が動き始めた。地図の上で、連合国軍の旗はじりじりと敵に迫り出した。人々は毎日のように地図に群がり、こうした旗を熱心に見つめた。そしてついに莫大《ばくだい》な犠牲をともなって突破口が開かれた。新聞の見出しには、「ドイツ皇帝《カイザー》、オランダに脱出！」という文字が黒々と大きく躍り、それからすぐ新聞の一面全面に「停戦協定調印さる《ARMISTICE SIGNED》！」という二語が掲載された。この速報が伝えられたとき、わたしはアスレチック・クラブの自分の部屋にいた。窓の下に見える通りでは、お祭り騒ぎが始まっていた。自動車はクラクションを鳴らしまくり、工場はサイレンを流し、トランペットが吹き鳴らされた。この騒乱は昼も夜も続いた。世界は喜びに沸いた——歌ったり、踊ったり、抱擁したり、キスしたり、愛したりして。ついに平和が訪れたのだ！

戦争のない暮らしは、突然監獄から解放されるようなものだ。人々はあまりにも規律を守るように訓練させられてきたので、終戦から数カ月経《た》っても、登録カードを持たないでいると不安を感じる始末だった。とはいえ、連合国は勝利した——勝利の意味が何だったにせよ。しかし、平和が手にできたのかどうかは定かでなかった。ひとつだけ確かだったのは、わたしたちがなじんでいた文明社会を取りもどすことは二度とできない、ということだ。あの時代は過ぎ去ってしまった。同じく失われたのは、いわゆる礼節である。といっても、礼節が支配的であったことなど、どの時代にしろ一度もなかったのだが。

第一六章

いわば偶然わたしの世話人になったトム・ハリントンは、わたしの人生に生じた劇的な変化において重要な役を果たすことになった。ハリントンはもともと、キーストン社と契約していたイギリス人ボードビル・コメディアンでわたしの友人だったバート・クラークの雑用係をしていた。バートは、実務的能力のまったくないぼんやりした男だったが、ピアノについては名手だった。そんな彼にあるとき、楽譜出版業を一緒にやらないかと、言いくるめられたのである。そして繁華街にあるオフィスビルの三階に部屋を借り、わたしが作詞・作曲したひどい歌二曲からなる楽譜を二〇〇〇部印刷して、買ってくれる客をひたすら待った。この事業は共同経営で、どこから見てもまったく狂気の沙汰《さた》だった。結局売れたのはたった三部だけ。一部は、アメリカ人作曲家、チャールズ・カドマン（先住民にまつわる曲を多く作り、一九二〇年代に人気があった。一八八一～一九四六）が、そして残りの二部は、ビルの一階に降りるときに、たまたま事務所の前を通りかかった人が買ってくれたのだった。

クラークはハリントンに事務所を任せていたのだが、クラーク自身が一カ月後にニユーヨークに戻ってしまったので、事務所は閉鎖になった。だがトムはロサンゼルスに留まって、クラークに仕えていたときと同じ仕事を、わたしのもとでしたいと言い出した。驚いたことに、クラークからは一度も給料をもらったことはなく、受け取ったのは生活費だけだったという。それも大した額ではなく、せいぜい一週間に七ドルか八ドル。菜食主義者だったトムの食事は、紅茶とパンとバターとジャガイモだけだったのである。もちろん、この話に唖然《あぜん》としたわたしは、楽譜出版社で働いた分の正当な報酬を払ってやった。こうしてトムはわたしの雑用係兼付き人兼秘書になったのだった。

トムは穏やかな性格で、物腰は謎《なぞ》めいており、年齢さえよくわからなかった。アシジの聖フランシスコ（フランシスコ会の創設者として知られるイタリアのカトリック修道士。一一八二〜一二二六）を思わせる善良かつ禁欲的な面持ちで、薄い唇と高い額、そして世の中を達観したような悲しい目つきをしていた。ニ祖先はアイルランド系だったが、ボヘミアンで、どこか謎めいた雰囲気があった。ニューヨークのイーストサイドから来た彼は、ショービジネスのような泡沫《ほうまつ》業界より、修道院にいたほうがよほど似合っているように見えた。

トムはアスレチック・クラブに朝やってきては、郵便物と新聞を届け、わたしのために朝食を注文してくれた。ときおり、何も言わずに本をベッド脇《わき》に置いていくこともあった。ラフカディオ・ハーン（イギリス出身で日本に帰化した作家。小泉八雲。一八五〇～一九〇四）やフランク・ハリス（アイルランド生まれのイギリスの作家・編集者・ジャーナリスト。アメリカに帰化した。一八五六～一九三一）といった、それまでわたしが聞いたこともなかった作家である。ボズウェル（イギリスの弁護士。一七四〇～一七九五）の『サミュエル・ジョンソン伝』も、トムの紹介で読んだ――「これを読めば、夜眠れるようになりますよ」と忍び笑いをしながら言ったのだ。トムは話しかけられなければ、自分からは決して話そうとはせず、わたしが朝食をとる間、どこかへ消えるコツを身に着けていた。こうして彼はわたしにとって不可欠《シネ・クア・ノン》なものになった。やってもらいたいことを伝えれば、トムは黙って頷《うなず》く。それで用事は滞りなく片付いた。

＊

アスレチック・クラブを出ようとしたときに電話のベルが鳴らなかったら、わたしの人生は大きく変わっていたことだろう。電話の主は、サム・ゴールドウィン（ハリウッド最大の映画プロデューサーのひとり。一八七九～一九七四）で、ビーチハウスに泳ぎに来ないかと言う。一九一七年後半のことである。

それは、あたりさわりのない陽気な午後のパーティーで、あの美貌《びぼう》のオリーヴ・トマスもいたし、ほかにも美しい娘たちが大勢いたことを覚えている。午後も遅くなってから、ミルドレッド・ハリスという娘が、ハムという名の男と一緒にやって来た。かわいい娘だな、とわたしは思った。だが、あの娘はエリオット・デクスター（アメリカの俳優。一八七〇〜一九四一）に夢中なんだぜ、と誰かが言った。当のデクスターもパーティーに参加していて、その午後いっぱい、ミス・ハリスが熱っぽく見つめていたが、彼のほうは、ほとんど関心を示してはいなかった。彼女のことはそれ以上気にかけなかったのだが、わたしが帰る段になって、街まで車に乗せてくれないか、と頼んできた。友達と口論してしまい、置いてけぼりにされたのだと言う。

車の中でわたしは、君の友人はエリオット・デクスターに嫉妬《しっと》したんじゃないかい、とからかってみた。でも彼女は、エリオットはすごく素敵だわ、と正直に認めた。

だが、うぶな打ち明け話は、関心を惹《ひ》くための女性の本能的な手管なのではないかとわたしには思えたので「彼はとてもラッキーなやつだな」と素っ気なく言ってやった。こうしたことはみな、車の中で会話をもたせるためのたわいないおしゃべりにすぎなかった。彼女はロイス・ウェブスターのもとで仕事をしていて、パラマウント映画で主演を務めていると言う。アパートメントまで送り届けて降ろしたが、ひどく軽薄な娘だという印象を抱いたので、アスレチック・クラブに戻ったときは、一人になれてほっとした。しかし部屋に入って五分も経《た》たないうちに、電話のベルが鳴ったのである。ミス・ハリスからだった。「何をしてらっしゃるのか知りたくて」と無邪気な声がした。

彼女の態度には驚かされた。それはまるで、長年の親密な恋人みたいなふるまいだったからだ。わたしは、部屋で夕食をとってから、すぐベッドに入って本を読むつもりだ、と答えた。

「まあ！」と彼女は悲しげに言うと、どんな本を読んでいるの、どんな部屋にいるの、と重ねて尋ねてきた。わたしが一人ぼっちで、居心地よくベッドに入っている姿が見えるようだと言う。

この会話は愚かしかったが、それでも魅力的で、わたしは彼女の甘えや口説きにすっかりはまってしまった。

「次はいつ会えるの？」と彼女が訊《き》いた。わたしは、エリオットを裏切っているんじゃないのかい、と冗談っぽくとがめるふりをした。すると彼女は、彼のことは本気で好きなわけじゃない、と言う。その一言で、その晩の決心が脆《もろ》くも崩れ、彼女を夕食に誘う羽目に陥ってしまった。

その晩の彼女は美しくて愛想が良かったものの、美しい娘と一緒にいるときにふだん抱く強烈な関心や情熱にほだされることはなかった。彼女に惹かれた唯一《ゆいいつ》の理由は、たぶんセックスへの期待だったのだと思う。だが、それを導くために期待されていると思われるロマンティックなお膳立《ぜんだ》てを整えるのは、あまりにも面倒に感じた。

彼女のことは、その週の半ばまで忘れていた。彼女からの電話がかかっているとハリントンに伝えられたそのとき、もし彼がちょっとした一言を添えなかったら、彼女には二度と会わずに終わったかもしれない。だが、ハリントンはたまたまこんなことを言ったのだ。それまで見たこともないほど美しい娘と一緒にあなたがサム・ゴールドウィンの家から出てきたと運転手が言っていましたよ、と。この馬鹿《ばか》げた一言が、わたしの虚栄心をくすぐった——そして、すべてがそこから始まったのだった。夕食、ダンス、月明かりのデート、海沿いのドライブ。そして起こるべきことが起こった——ミルドレッドは心配しだした。

たとえ何か考えていたとしても、トム・ハリントンはすべてを胸にしまって、一言も漏らさなかった。ある朝、彼が朝食を届けたおりに、結婚するつもりだと素っ気なく伝えたときも、顔色一つ変えなかった。

「いつですか?」とハリントンは落ち着いて尋ねた。

「きょうは何曜日かな？」

「火曜日です」

「じゃあ、金曜日にしよう」わたしは新聞から目も上げずに、そう指示した。

「お相手はミス・ハリスですね」

「そうだ」

彼は感情を込めずに頷いた。「指輪はお持ちで？」

「いや、用意してくれ。それから、事前準備もすべて頼む――だが内密にな」

彼はふたたび頷くと、結婚式の日まで、そのことについて一言も触れなかった。結婚式は、金曜日の夜八時と決まった。

その日、わたしは遅くまでスタジオで仕事をしていた。七時半にトムがそっとセットにやってきて、小声で言った。「八時のお約束をお忘れになりませんように」気が滅入《めい》るような感覚にとらわれながら、メーキャップを落とし、ハリントンに手伝ってもらって着替えをすませた。車に乗るまで、ふたりとも一切口をきかなかった。乗り込んだ車の中で、地元の登記官であるスパークス氏の家でミス・ハリスと落ち合うことになっています、とハリントンが説明した。

着くと、ミルドレッドがホールに座っていた。ホールに入っていくわたしたちに向かって悲しそうに微笑《ほほえ》んだその姿を見たとき、わたしは彼女がちょっとあわれになった。シンプルな濃い灰色の服を身に着けた彼女はとても美しかった。そのとき背の高い痩《や》せた男が近づいてきて、ハリントンがあわてて指輪をわたしの手に押し込んだ。親切そうな愛想の良いその男は、わたしたちをもうひとつの部屋に案内した。彼がスパークス氏だった。「チャーリー」と彼は言った。「あなたは確かに素晴らしい秘書をお持ちだ。三〇分前まで、今夜の新郎があなただとは、ついぞ知りませんでしたよ」

式はとても簡素で毅然《きぜん》としたものだった。ハリントンから渡された指輪を、わたしはミルドレッドの指にはめた。これでふたりは夫婦になり、式は終わりだった。その場から去ろうとすると、スパークス氏の声があとを追いかけてきた。「花嫁にキスするのを忘れないでくださいよ、チャーリー」

「ああ、そうでしたね、もちろんです」わたしは微笑んだ。

わたしの心中は複雑だった。ふしだらで余計な行動の愚かな結果として、活《い》きた基盤など何もない結婚をする羽目に陥ってしまったという思いにさいなまれていた。だがその一方で、妻をめとりたいという思いもつねに抱いてはいたのだ。ミルドレッドは若くて美しく、まだ一九歳にもなっていない。わたしは彼女より一〇歳も年上だったが、しまいにはなんとかうまくいくだろうと思うことにした。

翌日、わたしは重い心を抱いてスタジオに出かけた。エドナ・パーヴァイアンスもそこにいた。朝刊を読んでいたところで、わたしが彼女の楽屋の前を通ったとき、挨《あい》拶《さつ》するためにドアを開けて出てきた。「おめでとうございます」とエドナは静かに言った。「ありがとう」わたしはそれだけ言って、自分の楽屋に向かった。エドナはわたしを恥ずかしくさせた。

ダグには、ミルドレッドが知的なものとはまったく縁のない娘であることを正直に打ち明けた。そもそもわたしは、百科事典と結婚するようなことはまっぴらだった。知的な刺激なら図書館から得られるのだから。だが、この楽観的な観《み》方《かた》の底には不安がうごめいていた——結婚生活が仕事を邪魔することにならないだろうか？　ミルドレッドは若くて美しい。だが、いつも彼女の近くに寄り添わなければならなくなるのだろうか？　だいたい自分は、そうしたいと思っているのだろうか？　わたしはジレンマに陥っていた。彼女を愛してはいなかったが、いまや結婚してしまったのだから、結婚生活は成功させたかった。

だがミルドレッドにとって結婚とは、美人コンテストに優勝するようなスリルと冒険にすぎなかった。それは何かで読んだおとぎ話にすぎず、彼女には現実的な感覚がまったく備わっていなかった。ふたりの生活の計画について真面目《まじめ》に話そうとしてもまったく通じない。彼女は絶えず続く夢のような興奮の世界にいたのだ。

結婚した翌日、メトロ・ゴールドウィン・メイヤー（MGM）社のルイス・B・メイヤーが、ミルドレッドに五万ドルで映画六本に出演しないかと契約をもちかけてきた。そんな契約は結ばないようにとわたしは説得した。「映画の仕事を続けたいのだったら、ぼくが一本で五万ドルになる仕事をとってきてあげるから」

ミルドレッドはモナリザのような微笑みを浮かべ、わたしが言ったことすべてに頷いたが、結局あとで契約書にサインしてしまった。

しぶしぶ従って頷いておきながら、完全に反対のことをする、というこの彼女の態度にはもどかしい思いをさせられた。わたしはミルドレッド本人だけでなく、メイヤーにも腹を立てていた。わたしたちの結婚許可証のインクも乾かないうちに、その機会を利用して、彼女と契約してしまったのだから。

それから一カ月ほどのうちに、はたしてミルドレッドはMGMとうまくいかなくなり、メイヤーに会って問題を解決してほしいと頼んできた。わたしは、いかなる状況であっても、彼には絶対に会わないと断言した。だがミルドレッドはすでにメイヤーを夕食に招待しており、約束した時間の数分前まで、そのことを明かさなかったのである。わたしは無性に腹が立って言い放った。「もしあいつをここに連れて来たら、罵倒《ばとう》してやるからな」そう言うか言わないうちに、玄関のベルが鳴った。わたしは脱兎《だっと》のように居間の隣のサンルームに逃げ込んだ。ガラスが張り巡らされた出口のない部屋である。

果てしなく思われた時間、わたしはサンルームに隠れていた。ミルドレッドとメイヤーは、そこから一メートルも離れていない居間で仕事の話を続けている。わたしは、そこに隠れていることをメイヤーが知っているに違いないと感じた。というのも、彼は言葉を選んで、父親が娘に話すような口調で話していたからだ。一瞬沈黙が広がったあと、わたしの話が出て、ミルドレッドが、わたしは戻らないかもしれないと言うのが聞こえた。そのあと動く気配がしたので、ふたりがサンルームに入って来て、隠れているところが見つかってしまうのではないかと、あわててしまった。そこで狸寝《たぬき》入りを決め込むことにしたのだが、結局メイヤーはなにか言い訳を口にして、夕食まで留まらずに帰って行った。

＊

結婚したあとになって、ミルドレッドの妊娠は気のせいだったことがわかった。そ

『サニーサイド』から。

れから数カ月が過ぎたが、仕上げた映画は三巻物の喜劇『サニーサイド(Sunnyside)』（一九一九年公開）一本だけで、それも歯を抜くような苦しみを味わいながらの制作だった。結婚生活がわたしの創造力に悪影響を与えていたことは間違いない。『サニーサイド』のあとは、アイデアが浮かばず途方にくれてしまった。

こんな絶望的な状態の中、オーフィアム劇場に出かけていくのは気晴らしになった。そして、そんな気分でいたときに、エキセントリックなダンサーを目にしたのである――とりたてて秀《ひい》でたダンサーではない。だが彼は、踊りの最後に四歳の小さな息子を舞台にあげて、一緒におじぎをした。そのあと、この子が突然、かわいらしいステップを踏み始めたのだ。そしてませた顔つきで観客を見やり、手を振って走り去った。観客が大いに沸いたので、その子はふたたび呼び戻され、今度はまったく違うダンスをした。もし違う子が同じことをしたら嫌味に感じられただろう。でも、この子、ジャッキー・クーガンは愛らしく、観客は彼の演技を大いに楽しんだ。何をやらせても、この小さな男の子には愛嬌《あいきょう》があった。

その子のことはすっかり忘れていたのだが、一週間経って、スタジオ付きの俳優たちと野外のステージで腰を下ろし、次の映画のアイデアをひねり出すのに腐心していたとき、ふと彼のことを思い出した。その頃、わたしはよく俳優たちと座ったものだった。彼らと一緒にいて、その反応を見ると刺激が得られたからである。その日、わたしは完全に行き詰っていて落ち着かず、俳優たちの礼儀正しい笑顔にもかかわらず、わたしの演技は面白くないことがわかっていた。集中できなかったので、オーフィアム劇場で見た演技のこと、そしてあの、舞台にあがって父親と一緒におじぎをした小さな男の子、ジャッキー・クーガンのことを話した。

そのとき誰かが言った。朝刊にジャッキー・クーガンがロスコー・アーバックルと映画出演契約を結んだことが載っていたと。この情報は稲妻のようにわたしを打ちのめした。「ああ！　なんでそのことを思い付かなかったんだろう！」彼が映画に出たら素晴らしいにきまっている！　そのあと、わたしはジャッキーにまつわる可能性を列挙し始めた——彼を使ったギャグや、一緒に創《つく》りあげるストーリーなどについて。

アイデアが次々に押し寄せてきた。「こんなのはどうかな？　浮浪者はガラス修理工。で、ちっちゃな子が道々窓ガラスを割っていく。すると、浮浪者がやってきて、窓ガラスの修理を請け負うという寸法だ。その子と浮浪者の暮らしぶり、そして、ふたりが出くわすさまざまな出来事！」

わたしはそこに座って、ストーリーを膨らませ、シーンごとの詳細を語るのに丸一日費やした。その間俳優たちは、なぜわたしが実現不能な話にそれほど夢中になっているのかと不審そうに見ていた。何時間にもわたって、わたしは演技やシチュエーションをひねり出しつづけた。そして突然思い出したのである。「だが、こんなことをして、どうなるっていうんだ？　アーバックルがこの子と契約を結んでしまったんだから。きっとぼくと同じようなことを考えているに違いない。なんて間抜けだったんだろう。もっと早くこのアイデアを思いつけばよかった！」

その日の午後も、その日の夜も、ジャッキーを活用したストーリーの可能性のことで頭がいっぱいになった。その翌日、気落ちした気分で、わたしは俳優たちをリハーサルに招集した——なんのためだったかわからない。稽古《けいこ》するべきものなど、何もなかったのだから。そこでわたしはステージの上でキャストとともにふさぎ込んで座っていた。

誰かが、ほかの子を探したらどうかと提案した——黒人少年はどうだろう、と。だがわたしは、おそらくだめだろうと首を横に振った。ジャッキーほどの魅力のある子は、そうそう見つかるものではなかった。

と、一一時半ごろになって、広報担当のカーライル・ロビンソンがステージに駆け込んできた。息せき切って興奮している。「アーバックルが契約したのは、ジャッキー・クーガンじゃなかった。父親のほうだったんだ、ジャック・クーガンだ！」わたしは椅子《いす》から飛び上がった。「急げ！　父親に電話して、すぐここに来るように言うんだ。重大な話があると！」

そのニュースはわたしたち全員の息を吹き返させた。わたしのところにやってきて、背中を叩《たた》いた者もいた。みんなが熱狂していた。ニュースを聞きつけたオフィスのスタッフも、ステージに上がって、おめでとうと言ってきた。けれども、わたしはまだジャッキーと契約したわけではなかった。未《いま》だにアーバックルが突然同じことを考えつく可能性がある。そこでわたしはロビンソンに、電話では慎重に話すようにと伝えた。子供については一切触れず――「父親にさえ、ここに来るまでは絶対に言うな。緊急の用事なんだとだけ伝えればいい。三〇分以内に来るように言ってくれ。もし彼がスタジオから抜け出せないようなら、スタジオに迎えに行ってくれ。だが、ここに来るまでは、絶対に何も話すんじゃないぞ」父親を探すのは手間取った――スタジオにいなかったのだ――そして二時間というもの、わたしは耐えがたいほどの緊張感にさらされた。

ついに、びっくりして戸惑っているジャッキーの父親が姿を現し、わたしは彼の腕をつかんで言った。「彼はセンセーションになる――今まで起きた中で最高のことだ！　あの子はこの一本の映画を作るだけでいい！」わたしはこんなふうに、支離滅裂なことを話しつづけた。父親はわたしが発狂したと思ったに違いない。「この話は君の息子にとって、一生に一度の機会になるぞ！」

「息子ですか！」

「そうだ、君の息子だ。もし君がこの映画一本のために、あの子を使わせてくれるなら」

「もちろんですさあ。あのガキを使うのは、ぜんぜんかまいませんよ」と父親は請け合った。

『キッド』から。

　赤ん坊と犬は映画界最高の俳優だと言われる。生後一二カ月の赤ん坊を石鹼《せっけん》といっしょに浴槽に入れてみたらいい。赤ん坊がそれをつかもうとするだけで、もう爆笑だ。あらゆる子供は、多かれ少なかれ、みな天才的なものを持っている。問題は、それを引き出せるかどうかだ。ジャッキーについて言えば、まったく手がかからなかった。パントマイムの基本的なルールを教える必要はあったが、すぐに覚えてしまった。ジャッキーは感情を所作にあらわし、所作を感情にあらわすことができただけでなく、自然さを失わずに何度でも演技を繰り返すことができた。

『キッド（The Kid）』（一九二一年公開）には、男の子が窓ガラスに小石を投げつけようとするシーンがある。警官がそっと近づいてきて、その子の後ろに立つ。男の子が小石を投げようとして伸ばした腕を後ろに引くと、警官のコートにあたる。子供は警官を見やると、さも遊んでいるかのように小石を空中に投げて、手でつかむ。そして小石を無邪気に放り捨て、何気なく数歩歩いたあと、全速力で走り去るのだ。

このシーンの段取りを決めたあと、わたしはジャッキーに、これから演じて見せるからよく見るようにと伝え、それぞれの動作のポイントを強調して説明した。「君はこんなふうに小石を持ってる。ここで窓を見る。そして石を投げようとするんだ。まず、手を後ろに引く。でもそのとき手が何かにぶつかる。じつはおまわりさんのコートだ。君の手がボタンに触れる。で、見てみると、なんとおまわりさんじゃないか！ そこで、遊んでいるふりをして、石を空中に投げる。そのあと、その石を捨てて何気なくちょっと歩く。そしたら、ありったけの力で走るんだ」

ジャッキーはこのシーンを三、四回練習した。それぞれの所作を完全に把握したあとは、感情が伴うようになった。言い換えれば、所作が感情を引き出したのだ。このシーンはジャッキーの最高の演技のひとつで、作品全体から見ても、最大の見せ場のひとつになった。

もちろん、すべてのシーンがこんなふうにスムーズにいったわけではない。簡単なシーンのほうが、かえって問題になることもあった。簡単なシーンというものは、そもそもそういうものだ。わたしは一度、ジャッキーをスイングドアにぶら下がらせ、それを揺らして遊ばせようとした。だが、そのことで頭がいっぱいになった彼は、すっかり自意識過剰になってしまい、そのシーンは断念せざるをえなかった。

演技のことしか考えられないときには、自然な演技がうまくできない。たとえば、ステージの上で他の役者の話を聞いているだけの演技というのは案外難しい。素人俳優は、大げさに聞き耳を立ててしまったりする。頭がふつうに動いてさえいれば、ジャッキーは素晴らしい俳優だった。

ジャッキーの父親がアーバックルと交わした契約は、ほどなく満了したので、スタジオに来て息子のそばにいることができるようになった。そしてのちに、安宿のシーンですりの役を演じることになる。彼には大いに助けられることもあった。たとえば、映画の中に、ジャッキーに泣いてほしい場面があった。救貧院の役人がふたりやってきて、わたしから彼を連れ去ろうとするシーンである。わたしはジャッキーにありとあらゆる恐ろしい話を聞かせたのだが、ジャッキーはおふざけムードで、ぜんぜんそんな気分にならない。一時間経ったころ、ついに父親が「わたしが泣かせましょう」と申し出た。

「怖がらせたり、傷つけたりはしないでくれよ」とわたしは罪悪感にかられて言った。

「ええ、もちろん」と父親が答えた。

ジャッキーはとても楽しそうにしていたので、父親が嫌なことをする現場は見たくなかった。そこで楽屋に引っ込んだのだが、なんと数分も経たないうちに泣き叫ぶジャッキーの声が聞こえてきたのである。

「準備完了です」と父親がいった。

それは、わたしが救貧院の役人から子供を取りもどし、泣きじゃくる子を抱きしめてキスするシーンだった。無事撮影が終わったあと、わたしは父親に訊いてみた。

「いったいどうやって泣かせたんだね？」

「もし泣かなければ、スタジオから連れ出して、ほんとうに救貧院に入れてしまうぞ、って言っただけでさ」

わたしはジャッキーを抱き上げてなぐさめた。その頰は、未だに涙で濡《ぬ》れていた。

「だいじょうぶ。連れてかれやしないよ」

「知ってたよ」とジャッキーは小声で答えた。「パパはふざけてるだけだって」

長編・短編の作家で映画の脚本も多く手がけたガヴァニューア・モリスは、よくわたしを自宅に招いてくれた。〝ギャヴィー〟という愛称で親しまれていた彼は思いやりに富むチャーミングな男だったが、『キッド』のことと、ドタバタ喜劇と感動的なドラマを組み合わせた映画の形式について伝えると、こんなことを言った。「それはうまくいかないだろう。形式は純粋なものでなけりゃならん。ドタバタ喜劇かドラマかのいずれかでなければ。両方を混ぜることはできんよ。そんなことをしたら、どちらか一方がうまくいかなくなる」

わたしたちはこの件について、かなり弁証法的な議論を交わした。わたしは、ドタバタ喜劇から感動的なドラマへの移行は、シークエンスを組み立てる際に、どんな感情を持たせて、どれほど慎重にやるかにかかっている、と言った。形式というのは、それを創造したからこそ存在するものであり、もしアーティストがある世界を築き、真剣にそれを信じれば、たとえどんな構成要素が混じっていようとも必ず説得力を持つはずだ、と主張したのだ。もちろん、この理論の根拠はまったくの直観でしかなかった。世の中には、風刺、茶番劇、写実主義、自然主義、通俗劇、空想劇などさまざまな形式が多々あるが、『キッド』が立脚していた純粋なドタバタ喜劇と感動的なドラマの組み合わせは、まったく新しい形式だったのだ。

＊

『キッド』の編集作業を行っているとき、サミュエル・レシェフスキー（ポーランド出身のチェスのグランドマスター。一九一一〜一九九二）という世界チェス選手権保持者の少年がスタジオにやってきた。まだほんの七歳だったが、アスレチック・クラブで同時に二〇人の大人を相手にチェスの対戦をすることになっていたのだ。相手のなかには、カリフォルニア州チャンピオンのグリフィス博士もいた。その子は痩せて青白い、思い詰めたような顔つきをした少年で、人に会うと、その大きな目で挑戦的に見つめた。わたしは前もって、少年は気分屋で、ほとんど誰とも握手しない、と教えられていた。

『キッド』から。

少年のマネージャーから紹介を受け、二、三、言葉を交わすと、少年は立ったまま、じっと黙ってわたしを見つめた。わたしは構わず編集作業を続け、切ったフィルムを調べた。

しばらくして、わたしは少年に向かって言った。「桃は好きかい？」

「うん」と彼は答えた。

「そうか、庭に桃がいっぱい生《な》っている木があるんだ。よじ登って、もいできたらどうかな。ついでに、ぼくにも一つ、とってきてくれないかい？」

少年の顔がパッと輝いた。「わあ、いいね！　木はどこにあるの？」

「カールが案内してくれるよ」とわたしは言った。カールというのは広報担当者だ。一五分後、桃をいくつも抱え、嬉しそうな顔をして、少年が戻って来た。それがわたしたちの友情の始まりだった。

「チェスはできる？」と少年が尋ねた。

わたしは、できないと白状した。

「じゃあ、教えてあげるよ。今晩プレーするところを観に来て。一度に二〇人と対戦するんだ」彼は得意そうに言った。

わたしは行くと約束し、そのあと夕食に連れて行ってあげるよと伝えた。

「わかった。じゃあ、早めにやっつけるね」

その晩繰り広げられたドラマを味わうには、チェスを知っている必要などなかった。二〇人の中年男性がずらりとチェスボードの上にかがみこみ、ほんの七歳の少年にジレンマに追い込まれている。少年は実際の齢《とし》より、もっと幼く見えた。彼がU字型に並べられたテーブルの中心を動き回ってプレーヤーからプレーヤーに移動する姿は、それだけで見物だった。

その場の雰囲気には、どこか超現実的なものがあった。三〇〇人以上の観客がホールの両側に設けられたひな段状の観客席に座ってしーんと静まり返るなか、小さな子供が厳粛な面持ちの大人に頭脳戦を挑む様子をじっと見守っている。対戦者のなかには、見下したような態度をとり、モナリザの微笑のような薄笑いを浮かべてボードを見つめる者もいた。

その少年はまさに驚異的だったが、わたしは不安な気持ちが拭《ぬぐ》えなかった。集中力を研ぎ澄ました小さな顔が紅潮したかと思うと蒼《あお》ざめるのを見るにつけ、彼の才能は健康を代償にしているのではないかと思われたからだ。

「こっちだ！」とプレーヤーが叫ぶ。少年は歩いて行って、ボードを数秒間じっと見つめる。そしてふいに駒《こま》を動かすか、「チェックメイト！」と叫ぶ。するとホールに笑いのさざ波が広がる。少年は、八人の対戦者を次々とチェックメイトに追い込んだ。会場に拍手と笑い声が満ちる。

そして今、彼はグリフィス博士のボードを調べていた。会場は静まり返った。と、突然少年は駒を進めると、くるりと体の向きを変えて、わたしを見た。その顔がパッと輝き、わたしに向かって手を振る。もうすぐ終わるよ、という合図だ。

ほかの対戦者を何人かチェックメイトに追い込んだあと、彼はグリフィス博士のところに戻った。博士は依然として考え込んでいる。「まだ動かしてないの?」と少年はもどかしそうに言った。

博士が首を横に振る。

「ねえ、動かしてよ、早く」

博士は微笑んだ。

少年は博士を鋭い目つきでにらんだ。「ぼくには勝てないよ!　もしここに動けば、ぼくはあそこに行く!　もしこれを動かせば、ぼくはこれを動かす!」彼は次々と七手か八手先まで指摘した。

「これじゃ、一晩中ここにいることになっちゃうから、引き分けにしようよ」

博士はしぶしぶ少年の提案をのんだ。

*

ミルドレッドには愛着が湧いてきたとはいえ、わたしたちは妥協の余地がないほど不似合いな夫婦だった。彼女は意地悪ではなかったが、腹立たしいほど狡猾《こうかつ》だった。心を通わせることもまったくできなかった。ミルドレッドの頭の中は、ピンク色のリボンがかかった愚かな考えでいっぱいで、いつも別の世界を夢見てはぼおっとしているように見えた。結婚して一年経ったころ子供が産まれたが、三日目に早逝した。そしてそれ以来、ふたりの結婚生活はほころびだした。同じ家に暮らしているのに、ほとんど顔も合わせない。当時は彼女も、わたしと同じぐらい、自分のスタジオで仕事に没頭していたのだ。我が家はわびしい家庭になった。夕方家に戻ると、一人分の夕食が用意されていて、ひとりぼっちで食事をした。ミルドレッドはときどき何も言わないで一週間も家を空け、空っぽの彼女の寝室のドアが開けっぱなしになっていることで、初めて妻の不在を知る、という有様だった。

ときおり、日曜日に、家を出ようとするミルドレッドにばったり出くわすことがあった。すると彼女は、ギッシュ姉妹やほかの女友達と週末を過ごすことにした、とおざなりに釈明する。そんなとき、わたしはフェアバンクス家に行った。そうこうするうちに破綻《はたん》が訪れた。それは、『キッド』の編集中のことで、わたしは週末をフェアバンクス夫妻（その頃には、ダグラスとメアリーは結婚していた）の家で過ごしていた。そのときダグラスが「君も知っておいたほうがいいと思うんだが」と言って、ミルドレッドに関する噂《うわさ》を明かしたのである。

その噂にどれだけの真実があるのか探りたいとは思わなかったが、わたしはがっかりしてしまった。ミルドレッドに直接問いただすと、彼女は冷たく否定した。

「でも、こんな生活を続けるわけにはいかないな」わたしは言った。

しばらく無言が続いたあと、ミルドレッドはわたしを冷たい目で見て口を開いた。

「じゃあ、どうしたいっていうの？」

そのあまりにも冷静な口調はいささかショックだった。「そ、そうだな。ぼくらは離婚したほうがいいと思う」わたしは、ミルドレッドがどんな反応を見せるかと思いながら、静かに言った。だが、彼女は何も言わない。それで、少し待ってから、わたしは続けた。「そのほうが、お互い幸せになれると思う。君は若い。輝かしい将来が目の前に広がっている。それにもちろん、ぼくらは友好的な方法で離婚すればいい。君の弁護士がぼくの弁護士と話し合うという形にすればいいさ。君の望みには、すべて応じるつもりだよ」

「わたしがほしいのは、お母さんを世話するお金だけよ」とミルドレッドは言った。

「もしかしたら、ぼくらふたりで直接話し合ったほうがいいかもしれないね」とわたしは水を向けた。

だがミルドレッドは、一瞬考えてから、結論を下した。「わたしは、弁護士を通したいわ」

「わかった」とわたしは答えた。「じゃあ、それまでの間、君はこの家に住むといい。ぼくはアスレチック・クラブに戻るから」

わたしたちは愛想よく別れ、ミルドレッドはわたしから精神的虐待《ぎゃくたい》を受けたという理由で離婚訴訟を起こすこと、そして新聞には一切何も伝えない、ということで合意した。

その翌日、トム・ハリントンがわたしの所持品をアスレチック・クラブに運んだ。だが、これが誤りだった。というのは、別居のニュースがただちに広がり、新聞がミルドレッドに電話攻勢をかけ始めたのである。彼らはアスレチック・クラブにも電話してきたが、わたしはインタビューに応じることも、声明を発表することも一切拒んだ。だが、ミルドレッドのほうは爆弾発言とともに、新聞の第一面に堂々と登場したのだった。わたしが彼女を捨てたので、精神的虐待を理由に離婚を求めていると言ったのである。昨今の標準に比べれば、そんな攻撃はおとなしいものに思えるかもしれない。それでも、わたしはミルドレッドに電話して、なぜ新聞記者に会ったのかと詰《きつ》問《もん》した。すると彼女は、最初は取材を拒否したのだが、わたしが攻撃的な声明を発表したと聞かされたのだと言う。もちろん、彼らが、わたしたちの間に亀《き》裂《れつ》を生じさせる目的で嘘《うそ》を吹き込んだのだ。ミルドレッドは新聞にはそれ以上の話はしないと約束した――が、それはただの空約束にすぎなかった。

カリフォルニア州の夫婦共有財産法のもとで、ミルドレッドが法的に慰謝料として手にできる権利は二万五〇〇〇ドルだったが、わたしは一〇万ドル支払うと申し出た。そして彼女も完全な和解金として、その額を受け入れたのだった。だが、最終調停書に署名する段になって、何の理由も与えずに、署名を拒否したのである。

わたしの弁護士は驚き、「何かうさん臭いな」と言った。事実、それは本当だった。そのときわたしは、ファースト・ナショナル社と『キッド』の件で揉《も》めていた。この映画は七巻の長編映画だったのだが、彼らは二巻物の映画三本分として配給したがっていたのだ。そうなると、わたしのところには『キッド』一本分に対し、四〇万五〇〇〇ドルしか入ってこないことになる。この映画の制作には、一八カ月の制作期間に加えて、五〇万ドル近いコストがかかっていたので、わたしは彼らの提案を断固としてはねつけた。訴訟に発展することも考えられた。だが法的に見てファースト・ナショナル社に勝ち目はなく、そのことは彼らにもわかっていた。そこでミルドレッドを利用して、『キッド』を調停内容に含めようと目論《もくろ》んだのである。

『キッド』の編集はまだ終わっていなかったので、わたしは他の州で編集すべきだと直感した。こうして、スタッフふたりを連れて出かけたのが、ソルトレイクシティだった。持って行った未編集の映画は四〇万フィート（約一二二キロメートル）、五〇〇〇巻もあった。ソルトレイクシティホテルに居を構え、寝室のひとつを編集室にし、壁の胴蛇腹装飾や寝室用便器や引き出しなど、使えるものは何でも使ってフィルムを並べた。ホテルに可燃物を持ち込むのは法律で禁止されていたので、こっそりやることが必要だった。こうした状況下で、わたしたちは『キッド』の編集を続けたのである。編集すべきショットは二〇〇〇以上もあり、それらには番号が付いていたものの、ときおりなくなってしまうことがあった。そうなると、もう大変だった。見つかるまで、ベッドの上、ベッドの下、バスルームなど、ありとあらゆるところを探しまわった。そんな悲惨なハンディキャップを抱え、ちゃんとした設備もない中で、わたしたちは奇跡的に編集を終わらせた。

編集をするチャップリン。

そのあと、観客の前で試写をやるという、恐ろしい試練がやってきた。完成した映画は小さな編集機でしか見ていなかった。その機械を通して、葉書大の映像をタオルの上に投影して見たのである。スタジオでラッシュを標準サイズのスクリーンで見ておいたので助かったが、それにしても、一五カ月もかけた仕事を暗闇《くらやみ》のなかで完成させなければならないというのは情けなかった。

スタジオのスタッフを除けば、完成した映画を観た者は、まだ誰もいなかった。編集機で何度も見るうちに、それまで思っていたより面白くもおかしくもないように思えてきたが、最初に観たときの興奮がさめてしまっただけだと自らを信じ込ませるしかなかった。

わたしたちは『キッド』を厳しいテストに晒《さら》すことにし、地元の映画館で予告なし

『キッド』から。

に上映する手配をした。それは大型映画館で、四分の三ほど席が埋まっていた。絶望的な思いに駆られながら、わたしは席に座り、映画が始まるのを待った。観客は、わたしがどんな映画を見せても、共感などしてくれそうにないように見えた。観客が喜劇に求めているもの、そして観客の喜劇に対する反応における自分の判断はまったく間違っていたように思えてきた。もしかしたらわたしは間違ってしまったのかもしれない。きっと、この企ては不発に終わり、観客はあっけにとられるだろう、と。ときおり喜劇役者は、喜劇に関して完全に間違った考えを抱くことがあ

『キッド』から。

る、という吐き気がするような思いが脳裏をよぎった。

と、突然、スライドが画面に現れ、胃が喉元《のどもと》に飛び上がったような気がした。「チャーリー・チャップリンの最新作『キッド』」という文字が映されている。観客から歓声があがった。拍手もわいた。だが、逆説的に聞こえるかもしれないが、それすらわたしを不安にさせたのだった。観客の期待値が高すぎて、がっかりするのではないかと思って。

最初のシーンは背景説明で、テンポのゆっくりした真面目な部分だったため、わたしは不安にさいなまれた。ひとりの母親が赤ん坊を捨てようとして、リムジンの中に置き去りにする。だが車は盗まれてしまい、泥棒たちは、赤ん坊を近くのゴミ箱のそばに置き捨てる。そこに登場するのがわたし――浮浪者だ。その時点で観客の間に笑い声が上がり、それはどんどんつのっていった。ジョークは通じたのだ！　あとはもう心配することはなかった。赤ん坊を見つけた浮浪者は、その子を育てることにする。観客は粗い麻布で作った間に合わせのハンモックを見ては笑い、注ぎ口に哺乳瓶《ほにゅうびん》の乳首をつけたティーポットで赤ん坊にミルクをやるシーンに叫び声を上げ、古い籐椅子《とういす》の座席に穴をあけ、その下に室内用便器を置くのを見て、爆笑した——実際、観客は映画が終わるまで、ヒステリックに笑いつづけたのだった。

*

試写を終えた後、ようやくわたしたちは編集が完了したと感じることができた。そこで、店じまいをしてソルトレイクシティをあとにし、東部に向かった。ニューヨークのリッツ・ホテルでは、部屋に閉じ込められることになった。というのは、ミルドレッドの離婚調停に『キッド』を絡《から》ませようとしていたファースト・ナショナル社がわたしを訴え、被告召喚令状を送達する執行官に追いかけられていたのだ（受け取ったら召喚に応じなければならない）。三日間というもの、執行官がホテルのロビーをずっと見張っていて、わたしはすっかり退屈してしまった。そこで、フランク・ハリス（一〇八頁参照）から自宅に食事に来ないかと誘いを受けたときには、その誘惑に勝てなかった。その晩、ヴェイルで深々と顔を覆《おお》ったひとりの女性がリッツ・ホテルのロビーを横切ってタクシーに乗り込んだ――それはわたしだった！　義姉の服を拝借してスーツの上に着こみ、フランクの家に着く前に、タクシーの中で脱ぎ捨てたのである。

わたしはフランク・ハリスの著作に敬服しており、いわば、わたしのヒーローだった。だが常に財政的危機に直面していて、運営していた定期雑誌『ピアソンズ・マガジン』は隔週ごとに廃刊寸前に陥っていた。そこで、かつて彼が誌上で財政支援を訴えたときに寄付を送ったところ、お礼として、わたしのもとに自著『オスカー・ワイルド論』が二冊送られてきた。それには、こう献辞が書き込まれていた。

チャーリー・チャップリン――面識もないのにわたしを助けてくれた一握りの篤《とく》志《し》家《か》のひとりで、ユーモアにおける稀《け》有《う》な芸術的才能の持ち主へ。君の才能には何度も敬服させられた。なぜなら、人を笑わせることができる者は、人を泣かせる者より偉大だからだ。君の友人、フランク・ハリスより。蔵書を送る。一九一九年八月。「わたしが称賛し尊敬するのは、目に涙を浮かべて人間の真実を語る作家だけだ――パスカル」

その晩わたしは、初めてフランクに会った。背が低く筋骨隆々とした男で、貴族的な形の頭と力強い整った顔つきをしていて、端がカールした八の字ひげを蓄えていた。ひげについては、ちょっと当惑してしまったが。声は低くてよく通り、それをとても効果的に使っていた。そのときすでに六七歳になっていたが、彼に心身を捧《ささ》げる若く美しい赤毛の妻がいた。

フランクは社会主義者のくせにビスマルク（鉄血宰相と呼ばれたプロイセンおよびドイツの政治家・貴族。一八一五〜一八九八）を崇拝していて、社会主義者のリープクネヒト（ドイツの社会主義者。一八二六〜一九〇〇）は、むしろ見下していた。ドイツ人特有の〝間〟を効果的にとって、ドイツ帝国議会議事堂でリープクネヒトの質問に答えるビスマルクを真似《まね》する様はまさに見物だった。フランクは偉大な俳優にもなれただろう。わたしたちは午前四時まで話し込んだ——と言っても、しゃべったのは、もっぱらフランクのほうだったが。

そのあとわたしは、念のため別のホテルに泊まることにした。そんな時間になっても、まだ被告召喚令状を送達しようと執行官が見張っていたからだ。だが、ニューヨークのホテルは、どこもかしこも満室で、一時間ほどタクシーで走り回ったあと、粗野な感じの四〇歳ぐらいの運転手が振り向いて言った。「あのな、お客さん、こんな時間じゃあ、ホテルに泊まるのは無理だ。俺んちに来て、朝まで寝てったらいい」

はじめはちょっと不安に感じたが、運転手が奥さんと子供のことを口にしたので、大丈夫だと思った。それに、そこなら執行官に襲われる心配もなかった。

「それはご親切に」と言って、わたしは自分が誰だか明かした。

運転手はびっくりして、笑いながら言った。「かみさんが、びっくらこきますぜ」

着いたのは、せせこましく込み入ったブロンクスの一画で、褐色砂岩を貼《は》った家が列をなしていた。わたしたちは、その中の一軒に入った。家具こそ少ないが、チリひとつない清潔な家だ。運転手はわたしを奥の部屋に連れて行った。大きなベッドがあり、一二歳になる彼の息子がぐっすり眠っている。「ちょっと待ってくださいな」と運転手は言って、少年を抱きかかえると、ベッドの端のほうに寄せた。だがその子は、眠り込んだままだった。そのあと運転手はわたしのほうを向いて「どうぞお入りください」と言った。

その家に泊まるのはよそうと思いかけていたところだったのだが、彼の親切が心の琴線に触れ、とても断ることはできなかった。そこで清潔な寝間着を手渡されたあと、少年を起こしてしまわないように、おずおずとベッドにもぐり込んだ。

だが結局、一睡もできなかった。少年はやがて目を覚ますと、起き上がって着替えた。半分閉じた目でその様子を伺っていると、何気なくわたしを見たあと、それ以上の反応は何も見せずに部屋を出て行った。が、その数分後、妹とおぼしき八歳ぐらいの女の子が兄といっしょに部屋に忍び込んできた。兄妹は目を丸くして胸をはずませながら、眠ったふりをしているわたしを見つめた。そして、女の子が両手を口にあてて笑い声をこらえる仕草をしたあと、ふたりで部屋を出て行った。

そのうち、廊下から低い話し声が聞こえてきた。運転手の押し殺したような声がして、わたしが目覚めたかどうか確かめるために、そっとドアが開いた。わたしは起きていると言って安心させた。

「風呂《ふろ》の用意ができてますぜ」と彼は言った。「踊り場の突き当りでさ」そして、部屋着とスリッパとタオルを持ってきた。「朝食には何がお望みで?」

「なんでも」わたしは、かたじけないという思いを込めて言った。

「なんでもお望みのものを用意しますよ――ベーコンと卵、トーストとコーヒーはどうです?」

「素晴らしい」

朝食は完璧《かんぺき》なタイミングで供され、着替えを済ませた瞬間に、おかみさんがフロントルームに湯気の立つ朝食を運んできた。

その部屋はガランとしていて、センターテーブル、肘掛《ひじか》け椅子一脚、ソファ一台のほかに、家具はなかった。マントルピースの上とソファの上の壁には、額に入れられた家族の集合写真がいくつかかかっている。ひとりで朝食を食べている間に、家の外で子供と大人がひしめき合う音が聞こえてきた。

「あなたがここにいるってことが、伝わりはじめたんですよ」コーヒーを持ってきたおかみさんが笑顔で言った。そしてタクシー運転手も興奮しながら入って来た。「ほら、外にいっぱい人が集まってて、どんどん増えてる。子供たちに顔をちらっと見せてくれませんかね。そしたら帰るでしょうから。さもないとブン屋に嗅《か》ぎつけられて、一巻の終わりですぜ！」

「もちろんだ。入れてくれ」とわたしは答えた。

こうして、子供たちが入って来た。わたしがコーヒーをすする間、くすくす笑いながら一列になってテーブルをぐるりと歩く。外ではタクシー運転手がこう言っていた。「いいか、羽目をはずしちゃだめだぞ。一列に並んで。一度に二人ずつ」

そうこうするうちに、若い女性が部屋に入って来た。こわばった深刻な顔つきをしている。彼女は探るようにわたしを見ると、急に泣き始めた。「違う、彼じゃない。彼だと思ったのに」と言ってすすり泣く。

どうやら、友達から謎《なぞ》めいた言葉をかけられたらしい。「ここに誰がいると思う？　ほんとだとはとても信じられないよ」と。そして、戦争で行方不明になった弟がいると思い込んでやってきたのだった。

わたしは、被告召喚令状を渡されることになろうがなるまいが、リッツ・ホテルに戻ることにした。結局、執行官に出くわすことはなく、カリフォルニアにいるわたしの弁護士から電報が届いていた。すべて片が付き、ミルドレッドが離婚調停書を提出したという。

その翌日、着飾ったタクシー運転手とそのおかみさんがわたしに会いにやってきた。日曜版に特集記事を載せるために、彼の家にわたしが泊まった一件を話すよう、新聞社からしつこく迫られているらしい。「でも」と彼は毅然《きぜん》として言った。「あなたの許可が得られなけりゃ、一言だって話しゃしませんよ」

「かまわんさ、話してくれたまえ」わたしは言った。

＊

そして今、ファースト・ナショナル社の幹部たちが、いわば帽子を手に持ってへりくだるという格好で、わたしのもとにやって来た。副社長のひとりで、東部諸州にある映画館の一大所有者だったゴードン氏が「君は一五〇〇万ドル欲しいと言うが、我々はまだ映画を観《み》てもいないんだ」と言った。彼らの言い分にも一理あると思ったので、試写会を開くことにした。

それは不愉快な晩だった。ファースト・ナショナル社の二五人の配給業者たちが検視にでも立ち合うような面持ちで、一列になって試写室に入って来た。無礼で疑い深く、思いやりなどかけらもない人間たちだ。

そのうち、映画が始まった。オープニング・タイトルは「微笑《ほほえ》みと、そしておそらく涙の映画」というものだった。「悪くないな」と、度量のあるところを示そうとしてゴードン氏が言った。

ソルトレイクシティでの公開試写以来、わたしには少し自信が湧いてきていたのだが、映画が半分も進まないうちに、その自信は吹き飛んでしまった。公開試写では大爆笑が起きたところでも、ひとりかふたりがクスリと笑うだけだったからだ。試写が終わって照明がついたとき、一瞬沈黙が広がった。そのあと彼らは伸びをしたり、目をしばつかせたりしながら、まったく映画とは関係ないことを話し出したのである。

「今晩、食事はどうするんだい、ハリー？」

「かみさんをプラザへ連れて行くことになってる。そのあとは、ジーグフェルド・ショーを観る予定だ」

「面白いんだってな」

「一緒に来るかい？」

「いや、今夜はニューヨークを発《た》たなきゃならないんだ。息子の卒業式に間に合うように戻りたいんでね」

こうしたおしゃべりの間、わたしの神経は極端に張りつめていた。ついにわたしはピシャリと言った。「で、評決はどうなんです、皆さん？」

何人かが気まずそうにモジモジと動いた。地面に目を落とす者もいる。明らかに代表格のゴードン氏は、ゆっくりその場を行ったり来たりし始めた。ずんぐりした重そうな男で、真面目《まじめ》くさった丸い顔に、分厚いレンズの眼鏡をかけている。「そうだな、チャーリー」と彼は言った。「仲間を集めて、話し合わなければならんのでな」

「ええ、それはわかっています」とわたしはすばやく口をはさんだ。「でも、映画はお気に召したんでしょうか？」

彼は一瞬躊躇《ちゅうちょ》した後、にんまり笑って言った。「チャーリー、我々がここに来たのは、映画を買うためだ。どれだけ気に入ったか話すためじゃない」この言葉に、ひとりかふたりが大笑いした。

「お気に召したからといって、余分な料金を請求しようなんて思ってはいませんよ」とわたしは言った。

彼はためらった。「率直に言って、もっと違うものだと思っていた」

「どんなものだと思っていたんです？」

彼はゆっくり話した。「それはだな、チャーリー、一五〇万ドルの作品にしては――その、それほどの面白味はない」

「じゃあ、どんなものが欲しいんです――ロンドン橋が落ちるとか？」

「いや。だが、一五〇万ドルにしては……」彼の声が上ずった。

「そうです、皆さん、それが値段です。買うも買わないも、あなたがた次第だ」わたしは我慢できなくなって言った。

状況を察した社長のJ・D・ウィリアムズがやってきて、わたしをおだて始めた。

「チャーリー、この映画は素晴らしいと思うよ。人間的で、変わっていて――」（わたしは〝変わっていて〟という表現が気に入らなかった）。「落ち着いて話し合えば、意見の相違は解消できるさ」

「解消すべき相違などありません」とわたしは言い切った。「結論を出すまでに、一週間差し上げましょう」わたしに対する今までの態度を考えれば、尊敬の念など残っているはずもなかった。それでも、彼らはすぐに腹を決め、わたしの弁護士が契約書を作成した。内容は、彼らが一五〇万ドルを回収したあと発生する収益については、わたしが五〇パーセントの利権を得るというものである。そして『キッド』は五年間のレンタルベースで貸し出し、そのあとは、ほかのすべての映画と同じように、わたしに権利が帰属することになった。

*

家庭生活とビジネスの重荷から解放された気分は、まるで空の上を歩くようなものだった。それまでの数週間、わたしは世捨て人のように人目を避け、ホテルの部屋の四角い壁だけを眺めて暮らしていた。だが、タクシー運転手の家での冒険に関する記事を読んだ友人たちからの電話が鳴り出し、自由で何にも束縛されない素晴らしい人生がふたたび幕を上げたのである。

ニューヨーク流のもてなしは、そんな幸せな気分をいっそう盛り上げてくれた。『ヴォーグ』誌と『ヴァニティ・フェア』誌の編集長フランク・クラウニンシールドは、華やかなニューヨークの暮らしに案内してくれ、これらの雑誌の社主コンデ・ナストは、最高に贅沢《ぜいたく》なパーティーを開いてくれた。彼が暮らしていたマディソン街のペントハウスには芸術界と富裕層のエリートたちが集まり、ジーグフェルド・フォリーズ・ガールズの花形スターたちが花を添えていた。そのなかには、あの麗《うるわ》しいオリーヴ・トマスや美貌《びぼう》のドロレスもいた。

滞在していたリッツ・ホテルにもひっきりなしに誘いが舞い込み、わたしはエキサイティングな催しに次々と身をまかせた。招待の電話は一日中鳴りやまなかった——週末をここで一緒にすごしませんか、あそこの馬術競技会にいらっしゃいませんか、と。そういったものはみな都会の上層階級の娯楽だったが、わたしはこよなく楽しんだ。ニューヨークでの日々は、ロマンティックな密通や真夜中の食事、昼食や晩餐会《ばんさんかい》などに満ち、一時の暇もなかった。朝食でさえ、人と会いながらとるという具合だった。こうしてニューヨークの社交界の上辺を一通り経験したあと、今度はグリニッチ・ヴィレッジというニューヨークの知的な皮下組織に侵入したくてたまらなくなった。

急に成功を摑《つか》んだコメディアンや道化師、クルーナー（鼻にかかった甘い声で囁くように歌うクルーナー唱法の歌手）たちの多くは、知性を向上させたいと願う地点にやがて至る。いわば知的な〝マナ〟（聖書に出

（てくる滋養物）を切望するようになるのだ。そうした学究の徒は、仕立屋、タバコ職人、プロボクサー、ウェイター、トラック運転手といった、思いがけない者たちの間にも顔を出す。

グリニッチ・ヴィレッジの友人宅で、思考を端的に表す言葉を探すもどかしさについて話していたときのことだ。わたしは、ふつうの辞書では不十分だと言った。「そのためのシステムを考案すべきだね。抽象的な言葉を具体的な言葉に変える、辞書学的な思考の地図のようなものを作り、演繹《えんえき》・帰納のプロセスによって、自分の考えを表す適切な単語に到達できるようにするシステムを」と。すると「そういった本ならもうあるぜ。『ロジェ類語辞典』だよ」と黒人のトラック運転手が答えた。

アレクサンドリア・ホテルで働いていたウェイターは、わたしに料理を出すたびに、カール・マルクスとウィリアム・ブレイクの引用文を口にした。「ジス《これ》」「デム《かれら》」「ドーズ《それら》」といったブルックリン訛《なま》りで話す道化軽業師は、シェイクスピアも〝サム〟・ジョンソン（サミュエル・ジョンソン。「ジョンソン博士（ドクター・ジョンソン）」の名で親しまれているイギリスの文学者。「英語辞典」の編集で知られる。一七〇九～一七八四）も、この本から影響を受けたのだと言って、バートンの『憂鬱《ゆううつ》の解剖学』（イギリスの神学者ロバート・バートンが一六二一年に著した書）を勧めてきた。

そうした人々とわたしは、知的水準から言って、共に旅する仲間だった。寄席《よせ》芸人だった時代から本はかなり読んできたつもりだが、必ず最初から最後までちゃんと読んだわけではない。読むのが遅いので、わたしの読み方は拾い読みだ。ひとたび本のテーマと著者のスタイルに慣れてしまうと、いつも興味が失《う》せてしまう。ただし、五巻もあるプルタルコスの『英雄伝』は一語も漏らさず最初から最後まで読んだが、努力の割には、期待したほど精神の滋養にはならなかった。わたしは本を慎重に選んだ。ある種の本は何度も繰り返して読む一方、プラトン、ロック、カント、バートンの『憂鬱の解剖学』などは長年かけて拾い読みした。だが、こうした細切れの読み方でも、知りたかった情報は、十分に拾い出すことができた。

グリニッチ・ヴィレッジでは、エッセイストで歴史家、かつ小説家のウォルドー・フランク（一八八九〜一九六七）、詩人のハート・クレイン（一八九九〜一九三二）、『大衆《ザ・マスィズ》』（挿画入りの左翼月刊誌）の編集長だったマックス・イーストマン、敏腕弁護士かつニューヨーク港徴税官のダドリー・フィールド・マローン（一八八二〜一九五〇）、そしてその妻で婦人参政権論者のマーガレット・フォスター（おそらくドリス・スティーヴンスの誤り）らと知り合った。わたしはまた、《クリスティーンズ・レストラン》で昼食をとり、「プロヴィンスタウン・プレーヤーズ」（芸術家、作家、知識人、アマチュア俳優からなる劇団）のメンバーにも出会った。彼らは新進劇作家のユージーン・オニール（のちにわたしの義理の父親になる）が書いた戯曲『皇帝ジョーンズ』の稽古《けいこ》を行っている間、いつもこのレストランで昼食をとっていたのだ。彼らの劇場にも案内されたが、それは六頭の馬がようやく入れるほどの大きさしかない馬小屋のような建物だった。

わたしがウォルドー・フランクを知ったのは、一九一九年に出版されたエッセイ集『われらのアメリカ』を通してである。彼のマーク・トウェインについてのエッセイは、この作家を深く掘り下げた見事な分析論だ。ついでに言えば、ウォルドーは、わたしについて真面目に物を書いてくれた最初の作家でもある。そんなわけで当然のことに、わたしたちはとても親しくなった。ウォルドーは神秘主義者と歴史家を組み合わせたような人物で、その洞察力は、南北両アメリカの魂の奥底に透徹していた。

わたしたちはヴィレッジで楽しい夜を何度も過ごした。ウォルドーを通して、ハート・クレインにも出会い、三人で、ヴィレッジにあるウォルドーの小さなフラットで夕飯をとり、翌朝の朝食の時間になるまで語り尽くしたものである。そうした語らいは、三人で互いの思考を微細にわたって伝えようと努める哲学談義の酒宴《シンポジウム》となり、こよなく楽しい機会となった。

ハート・クレインは絶望的に貧しかった。父親は大金持ちのチョコレート製造業者だったが、息子に事業を継がせたかったので、詩作をやめさせるために財政援助を打ち切っていた。わたしは、現代詩は理解もできないし好きでもない。だが、この自叙伝を書いている間に、ハート・クレインの『橋』を読んでみた。これは、感情がほとばしる奇妙かつドラマティックな詩で、心に突き刺さるような不安とダイヤモンドでカットしたように鋭く煌《きら》めくイマジェリーに満ちており、わたし自身の好みから言えば、いささかヒステリックに思われる。だがこのけたたましさは、ハート・クレイン自身に宿っていたものなのかもしれない。とはいえ彼は、思いやりのある優しい人物だった。

わたしたちは詩の目的について語り合った。それは世界に向けたラブレターだとわたしが言うと、ハートは悲しそうに「とても小さな世界の、だな」と言った。彼がわたしの作品はギリシア喜劇の伝統にのっとっていると言ったので、わたしはアリストファネスの英訳を読んでみたが、読み通すことはできなかったと打ち明けた。ハートは最終的にグッゲンハイム・フェローシップ（アメリカ人実業家のサイモン・グッゲンハイムとその妻が設立した助成金制度。毎年芸術家や学者に与えられる）を獲得する。だが、時すでに遅く、長年にわたる貧困と不遇から深酒と不摂生に陥り、メキシコから船でアメリカに戻る途中、海に飛び込んだのだった。

自殺の数年前、彼はボニ・アンド・リヴァライト社から刊行した短詩集『白い建物』をわたしに送ってくれた。遊び紙（何も印刷されていないページ）には、こう書き込まれていた。「チャールズ・チャップリンへ。『キッド』の思い出に。ハート・クレインより。一九二八年一月二〇日」詩集の一編に、『チャップリン風に《チャップリネスク》』と題された詩があった。

『チャップリン風に』

ぼくらはおとなしく世の中を受け入れる
ずるずる垂れ下がる大きなポケットに
風がたまさかに吹き込んでくる
行き当たりばったりの慰めで満足して

なぜなら、それでも世の中を愛することはできるから
階段に腹をすかせた子猫がいても
荒れ狂う街から身を守る奥まった場所――
破れた温かい肘があることを知っているから

ぼくらは押しとどめるだろう　そして人生の最後に笑う日が来るまで
避けえない死の親指がもたらす運命を弄《もてあそ》ぶだろう

死が皺《しわ》だらけの人差し指でゆっくりとぼくらをこするとき
その細く開いた鈍い目つきに直面したぼくらが見せる　なんという無邪気さ
なんという驚き！

にもかかわらず　よく練られた転倒には
しなやかなステッキのピルエットと同じくらい嘘はない
ぼくらの葬儀は　ある意味　企てられたものではない
ぼくらは死を押しとどめられる　そのほかすべてのものも――心以外は
心が生きつづけるとしても、誰に責めることができようか

このゲームは皮肉な笑いを強いる　だがぼくらは見てきた
さびしい路地にかかる月が
空のゴミ箱から笑いの聖杯を生み出すのを
そしてそれを賑《にぎ》やかに探しにいく音の中に
ぼくらは聞いてきたのだ　荒れ地にいる子猫の鳴き声を

ダドリー・フィールド・マローンがヴィレッジで楽しいパーティーを開き、オランダの実業家ジャン・ボアスヴァンやマックス・イーストマンらを招いた。そのなかに「ジョージ」として紹介された面白い男がいた（本名はついにわからなかった）。彼はとても緊張していてそわそわしていた。わたしはその晩、誰かから、ジョージはブルガリア国王の大のお気に入りで、王からソフィア大学の授業料を払ってもらっていたのだ、と聞かされた。だが、ジョージはこの王の庇護《ひご》を足蹴《あしげ》にして共産主義者になり、アメリカに移住してＩＷＷに加わったそうだ。そしてそのあと二〇年の禁固刑を言い渡され、二年間服役したあとに再審請求が認められて、わたしが会ったときは保釈中の身だったのである。

シャレード（ジェスチャーで言葉を当てるパーティーゲーム）に興じるジョージを見ていたとき、ダドリー・フィールド・マローンが囁《ささや》いた。「彼が再審に勝てる見込みはないんだ」テーブルクロスを頭に巻き付けたジョージは、サラ・ベルナールの真似をしていた。わたしたちは笑い声を上げたが、心の底では、みなわたしと同じように考えていたに違いない。このあと一八年間も刑務所に入らなければならないとは、なんと気の毒なことか、と。

それは妙に慌《あわ》ただしい晩だった。帰ろうとすると、ジョージが声をかけてきた。

「なにをそんなに急いでいるんだい、チャーリー？　どうしてこんなに早く帰ってしまうんだい？」わたしは彼を脇《わき》に連れて行った。だが、言うべき言葉がみつからなかったので「なにかぼくにできることはないかい？」とわたしは小声で言った。ジョージは、そんな考えを振り切ろうとするかのように手を振り、わたしの手を握りしめると、感情を込めて言った。「心配しないでくれ、チャーリー。ぼくは大丈夫だから」

＊

ニューヨークにはもっと長くいたかったのだが、カリフォルニアには、やらなければならない仕事が待っていた。まず、ファースト・ナショナル社との契約を急いで片付けたかった。一刻も早くユナイテッド・アーティスツの仕事を始めたかったからだ。

自由で、身軽で、強烈に刺激的なひとときを過ごしたニューヨークのあとでは、カリフォルニアの生活には失望感が募った。ファースト・ナショナル社向けに二巻物のコメディーを四本制作するのは、達成困難な仕事として立ちはだかった。何日も何日も、わたしはスタジオに座りつづけ、思考の習慣を取りもどそうとした。ヴァイオリンやピアノを弾くのと同じように、考えることにも日々の練習が必要で、わたしはそ

カタリナ島沖で釣り上げたカジキ。ロスコー・アーバックルと。

んな習慣からすっかり遠ざかってしまっていたのだ。

　ニューヨークの万華鏡《まんげきょう》のような生活を味わいすぎたわたしは、それから抜け出すことがなかなかできなかった。そこで、イギリス人の友人であるドクター・セシル・レイノルズとカタリナ島（ロサンゼルスから船で一時間ほどのリゾート地）に釣りに出かけることにした。

　カタリナ島は釣り人の楽園だ。昔からあるのどかな村アヴァロンには小さなホテルが二軒あった。島では年間通して釣りが楽しめ、マグロのシーズンには、小船が借りられなくなるほどの賑わいになる。早朝、誰かが「来たぞ！」と叫ぶ。すると、見渡す限り一面に、一尾一四キロから一四〇キロぐらいまでのマグロが水面を強く打って、しぶきをたてる様子が目に入る。のんびりしたホテルは、たちまち、てんやわんやの大騒ぎだ。着替える暇もない。運よく前もって船を予約していた者は、ズボンのボタンをはめながら、転げるように船に乗り込むことになる。

あるとき、ドクターとわたしは昼食前に、四キロ弱のマグロを八尾釣り上げたことがある。だが、マグロは現れるのも突然なら、消えるのも突然だ。そうなると、いつもの釣りに戻った。ときには凧《たこ》を使ってマグロを釣ったこともある。餌《えさ》が付いた釣り糸に凧を結びつけるもので、餌は水面をバシャバシャ泳ぐトビウオだ。こうしたタイプの釣りは面白かった。マグロが餌に食いつき、周囲に泡の渦ができて、一〇〇メートル近くも餌とともに泳ぐ様子が手に取るようにわかる。

カタリナ島の周辺で釣れるカジキは、重量が四五キロから二七〇キロぐらいもある重量級だ。カジキ釣りは、マグロ釣りよりずっと繊細である。釣り糸を泳がせておくと、カジキが餌にそっと食いつく。エサは小振りのビンナガマグロかトビウオだ。カジキは餌に食らいついたまま九〇メートルほど泳ぐ。と、突然動きが停まるので、小船も停めて、カジキが餌を飲み込むのを丸一分間待つ。そのあと、釣り糸がピンと張るまで、ゆっくりとリールを巻く。そしたら、二、三度、強く糸を引くのだが、お楽しみが始まるのはここからだ。カジキは一〇〇メートル以上も突っ走り、リールが悲鳴のような音をたててカラカラ回る。と、カジキが動きを止める。ここで急いで、たるんだ釣り糸をたぐらなければならない。さもないと木綿糸のように切れてしまうからだ。また、カジキが逃げながら急に方向を変えるようなことがあると、水の摩擦で釣り糸が切れてしまう。カジキは、頭をブルドッグのように振りながら、二〇～四〇回も水面から飛びあがる。しかし、やがて疲れて、水底にすばやく潜る。ここからが重労働だ。カジキを引き上げなければならない。わたしが釣った獲物は八〇キロほどもあった。とはいっても引き上げるには二二分しかかからなかった。

それは幸福な日々だった。海面にもやが立ち、水平線が無限のかなたと混じりあう美しい朝、セシルとわたしは釣竿《つりざお》を摑んだまま、船尾でうとうとした。茫《ぼう》漠《ばく》とした静寂がカモメの鳴き声

友人の脳外科医ドクター・レイノルズ夫妻と。

と眠気を誘う船のエンジン音を際立《きわだ》たせていた。

　セシルは天才的な脳外科医で、その分野で奇跡的な成果を挙げていた。わたしは彼が扱った多くの患者の症例を知っている。そのひとつに、脳腫瘍《のうしゅよう》を抱えた子供の例があった。その女の子は一日二〇回も発作を起こし、認知症も進行していた。だが、セシルの手術のおかげで完全に回復し、優れた学者になったのだった。

　しかしセシルは、〝頭のおかしい変人〟でもあった。彼は芝居狂だったのである。そして、その飽くことを知らない芝居への情熱こそ、わたしたちを近づけたものだった。「演劇は魂の糧《かて》だ」というのが口癖だったが、わたしはよく、彼の医業こそまさに魂の糧だと反論した。よだれをたらす知的障害者を優秀な学者に変えることよりドラマティックな偉業などあるだろうか？

「そんなこと、脳神経組織の場所さえ知っていれば誰だってできるさ。でも、演技は違う。演技は魂を豊かにする精神的な経験なんだ」とセシルは言い張った。

　わたしは彼に、なぜ脳外科を選んだのかと尋ねてみた。

「ドラマティックだからさ」というのがその答えだった。

　セシルはよく、パサデナにある素人《しろうと》劇団の「アマチュア・プレイハウス」で端役《はやく》を演じていた。それから、わたしの映画『モダン・タイムス』にも、刑務所を訪問する牧師の役で出ている。

釣りから戻ると、母の健康が改善したという知らせが届いていた。戦争が終結した今、母をカリフォルニアに呼び寄せない理由はなかった。そこでわたしはトムをイギリスにやって、船で連れてこさせることにした。ただし、乗船名簿には偽名を使った。

船旅の道中、母は完璧にふつうの人だった。毎晩大食堂で食事し、昼間は甲板でやるゲームにも参加した。ニューヨークに到着したときにも、とてもチャーミングかつ冷静にふるまっていた。だがそれも、主任入国審査官から挨拶《あいさつ》されるまでのことだったのである。「これは、これは、ミセス・チャップリン！　お目にかかれて光栄です！　あなたが、かの有名なチャーリーのご母堂様なのですね」

「そのとおりよ」と母は愛想よく言った。「あなたはイエス・キリストね」と。

主任の顔は見物だったらしい。彼は口ごもり、トムの顔を見てから、母に礼儀正しくこう言ったという。「ちょっとこちらへ来ていただけますか、ミセス・チャップリン？」

トムには、厄介なことになったのがわかった。それでも、事務的な手続きをさんざん経たあと、移民局は親切にも、国の世話にはならないという条件で、年次更新の滞在許可証を発行してくれたのだった。

母には、イギリスに最後に帰ったとき以来会っていなかった。かれこれ一〇年も前のことになる。そんなわけで、パサデナの駅で列車から降り立った小柄な老婦人を目にしたときには、いささか動揺した。母のほうではシドニーとわたしがすぐにわかり、そのふるまいも、ほぼ正常だった。

母は、わたしたちの家に近い海沿いの平屋に住まわせることにし、家政を取り仕切る夫婦と母の身の回りの世話をする経験豊かな看護婦も住み込みで手配した。わたしたち兄弟はときおり母のもとを訪ね、夕方にはゲームを楽しんだ。母は昼間、自分の車でピクニックに出かけたり遠出したりするのを好んだ。スタジオに姿を見せることもあり、そんなときには、わたしが制作したコメディー映画を見せた。

ついに『キッド』がニューヨークで封切られ、大成功を収めた。そして、父親に初めて会った日に予言したとおり、ジャッキー・クーガンは一大センセーションを巻き起こした。『キッド』が大当たりした結果、ジャッキーはその役者人生で、四〇〇万ドル以上儲《もう》けたことになる。わたしのもとへは、素晴らしく好意的な映画評の切り抜きが毎日のように送られてきた。『キッド』は古典的作品だとまで称賛してくれた評もあった。それでもわたしには、ニューヨークに出かけて実際に観る度胸がなかった。カリフォルニアに留まって噂話《うわさばなし》を聞くほうが、ずっと安心できたのである。

*

　これはとりとめのない自伝ではあるが、映画制作についていくつか思うところを書かないわけにはいかないだろう。このテーマについては価値ある本が数多く出ているが、難点がある。ほとんどの本が著者の映画観を押し付けているのだ。そうした本は、映画制作の技術的なコツを教える入門書以上のものであってはならないのにもかかわらず。それ以上のことは、想像力豊かな学習者なら、自らの芸術的センスに従って劇的な効果を導けるはずである。素人でもクリエイティブな人間だったら、学ばなければならない技術的な基本知識はほんの少しですむだろう。芸術家にとっては、型にはまらないことをする完全な自由にこそ醍醐《だいご》味《み》がある。だからこそ、多くの監督の処女作品には新鮮さとオリジナリティーが感じられるのだ。

　線や空間、構図、テンポなどを合理的に説明するのは結構だが、そうしたものは演技とは何の関係もなく、つまらないドラマに陥るのがおちだ。簡素なアプローチこそ、常にとるべきものである。

　個人的に言えば、わたしはトリッキーな効果には辟易《へきえき》させられる。たとえば、暖炉の中から石炭の視点で部屋を撮影するとか、まるで自転車に乗って追いかけてでもいるみたいに、ホテルのロビーの中を歩く演技者と一緒にカメラを移動させるテクニックとかいったものがそれだ。わたしには、そうしたテクニックはひどく安っぽく、見え透いたものに映る。セットのどこに俳優がいるのかがすでに観客にわかっているなら、俳優がどこからどこに移動するのかを知るだけのために画面を横切るシミみたいな姿を見せつけられるのは、退屈でたまらないだろう。思いあがった効果はテンポを鈍くして退屈にさせるばかりか、見ていて不愉快でもある。にもかかわらず、そうした効果は、あの〝芸術的〟といううんざりする言葉と同じものだと勘違いされているのだ。

わたし自身のカメラ設定は、俳優の動作の振り付けを補佐するという考えに基づいている。カメラが床に置かれたり、俳優の鼻先でブラブラしたりすると、演技をしているのは俳優ではなく、カメラになってしまう。カメラは出しゃばってはいけないのだ。

映画における時間の節約は、今もって基本的美徳である。エイゼンシュテイン（映画史上屈指の名作と言われる『戦艦ポチョムキン（Броненосец Потёмкин）』を作ったソ連の監督。一八九八〜一九四八）もグリフィスも、そのことをよく知っていた。素早いカットと、あるシーンから他のシーンへのディゾルブ（前の画面に後の画面が重なり、前の画面が次第に薄くなって、後の画面に変わる技法）は、映画テクニックの力学だ。

　わたしのカメラテクニックが古臭いと言う批評家がいるのには驚かされる。わたしは時代に遅れてしまった、と言うのだ。時代とは何だ？　わたしのテクニックは自ら考え抜いて生み出した自分独自のロジックとアプローチの結果であって、ほかの人達がやっているものごとを拝借したものではない。もし芸術の世界で、みないつも時代に追いつかなければならないのだとしたら、レンブラントはファン・ゴッホよりも古臭いことになり、雑誌のバックナンバーみたいなものになってしまうではないか。

　映画のテーマについて述べるついでに、超弩級《ちょうどきゅう》の大作劇場映画を作ろうと考えている人たちに役立ちそうな助言をいくつか伝えたい。実は、そういった映画こそ、作るのはもっとも簡単なのだ。そうした映画では、演技するにしても監督するにしても、ほとんど想像力など必要としない。必要なのは、一〇〇〇万ドルの制作費とおびただしい群衆、衣裳、そして手の込んだセットと背景だけだ。糊《のり》と帆布を駆使して作った豪華なセットを使えば、物憂《ものう》げなクレオパトラが乗る船をナイル川に浮かべることも、二万人のエキストラを真二つに分かれた紅海に行進させることも、ジェリコの城壁を打ち砕くこともできる。こうしたことすべては、実は建築請負業者の名人芸でしかない。そして、陸軍元帥《げんすい》たる監督が脚本と表を手にディレクターチェアにどっかり腰を下ろすなか、訓練担当軍曹が背景の前で汗をかきかき捨てぜりふを吐いて、各師団に指令を伝えるのだ。笛一吹きは「左から一万人！」、二吹きは「右から一万人！」、三吹きは「全員で交戦！」といった具合に。

こうしたスペクタクル映画のテーマは、だいたいの場合〝超人《スーパーマン》〟である。ヒーローは、跳躍力においても、登攀力《とうはんりょく》においても、射撃能力においても、戦闘能力においても、果ては恋愛テクニックにおいても、映画に出ている他のどの出演者よりも勝っている。実のところ、あらゆる人間の問題は、こうした技法を使えば解決できるだろう――思考力以外は。

監督技法についても、かいつまんで述べておこう。シーンにおける俳優たちの扱いには、心理的なアプローチがもっとも有益だ。たとえば、あるキャストが制作の途中から加わるとする。たとえ優れた俳優でも新しい環境で緊張しているかもしれない。そんなときこそ、監督の謙虚さがもっとも効果的に働くときだ。わたし自身、何度となく経験している。やりたいことがはっきりしていたとしても、新顔の俳優を脇に連れて行き、実は自分は疲れていて、不安にさいなまれ、そのシーンで何をやったらいいか途方に暮れているところなんだ、と打ち明けるのだ。するとあっという間にその俳優は自分自身が緊張していることをすっかり忘れて、わたしを助けようとする。その結果、俳優から優れた演技を引き出すことができるようになる、というわけだ。

劇作家のマーク・コナリー（一八九〇〜一九八〇）は、一度、こんな疑問を提起したことがある。戯曲を書くとき、作者はどちらのアプローチをとるべきか――知的なものか、それとも情緒的なものか？　わたしは、情緒的なアプローチをとるべきだと思う。なぜなら劇場では、そのアプローチのほうが知性に訴えるより面白いからだ。そもそも劇場はそのようにできている。劇場の演壇、プロセニアム（観客席と舞台を区切る額縁型の壁面）、赤いカーテン、装飾的な構造など、すべてが情緒に訴える作りになっているのだ。もちろん知性も関与しているが、それはあくまで二次的なものだ。チェーホフ（ロシアを代表する劇作家。一八六〇〜一九〇四）はそのことをよく知っていたし、モルナール（ハンガリー生まれの劇作家。一八七八〜一九五二）や他の多くの劇作家もそうだった。彼らには演劇的表現法《シアトリカリズム》の重要性がわかっていた。言い換えれば、劇作の〝技〟を理解していたのだ。

わたしにとって演劇的表現法とは、「演劇的な潤色」を意味する。たとえば、修辞学でいう「アポシオピシス（遁絶法《とんぜつほう》）」（語り手が話の途中で黙り込んでしまうこと）をやったり、本をパタンと音を立てて閉じたり、タバコに火を付けたりすることだ。また、銃声や叫び声、落下音や衝突音といった効果音を舞台の外で流したり、登場と退場を効果的にやる、といったこともそうである。こうした演出は安っぽく見え透いたものに思えるかもしれないが、繊細さと分別をもってやれば、みな舞台の詩として効果を発揮する。

演劇的なセンスのないアイデアには、ほとんど何の価値もない。アイデアよりも効果的な演出のほうが重要なのだ。演劇的なセンスがありさえすれば、アイデアなど何もなくても効果的な演出はできる。

その例は、わたしの映画『巴里《パリ》の女性（A Woman of Paris）』（一九二三年公開）をニューヨークで公開したとき、上映前にプロローグとして上演した劇に見ることができるだろう。当時は、あらゆる長編映画の前に、三〇分ほどのプロローグ劇が上演されたものだった。わたしはプロローグ用の脚本もストーリーも考えてはいなかったのだが、以前『ベートーベンのソナタ』と題された感傷的な絵画のカラー印刷（イタリアの画家リオネッロ・バレストリエリの絵だと思われる）を観たことを思い出した。場面は芸術家のスタジオで、薄明りのなかに一群のボヘミアンたちがむっつり座り、ヴァイオリニストの演奏を聴いている、というものである。そこで、このシーンを舞台で再現することにした。準備の余裕は二日しかなかった。

わたしはピアニストとヴァイオリニスト、アパッシュ・ダンス（パリのポン引きと娼婦のやりとりを模した、乱暴な振り付けのダンス）の踊り手と歌手を雇い、持てる限りの演劇トリックを駆使した。パーティーの客に扮《ふん》した登場人物たちが、観客に背を向けて、舞台上のソファや床に座り、観客を無視してウィスキーを飲みつづける。その間、ヴァイオリニストが感傷的なソナタを朗々と演奏するのだが、音楽の切れ目に、酔った客のいびきが聞こえる。ヴァイオリニストの演奏が終わると、今度はアパッシュ・ダンサーたちの踊りがあり、次に歌手が『ぼくのブロンド娘のそばに《オプレ・デュ・マ・ブロンデ》』（一七世紀のシャンソン）を歌ったあと、その劇唯一《ゆいいつ》の、二行からなる台詞《せりふ》が語られる。ひとりの客が「もう三時だ。帰らないと」と言うと、もうひとりが「そうだな、みな帰らなければ」と言うのだ。そのあと、客たちはアドリブでがやがや話しながら舞台を去っていく。最後の客が去ると、ひとり残った主人がタバコに火を付け、スタジオの灯りをひとつひとつ消していく。と同時に、客たちが外で『ぼくのブロンド娘のそばに』を歌う声も徐々に遠ざかっていく。舞台が暗くなり、明かりが中央の窓から差し込む月の光だけになると、主人も退場する。そして客たちの歌声も消えかかり、カーテンがするすると降りてくる、という具合だ。

　このナンセンスな劇の間、観客たちは針の落ちる音さえ聞こえるのではないかと思うほど、しんと静まりかえった。半時間というもの何も語られず、舞台の上で起きていたのも、変哲もないボードビルの演技がいくつかあっただけだ。にもかかわらず、そのオープニングの晩、プロローグ劇に出たキャストは九回もカーテンコールを受けたのだった。

正直なところ、わたしはシェイクスピア劇を舞台で観るのは好きではない。わたしの感情は現代的すぎるのだ。シェイクスピア劇は、特殊なタイプの堂々たる演技を必要とするが、わたしはそうしたものが苦手だし、興味もない。学者の演説を聴いているような気がしてしまうのだ。

おお、パック、ここへ来い……覚えていような、
いつかのことを。それ、俺は岬《みさき》の出ばなに腰をおろし、
人魚が海豚《いるか》の背で歌っているのを聴いていた。
そのうっとりするような美しい声音《こわね》に、さすがの荒海もおだやかに凪《な》ぎしずまり、
天上の星も、その歌の調べを聴こうとして、
狂おしく騒ぎたったものだ。

（福田恆存　訳）

これらの詩句は崇高なほど美しいかもしれないが、わたしはこうした種類の詩を劇場で聴いても楽しめない。さらに言えば、王や王妃やお歴々やその名誉といったシェ

イクスピア劇のテーマが好きではないのだ。それはきっとわたしの中にある心理的なものに由来しているのだろう。わたしの妙な唯我主義《ソリプシズム》のせいかもしれない。パンとチーズを追い求めていたわたしの世界では、名誉などほとんど問題にならなかった。わたしは王子の問題を自分のものとしてとらえることができない。たとえわたしがハムレットだったとして、その母親が宮廷の者全員と関係を持ったとしても、わたしは彼ほど傷つきやしないだろう。

劇の上演に関する好みを言えば、わたしは作り事の世界と観客を隔てるプロセニアムのある伝統的な劇場が好きだ。幕が上がるか、左右に開くことによって場面が目に入って来るところが好きなのである。フットライトをまたいで舞台の前に出て観客と一体になろうとするような劇は好みではない。そうした劇では、登場人物がプロセニアムにもたれて、プロットを説明しようとするが、そんな演出は説教臭くなるだけでなく、劇場の魅力も台無しにしてしまう。そんなものは、人物や背景を観客に説明する凡庸な方法にすぎない。

舞台装飾については、場面に現実味を加えるだけのものに留めたい。日常生活を描く現代劇なら、幾何学的なデザインなど欲しくない。そうした突拍子もない効果は、わたしが描きたい空想の世界を壊してしまう。

　非常に優れた舞台美術家でも、場面の舞台装置に凝りすぎて、俳優と劇そのものを萎縮《いしゅく》させてしまう者がいる。一方、カーテンと無限に伸びる階段だけというような舞台装置は、もっとたちが悪い。そういったものは博学をひけらかし、こう叫んでいるかのように思える。「あなたがた観客の高尚な感性と想像力で補うべき余地を残してしんぜよう！」わたしは一度、慈善公演の舞台で、ローレンス・オリヴィエ（イギリス人の俳優・映画監督。舞台のシェイクスピア俳優としても名高い。一九〇七～一九八九）が燕尾《えんび》服《ふく》を着て、『リチャード三世』からの抜粋を朗読するのを観《み》たことがある。彼は演技によって中世の雰囲気を見事に醸《かも》し出していたものの、白ネクタイと燕尾服という衣装は、どうもちぐはぐでいただけなかった。

　演技のコツはリラックスすることにある、と言った者がいる。もちろんこの基本原則はあらゆる芸に適応可能だろう。とはいえ、とりわけ俳優には自制心が必要だ。場面がどれほど熱狂的なものであろうとも、俳優のなかに宿る技術者は、冷静でリラックスし、自らの感情の浮き沈みを調節して導かなければならない——外側は興奮状態、中身は冷静なのである。リラックスしている場合のみ、俳優はこの状態に到達できる。では、どうやったらリラックスできるのか？　これは難しい問題だ。わたしの方法はかなり個人的なものだ。舞台に上がる前、わたしはいつも極度に緊張した興奮状態に陥る。そしてこの状態がわたしをあまりにも疲弊させるので、舞台に登場するときには、気が抜けてリラックスしているというわけだ。

わたしは、演技というものは教えられて身に着くものではないと思っている。知的な人々がそうして失敗するところを見てきたし、頭の鈍い者がうまい演技をするところも見てきたからだ。だが、演技とは本質的に感情を必要とする。美学の権威で、チャールズ・ラム（イギリスの名文筆家。一七七五～一八三四）をはじめとする当時有数の文学者たちの友人だったワインライト（トーマス・グリフィス・ワインライト。タスマニアに流刑になり、現地で死亡した。一七九四～一八四七）は、金目当てでいとこ（実際には、義理の妹、おじ、義理の母親と友人の四人を殺害した連続殺人犯だったと考えられている）を毒殺した冷酷非情の殺人者だった。彼は知的な人間だったが、決して優れた役者にはなれなかっただろうと思われる典型例だ。人間らしい感情が欠落していたからである。

知性だけで感情がないのは大犯罪者の特質で、感情だけで知性がないのは無害な間抜けの特徴だ。だが、知性と感情の釣合が完璧《かんぺき》にとれている場合には、最高の俳優が生まれる。

偉大な俳優の必須《ひっす》条件は、演技をしている自分を愛せることだ。見下した意味でそう言っているのではない。わたしはよく俳優がこう言うのを聞いたものだ。「あの役が演じられたら、どんなにいいだろう《アイ・ウッド・ラヴ》」言い換えれば、その役を演じている自分を愛するだろう、ということだ。これは自己中心的に聞こえるかもしれない。だが、偉大な俳優というものは、えてして自らの妙技に夢中になるものなのだ。『鈴の音』（レオポルド・デイヴィス・ルイス作の戯曲）の主役を演じたアーヴィング、スヴェンガーリに扮したトリー、『煙草《たばこ》職人のロマンス』（フランシス・マリオン・クローフォードの原作に基づく戯曲）の脚本を書き主役を演じたマーティン・ハーヴェイ（イギリスの俳優。一八六三〜一九四四）などを見れば、それがわかる。これら三つの戯曲はみな平凡な劇なのだが、彼らが演じた役柄は秀逸だった。偉大な俳優になるには、単に演劇に熱中するだけでは足りない。熱烈な自己愛と信念が欠かせないのだ。

「メソッド演技法」（コンスタンチン・スタニスラフスキーの影響を受けたリー・ストラスバーグらによってアメリカで体系化された演技法）については、わたしはほとんど知識がない。どうやら、役柄の人格形成を集中して行う演技法らしい——俳優のなかには、そもそも自分の人格さえあまり発達していない者がいるのだが。とどのつまり、演技とはほかの人物のふりをすることだ。いずれにしても、人格は言葉にできないもので、行動を通して輝くものである。もっとも、あらゆる演技法に通ずる真実というものは存在する。たとえば、スタニスラフスキー（ロシア・ソ連の俳優・演出家。「スタニスラフスキー・システム」と呼ばれる俳優教育法は世界に多大な影響を与えた。一八六三〜一九三八）は「内なる真理」を求めて切磋《せっさ》琢磨《たくま》した。わたしの解釈が正しければ、それは「演技する」のではなく「なりきる」ことを意味する。それには共感、つまり自分以外のものに感情移入することが必要だ。ライオンはどう感じているのか。ワシはどんなふうに感じているのか。そうしたものを感覚的に捉《とら》えられる

俳優失格——マウントバッテン卿に引導を渡す。

ようにならなければならない。さらには、あらゆる状況下において、その人物がどう反応するかを知るために、役柄の心中を本能的に感じ取れるようになる必要がある。演技のこの局面は、教えられて身に着くものではない。

役柄について本物の男優や女優に指示を与えるときには、単語ひとつ、またはフレーズひとつでことが済む場合がよくある。「彼はフォルスタッフ風だ」とか「彼女は現代のボヴァリー夫人だ」というふうに。ジェッド・ハリス（オーストリア生まれの舞台プロデューサー。一九〇〇〜一九七九）は、ある女優に「この人物はからみつく黒チューリップの動きをする」という指示を与えたそうだ。もっともこれは行き過ぎだろうが。

役柄の人生まで知っていなければならないという理論には必然性がない。デュースが観客に伝えたあの素晴らしいニュアンスを脚本や役に書き込むことができる作者などいないだろう。あれは、作者の概念を超えた次元のものだったに違いない。そしてデュースは、わたしの知る限り、インテリではなかった。

わたしは、熟慮や内省によって適切な感情を導くことに拘泥《こうでい》する俳優養成所は大嫌いだ。精神的に操作する必要があるという事実こそ、そんな生徒は演劇をあきらめるべきだという十分な証拠である。

ところで、あの広くもてはやされている形而上学的《メタフィジカル》な単語〝真実〟のことだが、真実にはさまざまな形があり、ひとつの真実だけが正しいとは言い切れない。コメディ・フランセーズ（一六八〇年にフランスで創立された国立劇団）の古典的演技にも、イプセンの戯曲における、いわゆる写実的演技と同じくらいの真実味がある。両方とも作り物の世界のもので、真実であるかのような幻想を持たせようと意図された技巧だ——突き詰めて言えば、あらゆる真実は欺瞞《ぎまん》の種を宿しているのである。

わたし自身は演技を一度も習ったことはない。が、幸運にも名優が活躍した時代に少年期を過ごすことができたおかげで、彼らの知識と経験の一端を身に着けることができた。才能はあったつもりだが、それでもリハーサルでは、まだ知るべきテクニックが多々あることを知って驚いたものである。たとえ才能のある者であっても、初心者の時点ではテクニックを学ぶことが必要だ。というのは、その才能がどれほどのものであれ、それを効率的に使うにはスキルが必要だからだ。

それを達成するには、位置確認、すなわちオリエンテーションがもっとも大事であることをわたしは学んだ。つまり、自分が舞台のどの位置にいて、どんな動作をしているかを常に把握していなければならない。俳優は、ある場面に登場するとき、どこで足を止めるのか、どこで向きを変えるのか、どこで立つのか、いつどこで座るのか、さらには、ほかの登場人物に直接話しかけるのか、または間接的に話しかけるのか、といったことをはっきり理解していることから来る説得力を備えていなければならない。オリエンテーションはこの説得力をもたらすものであり、プロとアマチュアの差もここにある。映画を監督するときには、このオリエンテーションという技法を使うようにと、口をすっぱくしていつもキャストに説いた。

演技に関するわたしの好みは、細やかさと抑制だ。ジョン・ドリュー（ジョン・ドリュー・ジュニア。アメリカの舞台俳優。一八五三～一九二七）は疑いなく、その生き証人のような俳優だった。愛想が良くてユーモアがあり、神経が細かくて、じつに魅力的な人物だった。感情的になるのは簡単だ。

それは優れた俳優なら、常に求められることでさえある。そしてもちろん、口調や声音も重要だ。デイヴィッド・ウォーフィールド（アメリカの舞台俳優。一八六六〜一九五一）は素晴らしい声の持ち主で感情表現にも優れていたが、彼の口ぶりには、どこかいつも、モーゼの十戒を聞かされているような気がしたものである。

アメリカの演劇界でもっとも好きな男優と女優は誰かと訊《き》かれることがよくある。これは答えるのが難しい。もし誰かが好きだと言えば、それ以外の俳優はそれより劣るように聞こえるからだ。でも、そんなことはない。わたしのお気に入りは、本格的な演技の俳優ばかりではなかった。コメディアンもいれば、芸人《エンターテイナー》さえいた。たとえば、アル・ジョルソン（リトアニア出身のアメリカの芸人。一八八六〜一九五〇）がいる。彼は不思議な魅力と生気に満ちた天性の偉大な芸術家だった。アメリカ演芸界におけるもっとも優れたエンターテイナーで、顔を黒塗りにしたミンストレル・ショー（白人が顔を黒塗りにして、黒人を面白おかしく風刺するショー）で、バリトンを張り上げて陳腐なジョークを飛ばし、センチメンタルな歌を歌っていた。たとえどんな歌を歌おうと、彼は観客を自分のレベルに引き寄せることができた。彼の馬鹿《ばか》げた『おかあちゃん《マミー》』という歌でさえ、あらゆる人を虜《とりこ》にしてしまったほどだ。映画がとらえた彼の姿はほんの少ししかないが、一九一八年当時、彼はキャリアの絶頂に立ち、観客を夢中にさせていた。しなやかな身体《からだ》、大きな頭と落ちくぼんだ、鋭い目つきを持つアル・ジョルソンには奇妙な魅力があった。『僕の肩には虹《にじ》がかかり』や『この世に別れを告げるとき』といった歌を歌うと、観客は純粋な衝動にかられて盛り上がったものである。彼はブロードウェイの詩――その活力と俗悪さ、その目的と夢――を体現した人物だった。

〝オランダ人〟コメディアンのサム・バーナード（イギリス生まれで、幼い頃アメリカに移住したコメディアン。オランダ人のふりで笑いをとった。一八六三〜一九二七）も素晴らしい芸術家だった。彼はあらゆることに憤慨するという芸をやっていた。「卵だぜ！　一ダースで六〇セントもするんだ――それも腐ってるやつ！　それに、切れっぱしのコーンビーフ！　二ドルもふんだくられる！　二ドルもだ――ちっこい、切れっぱしのコーンビーフに！」ここで彼は、針に糸を通すようなしぐさをして、その小ささを強張する。そのあと癇癪玉《かんしゃくだま》を爆発させ、わめきながら跳び回るのだ。「俺は忘れてないぞ。二ドル分のコーンビーフが重すぎて運べなかったときをよ！」

だがオフステージでは、哲学者のように悟りきっていた。フォード・スターリング（アメリカの俳優・コメディアン。「若き日々」に登場）が妻に裏切られたと言って、彼のもとに泣いてすがってきたとき、サムはこう言ったという。「それがどうしたっていうんだ。ナポレオンだって裏切られたんだぜ！」

フランク・ティニー（アメリカのボードビル芸人。一八七八〜一九四〇）の舞台を見たのは、初めてニューヨークに行ったときだった。彼はウィンター・ガーデン劇場の大の人気者で、観客と親密な関係を築いていた。フットライトの上に身体を乗り出して、観客にこんなふうに囁くのだ。「主役のご婦人は、俺にぞっこんでよ」こう言った後、こっそりと舞台袖を覗《のぞ》いて、だれも聞き耳を立てていないかどうか調べる。そしてまた観客に向かうと、打ち明けるのだ。「かわいそうに。今晩、楽屋口から入って来たとき、俺は『こんばんは』って声をかけたんだけどよ、彼女はあんまり俺にホの字なもんだから、一言も口がきけなかったたって具合よ」

この時点で、当の主役の女性が舞台を横切って入って来る。それを見たティニーは、あわてて人差し指を唇に当て、話を明かさないようにと観客に合図する。そして彼女に「やあ、カワイ子ちゃん」と快活に声をかける。だが彼女は、ぷいと怒って向きを変え、むっとした顔でズンズン歩き去ってしまう。そのときうっかり櫛《くし》が落ちる。するとまた彼が観客に囁きかける。「ほら、言った通り口がきけないだろ？　だけど、ふたりきりのときには、いつもこんなふうなんだぜ」と言って、人差し指と中指を重ねる。そして櫛を拾うと、舞台監督を呼びつけて、こう指示するのだ。「ハリー、これを俺たちの楽屋に置いてきてくれ」

その数年後に彼の舞台をふたたび見たときには、ショックを受けた。コメディーの女神《ミューズ》が彼のもとを去ってしまっていたからだ。ティニーはあまりにもぎこちなく、とても同じ人間とは思えなかった。実は、この彼の変わりようこそ、それから何年も経《た》ってから、わたしの映画『ライムライト（Limelight）』（一九五二年公開）のアイデアになったものである。わたしは、なぜ彼が生気と自信を無くしてしまったのか知りたかった。『ライムライト』では、老いのせいにした。わたしの主人公カルヴェロは年を重ねて内省的になり、威厳を気にするようになる。そしてそれが観客との親近感を失わせてしまうことになるのだ。

アメリカ人の女優のなかで、わたしがもっとも敬服したのは、威勢がよく、ユーモラスで知性豊かなミセス・フィスク（一八六五〜一九三二）と、その姪《めい》で、独特のスタイルと軽いタッチを備えた才能豊かな女優、エミリー・スティーヴンス（一八八三〜一九二八）だ。ジェイン・カウル（一八八三〜一九五〇）には特出したところと強烈さがあった。ミセス・レスリー・カーター（一八五七〜一九三七）も同じくらい魅力的だった。喜劇女優については、トリクシー・フリガンザ（一八七〇〜一九五五）の演技も楽しかったし、忘れてならないファニー・ブライス（一八九一〜一九五一）もいた。風刺劇における彼女の偉大な才能は、その演技的なセンスによってさらに豊かなものになっていた。もちろん、われらがイギリスにも、偉大な女優がいた。

エレン・テリー（一八四七〜一九二八）、エイダ・リーヴ（一八七四〜一九六六）、アイリーン・ヴァンブルー（一八七二〜一九四九）、シビル・ソーンダイク（一八八二〜一九七六）、そして、あの聡明《そうめい》なミセス・パット・キャンベル（一八六五〜一九四〇）――ミセス・パットを除き、わたしは彼女たちの演技を、すべて実際に舞台で見ることができた。

ジョン・バリモア（アメリカの俳優。現代の女優ドリュー・バリモアの祖父。一八八二〜一九四二）は、正統な演劇の伝統を受け継いだ俳優として傑出した存在だった。だが、ジョンには、いわば絹の靴下をガーターなしで履くような品のないやり方で自分の才能を使うところがあった――あらゆるものに無頓着《むとんちゃく》で、すべてを鼻であしらう、といったふうだったのである。『ハムレット』を演じようが、公爵《こうしゃく》夫人と情事にふけろうが、彼にとっては、取るに足りないことだった。

ジーン・ファウラー（アメリカのジャーナリスト・劇作家。一八九〇〜一九六〇）が書いたバリモアの伝記に、こんな逸話がある。あるとき、シャンペンを浴びるように飲んだ翌日、ハムレットを演じることになっていた彼は、寝ていた温かいベッドからたたき起こされた。そして、ときどき舞台の袖《そで》に駆け込んでは吐き、さらに強壮薬として酒をあおっては、なんとかその舞台を務めたそうだ。にもかかわらず、イギリスの劇評家たちは、その日の彼の演技はその時代最高のハムレットだったと褒め上げたのだという。だが、人を馬鹿にしたこんな話は、とてもほんとうには思えない。

わたしがジョンに初めて会ったのは、彼が成功の頂点に立っていたときだった。ジョンはユナイテッド・アーティスツのビルにあるオフィスに、考え込みながら座っていた。紹介がすむと、二人だけになり、わたしはハムレット俳優としての彼の成功について話しはじめた。そして、ハムレットは、他のどのシェイクスピア劇の役柄より演じ甲斐《がい》があると言った。

すると彼は、一瞬考え込んだあと、こう答えたのだ。「いや、王も悪い役じゃない。実のところ、ぼくはハムレットより気に入っている」

この言葉は奇異に感じられ、わたしは彼が果たして誠実に話しているのかどうか疑った。もし彼がもっと謙虚で、もっと単純な人物だったら、おそらく、ブース（エドウィン・ブース。アメリカ最高の俳優かつ一九世紀最高のハムレット俳優とも評される。一八三三〜一八九三）や、アーヴィング、マンスフィールド（ベルリン生まれのイギリス人俳優。シェイクスピア劇やギルバート・アンド・サリヴァンのコミックオペラなどで有名。一八五七〜一九〇七）、トリーといった名優たちと肩を並べることができただろう。これらの俳優は、みな崇高な精神と感性豊かな見識を備えていた。ところがジョンはナイーブかつロマンティックに、自分は自滅する運命にある悲劇の天才だと思い込んでいた。そして結局のところ、酒を飲みすぎて死ぬという、羽目を外した俗悪なやりかたによって、その運命を現実のものにしたのである。

＊

『キッド』は大成功を収めたものの、わたしはまだ問題を抱えていた。ファースト・ナショナル社に、あと四本映画を収めなければならなかったのだ。静かな自暴自棄とでもいうべき心境で、わたしは道具部屋を歩き回り、何かアイデアをもたらしてくれる古い小道具がないかと探した。そこには、かつてのセットの残骸《ざんがい》、刑務所のドア、ピアノ、しわ伸ばし機などが積まれていた。と、そのとき、わたしの目が古いゴルフクラブを捉えた。これだ！　浮浪者がゴルフをやるのだ――かくして『のらくら（The Idle Class）』（一九二一年公開）が生まれることになった。

プロットは単純だった。例の浮浪者が金持ちのあらゆる娯楽にふけるのである。彼は暖かさを求めて南部の避寒地に出かける。だが、列車に乗り込んでいくのではない。列車の下に貼《は》りついて行くのだ。ゴルフをやるが、ボールはゴルフコースで拾ったもの。仮装パーティーで、彼は浮浪者に変装した金持ちたちと交わり、美しい娘といい仲になる。だがロマンティックな冒険は失敗に終わって、怒り狂う客たちから逃げ出さなければならなくなり、また旅を続けていく、というわけだ。

あるシーンで、ブロートーチ（溶接工が使う、炎を吹きだす工具）による、ちょっとした事故が起きた。履いていた石綿《アスベスト》製のズボンが熱を通したのだ。そこでわたしたちは、石綿をもう一層加えることにした。だが、カール・ロビンソンが、これは格好の宣伝機会になると考えて、新聞記者に話したのである。その晩、わたしは新聞の見出しを見て仰天してしまった。なんと、わたしが顔と手と体に大やけどをした、と書かれているではないか。すぐさま何百という手紙、電報、電話がスタジオに押し寄せてきた。記事を否定する声明を出したものの、それを掲載する新聞はほとんどなかった。この一件の結果としてイギリスからもたくさんの手紙が届いたが、その中に、H・G・ウェルズ（“SFの父”と呼ばれるイギリスの小説家・著述家。『タイムマシン』や『宇宙戦争』などで有名。一八六六〜一九四六）からのものがあった。それには、事故の報に接し多大なショックを受けたこと、そして、わたしの作品から日頃大いに感銘を受けおり、わたしが仕事を続けられなくなったらどんなに残念なことか、と綴《つづ》られていた。もちろん、すぐに電報を送って、真実を告げた。

『のらくら』が完成したので、わたしはもうひとつの二巻物の制作に乗り出そうと思い、実入りのいい配管工の仕事を皮肉った風刺劇について、あれこれ考えはじめた。最初のシーンは、ふたりの配管工が運転手付きのリムジンで到着するところで、マック・スウェインとわたしがリムジンから降りてくる。わたしたちは、エドナ・パーヴァイアンス扮するその家の美しい女主人に丁重にもてなされ、ワインや食事がふるまわれたあと、バスルームに案内される。そこですぐに仕事にとりかかるわけだが、まるで医者が患者を診るように、聴診器を床に当ててパイプに流れる音を聞いたり、パイプを叩《たた》いたりする、といった具合だ。

だが、アイデアは、ここで途切れてしまった。それ以上、もう集中できなかったのである。どれだけ疲労困憊《こんぱい》していたのか、そのとき初めて思い知らされた。加えて、それまでの二カ月間というもの、わたしはロンドンに行きたいという切実な思いに囚《とら》われていた――夢にまで見たほどだ。H・G・ウェルズからの手紙も、そんな思いに拍車をかけた。そして、あれから一〇年経って、ヘティ・ケリーから手紙が届いたのである。手紙には、こう綴られていた。「ある愚かな小娘のことを覚えていらっしゃるでしょうか……」それから、今は結婚して、ポートマン・スクエアに住んでいること。そしてわたしがロンドンに来るようなことがあったら、会ってもらえるだろうか、とあった。手紙のトーンは淡々としたもので、恋愛感情がふたたび燃え上がることなど、まったくないとは言えなくても、まず考えられなかった。それに何といっても、この一〇年の間に、わたしは何度も愛と別れを経験していた。それでも、ロンドンに行ったときには、必ず会おうと思った。

わたしはトムに荷物をまとめるように伝え、リーヴスには、スタジオを閉めてスタッフに休暇をとらせるよう指示を出した。イギリス行きを決めたのだ。

第一七章

ニューヨークを発《た》つ前の晩、わたしは《エリゼ・カフェ》に四〇人ほどの客を招待してパーティーを開いた。メアリー・ピックフォード、ダグラス・フェアバンクスとメーテルリンク夫人（ベルギーの詩人・劇作家で『青い鳥』の作者モーリス・メーテルリンクの妻で女優のルネ・ダオンのこと。一八九三〜一九六九）もそのメンバーだった。わたしたちはシャレードをやって楽しんだ。最初に演じたのはダグラスとメアリーで、まず、ダグラスが路面電車の車掌に扮《ふん》し、切符に穴を開けてメアリーに渡した。二番目の音節については救出劇のパントマイムをやり、メアリーが助けを求めて叫ぶと、ダグラスが彼女のところに泳いで行って、無事に川岸に引き上げた。もちろん、わたしたちは「電車賃《フェア》・川岸《バンクス》！」と叫んだのだった。

夜も更《ふ》けて、パーティーが活況を呈してきたころ、わたしはメーテルリンク夫人と『椿姫《つばきひめ》』（アレクサンドル・デュマ・フィス作の戯曲）の死の場面を演じることになった。彼女が椿姫（椿を髪に挿していた娼婦）、わたしがアルマンだ。椿姫がわたしの腕の中で死にかけていたとき、突然、彼女が咳《せき》の発作に襲われた。最初はそれほどでもなかったのだが、咳はどんどんひどくなった。それがわたしにも移ってしまい、ふたりは、競争でもするように咳をしつづけ、結局わたしのほうが椿姫の腕の中で死ぬことになった。

出航当日は、無理やり朝八時半に起こされた。だが一風呂《ひとふろ》浴びると、前の晩の放蕩《ほうとう》の名残も消え、イギリスに行く、というワクワクする思いに満たされた。友人で『キスメット』などの作のある劇作家、エドワード・ノブロック（アメリカ生まれでイギリスに帰化した劇作家・小説家。一八七四～一九四五）も、同じ『オリンピック号』でイギリスに向かうことになっていた。

船には新聞記者が大挙して乗り込んできた。イギリスまでずっと彼らと一緒なのかと思うと気が滅入《めい》ったが、結局のところ、最後まで同行したのはふたりだけで、残りは水先案内人とともに下船していった。

ようやくわたしは自分の船室でひとりになれた。友人からの花束や果物かごが山と積まれている船室で……。カーノーの劇団員として同じ船でイギリスを出てから一〇年になる。あのときは二等船室の客だった。金持ちたちの暮らしを垣間見ようと、客室係に案内されて一等船室を足早に通り過ぎたことを思い出す。そのとき客室係はプライベートなスイートルームの豪華さや、その目の飛び出るような値段について説明したのだった。だが今やわたしは、そんなスイートルームのひとつを独占してイギリスに向かおうとしていた。ロンドンで暮らしていたころ、わたしはランベス出身の若く貧しい無名芸人にすぎなかった。しかし、裕福で有名な男としてロンドンを訪れようとしている今、そこは初めて見る場所のように映るだろう。

出航から数時間後、船内はすでにイギリスの雰囲気になっていた。エディー・ノブロックとわたしは、毎晩夕食を船の大食堂ではなく《リッツ》レストランでとった。《リッツ》のメニューはアラカルトで、シャンペン、キャビア、鴨肉《かもにく》のア・ラ・プレス（〝究極のエレガンス〟とみなされるフランス料理。鴨肉を圧縮して血を絞り、骨髄と一緒にソースにする）、ライチョウ、キジや、ワイン、ソース、クレープ・シュゼットなどが供された。十分に時間があったので、わたしは毎晩黒いネクタイを締めて正装するという馬鹿《ばか》げた愉《たの》しみにふけった。そういった贅沢《ぜいたく》や道楽は、裕福になった喜びを強く抱かせてくれた。

船内ではゆっくり落ち着けるものと思っていたのだが、『オリンピック号』の掲示板には、わたしのロンドン到着に関するニュースが貼《は》りだされていた。さらには大西洋も半ばを過ぎると、招待や要請の電報が山高く積みあがりはじめた。ヒステリックな状況は嵐《あらし》のように高まった。『オリンピック号』の掲示板には、『ユナイテッド・ニュース』や『モーニング・テレグラフ』の記事の内容が貼りだされた。ある記事などには、こんなふうにまで書かれていた。「チャップリン、征服者のごとく祖国に帰還！　サウサンプトンからロンドンまでの道中は、古代ローマへの凱旋《がいせん》行進にも匹敵するだろう」

こんな記事もあった。「船の進行状況と船内のチャーリーの行動に関する一日一回のニュースは、船から発せられる毎時間ごとの特報にとって代わられ、今や街は、この馬鹿げた足を持つ偉大な小男に関する新聞号外に溢《あふ》れている」

もうひとつの記事は、こんなふうだった。「ジャコバイト（一六八九年の名誉革命で王位を追われたジェームズ二世を祭り上げた反革命勢力）の古い歌『チャーリーはわが恋人』（一八世紀の王位請求者チャールズ・エドワード・スチュアートに因んだ歌。チャールズはイギリスに乗り込んで王位奪還を試み破れたが、ジャコバイトの多いスコットランドの人々に愛された）は、先週来イギリス中を熱狂させているチャップリン・フィーバーをまさに彷彿とさせるものであり、その熱は、チャーリーを故郷に連れ帰る『オリンピック号』が着々と近づくにつれ、刻一刻高まりつつある」

さらにまたひとつ。「今夜『オリンピック号』はサウサンプトン沖で霧のために立ち往生しているが、市内ではこの小柄なコメディアンを一目見ようと無数のファンが待ち受けている。警察当局は、埠《ふ》頭《とう》と市長主催の歓迎会場にいる群衆の整理のために、あわてて特別措置を配備中だ……新聞各社は、戦勝パレードを行ったときと同様に、チャップリンがもっともよく見える場所を読者の便宜を図って掲載している」

＊

わたしには、こうした歓迎を受ける心の準備ができていなかった。それはもちろん、めったにない素晴らしいことではあったが、それに見合うだけの人物になるまでイギリス訪問を延ばしたかった。わたしが心から望んでいたのは、昔のなつかしい場所をこの目で見ること——ロンドンの街を静かに歩き回り、ケニントンやブリクストンを訪れたり、パウナル・テラス三番地の窓を見あげたり、薪《まき》づくりの手伝いをした、あの木造の小屋を覗《のぞ》いたり、ルイーズや父と暮らしたケニントン・ロード二八七番地の三階の窓を眺めたりすることだったのである。

船はついに、シェルブールに到着した！　多くの乗客が下船し、また多くの乗客が乗船してきた——カメラマンと新聞記者だ。あなたがイギリスに伝えたいメッセージはなんですか？　フランスへのメッセージは？　アイルランドにも行かれますか？　アイルランドの問題について、どうお考えですか？　形而上学《けいじじょうがく》的に言って、わたしは貪《むさぼ》り食われたのだった。

シェルブールを発ち、ついに船はイギリスに舵《かじ》を切った。だが、その船足は、ジリジリと這《は》うように遅かった。わたしは、まんじりともできなかった。午前一時、午前二時、午前三時になっても、まだ眠れない。と、エンジン音が止まった。そのあとまたエンジンがかかり、今度は後退を始めた。そしてついに完全に止まった。部屋の外の廊下を足早に行き来する音が反響する。緊張し、完全に覚醒《かくせい》していたわたしは、舷《げん》窓《そう》から外を見た。だが外は真っ暗で何ひとつ見えない。それでも聞こえてきた。イギリス人の声が！

やがて夜明けが訪れ、疲労困憊《こんぱい》からわたしは眠りに落ちた。とはいえ、ほんの二時間だけだった。客室係が熱いコーヒーと朝刊各紙を持ってきたあとは、ヒバリのように目が覚めた。

ある新聞の見出しには、こうあった。

「コメディアンの帰郷。休戦記念日に匹敵」

また、別の新聞には、

「チャップリン訪問の話題でもちきりのロンドン」

さらに、

「ロンドンに向かうチャップリン。大歓迎は確実」

そして、特大の活字で印刷された、こんな見出しもあった。

「われらの息子を見よ――」

もちろん、批判的なコメントもなくはなかった。

正気をとり戻されたし

後生だから、正気を取り戻そうではないか。チャップリン氏が非常に称賛に価《あたい》する人物であることは、おそらく間違いないだろう。それにわたしは、今この時期これほどまでにホームシックにかかっている彼がなぜ、大英帝国の人々が野蛮なドイツ人の深刻な脅威にさらされていた暗い年月に同じ思いに囚《とら》われなかったのかという疑問には、さしたる興味を抱いていない。よく口にされる、チャーリー・チャップリンは銃を抱えて勇敢に戦うよりも、カメラの前でおどけたトリックをやっていたほうがずっと役に立ったのだ、という議論はおそらく的を射ているのだろう。

わたしたちは波止場でサウサンプトン市長に出迎えられたあと、急いで列車に乗り込んだ。ついにロンドンは目前だ！　わたしのコンパートメントには、ヘティの兄のアーサー・ケリーが乗り込んでいた。目の前に広がる緑の草地のパノラマを眺めながら、互いになんとか会話を続けようと腐心したことを覚えている。わたしは、彼の妹から手紙が届き、ポートマン・スクエアにある自宅でのディナーに招かれたという話をした。

するとアーサーは奇妙な目でわたしを見て、困惑したように言った。「ヘティは死んだよ」

ショックだった。だが、そのときはまだ、その悲劇を完全に理解することはできなかった。あまりにも多くのことが押し寄せてきていたから。それでも、わたしは自分の生涯の一時期が奪い去られてしまったように感じた。ヘティは、昔からわたしを知っている人のなかで、ぜひもう一度会いたかった人物、とりわけ、このとてつもない状況で会いたかった人だった。

＊

一行はロンドン郊外に差しかかった。わたしは窓の外をじっと見つめて、通り過ぎる街路に見覚えがあるものがないか無駄に探ろうとした。ワクワクする思いには、ロンドンは戦争で変わり果ててしまったのではないかという一抹の不安も混じっていた。興奮状態はいよいよ最高潮に達した。何を見ても印象に残らず、そこにあるのは期待だけ。といっても、何を期待していたのだろう？　わたしの心は混乱していた。何も考えられなかった。ロンドンの屋根の連なりを物として見ていただけだ。が、そこに現実感はなかった。あるのはただ期待だけ。ただ期待だけだった！

ついに列車が囲まれた場所に入るくぐもった音がしてきた。駅――ウォータールー駅だ！　列車から降りると、プラットホームの端に群衆がひしめいているのが見えた。規制線が張られ、警察官が列をなしている。すべてがものすごい緊張状態にあって活気を呈していた。わたしの頭は興奮しか理解できない状態だったのだが、腕をつかまれてプラットホームを歩かされていることは意識していた。まるで逮捕されたみたいだった。ロープで遮られた群衆に近づくと、その場の緊張が解けはじめた。「来た！

来たぞ！」「チャーリー、待ってたぞ！」そのあと一斉に歓声が上がった。そんな中わたしは、一五年ぶりに会ういとこのオーブリー（伯父スペンサー・チャップリンの息子）と一緒にリムジンに押し込まれた。そんなわけで、わたしを見るために長時間待っていてくれた人たちからさっさと身を隠してしまったわけだが、それに異を唱えるほどの冷静さも、そのときは持ち合わせていなかった。

　わたしはオーブリーに、ウェストミンスター・ブリッジを渡るように頼んだ。ウォータールー駅を出て、ヨーク・ロードを走ったとき、そこには昔なじんだ家々はすでになく、新しい建築物のロンドン州議会《LCC》（旧ロンドン州の行政府）が建っていた。だが、ヨーク・ロードを曲がると、雲間から陽が射《さ》すかのごとく、ウェストミンスター・ブリッジが目に入ってきた！　なにも変わっていない。いかめしい国会議事堂も、相変わらず永劫《えいごう》不滅の姿で屹立《きつりつ》している。すべてがロンドンを去ったときのままだ。わたしは涙ぐみそうになった。

　宿はリッツ・ホテルにした。このホテルはわたしの少年期に新築され、玄関前を通り過ぎたときに内部の金色の輝きと豪勢さを目にして以来、ほかの場所がどんなふうなのか知りたくてたまらなかったのだ。
ホテルの外には大勢人が集まっていたので、簡単なスピーチをした。ようやく部屋

ロンドンでの歓迎。

に落ち着くと、ひとりで外に出たいという気持ちはもはや抑えられなくなった。だが、外では目白押しの群衆が口々に何か叫んでいる。そのため、何度もバルコニーに出て、王侯貴族でもあるかのように人々の歓声に応《こた》えなければならなかった。これほど異例の状況で起きていたことを言葉にするのは難しい。

スイートルームには友人たちが大勢押し寄せていたが、わたしは逃げ出したくてたまらなかった。時刻は四時。そこで、これからひと眠りするので、夜になったら晩餐《ばんさん》の席で会おう、とみなに告げた。

彼らが部屋を去ったとたん、わたしは大急ぎで着替え、荷物用のエレベーターで下に降りて、誰にも気づかれずに裏口から外へ抜け出した。そのあとすぐジャーミン・ストリートに向かい、タクシーを拾う。さあ、出発だ――ヘイマーケットを通り、トラファルガー・スクエアを抜け、パーラメント・ストリートを通り、ウェストミンスター・ブリッジへ。

タクシーが角を曲がった、そしてついに着いた。ケニントン・ロードに！　ああ、あった！　信じられない！　何も変わっていない。ウェストミンスター・ブリッジ・ロードの角には、ちゃんとクライスト・チャーチがある！　ブルック・ストリートの角の《大ジョッキ亭《ザ・タンカーズ》》もそのままだ！

パウナル・テラス三番地の少し前でタクシーを降りた。その家に向かって歩いていると不思議な落ち着きが戻ってきた。しばし立ち止まり、その光景を心に刻んだ。パウナル・テラス三番地！　それは、やせ衰えた骸骨《がいこつ》のような姿で建っていた。最上階のふたつの窓を見あげる――栄養失調で弱った母が座り、精神を病んでいった屋根裏部屋。窓は固く閉まっている。それは何も秘密を明かさず、外に立って長いこと見つめている男についても、まったく無頓着《むとんちゃく》のように見えたが、その沈黙は言葉以上のものを語っていた。そのうち、小さな子供たちが集まって来て取り囲まれたので、仕方なく先へ進んだ。

次はケニントン・ロード裏手の馬小屋に向かった。かつて薪割り人夫たちの手伝いをした、あの小屋だ。だが、馬小屋は煉瓦《れんが》の壁に変わっていて、薪割り人夫たちも、もちろんとっくにいなくなっていた。

　シドニーとわたしが、父とルイーズと彼らの幼い男の子と一緒に暮らしたケニントン・ロード二八七番地にも行き、三階の窓を見あげた。子供のころの悲しみの詰まった部屋。今では、なんと無害に見えることだろう。それは、落ち着き払って、謎《なぞ》めいた雰囲気を漂わせていた。

　そのあと、ケニントン・パークに行く途中、郵便局の横を通った。そこには六〇ポンドを預けていた。一九〇八年からコツコツ貯《た》めた金で、今でも預けっぱなしだった！

　ケニントン・パーク！　これだけ時が経《た》ったにもかかわらず、公園は、今なおうら若い悲しみをたたえて青く茂っていた。ケニントン・ゲートにも行ってみた。ヘティと初めてデートしたときに待ち合わせた場所だ。一瞬足を止めて路面電車が止まるところを眺めた。乗る客はいたが、降りてくる客はいなかった。

　次に向かったのはブリクストン・ロードのグレンショー・マンションズ一五号だった。シドニーとわたしで精魂込めて家具を整えたフラットだ。だが、わたしの心はもう何も感じられなくなり、かろうじて残っているのは好奇心だけだった。

ホテルに戻る途中、《角笛亭《ザ・ホーンズ》》で一杯やった。当時はとてもエレガントなパブで、磨き上げられたマホガニー材のカウンターに立派な鏡と玉突き部屋があった。広い集会室は、父が死ぬ前に最後の慈善興行をやった場所である。いささかみすぼらしくなってはいたが、それでも昔のまま何も変わっていなかった。その近くにあったのは、二年間の教育を授けてくれたケニントン・ロード州立学校。運動場を覗いてみたが、新しい校舎がいくつか建ち、灰色のアスファルトの地面はずっと狭くなっていた。

ケニントンを歩き回るうちに、そこで起きたすべてのことは夢で、アメリカで起きたことが現実であるかのように思われてきた。それでも、貧しさに満ちたこれらの優しい道は、今でもわたしを惹《ひ》きつけて無力の窮地に陥《おとしい》れる力を宿しているのではないかと感じられ、落ち着かない気分になったのだった。

＊

わたしが根深い憂鬱症《ゆううつしょう》と孤独癖を抱えているという馬鹿げた話は、色々なものにさんざん書かれてきた。思うにわたしは、さほど多くの友人を必要としてはいなかったのだ——否《いや》が応《おう》でも、有名人とは人を惹きつける存在なのだから。困っている友人を助けるのはたやすいが、こと時間を割かなければならないとなると、いつも好都合とは限らない。わたしの人気が最高潮に達していたときには、友人や知り合いが、ひっきりなしに押し寄せてきた。そして、外向的であると同時に内向的でもあるわたしにとって、後者の性向が強くなったときには、そうした人たちすべてから逃げ出す必要が生じたのだ。これこそ、わたしは捉《とら》えどころがなく、孤独で、真の友情をはぐくむことができない人間だと書き立てられた理由かもしれない。だが、それはまったくのナンセンスだ。わたしにも、地平線を明るくしてくれるような真の親友がひとりやふたりはいるし、そうした友と一緒にいるときは、たいてい楽しいときを過ごしている。

それにしても、わたしの人格は、陽気だったり陰気だったり、書き手次第で変えられてきた。たとえば、サマセット・モームはこんなふうに書いている。

チャーリー・チャップリン……彼のおかしさは単純で温かく、巧まれたところがない。にもかかわらず、そのすべての底には深い憂鬱が潜んでいると常に感じさせられる。彼は気分に支配される人物で、「ちぇっ、きのうの晩は、めちゃくちゃ気が滅入っちまって、自分でもお手上げだったよ」などというおどけた主張を聞くまでもなく、そのユーモアが悲しみに裏打ちされていることはすぐにわかる。

チャップリンは、幸せな人物だという印象を与えない。わたしには、彼がスラム街へのノスタルジアに囚われているように思える。手にした名声と富は、束縛としか感じられない人生に彼を閉じ込めているのだ。おそらく彼は、貧困と窮乏に苛《さいな》まれた少年時代に手にしていた自由を、決して取り戻せないとわかっていながらも懐《なつ》かしんでいるのだろう。彼にとって南ロンドンの街は、賑《にぎ》やかで、愉快で、豪勢な冒険の舞台だったのだ……わたしには想像できる。彼が今の邸宅に戻り、自分はいったい、この見知らぬ者の住まいで何をしているのか、と戸惑う姿が。きっと彼がほんとうに住みたい家とは、ケニントン・ロードの裏手にある三階の部屋なのだろう。ある晩、彼と一緒にロサンゼルスを歩いていたとき、街でもっとも貧しい地区に入り込んだ。そこには、むさくるしい安アパートや、貧しい者たちが日々食いつないでいくために買うような品々を売っているけばけばしい店が軒を連ねていた。そのとき彼の表情がパッと明るくなり、浮かれるような活《い》き活きした口調でこう言ったのだ。「ねえ、これこそ本物の暮しですよね、そうでしょう？　それ以外のものは、みんな見せかけですよね」（原注／わたしが言ったとされるこの言葉は正しくない。わたしたちがいたのはメキシコ人街で、わたしの本当の言葉は「ここはビバリーヒルズより活気がありますね」というものだった）

自分ではそう思ってなどいないのに、他人に貧しさを魅力的なものに見せようとする態度は不愉快だ。わたしは、貧しさにノスタルジアを感じるような人間にも、あるいは自由を見出《みいだ》すような人間にも、未《いま》だに会ったことがない。さらには、名声と極端な富は束縛を意味するなどとモーム氏に吹き込まれて納得する貧乏人など、ひとりとしていないだろう。わたしは富に束縛などまったく感じない――それどころか、大いなる自由さえ感じているほどだ。モーム氏自身ですら、そんな欺瞞《ぎまん》を自分の小説の登場人物に語らせるようなことはしまい――たとえどんなにぱっとしない小説の中でも。「南ロンドンの街は、賑やかで、愉快で、豪勢な冒険の舞台だったのだ」などという饒舌《じょうぜつ》には、どこかマリー・アントワネットの浮ついた慢侮《まんぶ》の口調さえ感じさせられる。

わたしにとって貧困とは、魅力的なものでも、自らを啓発してくれるものでもない。それから学んだのは、価値をゆがめてしまうこと、そしてお金持ちやいわゆる上流階級の美徳と品位を過大評価してしまうことだけだ。

対照的に、富と名誉からは、世間を正しく見る視点を教えられた。そして高名な人物でも、親しく付き合うと、わたしたち一般人と同じように彼らなりの欠点があることがわかるという事実も。富と名声はまた、剣、ステッキ、乗馬用の鞭《むち》といった上流階級の印を俗物根性と同義語のものとして拒絶すべきことや、大学出のアクセントをその人物の有徳と知性の手掛かりとして捉えることのあやまり、さらには、その神話がイギリスの中流階級の精神にもたらした身のすくむような悪影響、そして知性は必ずしも教育や古典の素養によってもたらされるものではない、ということを教えてくれたのだった。

モームの勝手な憶測とは異なり、ほかの誰もと同じように、わたしは、わたしでしかない。ひとりの個人、唯一無二《ゆいいつむに》の他人とは異なる存在で、先祖から刺激と促しを受け継ぎ、夢と憧《あこが》れと特別な経験を宿している。それらをすべて合計したものがわたしなのだ。

＊

ロンドンに到着してからも、ハリウッドの友人がひきもきらずにやって来た。だがわたしが求めていたのは気分転換だった。新しい経験、新しい知り合いが欲しかった。そこで、有名人という立場を利用してみようと思い立った。会う約束をしていたのは、ただひとり、H・G・ウェルズだけ。それ以外はまったく自由で、新しい知り合いに会えるかもしれないという、淡い期待を抱いていた。

「ギャリック・クラブ（一八三一年創設の会員制紳士クラブで、高名な作家、芸術家、俳優の会員が多い）で君の歓迎夕食会を開く手筈《てはず》を整えたよ」とエディー・ノブロックが言った。

「俳優、芸術家、作家か」とわたしはふざけて言った。「でも、あの排他的な英国社交界の田舎の別荘やハウス・パーティーはどうなんだい？　どこからも招待されていないのかい？」わたしは公爵《こうしゃく》家の生活といった、もっと稀《まれ》な世界を見てみたかった。もちろんお高くとまりたかったわけではなく、物見遊山をしたかったのである。

　ギャリック・クラブは、暗色のオーク材の壁に油絵が飾られ、さながら明暗対照法の雰囲気を醸《かも》し出していた。言ってみれば、薄暗い天国のような場所である。そこでわたしは、サー・ジェイムズ・バリー（作家・劇作家。『ピーターパン』の作者。一八六〇～一九三七）、E・V・ルーカス（エッセイスト。一八六八～一九三八）、ウォルター・ハケット（劇作家。一八七六～一九四四）、ジョージ・フランプトン（彫刻家。ケンジントン・ガーデンズにあるピーターパンの銅像の作者。一八六〇～一九二八）、エドウィン・ラッチェンス（建築家。一八六九～一九四四）、スクワイア・バンクロフト（俳優・劇場支配人。一八四一～一九二六）をはじめとする華々しい紳士たちと出会った。それは退屈な機会ではあったが、それほどの傑出した紳士たちが歓迎会に参加して敬意を表してくれたことには、とても心を打たれた。

　しかし、その晩の歓迎会はうまくいってはいなかった。名士たちが集まるときにはくつろげる親和性が必要なのだが、主賓が成り上がり者で、しかもテーブルスピーチはなしにしてくれと要請しているときては、そんな雰囲気の醸成は難しい。もしかしたら、スピーチがあれば、まだましだったかもしれないが。晩餐の最中、彫刻家のフランプトンが、場違いな陽気さをもたらそうと頑張ってくれた。彼はとてもチャーミングだったが、それ以外の全員がじっと座って、茹《ゆ》でたハムと糖蜜ケーキ《トリークル・プディング》を黙々と食べているといった状況では、さすがの彼も、ギャリック・クラブの陰鬱さに煌《きら》めきを灯《とも》すことはできなかった。

実は、最初に受けたイギリスの新聞取材で、わたしはうっかり、イギリスに戻って来た理由は、少年時代を過ごした場所を訪れ、ウナギのシチューと糖蜜《とうみつ》ケーキを食べるためだ、と言ってしまったのだ。というわけで、ギャリック・クラブでも、リッツ・ホテルでも、H・G・ウェルズの家でも、果てはサー・フィリップ・サスーン（第三代準男爵・政治家・美術収集家。一八八八～一九三九）が開いてくれた豪華なディナーの席でも、デザートはみな糖蜜ケーキ、という羽目に陥ったのである。

そのうち歓迎会も終わり、エディー・ノブロックが囁《ささや》いた。サー・ジェイムズ・バリーから、アデルフィ・テラスにある彼のアパートメントにお茶を飲みに来ないかと誘われているんだがと。

バリーのアパートメントは、アトリエのような作りで、広々とした部屋からテムズ川の美しい光景が見渡せた。部屋の中央には丸いストーブがあって煙突が天井まで伸びていた。彼は狭い横道に面している窓にわたしたちを連れていった。「あれが、シヨー（ジョージ・バーナード・ショーのこと。アイルランド生れの文学者・教育家。一八五六～一九五〇）の寝室だよ」バリーはスコットランド訛《なま》りで、いたずらっぽく言った。「灯りが付いているときには、サクランボかプラムの種を窓にぶつけるんだ。彼が話したいと思ったときは窓を開けるので、ふたりでたわいないおしゃべりをする。話したくないときには、彼は無視をきめこむか、灯りを消す。そんなときは、三回ぐらい種をぶつけたあと、あきらめるんだ」

パラマウント社は『ピーターパン』をハリウッドで撮影することになっていたので、「『ピーターパン』は、映画になれば、演劇よりさらに表現の可能性が広がりますね」と言うと、彼も頷いた。バリーは、ウェンディが妖精《ようせい》を樹《き》の皮の中に掃き集めるシーンは、ぜひとも映画に入れてほしい、と言った。その晩彼は、こんなことも訊《き》いてきた。「君はどうして『キッド』に夢のシークエンスを挿入したのかね？　話の流れが中断されてしまったように思えるんだが」

「それは、あなたの『シンデレラに与える接吻《せっぷん》』（バリーの戯曲。のちの映画『シンデレラ物語〔A Kiss for Cinderella〕〔一九二五年公開〕』の原作）の影響を受けたからですよ」とわたしは正直に答えた。

その翌日、エディー・ノブロックと買い物に出かけたとき、エディーがバーナード・ショーを訪ねようと言い出した。訪問の約束は、まったくとっていなかった。「直接、家に行けばいいよ」とエディーは言い、午後四時にアデルフィ・テラスの玄関のベルを押した。だが反応を待つ間、わたしはふいに恐怖感に襲われてしまい、「ほかのときにしよう」と言うなり、道を走って逃げだした。心配する事なんかないよ、と言いながらエディーがあとを追いかけてきたが、わたしの気持ちは変わらなかった。結局、ショーにじかに会う恩恵に浴せたのは、ようやく一九三一年になってからだった。

翌朝、わたしは居間で鳴り響く電話の音に起こされた。アメリカ人秘書の金属的な声が響いてくる。「どなたさまで？……皇太子殿下！」

ちょうどそこに居合わせたエディーが、自分は王室の儀礼に詳しいのだと言って、秘書から受話器を奪った。エディーがこう言うのが聞こえてきた。「もしもし？　ええ。今晩でございますか？　まことにありがとうございます！」

彼は興奮して、わたしの秘書に、英国皇太子がチャップリン氏と今晩食事をしたいとおっしゃっているんだと伝えたあと、わたしの寝室に入って来ようとした。

「まだ起こさないでください」と秘書が言った。

「なんだと、君、相手は英国皇太子殿下なんだぞ！」とエディーは憤然と言い放ち、イギリスの礼儀作法に関して長広舌を始めた。

そのあと寝室のドアのハンドルが回る音が聞こえたので、わたしは目覚めたばかりのふりをした。エディーが入って来て、興奮を隠し、何気なさを装《よそお》って言う。「今晩は開けておいてくれ。皇太子殿下との晩餐があるから」

わたしは同じように何気なさをつくろって、今夜はH・G・ウェルズとの約束があるから都合が悪い、と言ってやった。だがエディーはわたしの言葉を無視して、用件を繰り返した。もちろんわたしだってワクワクした――英国皇太子とバッキンガム宮殿で食事をすることを考えたら当然だ！「でも、誰かに担《かつ》がれたんじゃないかな」とわたしは言った。「皇太子はスコットランドに狩りに行っているって、きのうの晩、新聞で読んだよ」

エディーがポカンとした顔をした。「じゃあ、宮殿に電話して確かめたほうがいいかもしれないな」

彼は謎めいた顔つきで戻ってくると、感情を込めずに告げた。「記事は本当だった。皇太子はまだスコットランドにいる」

その朝、キーストン社で一緒だった〝デブ君《ファッティ》〟・ロスコー・アーバックルのニュースが飛び込んできた。殺人容疑で起訴されたという。まったく馬鹿げた話だ。わたしが知っているロスコーは、ハエも殺せないほど柔和でおおらかな男で、この件について新聞社から取材を受けたときにも、わたしはそう伝えた。結局、容疑は晴れたが、彼のキャリアは台無しになった。世間にはふたたび受け入れられたものの、この試練は彼を苛み、やがてこの世を去ることになったのだった。

その午後、わたしはオズワルド・ストール劇場にあるオフィスでH・G・ウェルズに会うことになっていた。そこで彼の小説を映画化した作品を観《み》る予定だったのである。劇場に近づくと黒山の人だかりが見えた。そのすぐあと、わたしはもみくちゃにされ、エレベーターに押し込まれて、小さなオフィスに連れて行かれたのだが、そこではさらに大勢の人が待ち構えていた。

H・G・ウェルズとの初対面が、そんな鳴り物入りの状況下で行われることには困惑した。ウェルズはデスクの横の椅子《いす》に落ち着いて座っていた。その菫色《すみれいろ》の目は優しく輝いていたが、やや気恥ずかしそうでもあった。握手をするよりも早く、カメラマンがあらゆるところから現れ、フラッシュライトの一斉射撃が襲った。するとウェルズが顔を寄せて囁いたのである。「君とぼくは、性豪仲間《ゴート》だね」と。

まもなくわたしたちは映写室に案内された。映画が終わりに差し掛かったとき、ウェルズが小声で尋ねた。「どう思われたかな?」わたしは、いい出来ではないと正直に伝えた。照明がつくと、ウェルズがさっと耳元で囁いた。「あの男の子について、何かいいことを言ってくれたまえ」実際、その映画をかろうじて救っていた唯一の長所は、その少年俳優、ジョージ・K・アーサーの演技だった。

映画に対するウェルズの姿勢は、きざな忍耐、というようなものだった。「悪い映画なんてものは存在しないさ」と彼は言った。「動くだけで素晴らしいのだからね！」そのときはとても親しくなれる状況ではなかったのだが、その日遅くなって、わたしはメッセージを受け取った。

夕食の件を忘れないでくれたまえ。なんならオーバーで身を隠して七時半ごろにこっそり来るといい。そうすれば邪魔されずに食事できるから。

その晩、そこにはレベッカ・ウェスト（イギリスの作家・批評家。ウェルズと一〇年間不倫関係にあり一児をもうけた。一八九二～一九八三）も来ていた。最初はややぎこちなく、話もはずまなかったが、そのうちだんだん打ち解けてきた。ウェルズは、最近訪れたロシアについて話してくれた。

「進歩は遅々としている」と彼は言った。「理想的なマニフェストを打ち出すのは簡単だが、それを実行するのは難しい」

「では、解決策は？」わたしは尋ねた。

「教育だよ」

わたしは社会主義については詳しくないと打ち明けたあと、生きるために働かなければならないような社会制度には魅力を感じない、と冗談交じりに言った。「正直言って、仕事をしなくても生きていけるような社会のほうが好きですね」

ウェルズは笑った。「じゃあ、君の映画はどうなんだい？」

「あれは仕事じゃありません——子供の遊びみたいなものですよ」わたしはひょうきんに言った。

次に彼は、ヨーロッパではどんな休暇を楽しむつもりかね、と尋ねた。わたしは、まずパリに行ってから、スペインで闘牛を見るつもりだと答えた。「闘牛の技はドラマティックで美しいそうですね」

「まさしく。だが、馬にとっては、ひどく残酷だ」とウェルズは言った。

「どうして馬のほうがかわいそうなんです？」わたしは、こんな馬鹿な発言をしてしまったことを心から悔やんだ。緊張していたせいに違いない。だが、ウェルズは理解してくれたことがわかった。それでもわたしは、自分の馬鹿さ加減を呪《のろ》いながら、ホテルに戻ったのだった。

翌日、エディー・ノブロックの友人で有名な建築家のサー・エドウィン・ラッチェンスがホテルを訪ねてきた。インドの新首都デリーに建てる総督府を設計中で、その件でバッキンガム宮殿に赴き、英国王ジョージ五世に謁見《えっけん》した帰りだった。その際彼は、実際に水が流れるトイレの模型を持参したという。高さ一五センチほどのミニチュアで、水が入った小さなワイングラスが入れられるタンクが上についていて、チェーンを引くと、本物のトイレのように水が流れるというものだ。国王も王妃もそれが大変お気に召し、チェーンを引いては水をまた補充するということを何度も繰り返されたので、ラッチェンスは、その周りに人形の家を作ったらいかがでしょうか、と提案したそうだ。のちに彼は、居間に飾るミニチュア絵画の制作を高名なイギリス人画家たちに依頼した。あらゆる家具や設備も、すべてミニチュア版で作られた。完成後、皇后は一般向けの展示を許可され、莫大《ばくだい》な慈善基金を集められたという（実物〔Queen Mary's Dolls' House〕は現在、ウィンザー城で一般公開されている）。

*

しばらくすると、社交的な活動も下火になってきた。数々の文人や著名人たちにも会ったし、幼少期に過ごした場所にも出かけた今、やるべきことは、タクシーに飛び乗ったり飛び降りたりして群衆を避けることぐらいしか残っていないように思われた。エディー・ノブロックもブライトンに出かけてしまったので、わずらわしいことを後に残してパリに出かけようと思い立ち、荷物をまとめた。

出発は秘密にしていた――つもりだった。が、フランスの港、カレーに着くと、大勢の群衆が待ち受けていた。タラップから降りると「シャルロ万歳！」と大歓声が沸き起こった。英仏《えいふつ》海峡は荒れていたので、わたしは体の半分を海に置き去りにしてしまったような気分でいたが、それでも群衆に弱々しい笑顔を向けて手を振った。そのあとは、押されたり、小突かれたり、もみくちゃにされたりしながら列車に乗り込んだ。パリに着くと、また大勢のファンが待ち受けていて、警察が規制線を張って群衆を押しとどめていた。ここでも、また熱狂的に押されたり、こすられたりしながら、警察に助け出されてタクシーに押し込まれた。それは面白かったし、正直なところ悪い気はしなかったが、予想外の事態だったことも事実だ。心を鼓舞される歓迎だったとはいえ、興奮したせいで疲れ果ててしまった。

クラリッジ・ホテルでは電話が一〇分置きに鳴り響いた。電話の主は、ミス・アン・モーガンの秘書だった。用件が何らかの依頼であることはわかっていた。というのも、彼女はJ・P・モーガンの娘（前述のモルガン財閥創始者の四女。一八七三〜一九五二）だったからである。そこでわたしたちはおざなりな言い逃れをして、あきらめさせようとした。だが、彼女の秘書はいっこうに引かない。ミス・アン・モーガンにお会いになっていただけませんでしょうか？　お時間はほとんど取らせません、としつこく食い下がる。ついにわたしも折れて、クラリッジ・ホテルで四時一五分前に会うことにした。けれども、ミス・モーガンは約束の時間に現れなかったので、一〇分待ったあと、わたしはその場を去ろうとした。ロビーを歩いていると、マネージャーが心配そうな顔をして、あたふたと追いかけてきた。「ミス・アン・モーガンがお着きになりましたが」

わたしは内心、ミス・モーガンのしつこさと自信にイラついていた――おまけに遅刻までするとは！　それでも、笑顔を作って挨拶《あいさつ》はした。「すみませんが、四時に約束がありますので」

「まあ、そうですの？」と彼女は言った。「では、五分間以上、お時間はとらせませんことよ」

わたしは時計を見た。四時五分前だった。

「ちょっと座りましょうか」と彼女は言い、ロビーで空いている席を探しながら、さっそく用件を切り出した。「わたくし、戦争で荒廃したフランスを再建するための慈善資金集めのお手伝いをしているんですの。そこで、トロカデロで行うガラ・パーティーで、もしあなたの映画『キッド』を上映することができて、あなたもお顔を見せてくださったら、何千ドルも集められるのではないかと考えているのですが」

わたしは、パーティーで映画を上映することは構わないが、出席はできない、と言った。

「でも、あなたがいらしてくださったら、数千ドルも余計に集めることができますのよ」と彼女は食い下がった。「それに、きっと勲章ももらえますわ」

ふいにいたずらっぽい考えが浮かんで、わたしはじっと彼女を見つめた。

「それは本当ですか？」

ミス・モーガンは笑い声を上げた。「政府に推薦することはできましてよ。もちろん、できるだけのことはいたしますわ」

わたしは時計を見やって、手を差し出した。「本当に申し訳ありませんが、もう行かなくては。でも、これからの三日間はベルリンにおりますので、何かありましたら、そちらにご連絡ください」この曖昧《あいまい》な言葉とともに、わたしは別れの挨拶をした。そんな態度が失礼にあたることは承知していた。そして、ホテルをあとにした瞬間、わたしは自分の厚かましさを恥じたのだった。

社交界に入るきっかけは、たったひとつの出会いであることが多い。そしてそれが火打石の火花のように、いわば社交的な大火事を引き起こすのである——そうなればあなたはもう仲間入り、というわけだ。

＊

ベネズエラから来た二人のご婦人——素朴な娘だった——が、どうやってニューヨークの社交界に入り込んだのかについて、こんなことを言っていた。ある遠洋定期船で出会ったロックフェラー一族のひとりが、彼の友人への紹介状を書いてくれたという。それからすべてが始まったそうだ。片方のご婦人が何年もあとになってわたしに語ったところによると、成功の秘訣《ひけつ》は、既婚男性に決して手を出さなかったことにあったらしい。その結果、ニューヨーク社交界のご夫人方にすっかり気に入られ、誰からも招待を受けるようになり——挙句の果てには、夫まで探してくれたというわけだ。

わたしについて言えば、イギリス社交界への通行証は、まったく予期せぬところからやってきた。クラリッジ・ホテルでひと風呂《ふろ》浴びていたとき、ジョルジュ・カルパンティエ（フランスの天才ボクサー。一九二一年に後述のデンプシーと世界ヘビー級王座をかけて闘うが敗れた。一八九四～一九七五）というボクサーが来ていると秘書が告げ、本人がバスルームに入って来た。カルパンティエとはニューヨークで、彼がジャック・デンプシー（アメリカの世界ヘビー級チャンピオン。一八九五～一九八三）と闘う前に出会っていた。親しい挨拶を交わしたあと、彼が小声で囁いた。居間に友人がいるんだが、ぜひ会ってほしいんだ、と。イギリス人で、〝イギリスではとても重要な人物《トレ・ザンポルタン・アン・アングルテール》〟なのだという。こうしてわたしはバスローブをはおり、サー・フィリップ・サスーンに会ったのだが、それが、その後三〇年以上続く、非常に親しい友情関係の始まりになったのだった。その晩わたしは、サー・フィリップと、当時ロックサヴィッジ卿《きょう》夫人だった彼の妹と一緒に食事をした。そしてその翌日にベルリンに向かって出発したのである。

ベルリンでの反応は面白かった。自分の人格以外何も肩書を持たなかったわたしは、ナイトクラブで、まともな席をとることすらできなかった。というのも、ドイツでは、まだわたしの映画が一本も上映されていなかったのである。アメリカ人の将校がわたしに気づき、ひどく怒って、うろたえるクラブのオーナーにわたしが誰だかを伝えてから、ようやく隙間《すきま》風《かぜ》の吹き込まない席にありつけたという次第だった。わたしに気づいた人たちがテーブルの回りに集まり出したときのクラブ側の反応も面白かった。捕虜になってイギリスの収容所に入れられていたときにわたしの映画を二、三本観た

パリにて、サー・フィリップ・サスーン（中央）と、左は紹介者のカルパンティエ。

というひとりのドイツ人が、突然「シャアリー！」と叫び出し、驚いた客たちにこう言ったのだ。「この人が誰だか知ってるか？　シャアリーだぜ！」そのあと、彼はヒステリックにわたしを抱きしめてキスをした。だが彼の興奮も人々の反応を引き出すことはなく、ドイツで活躍していた女優で、その場の注目を集めていたポーラ・ネグリ（ポーランド出身の女優。一八九七～一九八七）から、わたしのテーブルに来てくださるかしら、と誘われたときになって初めて、客たちは軽い興味を示した、という程度だった。

ベルリンに到着した翌日、謎めいたメッセージが届いた。それには、こんなふうに書かれていた。

親愛なる友チャーリーへ、

ニューヨークのダドリー・フィールド・マローンが開いたパーティーでお会いしてから、ぼくの身にはいろいろなことが起きました。今、重い病気で入院しています。どうか会いに来てください。そうしてくださったら、どんなに元気が出ることか……

ポーラ・ネグリ。

手紙には、病院の住所が書かれてあり、「ジョージ」と署名されていた。

当初、誰だかわからなかったのだが、ふいに思いあたった。ブルガリア人のジョージに違いないと。あの、一八年間刑務所に収監される予定だった男だ。手紙の調子から、明らかに目的は〝金の無心《タッチ》〟

だと思われたので、五〇〇ドルを包んでいくことにした。しかし驚いたことに、病院に着くと、デスクと電話が二台備え付けられた広い部屋に案内され、きちんとした身なりの平服の男性二人に迎えられたのである。あとで彼らは、ジョージの秘書だということがわかった。そのうちのひとりに隣の部屋に連れられていくと、はたしてジョージがベッドに寝ていた。「友よ！」と彼は叫んで、わたしを温かく迎えた。「来てくれて、ほんとうに嬉《うれ》しい。ダドリー・マローンのパーティーで君が示してくれた同情と好意は、片時も忘れることはなかったよ」そのあと彼が、形だけの指示を与えて秘書を下がらせ、わたしたちはふたりきりになった。だが、アメリカを去った後どうしていたのかについて彼のほうから何も説明しようとしなかったので、それを訊くのは気がとがめた。それに彼は、ニューヨークの友人の詳細ばかり熱心に聞きたがった。わたしはすっかり面食らってしまった。どうなっているのか、さっぱりわからない。まるで章をいくつか飛ばして本を読んでいるみたいだった。ようやく事情が呑《の》み込めたのは、今や、ボルシェヴィキ（ロシア社会労働民主党の左派の一派。のちのロシア共産党）政府の購買担当官として働いており、機関車と鉄橋の買い付けのためにベルリンに来ているのだ、と彼から聞いてからだった。結局、五〇〇ドルはそのまま持ち帰ることになった。

＊

ベルリンは気の滅入《めい》るところだった。未だに敗戦気分が漂い、どこの街角でも、戦争の悲劇的後遺症とも言うべき腕や脚のない元兵士が物乞《ものご》いをしていた。そのうち、ミス・アン・モーガンの秘書から、不安にかられた電報が続々と届き出した。というのも、すでに新聞では、トロカデロでのパーティーにわたしが出席すると報じられていたのである。わたしは返信で、出席するとは約束してない、フランスの人たちを騙《だま》すようなことはしたくないから、真相を彼らに告げるつもりだ、と打電した。

すると、次の電報が届いた。「参加されれば叙勲は確実。かなりの操作と危機克服の成果なり――アン・モーガン」というわけで、ベルリンで三日過ごしたあと、わたしはパリに舞い戻った。

トロカデロでの初演の日、わたしはセシール・ソレル（フランスの女優。一八七三～一九六六）、アン・モーガン、その他数人とボックス席に座った。セシールが身を寄せて、重大秘密を洩《も》らした。「今晩、あなたは叙勲されることになるわよ」

「それはすごいな！」わたしは謙虚に答えた。

退屈なドキュメンタリー映画が、休憩時間まで延々と上映された。果てしない倦怠《けんたい》感《かん》に苛まれたあと、ようやく照明がともり、ふたりの役人がわたしを大臣のいるボックスに案内した。数人のジャーナリストもついて来た。そのうちのひとりの抜け目ないアメリカ人特派員が、わたしの耳にこんなふうに囁きつづけた。「レジオンドヌール勲章をもらうことになるんですぜ、あんた」大臣が賛辞を述べる間も、この特派員は小声で情報を流しつづけた。「ああ、あいつら、あんたを裏切った。色が違う。あれは学校の先生にあげる勲章だ。あれじゃ、勲章をもらうときに、ほっぺたにチュッもしてもらえない。あんたがもらうべきなのは赤いリボンのほうなのに」

実のところ、わたしは学校の先生たちと同じランクの勲章をもらえたことが、とても嬉しかった。証書には、こう書いてあった。「チャールズ・チャップリン、劇作家、芸術家、教育功労二等勲章佩綬者《オフィシエ・ド・ランストリュクシヨン・ピュブリク》……」

アン・モーガンからもチャーミングな礼状と、翌日ヴェルサイユ宮殿のヴィラ・トリアノンで開かれる昼食会への招待状が届き、そこでお目にかかりましょうという言葉が添えてあった。それは豪華な著名人を集めた昼食会だった——ギリシアのゲオルギオス王子（一八六九～一九五七）、レイディ・セアラ・ウィルソン（第七代マールバラ公爵ジョン・ウィンストン・スペンサー＝チャーチルの娘で、世界初の女性従軍記者。一八六五～一九二九）、タレーラン＝ペリゴール公爵、ポール＝ルイ・ウェイエ司令官（第一次大戦の英雄。実業家・博愛主義者。一八九三～一九九三）、エルザ・マクスウェル（アメリカの小説家。一八八三～一九六三）などなど。その会食でどんなことが起き、どんな会話をしたかは、思い出せない。彼らを魅了することに、すっかり気をとられていたからだ。

その翌日、友人のウォルドー・フランクが、フランスの新演劇運動のリーダー、ジャック・コポー（演出家・俳優。一八七九～一九四九）を連れてやってきた。その晩、一緒にサーカスに出かけて、素晴らしい道化役者の芸を見たあと、コポー一座の劇団員たちと共にカルチエ・ラタンで夕食をとった。

次の日はロンドンで、サー・フィリップ・サスーン、ロックサヴィッジ卿夫妻と昼食をとったあと、ロイド・ジョージ（当時の英国首相。一九一六年から二六年まで在任。一八六三～一九四五）に会うことになっていた。だが英仏海峡にたちこめた濃霧のせいで飛行機がフランスの海岸に不時着を余儀なくされて到着が三時間も遅れたため、首相との面会は果たせなかった。

ここでサー・フィリップ・サスーンについて一言触れておきたい。彼は第一次世界大戦中、ロイド・ジョージの公式秘書を務めていた。年齢はわたしとほぼ同じ。エキゾチックな顔立ちのハンサムで魅力的な性格の人物だ。ブライトンとホーヴ選出の国会議員で、イギリスきっての大富豪だったにもかかわらず、怠惰に過ごすことをよしとせず、真摯《しんし》に活動して、興味深い人生を送っていた。

初めてパリで会ったとき、わたしは彼にこう言った。自分は疲労困憊《こんぱい》していて、人々から逃げたいし、なにより神経がまいっていて、ホテルの壁の色さえ気に障《さわ》ると。するとは彼は笑って訊いた。「じゃあ、どんな壁の色がお好きなのかな?」

「黄色と金色です」とわたしは冗談で言った。

すると彼は、リム（イギリス南東部のケント州の町）にある別荘に来ないかと誘ってくれた。人々から逃れて静かに過ごせるだろうと言って。驚いたことに、到着したとき、わたしの部屋には黄色と金色のパステルカラーのカーテンがかかっていたのだった。そこでなら、彼の地所はえも言われぬ美しいところで、邸宅の家具調度などにも、大胆な贅《ぜい》が尽くされていた。そんなことができたのも、フィリップが素晴らしい審美眼を持っていたからだ。贅沢なスイートルームに深い感銘を受けたことは、今でもよく覚えている。夜には、腹が空《す》いたときに備えて、火で温められた保温皿にスープが用意されていた。朝食に至っては、アメリカのシリアル数種類、魚のカツレツ、ベーコン・アンド・エッグズなどから始まる、まさに正真正銘のカフェテリアを、ふたりの恰幅《かっぷく》のいい執事が車付きの台に載せて運んできた。ヨーロッパに来てからアメリカのホットケーキ《ウィートケーキ》が食べたくてしかたないと、前にどこかで話したことがあったのだが、それもちゃんとわたしのベッド横に運ばれてきた。焼きたての熱々で、バターとメープルシロップがたっぷり添えてあった。まるで『千夜一夜』の世界にでもいるような気分がした。サー・フィリップは、コートのポケットに片手を突っ込み、その手で母親譲りの真珠――それぞれ親指の爪《つめ》ほどもあろうかと思われる真珠が一メートル近くも連なっているネックレス――をいじりながら、家政の指示を出してまわった。「真珠を生かしておくためにね、こうしているんだ」と言って。

わたしの疲れがとれたころ、戦争で不治の麻痺《まひ》を被《こうむ》った患者たちを見舞うために、ブライトンの病院に一緒に行ってくれないかと彼に頼まれた。まだうら若い患者の顔に絶望の色が浮かんでいる様子は、見ていてほんとうに痛ましかった。ある青年は麻痺がひどく、口に絵筆をくわえて絵を描いていた。唯一使える部位が口だったのだ。もうひとりは、手を固く握りしめたまま麻痺が進んでしまったので、爪が伸びると、手の平に食い込まないようにするため、その都度麻酔をかけて爪を切らなければならなかった。さらには、もっと悲惨な状況の患者もいたが、わたしは会わせてもらえなかった――だが、サー・フィリップはそうした患者にも会いに行った。

リムのあと、わたしたちは車でロンドンのパークレーンにある彼の邸宅に戻った。そこで、毎年恒例の慈善絵画展「四人のジョージ展覧会《フォー・ジョージズ・エグジビジョン》」（イギリス国王ジョージ一世が即位した一七一四年からジョージ四世が退位した一八三〇年までの約一世紀に描かれた絵画の展覧会）が開かれることになっていたのだ。それは壮麗な邸宅で、広い温室があり、床一面に青いヒヤシンスが敷き詰められていた。翌日その温室で昼食をとったとき、ヒヤシンスの色はまったく違うものになっていた。

わたしたちはフィリップの妹、ロックサヴィッジ卿夫人の肖像画を見に、サー・ウイリアム・オーペン（イギリスの肖像画家。一八七八〜一九三一）のスタジオに出かけた。それは輝くような透明感を放つ美しい絵だったが、オーペン自身には、よい印象を抱かなかった。黙って疑い深そうな顔つきをする様子が尊大に思えたからだ。

もうひとつ訪問した先は、ウォリックシャー伯爵夫人の地所にあるH・G・ウェルズの別荘だった。彼はそこで夫人と二人の息子と暮らしていて、子供たちはちょうどケンブリッジ大学を卒業して戻ってきたところだった。そこに泊りがけで来るようにと招待されたのである。

最初の日の午後には、ケンブリッジ大学の教授陣が三〇人以上もやってきて、まるで学校の生徒が集合写真を撮るみたいに庭の一画に集まって座り、地球外生物でも見るかのようにわたしをじろじろ見つめた。

その晩、ウェルズ家の面々は「アニマル・ベジタブル・ミネラル」ゲーム（ある言葉を考え、動物界、植物界、非生物界のどれに属するかを言ったあと、質問にイエスかノーで答える。みなは次々に質問して、二〇回以内にその言葉を当てなければならないというゲーム）で遊び、わたしはIQテストを受けさせられているような気分になった。だが、もっとも強く記憶に残っているのは、氷のように冷たいシーツと、ろうそくの灯りで寝室に向かったことである。それは、わたしがイギリスで経験したもっとも寒い夜だった。翌朝、ようやく体がほぐれてきたとき、H・Gから、よく眠れたかと訊かれ、

「ええ、おかげさまで」とわたしは礼儀正しく答えた。

「客人はよく、寝室が寒いとこぼすんだがね」と彼は無邪気に言った。

「いや、寒いなんてもんじゃありませんよ、まさに冷凍庫です！」

彼は笑い声をたてた。

H・G宅訪問の思い出は、ほかにもたくさんある。戸外の樹々の影におおわれた薄暗く狭い質素な書斎のこと。その窓辺には傾斜のついた古風な書きもの机があった。きれいできゃしゃな奥さんに一一世紀の教会に案内してもらったこと。そこで墓石の拓本をとっていた老彫刻師との立ち話。家の近くを歩いていた鹿《しか》の群。昼食の席でシンジン・アーヴィン（イギリスの劇評家・劇作家・小説家。一八八三～一九七一）が色付き写真の素晴らしさについて話したが、わたしは「考えただけでゾッとする」と言ったこと。H・Gがケンブリッジ大学の教授の講演論文を読み上げたとき、そんな冗漫な文体はまるで一五世紀の修道僧が書いたみたいだと、またわたしが批判したこと。そしてフランク・ハリスに関するウェルズの話、などなど。ウェルズは、売れない新進作家だった若い頃、四次元につい

て真っ先に触れた科学論文のひとつを書いたのだと言う。それを複数の雑誌の編集者に送ったのだが、どこにもとりあってもらえなかった。だがついに、フランク・ハリスから、オフィスに来られたし、という手紙を受け取ったそうだ。

「金欠状態だったんだが」とウェルズが言った。「彼に会うために古着のシルクハットを買って行ったんだ。するとハリスは、こんな言葉でわたしを迎えた。〝いったいどこでそんな帽子を手に入れたんだね？　それに、こんなタイプの論文がどうして雑誌になんか売れると思うんだ？〟そして、ぼくの原稿を机の上に放り出してこう言った。〝知的すぎるんだよ――この業界に知的な市場なんてものはない！〟ぼくは帽子をそっと彼の机の隅に置いた。面接の最中、フランクは話を強調するために机を拳《こぶし》でドンと叩《たた》く。すると、その都度ぼくのシルクハットが机の上で跳び上がる。いつ彼の拳がその上に落ちるかって、心中ひやひやしたもんだ。それでも彼は論文を買ってくれて、ほかの仕事もくれたのさ」

ロンドンでわたしは、『ライムハウスの夜』の作者、トマス・バーク（イギリスの小説家。サイレント映画『散り行く花〔Broken Blossoms〕』〔一九一九年公開〕の原作者。一八八六～一九四五）に会った。物静かな、感情を表に出さない小柄な男で、その顔立ちは詩人キーツの肖像画を彷彿とさせた。じっと動かずに座り、話す相手の顔はほとんど見ない。にもかかわらず、彼はわたしに真の自己をさらけ出させた。彼に自分の思いを打ち明けて楽になりたいという思いに囚《とら》われ、実際そうすることになったのだ。バークといると、自然に本音が出た。ウェルズといるときよりももっとそうだった。ふたりでライムハウスとチャイナタウン（ともにロンドンの貧民街）をそぞろ歩いたが、もちろん彼は一言も話さない。それは、そうした場所を案内する彼なりのやり方だった。バークは内気な男で、わたしのことをどう思っているか定かではなかったのだが、それから三年か四年経《た》って、半自伝的小説『風と雨と』が送られてきた。少年期の彼の暮らしは、わたしのものによく似ていた。それを読んで初めて、彼がわたしを好いていたことがわかったのだった。

　興奮状態が下火になってきたころ、わたしはいとこのオーブリー一家と食事をし、その翌日、カーノー時代の友人で、パブを経営しているジミー・ラッセルを訪ねた。そのあとようやく、アメリカに帰ることについて考え始めた。

　わたしはこれ以上ロンドンに留まったら、怠け者になりそうだ、と感じはじめていた。イギリスを去ることについては後ろ髪を引かれたが、名声は、もうそれまで与えてくれた以上のものをもたらしてくれそうにはなかった。わたしは完全に満足してアメリカに戻ろうとしていた——もちろん、一抹の悲しみは感じていたが。というのは、人々の絶賛や、わたしをもてなしてくれた富裕層や著名人からの賛辞だけでなく、ウォータールー駅やパリ北駅《ガール・デュ・ノール》でわたしを待ちつづけて歓迎してくれたイギリスやフランスの群衆が寄せてくれた心からの愛情と熱意も置き去りにすることになるからだった。そうした彼らの気持ちに応《こた》えることなく、その横を急がされ、タクシーに乗り込まされたもどかしさは、まるで花を踏みにじってしまったような心の痛みをもたらした。さらにわたしは、自らの過去も置き去りにしようとしていた。ケニントンのパウナル・テラス三番地を訪れたあと、わたしの心の中で何かが終わったのだ。今や、カリフォルニアに戻って仕事を再開することに迷いはなかった。なぜなら方向性は仕事の中にこそあり、それ以外のものは、すべて幻想に過ぎなかったからだ。

第一八章

ニューヨークに着くと、マリー・ドロから電話がかかってきた。マリー・ドロからの電話——数年前だったら、どんなに舞い上がったことか！　わたしは彼女を誘って昼食をとったあと、彼女が出演していた『野の百合《ゆり》』（ウィリアム・ハールバット作の三幕劇）という劇のマチネを見に行った。

その晩は、マックス・イーストマン、その妹のクリスタル・イーストマン、そしてジャマイカ人の詩人で港湾労働者のクロード・マッケイ（一八八九〜一九四八）と食事をした。

ニューヨークでの最終日には、フランク・ハリスとシンシン刑務所を訪れた。彼はそこへ行く途中、自伝を書いているのだが、遅きに失したと思うと打ち明けた。「ぼくも、もう年だ」と言う。

「年を重ねることで得られるものもありますよ」とわたしは言ってみた。「思慮分別に制約されることが少なくなりますし」

フランクが会いたかったのは、シンシン刑務所で五年の刑に服していたジム・ラーキン（一八七六〜一九四七）だった。アイルランドの反イギリス政府活動家で、労働組合の組織者である。ラーキンは素晴らしい雄弁家だったが、フランクによると、政府転覆を企てたという濡《ぬ》れ衣《ぎぬ》をかけられ、偏見に満ちた判事と陪審員によって懲役刑を宣告されたのだった。これが真実だったことは、のちにアル・スミス知事が判決を取り消したことによって明らかになる。しかしそのときラーキンはすでに大半の刑期を務めあげていた。

刑務所は奇妙な雰囲気のところだ。まるで人間の精神が一時停止させられているみたいな気がする。シンシン刑務所の古い監房棟は中世の牢獄《ろうごく》のように陰惨な場所だった。小さくて狭い石造りの監房それぞれに、四人から六人の囚人が押し込まれて眠る。こんな恐ろしい建物を考え付くのは、どんな悪魔的な頭脳なのだろう！　わたしたちが訪れたとき、囚人たちは運動場に連れ出されていたので監房棟は空だった。だが、若者がひとり残っていた。彼は開いた監房のドアに寄りかかって、悲しげな顔で物思いにふけっていた。看守の説明によると、長期刑を宣告された新入りは最初の一年間をこの古い監房棟で過ごしたあと、もっと近代的な監房棟に移されるのだという。わたしは若者の前を通って、彼の監房の中に入ってみた。が、すぐに閉所恐怖症に襲われそうになった。「ひどいな！　人間の住むところじゃない！」とわたしは叫んで、あわてて監房を出た。すると「ほんとにそうだ」と若者が苦々しくつぶやいた。

親切そうな看守は、シンシンは超満員で、もっと監房を建てるための予算を必要としていると言った。「でも、予算割り当てでは、いつも無視されるんです。刑務所の状況を気にかける政治家なんていやしないんでね」

　古い死刑執行室は、学校の教室のように見えた。細長い部屋で、天上が低く、報道関係者用のベンチと机がある。それらに向かい合って、安っぽい木製の構造物が置かれていた――電気椅子《いす》だ。天井からその上にむき出しの電線が垂れ下がっている。その部屋がほんとうに怖かった理由は、その簡素さ、つまり劇的な雰囲気の欠如にあった。残酷な絞首台《こうしゅだい》のほうが、陰惨さの点では、まだましだったろう。電気椅子のすぐ後ろには木製のパーティションがあり、処刑されたばかりの囚人は、この裏に運ばれて解剖されるということだった。「〝椅子〟が完全にとどめを刺さなかった場合には、ここで首を切り落とすんですよ」と医師が説明し、処刑直後の脳の温度は摂氏一〇〇度に達すると言い添えた。わたしたちは、気もそぞろに死刑執行室を後にした。

　フランクが看守にジム・ラーキンについて尋ねたところ、面会してもいいと言われた。ほんとうは規則違反なのだが、例外として扱ってくれるという。ラーキンは靴の作業場にいた。そこでわたしたちを迎えた彼は、長身のハンサムな男で、背丈は一九四センチほどもあり、射抜くような青い目をしていたが、その笑みはやさしかった。

ラーキンは、フランクに会えて喜んだものの、戸惑って落ち着かず、早く作業台に戻ることばかり気にした。看守が大丈夫だと請け合っても、不安は和らがなかった。「ぼくだけが作業中に面会者に会わせてもらったりしたら、他の囚人に示しがつかなくなる」とラーキンは言った。フランクが刑務所での待遇について尋ね、何かできることがないかと申し出ると、待遇はさほど悪くはないが、アイルランドにいる妻と子供たちのことが心配だと答えた。収監されてから、一度も便りがないという。フランクは何とかすると約束した。刑務所を出た後、フランクは、ジム・ラーキンほどの勇敢で不敵な人物が刑務所の規則を守ることにあくせくするほど貶《おとし》められてしまったのを見るのは、まったくやりきれない、と心情を吐露した。

＊

ハリウッドに戻ったわたしは、母に会いに出かけた。母はとても陽気で幸せそうに見え、わたしがロンドンで大歓迎を受けたこともすべて知っていた。「じゃあ、あなたの息子のこと、そして、この馬鹿《ばか》げたナンセンスについて、どう思われます？」とわたしは、ちょっと遊び心を出して訊《き》いてみた。

「素晴らしいよ。でも、こんな現実離れした演劇界なんかに身を置くより、ほんとうの自分でいたいとは思わないのかい？」

「お母さんにそんなことを言われるとは思いませんでしたね」とわたしは笑った。「そもそも、この現実離れした世界にぼくを引き込んだのは、お母さんなんですよ」

母は一瞬考え込んだ。「もしおまえがその才能を神様への奉仕に注ぎこんでいたら――どれだけの人の魂を救えた《セイヴ》か、考えてもごらん」

わたしは微笑《ほほえ》んだ。「魂は救えたかもしれないけれど、お金を貯める《セイヴ》ことはできなかったでしょうね」

家への帰り道、わたしのマネージャーの奥さんで母の大ファンであるミセス・リーヴスから、わたしが留守にしていた間、母の体調はとてもよく、精神的におかしくなることもほとんどなかったと聞かされた。母はうきうきして幸せそうで、責任感に煩《わずら》わされるようなこともまったくなかったという。ミセス・リーヴスは母に会うのをとても楽しみにしていた。というのも、母はとても面白く、さまざまな昔話で彼女を大笑いさせたからだ。もちろん、母が人の話を聞かなくなることもあったらしい。ミセス・リーヴスは、こんな話をしてくれた。ある日、母に新しい服をあつらえるために、看護婦と一緒に繁華街へ出かけたのだという。だが母はふいに一時の気まぐれに襲われ、車を降りないと言い出した。「店の者をここに来させなさい。イギリスでは、向こうから馬車まで迎えにくるんですからね」

それでも結局、母は車を降りた。感じのよい若い女性店員が応対し、いくつも布地を見せた。その中にくすんだ褐色の布地があり、ミセス・リーヴスと看護婦は母にちょうどいいと思ったのだが、母は気に入らなかった。

そして、とびきり洗練されたイギリス人の発音で、こう言ったというのである。

「だめ、だめ！　そんなウンコ色――もっと派手なのを見せてちょうだい」

店員はびっくりしたが、母の要求に従ったという。自分の耳を疑いながら。

ミセス・リーヴスはまた、母をダチョウの飼育所に連れて行ったときの話もしてくれた。愛想がよくて礼儀正しい飼育員が、孵化場《ふかじょう》に案内してくれたそうだ。「この卵は」と彼はダチョウの卵を手に取って説明した。「あと一週間もすれば孵《かえ》ります」そのあと電話に呼ばれた彼は、卵を看護婦に渡すと出て行った。その姿が見えなくなったとたん、母は卵を看護婦から奪い取ると、「いまいましいみじめなダチョウに卵を返してあげなさい！」と言って、囲いの中に投げ込んだ。卵はグシャリと音を立てて潰《つぶ》れてしまった。ふたりは、飼育員が戻って来る前に、大急ぎで母をダチョウ飼育場から連れ出したそうだ。

「よく晴れた暑い日には」とミセス・リーヴスは続けた。「運転手とわたしたち全員に、コーンに入ったアイスクリームを買ってくださると言ってきかないんです」あるとき、車で道をゆっくり走っていたら、マンホールの穴から作業員の頭がぬっと突き出した。母は車から身を乗り出して、自分が持っていたアイスクリームを作業員にあげようとした。だが、手渡すかわりに、彼の顔に投げつけたのである。そして「ほら、あんた、これで涼しくなるわよ」としゃあしゃあと言って、車から手を振ったという。

　プライベートな話は母に伝えないようにしていたのだが、それでも母は、わたしの身に起きていることはみな見通しているようだった。二度目の妻（リタ・グレイのこと）と家庭内の問題で揉《も》めていたとき、チェッカーゲームの最中に、突然母が言い出した（ついでに言うと、母はいつも勝った）。「あんなゴタゴタ、振り払ったらどうなんだい？　東洋にでも出かけて楽しんできなさいな」

　驚いたわたしは、何の話か、と訊き返した。

「新聞のゴシップ記事に書いてある、あんたのプライベートな問題のことだよ」

　わたしは笑って言った。「わたしのプライベートな問題の何を知っているというんです」

　母は肩をすくめた。「あんたがもっと胸を開いてくれたら、アドバイスのひとつもしてあげられるんだけどね」

だが母は、こんなふうにうっかり思いを漏らすことはあっても、それ以上のことは一切言わなかった。

母はよく、わたしのふたりの息子、チャーリーとシドニーに会うためにビバリーヒルズの家にやってきた。最初に来たときのことは、はっきり覚えている。その家はまだ建ったばかりで、家具調度も申し分なく整えられ、執事やメイドといったスタッフも完全に揃《そろ》っていた。母は家の中を見て回ったあと、窓から六キロ半ほど先に広がる太平洋の景色を眺めた。わたしたちは母の反応を待った。

「なにかしゃべったりして、せっかくのここの静けさを破ったりしちゃ、もったいないよ」と母は言った。

母は、わたしの富と成功を当然のものとして受け取っていたようで、それについては、ある日ふたりで芝生の上を歩いていたときまで、一言も触れなかった。そのとき母は庭の素晴らしさと手入のよさに感心していた。

「庭師をふたり雇っているんです」とわたしは説明した。

母は少し黙ったあと、わたしを見て言った。「あんたはすごいお金持ちなんだね」

「お母さん、今この瞬間、ぼくには五〇〇万ドルの財産があるんですよ」

母は考え深く頷《うなず》いた。「だけど、病気になったら、おしまいだからね」その件に関して母が口にしたのは、これだけだった。

その後の二年間、母は元気に暮らした。だが、『サーカス（The Circus）』（一九二八年公開）を制作している最中に、具合が悪くなったという知らせが届いた。前に胆のうを悪くして、そのときは回復したのだが、今度の再発は重篤《じゅうとく》だと、わたしは医師から告げられた。母はグレンデイル病院に入院した。しかし心臓が弱っているので、手術は勧められないと医師たちは言った。

マーナ・ケネディ（『サーカス』）。

わたしが病院に到着したとき、痛みをとる麻薬のせいで母は半ば昏睡《こんすい》状態に陥っていた。「お母さん、ぼくです。チャーリーです」とわたしは母の耳元で囁《ささや》き、そっと手を取った。すると母は弱々しく握り返してわたしをみとめ、目を開いた。身体《からだ》を起こそうとしたが、そうする力はもう残っていなかった。体をもぞもぞ動かして、痛い、と言う。必ず元気になるからね、と言って安心させようとすると、「たぶんね」と大儀そうにつぶやき、わたしの手をもう一度握ったあと意識を失った。

翌日、撮影の真っ最中に、母がこの世を去ったことを知らされた。医師に言われていたので、心の準備はできていた。わたしは撮影を中断し、メーキャップを落として、助監督のハリー・クロッカーとともに病院に向かった。

ハリーが病室の外で待つなか、わたしはひとり病室に入り、窓とベッドの間に置かれた椅子に座った。カーテンは半分引かれていた。外の陽ざしはあらゆるものを射抜くかのように痛烈に照り付けていたが、病室の沈黙もまた心を射抜くように痛烈だった。わたしは座ったまま、ベッドに横たわる小さな姿をじっと見つめた。母の顔は上向きかげんで、目は閉じられていた。死を迎えた今になっても、まるでこれからやってくる苦難を予見するかのように、母の表情は苦悩に満ちていた。母がその人生を、この馬鹿げた価値観にあふれるハリウッドの郊外で――彼女の心を引き裂いたランベスから一万キロ以上も離れたこの地で――終えることになるとは、なんと数奇な運命だろう。それを考えたら、長きにわたる母の奮闘、苦悩、勇気、そして母の壊れた悲しい人生の思い出が一挙に押し寄せてきて……わたしは涙にくれた。

ようやく気を取り直して病室を後にしたのは、それから一時間ほど経《た》ってからである。その間待っていてくれたハリー・クロッカーに、待たせた詫《わ》びを言った。もちろん彼は理解してくれ、ふたりで無言のまま車に乗って家に戻った。

シドニーはそのときヨーロッパで病の床に伏していたので、葬儀には参列できなかった。わたしの息子、チャーリーとシドニーが母親と一緒に葬儀に出ていたが、顔を合わせることはなかった。わたしは、母を火葬したいかと訊かれた。が、そんなことは、考えるだけでもおぞましかった！　いや、わたしは母を緑の大地に埋めたかったのだ。今でも母はハリウッド墓地で眠っている。

母を正当に描けたかどうかは自信がない。だが、母が生涯の重荷を明るい気持ちで耐え抜いたことは確かだ。親切心と他人への思いやりは、母の際立《きわだ》った美徳だった。信仰にあつかったものの、罪深い者を愛し、いつもそうした人たちと自分を重ねていた。母の性格に下品なところは、みじんもなかった。ラブレー風の野卑でこっけいな表現を使うことはあったが、その言葉遣いは常に修辞的に正しかった。そしてみじめな暮らしを余儀なくされたときも、シドニーとわたしがそんな境遇に堕落させられないよう奮闘し、わたしたちは貧しさがもたらすありきたりの産物ではなく、それから抜きん出た、独特の人物なのだという気概を抱かせてくれたのだった。

＊

著書『メイフェアからモスクワへ』で一大センセーションを巻き起こした彫刻家クレア・シェリダン（一八八五〜一九七〇）がハリウッドを訪れ、サム・ゴールドウィンが歓迎のディナーを開いたので、わたしも招待された。

長身で美人のクレアはウィンストン・チャーチルの姪《めい》で、夫はリチャード・ブリンズリー・シェリダン（アイルランド出身の劇作家・政治家。一七五一〜一八一六）の直系の子孫。革命後のロシアに初めて入国したイギリス人女性だった。レーニンやトロツキーをはじめとするボルシェヴィキ幹部たちの胸像制作を委託されたため、同地を訪れたのである。

その本はボルシェヴィキに好意的だったにもかかわらず、さほどの反感はもたらさなかった。むしろアメリカ人が感じたのは当惑だった。というのは、著者がイギリスの貴族階級だったからだ。彼女はニューヨークの社交界にもてなされ、彼らの胸像をいくつも作った。さらには、ハーバード・ベイヤード・スウォープ（アメリカ人のジャーナリスト。一八八二〜一九五八）やバーナード・バルーク（アメリカの官僚・政治家・投資家。一八七〇〜一九六五）の胸像も制作している。わたしが会ったときにはアメリカ国内の講演旅行中で、六歳になる息子のディッキーも一緒に回っていた。クレアは、アメリカで彫刻家として十分な生計を立てるのは難しいとこぼした。「アメリカの男性は、妻を彫刻のモデルにするのはやぶさかではないのに、こと、ご自分がモデルになることには気が進まないのよね。とても慎み深いんだわ」

「ぼくは慎み深くなんかないさ」とわたしは答えた。

というわけで、粘土と道具がわたしの家に運び込まれ、ランチのあと、午後遅くまで彼女のモデルを務めることになったのだった。クレアには刺激的な会話を進める才能があり、わたしは柄にもなくインテリぶって話をひけらかした。胸像が完成に近づいたとき、わたしは作品をしげしげと眺めた。「これは犯罪者の胸像だと言ってもおかしくないね」とわたしが言うと、

「とんでもない」と彼女は大真面目《おおまじめ》を装《よそお》って答えた。「これはまさに天才の胸像にほかならなくてよ」

笑わされたわたしは、天才と犯罪者はよく似ており、両方とも極端な個人主義者だという自論をぶった。

クレアは、ロシアについて講演しはじめてから、村八分になったような気がする、と打ち明けた。わたしには、彼女が扇動家でも政治狂でもないことがわかっていた。

「君はロシアに関するとても面白い本を書いた――それでいいじゃないか」とわたしは言った。「なぜ政治の分野などに入り込もうとするんだい？　そんなことをしたら、傷つくに決まってるさ」

「わたしは生計を立てるために講演してるのよ」と彼女は答えた。「でも、みんな真実の話は聞きたがらない。けれど、意のままに話すときに導いてくれるのは真実だけだわ。それに」と彼女は軽やかに言った。「わたし、あのいとしいボルシェヴィキたちが大好きなの」

「あのいとしいボルシェヴィキたち」わたしはおうむ返しに言ってひやかした。それでもクレアは実のところ、冷静かつ現実的な考えを持って自分の境遇に対処していたのだと思う。というのは、一九三一年になって再会したとき、彼女はチュニスの郊外に住んでいると言ったのだ。

「それにしても、どうしてそんなところに住んでるんだい？」とわたしは訊いた。

「安いからよ」彼女は率直に答えた。「ロンドンだったら、わたしの限られた収入では、ブルームズベリーの小さな二間のフラットに住むのがせいぜいだわ。でも、チュニスでは一軒家に住んで使用人を抱えることもできるし、ディッキーのための美しい庭さえ持てるのよ」

そのディッキーは一九歳でこの世を去った。そしてクレアは、その悲しい深刻な打撃から二度と立ち直ることができなかった。カトリック教徒に改宗して、しばらく修道院で暮らしていたこともある。きっと宗教に頼ることが、心の慰めになったのだろう。

わたしは一度、南フランスで、一四歳の少女の微笑む写真が墓石にはめ込まれているのを見たことがある。その下に刻まれていたのは、「なぜ？」《プルコワ》という一語だった。そんな悲しい困惑のなかでは、答えを見つけようとしても無駄だろう。そうしたところで、得られるのは偽りの教訓と苦悩だけだ――とはいえ、答えがない、というわけではない。わたしには、人間の存在というものは、一部の科学者たちが説くような、無意味や偶然の産物だとは思えない。生と死は、偶然にしては、あまりにも毅然《きぜん》として容赦ないものだ。

人生の盛りで死んでいった天才や、世界の動乱、大量虐殺《ぎゃくさつ》、大災害などで命を落とした人々の生と死の有り様を見ると、人生など無駄で無意味なものに見えてくるかもしれない。だが、こうしたことが起きたという事実こそ、予め《あらかじ》決まっている断固たる目的があることの証左なのだ。そうしたものは、わたしたち人間の三次元的な知性の理解を超えているのである。

あらゆる物事は何らかの運動をしている物質でしかなく、あらゆる存在には何も加えたり引いたりすることはできない、と主張する哲学者がいる。だが、もし物質すなわち運動だとするならば、それは因果の法則に司《つかさど》られているはずだ。もしこの考えを容認するとしたら、あらゆる運動は、あらかじめ運命づけられていることになる。だとしたら、わたしが鼻をこすることは、彗星《すいせい》が現れることと同じように、あらかじめ運命づけられているということになるのだろうか？　猫が家の中を歩き回る、木の葉が木から落ちる、子供がつまずく。こうした運動の原因も、無限のかなたまで遡《さかのぼ》ることができるというのか？　そうした運動はあらかじめ運命づけられていて、永遠に繰り返されるというのだろうか？　しかし、わたしたちは、木から葉が落ちたり、子供が転んだりした直接の原因についてはわかっても、そのそもそもの発端や結果まで辿《たど》ることはできない。

わたしは教義上の意味から言えば、信仰心のある人間とは言えない。わたしの見解は、トーマス・マコーレー（イギリスの歴史家・詩人・政治家。一八〇〇～一八五九）の考えに似ている。彼は、一六世紀の宗教議論は、今日の宗教議論と同じように、哲学的明敏さをもって行われていたと書いている。そしてその後、知識が蓄積され科学的進歩が遂げられたにもかかわらず、過去においても現在においても、その件に関してさらに新しい事実を付け加えた哲学者はひとりもいない、とも。

わたしは、何事についても信じるとか信じない、とかいうことはしない。想像できるものは、数学で証明できるものと同じくらい真理に近いはずだ。真理は必ずしも理性によって到達できるものだとは限らないと思う。なぜなら理性は、論理と真実性を要求する幾何学的な考え方に人を縛ってしまうからだ。夢で死者を見るとき、わたしたちは相手が死んでいることを知りつつも、生きている者として受け入れる。だとすれば、この夢という知性は理性的ではないとはいえ、それには独自の真実性があるのではないだろうか？　世の中には理性を超えたものがいくらでもある。たとえば、一〇億分の一秒などという単位は、どうやれば理解できるというのか？　にもかかわらず、数学の体系によれば、それは存在してしかるべきものなのだ。

年を重ねるにつれ、わたしは人間を超えた力を信じることに、ますます惹《ひ》かれるようになった。わたしたちは自分で思っているよりも、こうした力への信心に頼って暮らし、自覚しているよりも、こうした信心によって物事を成し遂げている。それはあらゆる思想の元にあると、わたしは確信している。信心は知性の延長であると、わたしは思う。信心がなければ、仮説も理論も科学も数学も発展しはしなかったろう。信心を否定することは、自分自身を否定すること、それは不可能を否定する鍵《かぎ》だ。信心を否定することは、自分自身を否定すること、そして創造力を生み出す知性を否定することに他ならない。

わたしは未知の世界、そして理性では理解できないあらゆるものを信じる。たとえわたしたちが理解できないことであっても、それは他の次元から見れば単純な事実なのであり、未知の世界には善なるものへの無限の力が潜んでいると信じている。

＊

ハリウッドでのわたしは相変わらず一匹狼《いっぴきおおかみ》で、自分のスタジオで制作を行っていたから、ほかのスタジオの人々と会う機会はほとんどなく、新たな友人を作るのは難しかった。そんなわたしを社交面で救ってくれたのが、ダグラスとメアリーだった。

ふたりは、とても幸せな結婚生活を送っていた。ダグラスは古い家を建て替え、魅力的な家具調度類を入れて、客間もいくつか増築した。彼らは豪勢に暮らした。使用人も素晴らしかったし、料理も素晴らしかった。だが、なによりダグラス自身が素晴らしいホストだった。

スタジオにあるダグラス専用の区画には贅《ぜい》が尽くされていた。楽屋には、トルコ風の風呂《ふろ》とプールがあり、彼はそこで華々しい人々をもてなした。スタジオで昼食をとり、施設見学に案内して映画の制作現場を見せたあと、蒸し風呂と水浴びのひとときに招待するのである。そのあと客たちはローマ帝国の元老院議員さながらタオルに身をくるみ、ダグラスの楽屋でくつろいだものだった。

蒸し風呂から出てプールに飛び込もうとした瞬間に、シャム（タイ国の旧称）の国王に拝謁《はいえつ》するなどというのは、ほんとうに奇妙な経験だった。実際、わたしはトルコ風呂で数多くのお歴々に出会うことになった。アルバ公爵《こうしゃく》、サザランド公爵、オースティン・チェンバレン（イギリスの政治家。英国首相ネヴィル・チェンバレンの異母兄。一八六三〜一九三七）、ウィーン侯爵、パナランダ公爵をはじめ、数多くの著名人に会ったのである。人は、世俗の肩書をすべて剝《は》ぎとったときに、その真価が現れるものだ——かくして、わたしの中で、アルバ公爵の価値は大いに高まったのだった。

こうした有名人がやってきたときには、わたしも必ず招かれた。というより、わたし自身が見るべき陳列品のひとつだったのだ。蒸し風呂のあとは〝ピックフェア〟（ピックフォードとフェアバンクスの邸宅）に八時ごろ到着し、八時半に晩餐《ばんさん》が始まり、そのあと映画を観《み》る、というのがおきまりのスケジュールだった。だから客人を深く知るようなことにはならなかったのだが、ダグラス宅が客人であふれかえったようなときには、ときおりわたしも何人か引き受けて自宅に招くこともあった。とはいえ、ダグラスたちのような素晴らしい〝ホスト〟役はとても務められなかったと言わなければならない。

ダグラスとメアリーは貴人のもてなしに本領を発揮した。ふたりは、そうした人たちと接するときにくつろいだ親密性を装うことができたのだ。でもわたしにはそれが難しかった。もちろん、公爵をもてなした際、最初の晩に使っていた正式な「猊下《げいか》」という呼称が、さほど時間がたたないうちに、格式張らない「ジョージー」とか「ジミー」に変わった、というようなことはあったが。

ダグラスのディナーの席には、彼の小さな雑種犬がよく登場した。するとダグラスは気楽な様子で、その犬にたわいもない芸をさせる。すると堅苦しいフォーマルな機会になりかねなかったディナーは、たちまち打ち解けた雰囲気になるのだった。客たちはよくダグラスへの称賛をわたしに囁いたものだ。「なんて面白い方でしょう!」ご婦人たちはわたしにこっそりそう打ち明けた。そしてもちろん、それはほんとうだった。ダグラスほど客を魅了できるホストには、ほかに出会ったことがない。

だが一度だけ、その彼でさえ敗北を喫したことがある。言うまでもない理由で、ここで実名を明かすことは避けるが、その客人一行は上流階級のなかでもトップ中のトップで、あれやこれやの貴族の称号を帯びていた。ダグラスは、そんな一行を丸一週間かけてもてなしたのである。主賓は新婚のカップルで、考えられる限りの贅沢三昧《ざんまい》が尽くされた。たとえば、プライベートヨットで出かけるカタリナ島での釣り。魚をおびき寄せるために、ダグラスは去勢雄牛を一頭殺して海に沈めておいた(のだが、客は一匹も釣れなかった)。スタジオの敷地ではプライベートなロデオ観賞会も催された。けれども、若く美しい長身の花嫁は、愛想こそよかったものの、極端に無口で、何を見てもほとんど興味を示さなかった。

毎晩ダグラスは夕食の席で彼女を楽しませようとしたが、彼のもてるウィットと情熱のすべてを傾けても、彼女の冷ややかな態度を溶かすことはできなかった。ついに四日目の晩、ダグラスがわたしを脇《わき》に呼んで、こう言った。「彼女にはまったく面食らってしまうよ。全然話が通じないんだ」彼は続けた。「だから今晩は、君に隣に座ってもらうことにしたよ」ここで彼は笑い声を上げた。「彼女には、君がどれほど素晴らしくて面白いか、さんざん話しておいたからね」

ダグラスが彼女にわたしのことを吹き込んだあとでディナーの席に座ったわたしは、パラシュートで飛び降りようとする兵士みたいに落ち着かない思いをしていた。それでも、秘術的アプローチを使ってみることに心を決めた。というわけで、食卓からナプキンを手に取ると、わたしはこの麗人に身を寄せて耳元に囁いた。「元気をお出しなさい」

彼女は思わず振り向き、わたしの真意を確かめるように、「なんとおっしゃいまして？」と尋ねた。

「元気をお出しなさい！」とわたしは謎《なぞ》めいた雰囲気をつくろって繰り返した。

彼女は驚いたようだった。「元気を出せと？」

「そうです」わたしはそう答え、膝《ひざ》に広げたナプキンをなおして、まっすぐ前を見つめた。

彼女は一瞬黙り、しばらくわたしをじっと見てから口を開いた。「なぜそんなことおっしゃいますの？」

わたしはいちかばちか、やってみることにした。「なぜなら、あなたはとても悲しい思いをなさっているからです」そして、彼女が何か言うより早く、こう畳みかけた。

「実は、わたしにはジプシーの血が流れていまして、そうしたことには詳しいんです——生まれ月はいつですか？」

「四月ですわ」

「やはり牡羊座《おひつじ》でしたね！　それでわかりましたよ」

彼女は活《い》き活きしてきた。その表情はとても彼女に似合っていた。

「何がわかったとおっしゃるの？」と言って、彼女は微笑んだ。

「今月はあなたの活力が低迷するときなんです」

彼女はちょっと考えてから言った。「驚いたわ。おっしゃる通りだもの」

「簡単なことですよ。直観力があれば――あなたは今、悲しみのオーラを放っています」

「そんなにすぐわかりまして？」

「いや、ほかの人にはわからないでしょうね」

彼女は微笑んだ。そしてちょっと考えたあと、考え深げに言った。「あなたにそう言われるなんて、なんて不思議なんでしょう。でも、そう、それはほんとうです。わたしはとても気が滅入《めい》っているんです」

わたしは同情するように頷いた。「今月は、あなたにとって最悪の月なんですよ」

「ほんとうに気落ちしているんです。絶望してしまうぐらい」

「わかります」わたしは、そのあとどうなるかも考えずに頷いた。

彼女は悲しそうに続けた。「逃げ出せるのだったら――すべてから、だれからも……なんでもしますわ――仕事につくとか――映画のエキストラに出てもいい。でも、そうしたらあの人たちを傷つけてしまう。そんなことをされるべき人たちではないのに」

彼女は「人たち」と複数形を使った——が、もちろん、彼女が夫君のことを指しているのは明らかだった。わたしは心配になってきた。そこで、インチキ秘術師のふりはすべてやめ、真面目な助言に切り替えた。ありふれた助言だったことは言うまでもないが。「逃げても無駄なだけですよ。責任はいつだって追いかけてくるのですから。人生というのは、足りないものの現れなんです。満足しきっている人なんていません。だから、早まったことだけはどうかしないでください——死ぬまで後悔するようなことは、してはなりません」

「きっと、おっしゃる通りね」彼女は悲しそうに言った。「でも、わかってくださる方とお話しすることができて、とても気が楽になりましたわ」

ほかの客と話しながら、ダグラスはわたしたちのほうをちらちら見ていた。今や、ダグラスと目を合わせた彼女の顔には、微笑みが浮かんでいた。

ディナーのあと、ダグラスがわたしをつかまえて訊いた。「いったい何を話していたんだい？　お互いの耳をかじろうとしてるんじゃないかと思ったぜ！」

「いや、なに、単なるいつもの人生論さ」とわたしは得意げに答えた。

第一九章

ついにファースト・ナショナル社との契約も最終段階に差し掛かり、わたしは契約満了の日を心待ちにしていた。無神経で思いやりがなく、目先のことしか考えない同社とは、一刻も早く縁を切りたかった。それに、長編映画の構想がふつふつと湧《わ》いてきていたのだ。

約束した最後の三本の映画を仕上げるのは、とても乗り越えられない仕事のように感じられた。それでもまずは、二巻物の『給料日（Pay Day）』（一九二二年公開）を仕上げ、ついにあと残り二本になった。その次の喜劇映画『偽《にせ》牧師（The Pilgrim）』（一九二三年公開）は、長編映画の長さになってしまい、またもやファースト・ナショナル社との厄介な交渉が必要になることを意味した。だが、サム・ゴールドウィンがわたしを評して「チャップリンは事業家じゃない――気にしているのは、損をしないかどうかということだけだ」と言ったとおり、交渉は満足な結果に終わったのだった。『キッド』が空前の成功を収めたため、『偽牧師』の条件については、ほとんど抵抗なく受け入れられたのである。この映画は二本分とみなされ、わたしは四〇万ドルの保証金と、利益配当を受け取ることになった。これでようやく自由になり、ユナイテッド・アーティスツの仲間に加われることになった。

　ダグラスとメアリーの勧めで、〝正直者《オネスト》ジョー〟ことジョゼフ・スケンク（ロシア出身の映画プロデューサー。一八七八～一九六一）が、その妻で女優のノーマ・タルマッジ（一八九四～一九五七）とともにユナイテッド・アーティスツに加わることになった。ノーマの映画はわたしたちの会社を通して配給され、ジョーは社長になるというわけである。わたしはジョーが気に入ってはいたものの、社長に見合う貢献ができる人物とはとても思えなかった。ノーマも、ある程度のスター女優ではあったが、その観客動員数はメアリーやダグラスのものにはとても及ばない。わたしたちはすでに、株を譲ってほしいというアドルフ・ズーカーの求めを断っていた。それなのになぜ、ズーカーより能力の劣るジョー・スケンクを社長にしなければならないのだ？　だが結局のところ、わたしはダグラスとメアリーの熱意に押し切られ、ジョーは社長の座につき、ユナイテッド・アーティスツの株をわたしたちと平等に持つことになったのである。

　そのすぐあと、ユナイテッド・アーティスツの将来に関する会議への出席を求める緊急通知が届いた。われらが社長の形式ばった脳天気な発言のあと、メアリーが厳粛な面持ちで演説した。彼女は、目下の業界の動きに危機感を募らせているという――

もっとも、メアリーはいつも何かに危機感を募らせていたのだが。劇場チェーンの合併が進んでおり、何か対策を講じないと、ユナイテッド・アーティスツの将来は危機に瀕《ひん》するというのだ。

だがわたしは、彼女の意見に影響されはしなかった。なぜなら、わたしたちが作る優秀な映画こそ、そうした競争への対抗力になると信じていたからだ。だがそんなわたしの考えも、ほかのメンバーを安心させるには足りなかった。ジョー・スケンクは深刻な面持ちで、会社の経営状態は基本的には健全だが、わたしたちがすべてのリスクを負う代わりに、外部の者に多少の利益を分配することによって将来の安全を保証すべきだと注意を促した。そして、ウォール街のディロン・リード・アンド・カンパニーにアプローチしたところ、株の分譲と利益配当への引き換えに四〇〇〇万ドルを出資する用意があるとの返事を得たという。わたしは率直に、自分の仕事にウォール街が関与するようなことは一切お断りだと言い、優れた映画を作ってさえいれば、合併話など気にする必要はない、ともう一度強く主張した。ジョーは苛立《いらだ》ちを抑え、もったいぶった冷静な声で、自分は会社にとって建設的な策を講じる努力をしているのであり、わたしたちはこのチャンスを活かすべきだ、と言った。

メアリーがふたたび彼のあとを引き継いだ。ビジネスについて語るとき、彼女は人をたしなめるような言い方をするところがあり、直接わたしを名指しはしなかったものの、他の人に話すという形でわたしを遠回しに非難した。そのためわたしは、自分がひどく利己的な人間であるかのような罪悪感を抱かされたのだった。逆に、彼女はジョーを褒めちぎり、いかに彼が一所懸命に働いたか、そしてわたしたちの会社の経営を確固たるものにするために、どれだけ苦労を重ねたかと強調した。「わたしたちひとりひとりが、建設的になる努力を払わなければなりません」と彼女は言った。

だがわたしは一歩も引かず、自分のプロジェクトには誰も入り込ませたくない、わたしには自信があり、自らの資金をプロジェクトに投資する用意もある、と主張した。会議は熱を帯びた議論に発展した――議論よりむしろ熱のほうが勝っていたと言えたかもしれない。わたしは断固として譲らず、もしわたしを抜いて話を進めたいならそうすればいい、わたしは会社を脱退するから、と言い放った。結局このひと言が、わたしたち全員に改めて互いへの信義を誓わせることになり、ジョーも、わたしたちの友好関係を損なったり、会社の調和を乱したりするようなことは一切するつもりはないと明言した。こうして、ウォール街の一件は立ち消えになったのだった。

＊

ユナイテッド・アーティスツで最初の映画制作を始める前に、わたしはエドナ・パーヴァイアンスを主演女優に仕立て上げるつもりでいた。エドナとは親しい間柄ではなくなっていたが、それでも彼女のキャリアには関心を抱きつづけていたのだ。しかし、エドナを客観的に眺めてみると、熟年女性の貫禄《かんろく》が備わってきており、それは、わたしが作ろうと考えている映画が求める女らしい甘さとはそぐわないことがわかった。それに、自分の映画のプロットや登場人物の質をスタジオ付きの喜劇役者たちの限界に合わせて落とすようなことはしたくなかった。というのも、わたしはまだ曖昧《あいまい》なものではあったが野心的な長編喜劇映画の構想を抱いていて、それはより広範なキャスティングを必要としたからである。

何カ月にもわたり、わたしは、自分で脚色した『トロイアの女』（古代ギリシアのエウリピデスによるギリシア悲劇で一九〇五年にギルバート・マレーが英訳した）をエドナを配して映画化する構想を練った。だが、調べれば調べるほど制作費がかさむことがわかって、結局、断念せざるをえなかった。

そこでまた、エドナが扮《ふん》するにふさわしい他の興味深い女性について考え始めた。

そうだ、もちろん、ジョセフィーヌ（ナポレオン・ボナパルトの最初の妻）がいる！　当時の豪華な衣装が必要になるし、『トロイアの女』の二倍の制作費がかかることになるが、意に介さなかった。わたしはこの構想に夢中になった。

　わたしたちは大掛かりな調査を始めた。ブリエンヌの『ナポレオン・ボナパルトの思い出』や彼の従者だったコンスタンの回想録も読んだ。だが、ジョセフィーヌの人生を探れば探るほど、ナポレオンが立ちはだかってきた。わたしはこの鮮やかな天才に心底魅せられてしまい、ジョセフィーヌにまつわる映画への関心はすっかり薄れ、ナポレオンの映画を作る構想がむくむくと頭をもたげてきた。主役はわたしが務めてもいいと思った。映画はナポレオンのイタリア遠征に関するもので、途方もない敵意と老練な将軍たちの嫉妬《しっと》を克服して遠征を断行する二六歳の若き男の意志と勇気の物語になるはずだった。ところが、そんな熱烈な興味もやがて薄れてしまい、ナポレオンの映画の構想もジョセフィーヌの映画の構想も、ともに立ち消えになってしまった。

　ちょうどそのころ、何度も結婚を繰り返したことで名高い美人のペギー・ホプキンス・ジョイス（アメリカ人の女優・ダンサー。一八九三～一九五七）が、宝石で身を飾り、五人の夫から巻き上げた三〇〇万ドルの紙幣を抱えて（と彼女はわたしに語った）ハリウッドに颯爽《さっそう》と現れた。ペギーの出自はつつましかった。床屋の娘に生まれ、ジーグフェルド・フォリーズの

ペギー・ホプキンス・ジョイスとチャップリン。

コーラスガールになり、五人の大富豪と次々に結婚したのである。出会ったとき、ペギーは依然として美しかったが、やや疲れた感があった。彼女は黒い喪服を魅力的にまとってパリから直接やって来た。そのすぐ前に、彼女に恋やつれした若い男が命を絶ったのだという。このシックな喪服で、彼女はハリウッド中を虜《とりこ》にしてしまったのだった。

ふたりきりの静かな食事をとっているときに、悪評を立てられるのはたまらない、とペギーは打ち明けた。「わたしは、ただ結婚して子供を産みたいだけ。根はとても純情なのよ」腕にいくつもはめた二〇カラットのダイヤモンドとエメラルドのブレスレットをいじりながら彼女はそう言った。ふざけたムードでいるときには、それらのことを〝わたしの年功袖章《ねんこうそでしょう》〟と呼んでいた。

ペギーは、夫のひとりについて、こんなことも話した。結婚式後の初夜、彼女は寝室に鍵《かぎ》をかけ、ドアの下から五〇万ドルの小切手を差し込まなければ、寝室に入れない、と新郎に言ったのだそうだ。

「で、彼はそうしたのかい？」わたしは尋ねた。

「そうよ」と、彼女はちょっと不機嫌に、だが陽気な気分は失わずに答えた。「で、彼が目を覚ます前に、朝一番で現金化したわ。でも、あいつは馬鹿《ばか》な男で、大酒飲みだった。一度なんか、シャンペンの瓶で頭をぶん殴って、病院送りにしてやったこともあったわ」

「じゃあ、それが別れた原因だったのかい？」

「違うわよ」と彼女は笑った。「まんざらでもなかったみたいなの。そのあと、もっとわたしに夢中になったんだから」

わたしたちは、トーマス・インス（アメリカの映画監督。一八八〇〜一九二四）から彼の自家用ヨットに招かれた。ヨットにいたのは、ペギー、トム、そしてわたしの三人だけで、専用室にあるテーブルでシャンペンを飲んだ。まだ夕方のことで、シャンペンの瓶は彼女の近くに置かれていた。だが夜がふけるにつれ、ペギーの関心がわたしからトム・インスに移り、彼女が少し不機嫌になっていくのがわかった。わたしは彼女がシャンペンの瓶で夫にしたことが自分にも起きかねないと感じはじめた。

かなりシャンペンを飲んだとはいえ、わたしの頭ははっきりしていた。そこで彼女に向って、そのかわいい頭によからぬ考えが少しでもよぎったと感じたら、すぐ海に投げ込んでやる、と穏やかに言ってやった。それ以来、わたしは彼女の取り巻きから外されてしまい、ＭＧＭのアーヴィング・サルバーグ（アメリカの映画プロデューサー。一八九九～一九三六）が次の愛情の対象になった。しばらくの間、彼はペギーのスリリングな悪名にほだされていたようだった。彼はそれほど若かったのである。ＭＧＭスタジオでは、ふたりが結婚するのではないかという驚くべき噂《うわさ》が飛び交ったが、アーヴィングの熱が冷めたために、結局何事も起きなかった。

わたしたちが奇妙な恋愛関係にあった短い間に、ペギーはある有名なフランス人出版者と付き合ったときのエピソードを聞かせてくれた。そして、この話が、エドナ・パーヴァイアンスを主演女優に据えた『巴里《パリ》の女性』の脚本を書く気にさせたのである。自分が出るつもりはまったくなかったので、監督だけ務めることにした。

サイレント映画では心のあやを表現できないと主張した一部の批評家がいる。せいぜい、ヒーローが女性を木の幹に押し付けて熱い息を相手の扁桃腺《へんとうせん》に吹きかけるとか、椅子《いす》を振り回して相手を打ちのめすといった乱暴な仕草などのあからさまな動きしか表現できないというのだ。『巴里の女性』は、そんな主張に対する挑戦だった。わたしは微妙な動作によって、心の有り様を表現しようとした。たとえば、エドナは高級娼婦《ドゥミモンデーヌ》を演じているのだが、あるとき女友達がやってきて、エドナの愛人の結婚を報じるゴシップ誌を見せる。エドナは何食わぬ顔で雑誌を手に取り、記事にちらりと目をやってから、興味のない様子ですぐに脇《わき》へどけ、タバコに火を付ける。だが観客には、彼女がショックを受けたことがはっきりとわかるのだ。笑顔で別れの挨拶《あいさつ》をして女友達を送り出すや否《いな》や、エドナはすぐに雑誌のところに戻り、ドラマティックな熱心さで、むさぼるように記事を読む。映画は、こうした細やかな暗示に溢《あふ》れていた。エドナの寝室のあるシーンでは、メイドが引き出しを開けたときに、うっかり男物のカラーが床に落ちてしまう。それで主役（アドルフ・マンジュー〔一八九〇～一九六三〕）が演じた）と彼女の関係がわかるのだ。

『巴里の女性』は目の肥えた観客の間で大きな成功を収めた。というのも、それは皮肉と心理描写を明白に表現した最初のサイレント映画だったからだ。そのあと同じような趣向の映画が続いた。そのひとつがエルンスト・ルビッチ（ドイツ出身の映画監督。「ルビッチ・タッチ」と呼ばれた細やかな表現で有名。一八九二～一九四七）の『結婚哲学（The Marriage Circle）』（一九二四年公開）だったが、主演は同じくマンジューで、彼の役は『巴里の女性』のものとほぼそっくり同じだった。

そのアドルフ・マンジューは一夜にしてスター俳優になったものの、エドナのほうは、さほど人気が出なかった。それでも、彼女は、五週間、一万ドルという条件でイタリア映画への出演を打診され、オファーを受けるべきかどうかと、わたしにアドバイスを求めてきた。もちろん、わたしは乗り気だったが、エドナはそれまでのつながりを断ってしまうことに躊《ちゅう》躇《ちょ》していた。そこで彼女に、申し出を受け入れ、もしうまくいかなかったら、ここに戻って来てわ

エドナ・パーヴァイアンス（『巴里の女性』）。

たしと一緒に仕事をすればいい。それでも一万ドルは手に入る、と助言した。結局エドナはこの映画に出演したが、人気が出なかったので、わたしたちのもとに戻ってきた。

*

『巴里の女性』が完成する前、ポーラ・ネグリが、まさにハリウッド流のやり方で、アメリカでのデビューを飾った。パラマウント社の宣伝部が、いつもの馬鹿さ加減にさらに輪をかけたのだ。グロリア・スワンソンとポーラの間に嫉妬と口論を混ぜこぜにした話がでっち上げられ、ふたりは大いに世間の注目を浴び、セレブとしての魅力があおられることになった。連日のように「ネグリ、スワンソンの楽屋を要求」、「グロリア・スワンソン、ポーラ・ネグリとの会見を拒否」、「ネグリ、スワンソンの社交的訪問を承諾」といった見出しが新聞を飾った。マスコミはこんな騒ぎを延々と繰り広げた——ヘドが出《アド・ノージウム》そうになるほど。

このでっちあげの話の責任は、グロリアにもポーラにもなかった。実のところ、ふたりは出会った当初からとても気が合い、仲の良い友人になっていたのだ。だが、ひねくれた狡猾《こうかつ》な切り口というのは、宣伝部にとって格好の材料だったのである。ポーラのためにパーティーや歓迎会が何度となく催された。このでっちあげのお祭り騒ぎの最中に、わたしはハリウッド・ボウル交響楽団のコンサートでポーラに出くわした。彼女はとりまきの宣伝部員やパラマウント社の重役とともに、わたしの隣のボックスに座っていた。

「チャアアリー！　どうして手紙をくださらなかったの？　電話もかけてくれなかったじゃない。わざわざわたしがドイツからここまでやってきたのは、あなたに会うためだったって知らなかったの？」

わたしは持ち上げられていい気分になった。とは言っても、最後の言葉はとても信じられなかったが。なにしろ、彼女とは、ベルリンでたった二〇分間話をしただけだったのだから。

「ほんとに意地悪ね、チャアアリー。電話もくれないなんて。ずっとあなたからの連絡を待っていたのに。どこでお仕事なさってるの？　電話番号を教えて。わたしからお電話するから」と彼女は言った。

こんな熱い思いはとても本当だとは思えなかったものの、美貌《びぼう》のポーラから寄せられる関心に、わたしはすっかりほだされてしまった。その数日後、本人からじきじきに、彼女がビバリーヒルズに借りた家で開くパーティーに招待された。それはハリウッドの水準から言っても贅《ぜい》を極めたパーティーだった。しかも、男性スターが何人もいたにもかかわらず、彼女の関心はほとんどわたしだけに向けられたのである。本気かどうかは別にして、わたしは大いに気分をよくした。そしてここから、わたしたちの風変わりな恋愛関係が始まったのだった。それから何週間にもわたって、ふたりでいるところを人目にさらしたものだから、当然のことに、ゴシップ屋たちの格好の餌《え》食《じき》になり、まもなく「ポーラ、チャーリーと婚約」などという見出しが紙面を飾るようになった。これはポーラをひどく驚かせることになり、彼女は、わたしに何らかの声明を出すように迫った。

「そういうものは女性のほうから出すんじゃないかな」とわたしは答えた。

「じゃあ、なんて言えばいいの？」

わたしは、何も言わずに肩をすくめた。

その翌日、メッセージが届いた。ミス・ネグリはお目にかかれません、という。なんの説明もなかった。だがその晩、彼女のメイドがパニック状態で電話をかけてきて、ポーラ様が重体に陥っているので、すぐに来ていただけないか、と頼んできた。彼女の家に到着すると、涙を浮かべたメイドに応接間に通された。〝ポーラ様〟は目を閉じてソファの上に仰向けに倒れている。彼女は目を開けると、「あなたは残酷な人ね！」とうめいた。こうしてわたしはカサノヴァの役割をさせられたのだった。
一、二日経《た》って、パラマウント・スタジオの支配人チャーリー・ハイトンから電話があった。「君のせいでひどく迷惑してるんだ、チャーリー。それについて話がしたいんだが」
「ああ、かまわんさ。家に来てくれ」とわたしは言った。

こうして彼がやって来た。時刻は真夜中に近かった。ハイトンは、卸売倉庫にでもいたほうがよほど似合っているような、ずんぐりした平凡な男で、座るなり、何の前置きもせずに、いきなりこう切り出した。「チャーリー、新聞を賑《にぎ》わしている噂話に、ポーラがまいっているんだ。声明を出して、噂を止めたらどうなんだい？」

そんなあからさまな言い方をされたわたしは彼をまっすぐ見据えた。

「何を言ってほしいと言うんだね？」

こっけいな大胆さを装《よそお》って、ハイトンは気まずさを隠そうとした。

「君は彼女が好きなんだろ？」

「君には関係ないことだ」わたしは答えた。

「いや、われわれは、あの女に何百万ドルも投資してるんでね！　こんな噂は彼女のためにならないんだ」ここで彼は、ちょっと口をつぐんだ。「チャーリー、もし彼女のことが好きなら、なんで結婚しないんだい？」

そのときは、この信じられない侮辱にユーモアを感じることができなかったので、わたしは思わず言い放った。

「パラマウントの投資を守るだけのために、わたしが誰かと結婚すると思っているなら、お門違いもいいところだ！」

「なら、もう彼女に会わないでくれ」

「それはポーラ次第だね」

そのあとのやりとりは、パラマウント社の株など持っていないから、彼女と結婚すべき理由などない、というわたしの滑稽《こっけい》で素っ気ない一言で終わりになった。こうして、ポーラとは終わりになったわけだが、その終わり方は始まり方と同じくらい唐突だった。彼女は二度と電話をかけてこなかった。

このポーラとの慌《あわ》ただしい付き合いの最中に、ひとりのメキシコ人の少女が忽然《こつぜん》とスタジオに現れた。「チャーリー・チャップリンに会うため」に、メキシコからずっと歩いて来たのだと言う。頭のおかしい変人たちにはいくらも出会ってきていたので、わたしはマネージャーに「やさしく追い返すように」と指示した。

その一件をすっかり忘れていたころ、「ご婦人が玄関口に座り込んでいます」という電話が家からかかってきた。これにはまったくぞっとした。わたしは執事に娘を追い払うように申しつけ、いなくなるまでスタジオで待つと伝えた。すると、一〇分ほどして、娘は去ったと連絡があった。

その晩は、ポーラとドクター・レイノルズ夫妻を招いていたので、わたしはこの一件について彼らに話をした。そして、みんなで玄関を開けて周囲を見回し、娘が戻ってきていないことを確かめた。だがディナーの半ばになって、執事がダイニングルームに真っ青な顔で駆け込んできたのである。「あの娘が二階のあなたのベッドにいます！」夜の支度を整えるためにわたしの部屋に行ったところ、なんと娘がわたしのパジャマを着こんで、ベッドに寝ていたのだという。

わたしは、どうしていいかわからなくなってしまった。するとレイノルズが「ぼくが会おう」と申し出てくれ、席を立って真っ直《す》ぐ二階に向かった。残りのメンバーは、座ったまま、その後の展開を待った。少し経ってから、レイノルズが降りてきた。「じっくり話をしたよ」と彼は言った。「まだ若いきれいな娘《こ》だ。それに、話し方もかなり知的だ。ぼくは、君のベッドで何をしているのか、と訊《き》いてみた。すると〝ミスター・チャップリンに会いたいんです〟と言うじゃないか。

〝君はわかっているのかな〟とぼくは続けた。〝君がとっている行動は精神異常だとみなされて、精神病院に入れられるかもしれないんだよ〟とね。でも、彼女は全然動じなかった。〝わたしは精神異常者じゃありません〟と言うんだ。〝わたしはミスター・チャップリンの芸術を崇拝しています。だから、彼に会うためにメキシコからはるばるやって来たんです〟と。僕は彼女に、パジャマを脱いで着替えたら、すぐに家を出るようにと言った。さもないと警察を呼ぶよ、とね」

「その娘《こ》に会ってみたいわ」とポーラがうきうきして言った。「ここに来るように伝えてくださいな」わたしは躊躇した。誰にとっても気まずくなると思ったからだ。それでも、娘は落ち着き払った物腰で部屋に入って来た。レイノルズは正しかった。若くて魅力的な娘だ。スタジオの外で一日中うろついていたのだと言う。一緒に食事をするように勧めたのだが、コップ一杯の牛乳しか受け取らなかった。

娘がちびちびと牛乳を飲んでいる間に、ポーラが山のような質問をぶつけた。「あなた、ミスター・チャップリンに恋してるの?」(わたしは顔をしかめた)。

娘は笑って言った。「恋なんて!　違います。わたしは崇拝しているだけです。偉大な芸術家ですから」

ポーラは続けた。「じゃあ、わたしの映画、見たことある?」

「ええ、もちろん」娘はあっさり言った。

「それで、どう思った?」

「素晴らしいです――でもあなたはミスター・チャップリンほどの偉大な芸術家じゃありません」

ポーラの表情は見物だった。

娘に、君がとっている行動は誤解を招きかねないと諭してから、メキシコシティに戻る旅費はあるのかと尋ねると、娘は、ちゃんとありますと答えた。そのあとレイノルズがひとしきり助言をし、娘は家から去っていった。

だが翌日の昼間、またもや執事がわたしの部屋に駆け込んできた。例の娘が毒を飲んで、道の真ん中に横たわっているというのだ。ただちにわたしたちは警察を呼び、娘は救急車で病院に運ばれて行った。

翌日の新聞に、病院のベッドに座っている写真付きで彼女の話がでかでかと載った。胃の洗浄を施されたあとに、新聞の取材を受けたのである。娘は、服毒は狂言で、単に注意を惹《ひ》きたかっただけ、そしてチャーリー・チャップリンに恋をしているわけではなく、ただ映画に出たかったからハリウッドにやって来たのだと認めた。

病院から退院した後は福祉連盟に保護され、その事務所からわたしのところに、メキシコシティに送り返す資金援助を依頼する丁重な手紙が届いた。「彼女は無害な娘で、悪意などまったく抱いていません」と書いてあった。そこで、わたしたちは旅費を出して国に帰してやった。

*

いよいよユナイテッド・アーティスツで最初のコメディーを制作する自由を手にしたわたしは、『キッド』の成功を上回る作品を作ろうとやっきになっていた。何週間も構想を得ようと知恵を絞り、あれこれ思案しては苦しんだ。わたしは自分自身に言い聞かせていた。「次の映画は叙事詩的長編作にしなければ！　今までで最高のものに！」と。だが、アイデアは何も浮かんでこなかった。そんな折、フェアバンクス家で週末を過ごしていたある日曜日のことだった。朝食後にダグラスとステレオスコープ（ずれのある二枚の絵を左右の目で別々に見て、三次元的な立体感を生じさせる装置）で写真を見ていたとき、なかに、アラスカとクロンダイク（カナダ北西部の地方。一八九〇年代後半に起きたゴールドラッシュで有名）の写真があった。一枚はチルクート峠のもので、一攫《いっかく》千金を狙《ねら》う採掘者《やまし》の長い列が、凍り付いた山肌を延々と這《は》い上がっている。写真の裏には、峠に至るまでの試練と困難についての説明があった。そのとき、わたしは直観した。これは、わたしの想像力を十分に刺激する素晴らしいテーマだと。たちまちアイデアや喜劇的状況が次々に浮かんできて、まだプロットこそなかったものの、イメージが徐々に形をとってきた。

矛盾するようだが、コメディーの制作では、悲劇がかえって笑いの精神を刺激してくれる。おそらく、笑い飛ばすという行為が反逆精神を示すからだろう。自然の威力に直面して無力感に襲われたときには、笑い飛ばすしかないのだ――でなければ、きっと気がおかしくなってしまうに違いない。わたしは、西部開拓民のドナー隊についで書かれた本を読んだことがある。一行はカリフォルニアに向かう途中で道に迷い、シエラネヴァダ山中で雪に閉ざされてしまったのだ。一六〇人いた開拓民のうち、生き残ったのはたった一八人。死者のほとんどは飢えと寒さで落命した。あげくの果てに、死んだ仲間の肉を食べた者も、鹿革《しかがわ》の靴を焼いて食べた者もいたという。この痛ましい悲劇から、わたしは自分のアイデアのなかでも、もっともおかしいシーンを考えついた。飢えに耐えかねて自分の靴を茹《ゆ》でて食べるシーンで、まるでおいしい雄鶏から骨を外すように靴底の釘《くぎ》を外し、靴紐《くつひも》をスパゲティでもあるかのように食べるのだ。他方、相棒の目には、この飢えによる錯乱状態のなかでわたしが鶏に見えはじめ、食べようとして襲ってくる。

わたしは六カ月間にわたって、一連のコメディー・シークエンスを考え出し、脚本なしに撮影を始めた。話の筋は、お決まりのコメディー・アクションとその運びのなかで自然に生まれてくると思ったからだ。もちろん、そのために何度も袋小路に入り込み、多くの面白いシークエンスを無駄にすることにもなった。そのひとつが、エスキモー娘とのラブシーンで、娘が浮浪者に、鼻をこすり合わせるエスキモー式キスのやり方を教えるというものだ。金鉱探しに出発する際、彼は別れの挨拶として、情熱的に彼女と鼻をこすり合わせる。さらに、去りながら振り返って、中指で鼻をこすり〝投げキッス〟をする。だがそのあと、こっそり指をズボンで拭《ぬぐ》うのだ。軽い鼻風邪にかかっていたから。このエスキモー娘との一件は、より重要なダンスホールの娘の話と矛盾するため、カットせざるをえなかった。

この『黄金狂時代』の制作中、わたしは二度目の結婚をした。この妻との間には、今や大人になっている大好きな息子がふたりいるので、ここでこの結婚について詳しく綴《つづ》ることは避けたい。二年間結婚生活を送り、幸せな家庭を築こうと努力したのだが、それも空《むな》しく、苦々しい結末を迎えることになったのだった。

『黄金狂時代』はニューヨークのストランド・シアターで封切られ、わたしは初日のプレミア上映会に出席した。映画の冒頭、つまりクマに後をつけられているのも知らず無頓着《むとんちゃく》に断崖《だんがい》の裾《すそ》を回るわたしの姿が映し出されると、観客は歓喜の声を上げて拍手喝采《かっさい》した。笑いは映画が終わるまで続き、ときどき拍手の嵐《あらし》も起こった。あとで、ユナイテッド・アーティスツ社の営業部長だったハイラム・エイブラムズがやって来て、わたしを抱きしめた。「チャーリー、少なくとも六〇〇万ドルの興行収入にはなるぞ。保証する」――それは現実になったのだった。

このプレミア上映会のあと、わたしは倒れてしまった。リッツ・ホテルに泊まっていたのだが、呼吸ができなかったので、夢中で友人に電話した。「死にかけてる」とわたしは息も絶え絶えに伝えた。「弁護士を呼んでくれ！」

「弁護士？　必要なのは医者だろ」と相手は、緊張しながら言った。

「いや、違う、弁護士を頼む。遺書を作りたいんだ」

ショックで危機感を募らせた友人は、弁護士と医師の両方に連絡した。だが、わたしの弁護士はたまたまヨーロッパに出かけて留守にしていたので、結局、来たのは医師だけだった。

通り一遍の診察のあと、医師の見立ては、悪いところはどこもなく、発作的に神経過敏になっただけだ、というものだった。「暑さのせいでしょう」と医師は言った。「ニューヨークを離れて海に行かれるといい。そこで海の風でも吸って、静かに静養なさることですな」

三〇分もしないうちに、わたしは車に押し込まれて、ブライトン・ビーチに向かっていた。その道中、理由もなく涙が出てきた。海辺のホテルに着くと、海に面した上等な部屋をとり、窓際《まどぎわ》に座って、海の風を胸深く吸い込んだ。だが、ホテルの外に群衆が集まりだし、「ハイ、チャーリー！」とか「すごいぞ、チャーリー！」などと言う声が聞こえてきた。そんなわけで窓から離れて、身を隠さなければならなくなってしまった。

と、突然、犬の吠《ほ》えるような声がした。溺《おぼ》れかけた男の叫びだ。水難救助員が男を救い出し、わたしの窓のすぐ前に連れてきて応急処置を施したが、すでに手遅れで、男は死んだ。救急車が男を運んでいったすぐあと、また吠え声がした。結局、三人陸に引き上げられることになったのだが、あとのふたりは運よく息を吹き返した。だが、おかげでわたしは、そこに到着したときよりももっとひどい気分に陥り、早々にニューヨークに引き返すことになった。それでも二日後には、カリフォルニアに戻れるぐらいの元気は取り戻していた。

第二〇章

ビバリーヒルズに戻ったわたしは、友人から、家にガートルード・スタイン（アメリカの著作家・詩人・美術収集家。一八七四〜一九四六）が来るので、あなたもいらしたら、と誘いを受けた。その家に着いたとき、ミス・スタインは応接間の中央にある椅子《いす》に座っていた。レースの襟のついた褐色の服をまとい、両手を膝《ひざ》に揃《そろ》えて置いている。なぜか彼女は、ファン・ゴッホが描いた郵便配達夫ルーランのおかみさんみたいに見えた。ルーラン夫人が赤毛を頭の上でまとめているところ、ガートルードが茶色の髪を短いボブカットにしていた点は違ったが。

招かれた客たちは彼女を囲み、敬意を示して少し離れて立っていた。彼女の〝女《にょ》官《かん》〟がご主人様に何か囁《ささや》いたあと、わたしのところにやって来て言った。「ミス・ガートルード・スタインがお会いしたいとおっしゃっています」わたしはすぐ前に進み出た。もっとも、次々と客が到着して紹介されるのを待っていたので、そのときにはゆっくり話す余裕がなかった。

だが、昼食をとるときになって女主人がわたしを彼女の隣に座らせたので、何とはなしに、芸術に関する話をすることになった。確かそれは、わたしがダイニングルームの窓から見える景色を褒めたことがきっかけだったと思う。だが、彼女は景色にはほとんど興味を示さなかった。「自然は」と彼女は言った。「平凡よ。模倣のほうがもっと面白いわ」彼女はこの説を敷衍《ふえん》し、模造大理石は本物よりももっと美しく見えるし、ターナーの描いた日没は、どんな本物の空より美しい、と言った。こうした意見は、やや亜流に思われたが、ともかく礼儀正しく同意はしておいた。

彼女は映画のプロットについても持論を垂れた。「あまりにも使い古され、複雑で、不自然なものばかりね」そしてわたしに、こんな映画を作ったらどうか、と勧めた。つまり、わたしが道を歩いていて角を曲がる。そしてまた角を曲がる。そのあとまた角を曲がるのだそうだ。これじゃまるで彼女のあの不可解な強調法「薔薇《ばら》は薔薇であり薔薇である」と同じじゃないか、と言いそうになったが、本能的に口をつぐんだ。

食卓には見事なベルギー・レースのテーブルクロスがかけてあり、客は口々にその美しさを褒めそやした。談笑の間に、とても軽い漆器のカップでコーヒーが供された。ところが、わたしのカップは袖《そで》のすぐ横に置かれたので、手を少し動かしたはずみに、中身をテーブルクロスの上にこぼしてしまったのである。そのときの恥ずかしさといったらなかった！　あわてふためいて女主人に詫《わ》びていると、今度はガートルードがまったく同じことをしてコーヒーをこぼした。わたしは内心ほっとした。決まり悪さをひとりで耐えなくてすむと思ったからだ。だがガートルードは、たじろぎもせず、こんなことを言ったのである。「ご心配なく。服にはかかっていませんから」
ジョン・メイスフィールド（イギリスの詩人。一九三〇年以降、桂冠詩人になった。一八七八〜一九六七）もスタジオを訪れた。ハンサムで長身の穏やかな男で、心根の優しい、理解力のある人物だった。だがなぜか、そういうところに、わたしは気後れしてしまった。それでも、運よく彼の物語詩『バイ・ストリートの未亡人』を読んだばかりで感銘を受けていたので、沈黙に陥ることは避けられ、その詩のなかのもっとも気に入っていたところを暗唱して聞かせることができた。

刑務所の門の外に、ひと群の人たちがいた
死刑執行の鐘を聞くために
空っぽの人たちがいつもそうするように
他人の地獄という刺激的なスリルを待っていたのだ

左からウィリアム・ランドルフ・ハースト、チャップリン、バーナード・ショー、マリオン・デイヴィス、ひとりおいてクラーク・ゲーブル。

＊

『黄金狂時代』の制作中、エリノア・グリンから電話がかかってきた。「ねえチャーリー、マリオン・デイヴィス（アメリカの映画女優。ウィリアム・ランドルフ・ハーストの愛人として有名。一八九七〜一九六一）に会わなくちゃだめよ。彼女、ほんとうに可愛いの。あなたに会えたら大喜びするわ。だから、わたしたちとアンバサダーホテルでお食事をして、そのあとパサデナに行って、あなたの映画『のらくら』を一緒に観《み》ることにしない？」

マリオンには一度もじかに会ったことがなかったのだが、その異様な宣伝にはしょっちゅう出くわしていた。あらゆるハースト系の新聞や雑誌が彼女のことを書き立てていて、そんなものを見た日には、ヘドが出そうになる《アド・ノージウム》ほど辟易《へきえき》した。宣伝はあまりにもあからさまだったので、マリオン・デイヴィスという名前は、格好の冷やかしの的になっていた。ロサンゼルスの街の灯がまたたく光景を見たベアトリス・リリー（アメリカの女優。一八九四～一九八九）は、こう言ったという。「素晴らしいわね。きっとあとで、みんなひとつにまとまって、〝マリオン・デイヴィス〟っていう文字になるんでしょうね！」マリオンの巨大な写真を目にすることなくハースト系の雑誌や新聞を開くのは不可能だった。だが、むしろこうしたことが、人々を彼女の映画から遠ざける原因になっていたのである。

しかしある晩、フェアバンクス家でマリオン・デイヴィスの映画『武士道華やかなりし頃（When Knighthood Was in Flower）』（一九二二年公開）を観たとき、意外にも、彼女は魅力と訴求力を備えた立派な喜劇女優であることがわかった。ハーストの台風のような宣伝攻勢がなくても、きっと自力でスターになっていただろう。エリノア・グリンの夕食会で実際に会ったマリオンは純朴で魅力的な女性で、それ以来わたしたちはとても親しい間柄になったのだった。

ハーストとマリオンの関係はアメリカでは伝説になっている。むしろ、世界的な伝説と言ってもいいだろう。その関係は三〇年を超え、彼の死まで続いた。

もしわたしに強い印象を残した人物は誰か、と訊《き》かれたら、それは故ウィリアム・

ランドルフ・ハースト（アメリカの新聞経営者。メディア複合企業、ハースト・コーポレーションの創業者。一八六三〜一九五一）だ、と答えると思う。ただし、その印象は常に好ましいものではなかったと付け加えなければならない——もちろん、立派な特質も備えてはいたが。わたしが魅了されたのは、その謎《なぞ》めいて複雑な性格だった。少年のように子供っぽいと思えば抜け目なく、親切だと思えば冷酷なところがあり、巨大な権力と資産を持っていながら、なんといっても、心底てらわない人物だった。世俗的な点について言えば、彼はわたしが知る限り最高の自由人だった。彼が築いた企業帝国は途方もない規模で、その内容も、何百種類もの出版物、ニューヨークの莫大《ばくだい》な不動産、鉱山、そしてメキシコにある厖大《ぼうだい》な地所など、広範囲に及んでいた。彼の秘書がわたしに漏らしたところによると、ハーストの事業資産は四億ドルを下らないということだった——当時としては驚くべき額である。

ハーストの評判は毀誉褒貶相半《きよほうへんあいなか》ばしている。ある者は、彼のことを誠実なアメリカの愛国者だったと言い、またある者は、新聞の発行部数と財産を増やすことしか頭にない日和見《ひよりみ》主義者だったと言う。だが若い頃の彼は、冒険心に富むリベラルな人物だった。さらに、親の莫大な財産を常に使うことができた。こんな話がある。投資家のラッセル・セイジが彼の母親、フィービー・ハーストに五番街で会ったときのことだ。セイジが「息子さんがウォール街の攻撃を止《や》めなければ、彼の新聞は年間一〇〇万ドルの損失を被《こうむ》りますぞ」と言ったところ、「その程度のことなら、セイジさん、彼はあと八〇年間、事業を続けられますよ」と母親は答えたという。

初めてハーストに会ったとき、わたしはちょっとしたヘマ《フォウ・パー》をやらかしてしまった。『ヴァラエティ』誌の編集者兼発行者だったサイム・シルヴァーマンが、リバーサイド・ドライブにあるハーストのアパートメントで開かれた昼食会に連れて行ってくれたときのことだ。そこは、型通りの金持ちの家で、つくりはメゾネットになっており、貴重な絵画、高い天井、マホガニーの羽目板、そして陶器を飾った作り付けのケースなどに満ちていた。ハースト家の面々への紹介が済むと、昼食が始まった。

ハースト夫人（ミリセント・ハースト。元ショーガール。二二歳で二〇歳近く年上のハーストと結婚し五人の子をもうけた。一八八二〜一九七四）は、親切で打ち解けた雰囲気の魅力的な女性だった。一方ハーストは、目を大きく見開いたまま、何も言わず、わたしが話すままにさせた。

「ハーストさん、初めてあなたをお見かけしたのは、ボザール・レストランでご婦人ふたりとご一緒のときでした。わたしの友人が、あなただと教えてくれたのです」

テーブルの下で、誰かがわたしの足を踏んだ。サイム・シルヴァーマンに違いない。

「ほお！」とハーストがユーモラスな顔つきで言った。

わたしは言い淀《よど》んでしまった。「その、もしあなたでなかったとしたら、とても似ている人でした――もちろん、わたしの友人もあなただという確証はなかったのですが」おめでたくも、わたしはそう続けた。

「ああ」とハーストはいたずらっぽく目を輝かせて言った。「影武者がいるのは、とても便利なものでね」

「そうですね」とわたしは、やや大きすぎる笑い声を上げた。

ハースト夫人がその場を救ってくれた。「そうね」と彼女はユーモラスに強調した。「ほんとうに、とても便利だわ」

とはいえ、この話題は立ち消えになり、昼食会はとてもうまくいったと思えた。

マリオン・デイヴィスは、ハーストのコスモポリタン・プロダクションズのスター女優としてハリウッドにやって来た。彼女はビバリーヒルズに邸宅を借り、ハーストは全長八五メートルもあるクルーザーをパナマ運河経由でカリフォルニアの海に持ち込んだ。以来、ハリウッドの映画界は『千夜一夜』の時代をたっぷり楽しませてもらうことになる。週に二、三度、マリオンは、俳優、女優、上院議員、ポロ選手、コーラス・ボーイ、外国の著名人、おまけにハーストの企業幹部や編集スタッフという雑多な顔ぶれからなる一〇〇人以上の客を呼んで、途方もない大ディナー・パーティーを開いた。それは緊張感と軽率さの入り混じった奇妙なパーティーだった。というのも、絶対権力を握るハーストの移り気な気分は予測不能だったからだ。彼の気分は、その晩のパーティーがうまくいくか否《いな》かのバロメーターだった。

マリオンが、借りていた邸宅で開いたある晩餐会《ばんさんかい》での一件は、今もって記憶に残っている。五〇人ばかりの客が立つなか、ハーストは背もたれの高い椅子に座り、編集スタッフに囲まれて不機嫌な顔つきをしていた。一方、マリオンのほうはレカミエ夫人（一九世紀フランスの文学・政治サロンの花形で、ジャック＝ルイ・ダヴィッド作のギリシア風衣装で長椅子に横たわる肖像画が有名）ばりのドレスをまとって長椅子に横たわり、輝くように美しい姿をさらしている。しかし彼女は、ハーストが仕事の話をしつづけるのを見て、だんだん無口になっていった。と、突然マリオンが憤然として叫んだ。「ちょっと《ヘィ》、あんた《ユー》！」

ハーストが顔を上げた。「ぼくのことかね？」

「そうよ、あんたのことよ！　こっちに来て！」マリオンは、大きな青い瞳《ひとみ》で彼を見据えながら言った。彼のスタッフは後ずさりし、部屋はしーんと静まりかえって緊張が走った。

スフィンクスのように座りつづけるハーストの目が細まり、しかめ面《つら》がいっそう陰険になった。唇は一文字に結ばれ、その指が王座のような椅子の肘掛《ひじか》けを神経質に叩《たた》いている。怒りを爆発させるべきかどうか迷っているのだ。わたしは帽子に手を伸ばして、その場を去りたくなった。だが彼は突然立ち上がると「ああ、行かねばならぬようだな」と言って、足を引きずりながら、間抜けのように彼女のところに歩いて行った。「で、お姫様は何を御所望でござるかな?」

「仕事の話は会社でやってちょうだい」マリオンは見下すように言った。「わたしの家では許さないわ。お客様たちは飲み物を待ってらっしゃるのよ。だから、急いでとってきてあげて」

「はい、はい」と彼は言って、ひょうきんによろめきながら厨房《ちゅうぼう》に消え、みな安堵《あんど》の笑みを浮かべたのだった。

あるとき、急な用事で、ロサンゼルスからニューヨークに列車で向かっていたとき、ハーストからメキシコに一緒に行かないかという誘いの電報を受け取った。わたしは、会議でニューヨークに行くところなので残念だが無理だ、と返電した。ところが、カンザスシティで、ハーストが寄越した使者がふたり待ち受けていた。「あなたを列車から降ろすためにまいりました」と笑みを浮かべて言う。そして、ミスター・ハーストはニューヨークにいるご自分の弁護士を、あなたさまの代わりにすべての会議に出席させるとおっしゃっています、と告げた。それでも、わたしはメキシコに行くことはできなかった。

わたしはハーストほど軽やかに散財する人物に会ったことがない。ロックフェラーは散財に対して罪悪感を抱いていたし、ピアポント・モーガンは、財の威力を存分に知って活用していた。だが、ハーストは何百万ドルもの金を、まるで毎週の小遣いでもあるかのように気兼ねなく浪費したのだった。

ハーストがマリオンに贈ったサンタモニカのビーチハウスは、文字通り砂の上に築かれた楼閣だった。それはイタリアから職人を連れて来て建てさせた七〇部屋もあるジョージ王朝風の建築物で、側面の長さは九〇メートル、三階建て、金箔《きんぱく》張りの舞踏室とダイニングルームも備わっていた。ジョシュア・レイノルズ（イギリスの肖像画家。一七二三〜一七九二）やトマス・ローレンス（イギリスの画家。一七六九〜一八三〇）といった有名画家の絵もあちこちに飾られていた――一部は贋作《がんさく》だったが。広々としたオーク張りの図書室では、ボタンを押すと床の一部がせり出してきて、映画のスクリーンになった。

　このマリオン邸のダイニングルームは、ゆうに五〇人の客をもてなすことができる広さがあった。また、いくつもある贅沢《ぜいたく》なスイートルームには、少なくとも二〇人の客を泊めることができた。一画が海に面している囲まれた庭には、イタリアの大理石を使った三〇メートル長のプールがあり、その中央に、大理石で造られたヴェニス風の橋がかかっていた。プールの隣には、バーと小型のダンスフロアからなる建物もあった。

サンタモニカ当局は、小型軍用船やレジャー用の小型船舶のための港を造りたがっていて、『ロサンゼルス・タイムズ』紙がそのプロジェクトを推していた。わたしも小型のキャビン・クルーザーを所有していたので、歓迎すべき計画だと思い、ある日、朝食の席でハーストにそう言ってみた。するとハーストは腹立たしげに「そんなものができたら、この一帯が堕落する。まるで売春宿みたいに水兵どもに窓からのぞき込まれることになるんだぞ！」と答えた。その後、この件が話題にのぼることは二度となかった。

ハーストは驚くほど自然体の人物だった。興が向いたときには、人がどう思おうが気にせずに、お気に入りのチャールストン・ダンスをほほえましい不器用さで踊って見せた。まったく気取ったところがなく、自分の興味だけに駆られて行動した。凡庸な男に思えたが――そしておそらくそれは真実だったが――それを隠すようなことも一切しなかった。ハーストの署名が入った毎日の社説は、実際にはアーサー・ブリズベイン（二〇世紀アメリカのもっとも有名な新聞編集者のひとり。一八六四〜一九三六）が書いていたと思った人は少なくない。だが、わたしはブリズベイン本人の口から、ハーストはアメリカでもっとも優秀な社説執筆者だと聞かされたのだった。

ハーストはときおり、驚くほど子供じみたそぶりを見せて、簡単にへそを曲げることがあった。ある晩、シャレードをやろうとして、組分けをしていたときのことを思い出す。ハーストは、のけ者にされていると文句を言いはじめた。「それなら、ぼくらふたりでやりましょうよ。〝薬箱《ピル・ボックス》〟という言葉にして、ぼくが〝箱《ボックス》〟をやるから、あなたは〝薬《ピル》〟をやったらいい」とジャック・ギルバートがひょうきんに言った。だが、WR（ウィリアム・ランドルフの略。ハーストの愛称）はからかわれているものと勘違いした。声がわなわなと震え出し「君らの古臭いシャレードなんかやりたくない」と言い放つと、バタンとドアを閉めて部屋から出て行ってしまった。

サンシメオンにあったハーストの一六〇〇〇平方キロの大牧場は、太平洋に沿って五〇キロ近くも伸びていた。居住用の建物は海から六キロ半ほど引っ込んだところにあり、海抜一五〇メートルの台地に聳《そび》え立つその姿は、まさに要塞《ようさい》だった。その中心となる城《シャトー》は、はるばるヨーロッパから運んできた複数の城を組み合わせて建てたもので、正面はフランスのランス・ノートルダム大聖堂と巨大なスイスの山小屋《シャレー》を足して二で割ったような外観である。その城を前衛のように取り囲んで台地の裾野《すその》に建っているのは、五棟のイタリア風別荘で、それぞれ六人の客を泊めることができた。別荘の家具調度類はみなイタリア様式で整えられ、バロック風の天井からは、熾《し》天使《てんし》と智《ち》天使《てんし》の彫刻が見る者に微笑《ほほえ》みかけた。中央の城にも、さらに三〇人の客を泊められる部屋があった。大広間は縦二七メートル、横一五メートルもあり、真贋さまざまのゴブラン織りのタペストリーが壁から下がっていた。しかし、その貴族的な造りにもかかわらず、部屋の両端には、バックギャモン用の卓やピンポールの台がいくつも置かれているという具合だった。ダイニングルームはロンドンのウェストミンスター寺院の身廊《しんろう》の小型レプリカで、八〇人の客を楽に収容することができた。使用人は六〇人もいた。

城から声が届く距離には私設動物園があり、ライオンやトラをはじめ、クマ、オランウータンなどの類人猿、鳥、爬虫《はちゅう》類などが飼われていた。門衛の小屋から城までは八キロの道のりで、「動物優先」という掲示板がそこここに立っていた。つがいのダチョウが道をどいてくれる気になるまで、人間たちは車の中でじっと待つのだ。雌羊、シカ、ヘラジカ、バッファローも群をなして敷地内を歩き回り、人の通行を妨げていた。

客は鉄道駅で車に迎えられた。飛行機で来る客には、自家用滑走路まで用意してあった。食事のタイミングを外してやってきたときには、客室に案内されたあと、ディナーは八時から、その前に七時半からメインホールでカクテルがふるまわれると伝えられる。

お楽しみには、水泳、乗馬、テニス、あらゆる種類のゲームが用意されていた。もちろん、動物園詣《もう》でもそのひとつである。ハーストは夕方六時になるまでは、カクテルを出さないという厳格なルールを敷いていたが、マリオンはいつも自分の部屋に友人たちを呼んでは、こっそりふるまっていた。

ディナーにはまさに贅が尽くされた。そのメニューは、あのカール大帝（フランク王国の国王。焼いた肉が好きだったと伝えられている。七四二～八一四）の饗宴《きょうえん》にも匹敵したであろうと思われる内容で、キジ、野生のカモ、ヤマウズラ、シカなど四季おりおりの旬の肉が供された。だが、こんな贅沢にもかかわらず、ナプキンは紙製のものしか使わなかった。布製のナプキンが使われるのは、ハースト夫人が城に滞在しているときだけだったのである。

そのハースト夫人は毎年一度サンシメオンにやってきた。だが、面倒が起きるようなことは一切なかった。マリオンとハースト夫人は、平和的に共存することを了解し合っていたからだ。ハースト夫人の到着時期が近づくと、マリオンとわたしたち取り巻きは目立たないように城を後にするか、マリオンのサンタモニカのビーチハウスに戻った。ハースト夫人、つまりミリセント・ハーストとわたしは一九一六年に出会って以来の仲の良い友人で、とても親しい間柄だった。そんなわけで、いわばわたしは、サンシメオン、サンタモニカ両方に自由に出入りできるビザを手にしていたわけである。ミリセントがサンシメオンの城でサンフランシスコ社交界の友人たちとくつろぐときは、いつもわたしを週末に招いてくれ、わたしは、そこに行くのはそのシーズン初めて、といった顔をして出かけて行った。だがミリセントは幻想に惑わされていたわけではない。自分が城を訪れる直前の集団脱出《エクソダス》に気づかないふりはしていたものの、ちゃんとユーモアのセンスをもって事情を心得ていた。「マリオンじゃなければ、別のだれかが代りを務めるだけだわ」と彼女はわたしに言った。ミリセントはよく、マリオンとハーストの関係について、わたしに内明け話をしたが、決して恨みがましいことは言わなかった。「あの人、今でも、わたしたちの関係がまったく変わってないようなふりをしてるのよ。まるでマリオンなんかいないみたいに」と彼女は言った。「わたしがやって来ると、いつも優しくてチャーミングに接してくれるの。でも二、三時間以上留まることは、まずないわ。いつもおんなじことが起きるの。ディナーの最中に、執事がメモを持ってくる。すると、あの人は、何か言い訳をしてテーブルを離れる。戻ってくると、おずおずと言い出すのよ。緊急の用事で、すぐにロサンゼルスに行かなきゃならなくなったってね。そしてわたしたちみんな、そんな言い訳を信じるふりをするわけ。だけどもちろん、みんな先刻ご承知だわ。マリオンのところに行くんだってことは」

ある晩、ディナーのあとで、わたしはミリセントと敷地内を散歩した。城は月明かりに満たされ、七つの丘を背景に、この世のものとは思えぬ幽玄な姿を見せていた。澄み切った夜空には、星が刺すようにまたたいている。わたしたちはしばらく足を止めて、眼下に広がる雄大な美しさに見とれた。動物園のほうからは、ときおりライオンがうなる声と、ひっきりなしに続く巨大なオランウータンの叫び声が、丘の頂にこだまして跳ね返ってきた。その薄気味悪い声にはぞっとさせられた。毎日、日没になると、オランウータンは叫び始めた。最初は静かに、だがだんだん恐ろしい叫び声になっていって、それが真夜中まで続くのである。

「あのみじめな動物は狂ってるんじゃないかね」とわたしは言った。

「狂ってるのは、ここ全体よ。あれを見てごらんなさいよ！」とミリセントは城を指して言った。「まさに、狂王オットー（バイエルン国王オットー一世。在位一八八六〜一九一三）の創造物だわ……。だけどあの人は、もっともっと増築を続けるつもりよ。死ぬ日が来るまでね。でも、そのときがきたら、何の役に立つっていうの？　このまま維持できる人なんて誰もいないわ。ホテルにも使えないし、州に寄付するにしても、何かに利用できるとはとても思えない——大学にだって使えないし」

ミリセントはいつもハーストのことを母親のような口調で語った。きっと、まだ彼を愛していたからではないかと思う。彼女は親切で理解力のある女性だったが、のちにわたしが政治的な厄介者になってからは、冷たく接するようになった。

＊

ある週末の晩にサンシメオンに着くと、興奮しておののくマリオンに迎えられた。客のひとりが、敷地内を歩いていたときにカミソリで襲われたのだと言う。マリオンは興奮すると、いつもどもる癖があり、それはいわば〝囚《とら》われの姫君〟的な風情《ふぜい》を醸《かも》し出して、彼女をいっそう魅力的に見せた。「だ、だ、誰がやったのか、まだわからないの」と彼女は小声で言った。「でも、ＷＲが何人も探偵を呼んで、敷地内を調べさせてるわ。ほかのお客さんには内緒にしてるの。襲ったのはフィリピン人だって思ってる人がいるから、ＷＲは、ちゃんと調べがつくまで、フィリピン人を全員追い出しちゃったのよ」

「襲われたのは誰なんだい？」わたしは訊いた。

「ディナーのときに会えるわ」とマリオンは答えた。

ディナーの席で、わたしは顔を包帯でぐるぐる巻きにした若者の反対側に座った。包帯の隙間《すきま》から見えるのは、きらきら輝く目と真っ白な歯だけ。その歯は始終浮かべる笑みによって、常にむき出しになっていた。

マリオンがテーブルの下でわたしを小突き、「あの人よ」と囁いた。その若者は、襲われたわりには気にしていないようで、旺盛《おうせい》な食欲を見せていた。襲撃の一件を訊かれたときも、ただ肩をすくめて、にやにや笑うだけだった。

ディナーのあと、マリオンが襲撃の起きた場所にわたしを連れて行った。「あの像の後ろよ」と彼女は言って、『サモトラケのニケ』（紀元前一九〇年ごろに作られ、ギリシアのサモトラケ島で発見された勝利の女神ニケの彫像）のレプリカを指さした。「ほら、血のあとがある」

「あの像のうしろで、いったい何をしてたのかね？」とわたしは訊いた。

「は、は、犯人から、に、に、逃げようとしてたのよ」と彼女は答えた。

ふいに、夜の闇《やみ》の中から、あの客がまた現れた。わたしたちの横をすれ違ったとき、顔から血をしたたらせているのが見えた。マリオンは叫び声をあげ、わたしも一メートル近く跳び上がった。あっという間に二〇人の男がどこからともなく現れて若者を取り囲んだ。「またやられた」と若者はうめき、ふたりの探偵の腕に抱えられて、話を訊くために自分の部屋に運ばれていった。マリオンも姿を消したが、一時間ほど経《た》って、メインホールにいるところを見つけた。「どうなってるのかい？」とわたしは尋ねた。

マリオンは怪訝《けげん》そうな顔つきで答えた。「あの人たち、彼が自分でやったって言ってるのよ。頭が変になってて、人目を惹《ひ》きたかっただけなんですって」結局、それ以上の捜査は行われず、変人はその夜のうちに丘から追い出され、気の毒なフィリピン人たちは、翌朝仕事に戻れることになったのだった。

サー・トマス・リプトン（紅茶ブランド「リプトン」の創業者。アイルランド移民の両親のもとにスコットランドで育った。一八四八〜一九三一）は、サンシメオンとマリオンのビーチハウス双方の客で、チャーミングなアイルランド訛《なま》りで話す愉快でおしゃべりな老スコットランド人だった。彼は延々と昔話を繰り広げた。「チャーリー、君はアメリカに来て成功したんだよな——わしも同じだ。最初は家畜運搬船に乗ってやって来たんだが、そのとき、こう決心したんだ。〝次に来るときは、自家用ヨットで来るぞ〟ってな。そして、その通りになった」彼は、リプトン紅茶の事業でだまされて金を横取りされていると不満をもらした。わたしは、駐スペイン大使のアレグザンダー・ムーアとサー・トマス・リプトンと、よくロサンゼルスで食事をしたが、そんなとき、アレックスとサー・トマスは、いつも昔話に花を咲かせるのだった。ふたりは自分を偉く見せるために、まるでタバコの吸い殻を捨《ドロップ》てるみたいに、王族の名前を引き合いに出した《ドロップ》。おかげで、ふたりの話を聞いていると、王族という人種は、気の利《き》いた警句しか口にしないのではないかと思えてきた。

　そのころわたしは、ハーストとマリオンに頻繁に会っていた。彼らの途方もない贅沢な暮らしが楽しかったし、ダグラスとメアリーがヨーロッパに行って留守だったせいもある。マリオンのビーチハウスに自由に来ていいと言われていたので週末によくその機会を利用させてもらった。ある朝、他の客もいた朝食の席で、マリオンが自分の脚本について助言してくれと頼んできた。だが、ハーストは、わたしの意見が気に入らなかったようだ。話のテーマはフェミニズムで、わたしは、女性が男性を選ぶのであって、男性はそれについては、なすすべがない、と言ったのである。

　ハーストはそうは思わなかった。「いや、違うな。選ぶのは、必ず男のほうだ」

「僕らは、そう信じ込んでいるだけだよ」とわたしは答えた。「でも、かわいい乙女がその指で君を指して言うんだ。〝わたし、あの人にするわ〟ってね。それで君は、ちゃっかりつかまってしまう、というわけさ」

「君は完全に間違っている」とハーストは自信たっぷりに言った。

「だが問題は」とわたしは続けた。「彼女たちはとても巧妙にこのテクニックを使うから、ぼくらは自分が選んでいると思い込んでしまうんだ」

ふいにハーストが手の平でテーブルをドンと叩いた。皿やカップが飛び跳ねた。「ぼくが白だと言っているのに、君はいつも黒だと言い張る！」彼は叫んでいた。

わたしの顔は青ざめたに違いない。ちょうど執事がコーヒーを持ってきたところだったので、わたしは彼を見て言った。「誰かに荷物をまとめさせて、タクシーを呼んでくれないか？」と。そして黙って席を立って舞踏室に行き、怒りで身体《からだ》を反らして歩き回った。すぐにマリオンがあとを追いかけてきた。「何があったの、チャーリー？」

わたしの声は震えていた。「あんな風にぼくを怒鳴りつけるなんて、まったくもって許せない。いったい自分を何様だと思ってるんだ？　ネロだとでも？　ナポレオンだとでも？」

マリオンは何も言わずに向きを変えると、急いで舞踏室を出て行った。次の瞬間、ハーストが現れた。何事もなかったようなふりをしている。

「どうしたんだ、チャーリー？」

「ぼくは怒鳴られることに慣れていないんでね。とりわけ客人として来ているようなときには。だからおいとまするよ。ぼくは――」声が喉《のど》にひっかかり、言い終えることができなかった。

ハーストは一瞬考え込んだあと、同じように床を歩き回りはじめた。そして「話し合おう」と言った。その声も震えていた。

わたしは彼のあとについて、ホールの奥に行った。そこには二人掛けのアンティークのチッペンデール・チェア（一八世紀イギリスの家具職人チッペンデールが広めた様式の椅子）があった。身長が一九三センチもあり、恰幅《かっぷく》もいいハーストがその椅子に座ったあと、隣に座るようにと、空いているスペースを指さした。「座ってくれ、チャーリー。話し合おうじゃないか」わたしはやっとのことで横に座ったが、ひどく窮屈だった。ハーストが黙って手を差し出した。わたしは、椅子にはまって動くことができなかったのだが、なんとかその手を握った。すると彼が弁解しはじめた。声はまだ震えている。「実はな、チャーリー。マリオンにはあの脚本をやってほしくないんだ――だが、彼女は君の意見を尊重している。だから、君がそれを認めるようなことを言ったら――そうなんだ、それがおそらく、君にちょっと腹を立てた理由だったんだと思う」

わたしのわだかまりは瞬時に解け、自分こそ悪かったと、今度は彼をなだめる側に回った。仲直りの印として、わたしたちはまた握手をしたあと、立ち上がろうとした。が、すっかり体がはまってしまい、動こうとするたびに椅子が不気味な音を立てる。ふたりで何度かもぞもぞ動いた後、ようやく立ち上がることができ、椅子も壊れずにすんだ。

どうやら、こういうことだったらしい。マリオンはわたしのもとを去ったあと、真っ直《す》ぐハーストのところに行って彼の無礼をとがめ、わたしに謝るように言ったのだ。マリオンは物を言うべき時期と黙っているべき時期を、ちゃんとわきまえていた。

「あの人の機嫌が悪いときには」とマリオンは言った。「嵐《あらし》が、か、か、雷みたいに襲ってくるのよ」

マリオンは陽気で魅力的な人物だった。そして、ハーストが仕事でニューヨークに出かけたときには、ビバリーヒルズの家（これはビーチハウスが建てられる前のことだ）に友人全員を集めて、明け方までパーティー三昧《ざんまい》にふけり、シャレードで遊んだものだった。すると、今度はルドルフ・ヴァレンティノが返礼に自宅でパーティーを開き、わたしも自宅で同じことをする。ときには、乗合バスを借り切って食糧を積み込み、手風琴演奏者《コンサーティーナ》を雇って、一〇人から二〇人ぐらいのグループでマリブビーチへ繰り出すこともあった。そうしてたき火を焚《た》いたり、真夜中のピクニックをしたり、トウゴロイワシを釣ったりして楽しんだのだった。

そんなときには、ハースト系新聞のコラムニストであるルエラ・パーソンズ（「若き日々」にも登場。一八八一～一九七二）もハリー・クロッカーに付き添われて必ず同行した。ちなみにクロッカーは、やがてわたしの助監督のひとりになる。こうした遠出のあとには、家に帰りつくのが決まって明け方の四時か五時ごろになった。マリオンはルエラによくこう言ったものである。「もしWRが知ったら、わたしたちのだれかが首になるわね。でも、そ、そ、それはわたしじゃないわよ」

マリオン邸での陽気なディナー・パーティーの最中、ハーストがニューヨークから電話してきた。マリオンは電話のところから、大いに腹を立てて戻ってきた。「ねえ、信じられる？」と彼女は怒って言った。「WRったら、わたしを尾行してたのよ！」

ハーストは電話口で、彼が出かけてからのマリオンの行動に関する探偵の報告書を読み上げたのだという。いわく、〝被尾行者は、午前四時に被疑者Aの家を出た〟、〝午前五時に被疑者Bの家を出た〟というふうに。のちにマリオンはわたしに打ち明けた。ハーストはただちにロサンゼルスに戻って彼女との関係を清算し、別れるつもりだったのだと。もちろん、マリオンは憤慨していた。いかがわしいことなど何もせず、ただ友達と楽しんでいただけだったのだから。実のところ探偵の報告書の内容は正しかったのだが、誤った印象を与えるように歪《ゆが》められて書かれていたのだ。ハーストはカンザスシティから電報を寄越した。「気が変わった。カリフォルニアには戻らない。あれほど楽しんだ場所に戻るにはしのびない。ニューヨークに帰る」と。だが、またそのすぐあとに、ロサンゼルスに戻る途中だという電報が送られてきた。ハーストが戻ってきたときには、関係者全員がぴりぴり緊張していた。それでも、マリオンと彼の話し合いは首尾よく終わり、ハーストがビバリーヒルズに戻ったことを歓迎する大宴会が開かれることになった。そのためにマリオンは、一六〇人の客をもてなせる仮のダイニングルームを借りていた邸宅に二日間で増築させた——家具調度類、電気の照明、そしてダンスフロアの設置すべて含めてである。マリオンは魔法のランプをこするだけで、これだけのことができたのだ。当日、彼女は七万五〇〇〇ドル相当の新しいエメラルドの指輪をはめて現れた——もちろん、ハーストからの贈り物だ。ついでに言えば、だれも首にならないですんだのだった。

サンシメオンとマリオンのビーチハウスにも飽きてくると、わたしたちはときおりハーストのヨットに乗ってカタリナ島に行ったり、サンディエゴまで南下したりして週末を過ごした。ハーストのコスモポリタン・フィルム・プロダクションズを引き継いでいたトーマス・H・インスがヨットから降ろされてサンディエゴでの上陸を余儀なくされたのも、そんなある週末のことだった。わたしはこの遠出には参加していなかったのだが、乗船していたエリノア・グリンが語ったところによると、インスはそれまで陽気で屈託がなかったそうだ。だが、昼食の最中に、体が麻痺《まひ》するような激しい胃の痛みに突然襲われて、食卓を離れたのだという。みなただの消化不良だろうと思ったのだが、インスの容態が悪化したので、上陸させて病院に連れていったほうがいい、ということになった。その病院で、彼が心臓発作を起こしていたことがわかり、ビバリーヒルズの自宅に戻された。しかし、三週間後に二度目の発作を起こして、そのまま死んでしまったのである。

その後、不快な噂《うわさ》が広まりだした。インスは、ほんとうは銃で撃たれたのだ、というのだ。そしてハーストの関与が疑われた。だが、こんな噂は根も葉もないデマだ。なぜかというと、インスが他界する二週間前に、ハーストとマリオンとわたしとで、彼の自宅に見舞いに行ったからである。インスはわたしたち三人に会ってとても喜び、すぐに回復すると信じていた。

インスの死によってハーストのコスモポリタン・プロダクションズの計画は変更を余儀なくされ、同プロダクションはワーナーブラザーズに引き継がれた。だが二年後、プロダクションはMGMの傘下《さんか》に入り、MGMはマリオンのために豪華な平屋建ての楽屋を新築した（わたしはそれをトリアノン宮殿と呼んだ）。

ハーストはこの楽屋でほぼすべての新聞事業を取り仕切った。ハーストがマリオンの応接室の真ん中に陣取り、床いっぱいに二十数種類の新聞や雑誌を広げているところを何度も目にしたものである。彼はそんなふうにして、椅子の上から新聞の見出しをチェックしていた。たとえば、「これは構成が弱いな」と、一紙を指さしながら甲高い声で言う。「それに、×××紙は、なぜこんな話を特集記事にするんだ?」また、ある雑誌を手に取ってパラパラとめくり、両手で重さを測ってみる。「『レッドブック』の広告はどうなってるんだ?――今月はばかに軽いじゃないか。レイ・ロングに電報を打って、すぐに来いと言え」そうこうするうちに、マリオンが素晴らしい衣装をまとって映画のセットからまっすぐやって来る。そしていつものあざけるようなやり方で、わざと新聞の上を歩いて言うのだ。「このガラクタ、全部捨ててちょうだい。楽屋が狭くなっちゃうわ」

ハーストにはまた、極端にうぶなところがあった。マリオンの映画のプレミア上映会に行くときには、一緒に車に乗ってくれないかとわたしを誘い、劇場の前で自分だけ降りて、マリオンと一緒に到着する姿を見られないようにした。しかし、あるとき『ハースト・イグザミナー』と『ロサンゼルス・タイムズ』が政治に関する熱い闘争を繰り広げ、ハーストが精力的にタイムズ紙を攻撃したことがあった。劣勢に回りそうになったタイムズ紙は個人攻撃に出て、ハーストは二重生活を送っていてサンタモニカ・ビーチで愛の巣を営み、その相手はマリオンだと非難した。ハーストは自分の新聞でこの件に触れようとはしなかったのだが、それでもマリオンに気を遣って、その翌日（マリオンの母親が亡《な》くなったばかりだった）わたしに、こう頼んできたのである。「チャーリー、ミセス・デイヴィスの葬儀で、わたしと一緒に棺側付添人を務めてくれないかね？」と。わたしはもちろん承諾した。

一九三三年ごろ、ハーストはヨーロッパ旅行に一緒に行かないかとわたしを誘った。キュナード汽船一隻《せき》の片側の全客室を一行のために予約したという。だがわたしは断った。なぜかというと、ほかの二〇人の招待客と一緒にハーストのあとにくっついて、彼がゆっくりしたいと言えばゆっくりし、急ぎたいと言えば急がなければならなくなることがわかっていたからだ。

実は、彼とメキシコに行ったときに苦い経験をしていたのだ。それは、わたしの二番目の妻が妊娠していたときのことだった。一〇台の車が一列になってハーストとマリオンのあとに続いたのだが、ひどいデコボコ道に、わたしは心底辟易していた。道は行軍を続けられないほど悪かったので、わたしたちは目的地まで行くのをあきらめて、メキシコの農家で夜を過ごすことにした。だが、総勢二〇人に対して、使える部屋はたった二間だけ。ありがたいことに、そのひとつは、わたしと妻とエリノア・グリンに与えられたが、ほかの連中は、テーブルや椅子《いす》の上、果ては鶏舎やキッチンで寝ることを余儀なくされた。わたしたちが与えられた小部屋の情景も異様だった。ひとつしかないベッドには妻が寝て、わたしは椅子二脚をくっつけた上で眠り、そして、リッツ・ホテルにでも行くかのように正装していたエリノアは、帽子もヴェイルも手袋もはめたまま、壊れたソファの上に横たわった。彼女は石棺の上にある仰臥《ぎょうが》像のように、両手を胸の上に組み合わせ、その姿勢のまま身じろぎもせずに眠りつづけた。なぜそんなことを知っているかというと、わたしは一睡もできなかったからだ。朝になって、彼女が眠りについたままの姿勢から身体を起こすところが目の隅に入ってきた。あらゆるものが完璧《かんぺき》に整っていて、髪の毛一本乱れず、肌は白くつやつや輝き、まるでプラザホテルのティールームを歩いているように元気で活《い》き活きとしていた。

このヨーロッパ訪問の旅に、ハーストは、わたしの元助監督のハリー・クロッカーを連れて行くことにした。ハリーはそのときハーストの私設秘書を務めていて、ハーストのためにサー・フィリップ・サスーンへの紹介状を書いてくれないか、とわたしに頼んできた。もちろん要請には応じた。

フィリップはハーストに素晴らしいひとときを提供したらしい。ハーストが長年にわたる強硬な反英主義者だったことを知っていたので、英国皇太子との会見までお膳《ぜん》立《だ》てしてくれたのだ。フィリップは彼らを自宅に招き、書斎でふたりきりにさせた。

フィリップの話によると、皇太子は単刀直入に、なぜハーストがそこまでイギリス嫌いなのかと尋ねたらしい。書斎には二時間もいたそうだ。皇太子との会見は有益な影響をもたらしたと思う、とフィリップは言っていた。

わたしには、なぜハーストが反英感情を抱いているのかついぞわからなかった。というのも、彼はイギリスに厖大な株を所有していて、それから上がる利益を享受《きょうじゅ》していたからである。一方、彼のドイツびいきは、第一次大戦時にまで遡《さかのぼ》る。あの戦争の重要な局面において、駐アメリカ・ドイツ大使だったベルンシュトルフ伯と彼とのつながりは、スキャンダルにまでなりかけたのだった。ハーストの強力な権能をもってしても、それを抑えることはほぼ不可能だったのである。そしてまた、彼が雇っていた海外特派員カール・フォン・ヴィーガント（ドイツ生まれのアメリカ人ジャーナリスト。一八七四〜一九六一）も、第二次世界大戦直前までドイツに好意的な記事を書いていた。

ハーストはヨーロッパ訪問中にドイツを訪れてヒトラーに会った。当時はまだ、ヒトラーの強制収容所については、ほとんど知られていなかった。それが明らかになったのは、わたしの友人、コーネリアス・ヴァンダービルト（アメリカのジャーナリスト・新聞出版者。一八九八〜一九七四）が記事を書いてからである。彼は何らかの口実を作って強制収容所に入り込み、ナチスの拷問《ごうもん》を暴露したのだった。だが彼が書いたあさましい蛮行の記録はあまりにも非現実的に思えたので、信じた人はほとんどいなかった。

ヴァンダービルトは、演説をしているヒトラーの姿を写した一連の葉書を送ってよこした。その表情は不愉快になるほど喜劇的だった――馬鹿《ばか》げたチョビひげ、乱れた硬そうな髪、むかつくような薄くて小さな口。まるで、わたしの浮浪者を下手に真似《まね》たかのようだった。ヒトラーを真面目《まじめ》に捉えることなど、まったく不可能だった。葉書のポーズは一枚一枚違っていた。一枚は、両手をカギ爪《づめ》のように曲げて大衆をあおり熱弁をふるう様子、また一枚は、クリケット選手がボールを投げるときのように片手を上げ、もう一方の片手を下げている様子、さらにもう一枚は、ありもしないダンベルを持ち上げるかのように両手を胸の前で握りしめている様子。肘を曲げて右手を肩の高さまで上げ、手の平を上に向けるナチス式敬礼は、その手に汚れた皿を重ねて置いてやりたくなった。「なんという愚か者！」とわたしは思った。だが、アインシュタイン（ドイツ生れの物理学者。一八七九～一九五五）とトマス・マン（ドイツの作家。『ブッデンブローク家の人々』でノーベル文学賞受賞。一八七五～一九五五）がドイツからの亡命を余儀なくされるに及んで、ヒトラーの顔は、もはや滑稽《こっけい》どころか邪悪に見えはじめた。

＊

アインシュタインに初めて会ったのは、彼が講演のためにカリフォルニアを訪れた一九二六年のことである。わたしにはひとつ持論がある。それは、科学者と哲学者は、性への情熱という望ましくない感情を他の方向に注いだ者、いわば〝昇華されたロマンティスト〟である、というものだ。この持論は、アインシュタインの人格にぴったり合っていた。彼は、陽気で親しみのある人物という、いい意味での典型的なアルプス地方のドイツ人に見えた。そして、物腰は落ち着いていて穏やかではあったものの、その裏には非常に感情的な気性が隠されているように思えた。あの非凡な知的エネルギーは、そこから来ていたに違いない。

ユニヴァーサル・スタジオのカール・レムリ（ユニヴァーサル・スタジオの創設者。一八六七〜一九三九）から、アインシュタイン教授が君に会いたがっているという電話がかかってきたとき、わたしの胸は高鳴った。こうして、アインシュタイン夫妻、秘書のヘレーネ・デュカス、そして助教授のウォルター・メイヤーとユニヴァーサル・スタジオで落ち合って昼食を共にしたのだった。アインシュタイン夫人（二度目の妻エルザ。アインシュタインのいとこ。一八七六〜一九三六）は素晴らしい英語を話

『街の灯』の封切日にアインシュタイン博士と。

した。じつを言うと、教授自身よりうまかった。夫人はがっしりした体つきの女性で、バイタリティーに満ち溢《あふ》れていた。そして、偉大な人物の伴侶《はんりょ》であることを誇りに思い、それを隠そうとしなかった。教授に心酔する彼女の態度には、見ていてほほえましいものがあった。

昼食の後、レムリにスタジオを案内されていたとき、夫人がわたしを傍らに呼んで囁《ささや》いた。「教授をお宅に呼んでくださいませんこと？　わたしたちだけで静かにお話しできたら、教授がすごく喜びますわ」こぢんまりとした内輪の会にしたいという夫人の要望に応《こた》えて、わたしはほかに友人をふたりだけ呼んだ。ディナーの席で、夫人は、彼が相対性理論を思いついた朝の話を披露した。

「博士はいつもと同じように部屋着姿で朝食に降りてきたんですの。でも、ほとんど食事には手を付けませんでした。何かうまくいっていないのかもしれないと思ったので、どうしたんですか、と訊《き》いたんです。主人は、〝ダーリン、素晴らしい考えが浮かんだんだ〟と言いました。そしてコーヒーを飲むと、ピアノのところに行って弾き始めたんです。ときどき手を止めてはメモを書き、また同じことを言いました。〝素晴らしい考えだ。実に素晴らしい！〟と。

そこで、わたしは言ったんです。〝お願いですから、教えてくださいな。じらされるのは、たまりませんわ〟って。

すると主人は言いました。〝それは無理だね。まだ解明しなければならないことが残っているから〟」

夫人によると、アインシュタインはピアノを弾いてはメモを書きつける、という作業を三〇分ほど続けたあと、二階にある書斎に行き、邪魔しないようにと彼女に言いおいて、二週間、書斎にこもりつづけたのだという。「わたしは毎日、食事を書斎に届けさせました。夕方になると、運動のために少し散歩するのですが、またすぐ仕事に戻るのです」

「ついに主人が書斎から下りてきました。顔色は蒼白《そうはく》でした。〝やっと終わった〟とわたしに言って、ぐったりしながら、紙を二枚、テーブルの上に置きました。それが相対性理論だったのです」

物理学をかじったことがあるというのでその日のメンバーに加えたドクター・レイノルズが、ディナーの席で、ダン（J・W・ダン。イギリスの航空エンジニア・軍人・思索家。当時の文学者に多大な影響を与えた。一八七五〜一九四九）の『時間の実験』をお読みになりましたか、と教授に尋ねた。

アインシュタインは首を横に振った。

レイノルズは気取って言った。「次元に関する興味深い論を展開しているんですがね。いわば」――ここで彼は言い淀《よど》んだ――「いわば、次元の延長みたいなものです」

アインシュタインは、さっとわたしのほうを振り向いて、いたずらっぽく囁いた。

「次元の延長？　はて、なんのことかな？《ヴァス・イスト・ダス》」

そのあとレイノルズは、次元の話はあきらめ、アインシュタインに幽霊を信じますか、と尋ねた。アインシュタインは、自分は一度も見たことがないと白状し、「もし一二人の人が同時に同じ現象を見たと言ったら、信じるかもしれませんね」と言って微笑んだ。

当時は心霊術が大流行していた時期で、ハリウッド全体がスモッグのように心霊体《エクトプラズム》に覆《おお》われていた。とりわけ映画スターの邸宅では降霊術の集まりが頻繁に開かれ、空中浮揚や心霊現象の実演が行われていた。わたしはそうした機会には参加しなかったが、有名な喜劇女優のファニー・ブライスなどは、降霊術の集会で、テーブルが持ち上がって部屋の中を浮遊するのを確かに見たと断言してはばからなかった。わたしは教授に、そんな現象を見たことがありますか、と尋ねた。すると彼は穏やかな笑みを浮かべて、首を横に振った。さらにわたしは、彼の相対性理論はニュートンの仮説と対立しないのかどうかと訊いてみた。

「いや、対立どころか、これはその延長線上にあるものでね」と彼は答えた。

ディナーの間、わたしはアインシュタイン夫人に、次の映画が封切られたら、ヨーロッパにいくつもりであると伝えた。

「それなら、ぜひベルリンの拙宅にお越しくださいな」と彼女は言った。「我が家は決して広くはありませんが――教授は裕福ではないので。ロックフェラー財団から何百万ドルもの研究資金を提供されてはいるのですが、一度も手を付けていないんですの」

のちにベルリンに行ったとき、わたしは夫妻のつつましい小さなフラットを訪ねた。

それは、ブロンクスによくあるような質素な造りで、居間兼ダイニングルームがあり、擦り切れた古いカーペットが床を覆っていた。もっとも値が張りそうな調度は、アインシュタインがその上であの四次元に関する歴史的なメモを書いたという、例の黒塗りのピアノだった。わたしはときどき、あのピアノはどうなったのだろうと思う。もしかしたらスミソニアン博物館かメトロポリタン博物館あたりに収められているかもしれないが、ナチスによって焚き付けの薪《まき》にされてしまった可能性もある。

ナチスの脅威がドイツを襲ったとき、アインシュタイン一家はアメリカに亡命した。夫人は、教授の金銭感覚の欠如について面白い話をしてくれた。彼を教授に迎えたかったプリンストン大学が、条件について問い合わせてきたという。だが教授が要求した額があまりにも少なかったので、プリンストン大学の本部から、そんな要求額ではアメリカでは暮らせないので、少なくともその三倍は要求するようにという返事が送られてきたそうだ。

アインシュタイン夫妻は、一九三七年にふたたびカリフォルニアを訪れたときも（エルザは一九三六年一二月に死去しているので、記憶違いか）、わたしを訪ねてきてくれた。彼はわたしを温かく抱擁したあと、のちほど演奏家が三人やって来ると予告した。「ディナーのあとで、君のために演奏しようと思ってね」その晩、博士はモーツァルト弦楽四重奏団の一員になった。

彼の運弓法はあまり確かではなく、そのテクニックもややぎこちなかったが、目を閉じて体を揺らす演奏ぶりは、なかなか堂に入ったものだった。だが、教授の参加をあまり喜ばなかった三人の演奏家は、お疲れでしょうからしばらくお休みください、あとは三人でやりますから、などと言い訳して彼を外そうとした。アインシュタインはしぶしぶ承諾して、わたしたちと一緒に座って演奏を聴いていたのだが、数曲終わったあと、わたしのほうを振り向いて小声で言った。「いつまた弾かせてもらえるのかね？」と。演奏家たちが去ったあと、やや憤然とした顔つきのアインシュタイン夫人が、こう言って夫を慰めていた。「あなたのほうが、あの人たちより、ずっとお上手でしたよ！」

その数日後の晩、夫妻がまたディナーに訪れたので、わたしはメアリー・ピックフォード、ダグラス・フェアバンクス、マリオン・デイヴィス、W・R・ハーストと、その他数名の客を招いた。マリオンが博士の隣に座り、アインシュタイン夫人はわたしとハーストの間に座ることになった。ディナーの前には、すべてがかなりうまくいっているように見えていたのだが、食事が進むにしたがい、だんだん座が冷え込んできて、ついには会話が途絶えてしまった。わたしは座を活気づけようとせいいっぱい頑張ったのだが、何をやっても、みなの口を開かせることができない。ダイニングルームには不穏な沈黙が広がり、ハーストは憂鬱《ゆううつ》そうにデザートの皿を見つめているし、教授は笑みこそ浮かべていたが、静かに物思いにふけるという具合だった。

ただ、マリオンだけはいつもの軽い調子で、教授以外の者に冗談を言ったり軽口をたたいたりしていた。と、その彼女が、ふいに教授のほうを向き、茶目っ気たっぷりに「ハロー！」と声をかけた。そして、彼の頭の上で指をハサミのように動かして、「床屋さんに行ったらどう？」と言ったのである。

アインシュタインは微笑んだが、わたしは、早々に応接間に場を移してコーヒーを供することにした。

＊

ロシアの映画監督セルゲイ・エイゼンシュテインが、スタッフを連れてハリウッドにやって来た。一行には、グリゴリー・アレクサンドロフ（ソ連の映画監督・脚本家。エイゼンシュテインの助監督・共同監督・シナリオ共同執筆者を務めた。一九〇三〜一九八三）やエイゼンシュテインの友人でアイヴァー・モンタギュー（イギリスの映画制作者・脚本家・国際卓球連盟の創設者。一九〇四〜一九八四）という若いイギリス人も含まれていた。わたしは彼らと多くの時を過ごすことになった。みなわたしの屋敷のテニスコートでひどいプレーをしたものである——少なくともアレクサンドロフはそうだった。

エイゼンシュテインはパラマウント社で映画を作ることになっていた。すでに『戦艦ポチョムキン』（一九二五年公開）と『十月（Октябрь）』（一九二八年公開）によって高い評価を受けていた彼に映画の脚本制作と監督をやらせたら儲《もう》かるに違いない、とパラマウントが踏んだのだ。実際彼は、初期のカリフォルニアに関する興味深い記録に基づいて、『サッターの黄金』という非常に優れた脚本を書いた。それにはプロパガンダのようなものは一切含まれていなかったのだが、エイゼンシュテインはロシア人だったので、のちにパラマウントが怖気《おじけ》づいてしまい、ついに映画は制作されなかった。

ある日、共産主義について彼と話していたとき、わたしは、プロレタリア階級でも教育を受ければ、過去何世代にもわたって教養を積んできた貴族階級に伍《ご》せる程度にまで知的になれるか、と尋ねてみた。エイゼンシュテインはわたしの無知ぶりに驚いたようだった。エンジニアの家庭というロシア中流階級の出身だった彼は、こう言ったのである。「教育さえ受ければ、大衆の知的能力は、新しい肥沃《ひよく》な大地と同じさ」

エイゼンシュテインの映画『イワン雷帝（Иван Грозный）』（第一部は一九四四年制作）を第二次世界大戦後に観《み》たとき、わたしはそれが、あらゆる歴史映画の頂点に立つ作品であることを確信した。彼は歴史を詩的に取り扱っていた——歴史を扱う素晴らしい方法である。最近起きた出来事でさえ大幅に歪められてしまうことを考えると、わたしは、歴史そのものに懐疑的になる。その半面、詩的な解釈なら、その時代の全体的な雰囲気を伝えることができる。何といっても芸術作品には、歴史書などよりずっと多くの貴重な事実や詳細が含まれているのだ。

第二一章

ニューヨークにいたとき、ある友人から、音声を映像に同期させる実験を見たという話を聞かされた。近いうちに映画産業界全体が塗り替えられることになるだろうと言う。

そんな話はすっかり忘れていたのだが、その数カ月後、ワーナーブラザーズが、部分的にせりふがある映画を世界で初めて制作した。それはいわゆる時代物の作品で、こよなく愛らしい女優――名前は伏せておくことにする――が、何らかの深い悲しみに遭遇し、黙ったまま芝居っ気たっぷりに感情を吐露していた。悲しみに満ちたその大きな瞳《ひとみ》が伝える苦悩は、シェイクスピアの雄弁さえかなうまいと思われるほどのものだった。と、そのとき突然、画面に新しい要素が加わった――巻貝を耳に当てたときに聞こえるようなザラザラしたノイズだ。そして、くだんの愛らしい姫君が、砂を嚙《か》むような声で話し出したのである。「わたくし、ジャリジャリ、グレゴリー様と結婚いたしますわ、ジャリジャリ。たとえそれが王妃の座を捨てることになるとしても、ジャリジャリ」その時点まで姫君にすっかり魅せられていた観客にとって、それはひどいショックだった。映画が進むにつれ、せりふは滑稽《こっけい》になっていったが、そのおかしさは、音響効果の比ではなかった。姫君の寝室のドアのハンドルが回るシーンでは、誰かが農家のトラクターを始動させたのかと思った。そのドアが閉まるときには、木材運搬トラックが正面衝突したみたいな音がした。初期のトーキー映画は、音量がコントロールできなかったのである。武者修行中の甲冑《かっちゅう》に身を包んだ騎士は鉄工所みたいな音を立ててガチャガチャ歩くし、質素な家庭の食卓は、混雑する安食堂まがいの騒音に包まれていた。そして、コップに注がれる水は奇妙な音をたてて、高音の「ド」まで一気に音階を駆け上っていった。わたしは、音声映画の将来はないものと確信して劇場をあとにした。

だがその一カ月後、ＭＧＭが『ブロードウェイ・メロディー（The Broadway Melody）』（一九二九年公開）を封切ったのである。それは全編トーキーによるミュージカル映画で、安っぽい平凡な作品だったにもかかわらず、とてつもない興行成績を記録した。それがすべての始まりだった。一夜にして、あらゆる劇場が音声用の配線工事をはじめた。そしてそれはサイレント映画のたそがれでもあった。わたしはとても残念だった。というのは、ようやくテクニック向上の兆《きざ》しが見えはじめていたからである。ドイツの映画監督ムルナウ（ドイツ表現主義のサイレント映画を代表する監督。一八八八〜一九三一）はサイレント映画という媒体を非常に効果的に活用していたし、アメリカ人監督の一部についても同じことが言えた。優れたサイレント映画には、知的階層にも庶民にも、同じように訴えかける力がある。だが、それは今や、失われようとしていた。

それでもわたしはサイレント映画を作りつづけようと決心した。娯楽にはさまざまなタイプを受け入れる余地があると信じて疑わなかったからだ。それに、わたしは元来パントマイム役者で、その分野では誰にもまねのできないものを持っており、上辺だけの謙虚さを捨てて言えば、その名人であると自負していた。こうしてわたしは、次のサイレント映画『街の灯』（一九三一年公開）の制作にとりかかった。

この映画はもともと、公演中の事故で視力を失ったサーカスの道化師の話から発展させたものである。道化師には幼い娘がいるのだが、その子は病気がちで気が弱く、退院する彼に医師がこう忠告する。娘の病気が良くなって状況を受け入れられるようになるまで、目が見えなくなったことは隠しておくように、さもなければショックでもっと悪くなってしまうだろうと。つまずいたり、物にぶつかったりする父親の姿を見て、その子は楽しそうな笑い声をたてる。だがこの話はあまりにも感傷《イッキー》的だったので、道化師の失明という運命を、『街の灯』では花売り娘に負わせることにした。

わき筋のほうは、何年も温めてきたアイデアだった。人の意識の不安定さについて議論していたある金持ちクラブのふたりの会員が、エンバンクメント（ロンドンにあるテムズ川沿いの遊歩道）で寝ていた浮浪者を使って実験してみようということになる。ふたりは浮浪者を宮殿のように豪華な自分たちのアパートメントに連れて行き、酒と女と歌をふんだんにあてがって贅沢三昧《ぜいたくざんまい》をさせる。そして彼が泥酔《でいすい》して眠り込むと、元いた場所に戻すのだ。こうして、目を覚ました浮浪者は、すべては夢だったと思い込むのである。このアイデアは『街の灯』の大富豪の話になった。この男は自分が酔っ払ったときだけ浮浪者と仲良くなり、しらふになると無視するのだ。結局このテーマがプロットの土台になり、浮浪者が、盲目の娘に対して金持ちのふりをするというストーリーが可能になった。

『街の灯』を制作していたとき、わたしは一日の終わりにいつもダグのスタジオに行って蒸し風呂《ぶろ》に入った。そこには、俳優、プロデューサー、監督といった彼の友人の多くが集まり、風呂の後でジントニックをチビチビやりながら、ゴシップやトーキー映画の話題に花を咲かせていた。わたしがまたサイレント映画を作っていると言うと、ほとんどの者は驚いて、

「まったく勇気があるな」と言った。

それまでわたしの映画は、プロデューサーの興味を大いにかきたててきた。けれど

も今や彼らはトーキー映画の成功にすっかり夢中になり、時が経《た》つにつれて、わたしは仲間外れにされているような気がしてきた。きっとそれまで、ちやほやされすぎていたのだろう。

トーキー嫌いを公言してはばからなかったジョー・スケンクでさえ、今や敵陣に寝返ってしまった。「言いたくないが、トーキーは消えてなくなりそうにはないよ、チャーリー」と彼は言い、チャップリンを除けば、サイレント映画を持ちこたえられる者はいない、と持論をぶった。ある意味、褒めてくれたわけだが、あまり嬉《うれ》しくはなかった。というのも、サイレント映画の技を守り抜く唯一《ゆいいつ》の者になどなりたくなかったからである。さらには、「チャーリー・チャップリンの将来に関する疑念と不安」、などと銘打たれた雑誌の記事を見るにつけ、ますます気分は落ち込んでいった。

とはいえ、『街の灯』は理想的なサイレント映画だったから、気がくじかれることはなかった。ただ、問題がいくつも立ちはだかった。トーキーの到来からすでに三年が経っており、俳優たちはその当初から、パントマイムの技術をほとんど忘れてしまっていたのである。彼らのタイミングの取り方は会話に合わせたものになり、動作は二の次になった。もうひとつの難題は、美しさを損なわずに盲人が演じられる若い女優を探すことだった。ほとんどの応募者は目玉を上に吊《つ》り上げて白眼をむき出すばかりで、それはあまりにも見苦しかった。だが、運命がわたしに味方してくれたのである。それは、ある日、サンタモニカ・ビーチで映画の撮影現場に出くわしたときのことだった。水着を着た美しく若い娘がたくさんいる中で、ひとりがわたしに手を振った。前に会ったことがあるヴァージニア・チェリルという女優で、「いつになったらわたしを使ってくださるの？」と訊《き》いてきた。

青い水着を着て、すらりとした肢体を見せている彼女は、盲目の娘という精神的な演技を要する役柄には結び付かなかった。けれども、ほかの女優たちのオーディションを何回かやって絶望的な気分になっていたわたしは、いわばやけっぱちで彼女に電話してみたのだ。意外なことに、彼女には盲人らしく見せられる能力があった。わたしを見なさい、だが目で見るのではなく、心で見なさい、と指示したところ、彼女はちゃんとそれをやってのけた。ただ、美人で写真映りもよかったものの、演技の経験はほとんどなかった。とはいえ、それが長所になることもある。とりわけ、テクニックが何よりも求められるサイレント映画では、それが大いにあてはまる。経験を積んだ女優は自分の演技の型にこり固まっていることがあり、パントマイムの動作は技巧を要するために、演技に戸惑ってしまうのだ。半面、経験の浅い俳優は、そうした技巧をもっと受け入れやすい。

『街の灯』には、浮浪者が道を渡ろうとする場面がある。だが道が渋滞して車が数珠《じゅず》つなぎになっているので、あるリムジンのドアを開けて車内に入り込み、反対側のドアから出ようとする。ドアをバタンと閉めたとき、盲目の花売り娘がその音を聞きつけて、相手は裕福な車の所有者だと思い込む。彼は最後に残っていた半クラウンでボタン穴に挿す花を買うが、うっかり手がぶつかり、娘の手から花が舗道に落ちてしまう。娘は膝《ひざ》をつき、花を拾おうとして地面をまさぐる。彼は花の位置を指さすが、娘は地面をまさぐる手を止めない。しびれを切らした浮浪者は自分で花を拾い、彼女を怪訝《けげん》な目で見やるが、ふいに、目が見えないのかもしれないと思い

ヴァージニア・チェリル（『街の灯』）。

あたる。そして花を彼女の目の前で振ってみて、案の定、盲目であることがわかるのだ。申し訳なく思った彼は、娘に手を貸して立ち上がらせる。

この場面は、始めから終わりまで、たった七〇秒しかないのだが、気のすむまで何度も撮り直したため、結局五日間もかかってしまった。それは彼女のせいではなく、責任の一端はわたしにある。というのも、完璧《かんぺき》さをあくまで追求する神経症的な状況に自分を追い込んでしまっていたのだ。そんなわけで、『街の灯』の制作には一年以上かかった。

撮影中に株価が暴落した。だが、運よくH・ダグラス少佐（イギリスのエコノミスト・社会信用運動の創始者。一八七九～一九五二）の書いた『社会信用論』を読んでいたわたしは被害を免れることができた。この本は、資本主義経済のシステムを分析して図解したもので、基本的に、あらゆる利益は賃金から生じると説いている。よって、失業とはすなわち利益の損失と資本の縮小を意味するわけだ。わたしはこの理論にいたく感銘を受け、アメリカの失業者数が一四〇〇万人に達した一九二八年に、すべての株と債券を売り払って資本を現金化していた。

大暴落の前日、わたしはアーヴィング・バーリン（ベラルーシ生まれのアメリカの作詞作曲家。『ホワイト・クリスマス』などで有名。一八八八～一九八九）と食事をした。彼は株式市場の状況にとても楽観的で、よく食事するレストランのウェイトレスが、投資額を倍々に増やしていって一年間に四万ドルも利益をあげたと言った。彼自身も、数百万ドル相当の株を持ち、百万ドル以上の利益を上げたという。君も株をやるのか、と訊かれたので、一四〇〇万人も失業者がいるときに、株の価値など信じられない、と言ってやった。そして、彼も持ち株を売って、まだ利益が出ている間に手を引いたほうがいいと助言すると、彼はすっかりへそを曲げ、喧嘩腰《けんかごし》になった。「おい、君はアメリカを見くびっているぞ！」と叫び、わたしのことをひどい非愛国者だと決めつけてなじったのだ。だが翌日、株は五〇ポイントも下げ、アーヴィングの財産は吹っ飛んでしまった。数日後、悄然《しょうぜん》とした彼がわたしのスタジオに現れて詫《わ》びを言い、どこで情報を得たのか教えてくれと頼んできた。

ついに『街の灯』の撮影が終わり、あとは、音楽を録音するだけになった。音声が使えることになって嬉しく思ったことのひとつは、映画に付ける音楽の主導権が握れるようになったことである。わたしは自分で曲を作ることにした。

喜劇映画には、浮浪者のキャラクターに反する優雅でロマンティックな曲をつけたかった。エレガントな音楽によって映画に情感を添えたかったのだ。編曲家は、この点をほとんど理解せず、滑稽なものにしようとしたが、わたしは、音と映像をせめぎ合わせるようなことはしたくない、音楽は主人公に優雅さと魅力という情感を添えるための対位旋律のようなものだ、とよく言って説いた。情感がなければ、芸術作品は不完全なものになると、ハズリット（名エッセイストとして知られるイギリスの文筆家。一七七八〜一八三〇）も書いている。ときおり音楽家はわたしを見下して、半音階や全音階による音程の制約がどうのこうのと難しいことを言ったが、そんなときには「メロディーがどんなものであれ、肝心なのは伴奏で聞かせるようにすることだ」と素人《しろうと》意見を口にして黙らせた。ひとつかふたつの映画に曲を付けたあとは、指揮者用の楽譜をより専門的な目で見て、編曲されすぎている箇所などがわかるようになった。たとえば、金管楽器《ブラス》と木管楽器の部分に音符が立て込んでいるようなときには、「このブラスは黒すぎる」とか「木管が立て込んでるな」などと言って意見したものである。

自作の曲が五〇人編成のオーケストラで演奏されるのを初めて聴くときほど、冒険心がくすぐられ、興奮に胸が高鳴ることはない。

ようやく『街の灯』に音楽を同期させる作業が終わると、わたしは、その反応が知りたくてたまらなくなった。そこで、繁華街のある劇場で覆面試写会をやることにした。

それは恐ろしい経験だった。というのも、映画が上映されたとき、観客は半分も入っていなかったのである。コメディーではなくドラマを期待してやってきた観客は、映画が半ばに差しかかるまで、その当惑を克服することができなかった。笑い声も上がることは上がったが、たいしたものではなかった。そのうえ映画がまだ終わってもいないのに、通路を歩きだす人の影が目に入った。わたしは助監督を小突いた。

「出て行こうとしているぞ」

「たぶん、トイレでしょう」助監督が小声で言った。

わたしは映画に集中することができなくなり、通路を歩いて行った客が戻って来るかどうかということばかりに気をとられてしまった。数分後、わたしはまた囁《ささや》いた。

「まだ戻ってこない」

「電車の都合がある人もいますからね」

劇場をあとにしたとき、わたしは二年分の努力と二〇〇万ドルが水泡に帰してしまったように感じていた。映写室を出ると劇場主がロビーでわたしを迎えて「素晴らしい映画ですね」と笑顔で言った。だが、褒め殺しのお世辞が待っていた。「今度はあなたのトーキーを観《み》たいものですな、チャーリー——世界はそれを待っているのですから」

わたしは無理やり笑顔を作った。そして、劇場から先に出て歩道で待っていたスタッフたちに加わった。いつも真面目《まじめ》なマネージャーのリーヴスが、わざと陽気な調子で言った。「かなりうまくいったほうだと思いますよ、なにしろ――」そのあと口ごもってしまったのが気になったが、わたしは自信たっぷりに頷《うなず》いて、彼の言葉を補った。「ああ、満員になれば、大成功間違いないな――もちろん、一、二カ所、編集し直す必要はあるが」

そのあと、映画を売る努力をまだしていないことに関する不安が雷雲のようにむくむく頭をもたげてきた。が、それでもあまり心配してはいなかった。わたしの名声には今でも集客力があったから――わたしはそう思いたかった。ユナイテッド・アーティスツ社長のジョー・スケンクは、劇場主たちが『黄金狂時代』のときと同じ条件では首を縦に振らないだろうと警告し、彼らは契約を遅らせて様子見をしていると言った。以前、劇場主たちは、わたしの新作に常に熱い関心を寄せていたものである。だが今では、そんな関心は生温《なまぬる》いものになっていた。さらに、ニューヨークでの上映に問題が起きた。ニューヨークじゅうの劇場にすでに予約が入っていて、わたしは自分の番が来るまで待たなければならないと言われたのだ。

ニューヨークで唯一空いていたのはジョージ・M・コーハン劇場だった。だが、それは座席数が一一五〇もあり、場所も繁華街から外れたところにあって、維持費ばかりがかかる無用の長物とみなされていた劇場だった。おまけに映画館ですらなかった。

条件は、自主上映費用として週七〇〇〇ドルを支払うこと。そして、八週間の賃貸は保証されるものの、それ以外のものは、支配人、出納係、案内人、映写技師、舞台係をはじめ、電光板と宣伝費用まで、すべて持ち出しということだった。だが、どうせこの映画には二〇〇万ドルも費やしていたのだから——おまけに全額自費だった——大ばくちをやってみようではないかと決心し、その劇場を借りることにした。

そうこうするうちに、リーヴスがロサンゼルスでの契約をまとめ、『街の灯』は新築されたばかりの劇場で封切られることになった。まだロサンゼルスに滞在していたアインシュタイン夫妻も、初日に出席したいという意向を示した——だが、どんな目にあうことになるのかは、想像すらしていなかったと思う。初日の晩、夫妻はわたしの家で食事をしたあと一緒に繁華街に出かけた。ところが、大通りは数ブロックにわたって、人がひしめき合っている。パトカーと救急車も人ごみを縫って先へ進もうとしていた。どうやら群衆が、劇場の隣の店のガラス窓を割ってしまったらしい。警官隊に守られて、わたしたちはやっとのことでロビーまで辿《たど》りついた。わたしは初日の晩が大嫌いだ。精神的ストレスに苛《さいな》まれるなか、甘い香水とじゃ香とじゅうたん用洗剤の入り混じった匂《にお》いがたちこめ、吐き気がして、神経が苛立《いらだ》ってくる。

その劇場経営者は美しい劇場を建てはしたものの、当時の多くの興行主の例にもれず、映画上映についてはほとんど何の知識もなかった。いよいよフィルムが投影され、クレジットの字幕が出て、初日の夜につきものの拍手が起こった。そして、ついに本編が始まった。心臓の鼓動が激しくなる。冒頭は、銅像除幕式の滑稽なシーンだ。観客が笑い始めた！　その笑い声は大笑いになった。観客の心を捉《とら》えたのだ！　あらゆる疑念や不安が霧のように晴れはじめ、わたしは泣きたくなってしまった。フィルム三巻分、観客は笑いっぱなしだった。そして緊張と興奮から、わたしも一緒になって笑っていた。

と、突然、信じられないことが起きた。大笑いの最中に、ぷつんと画面が消えてしまったのである！　劇場内に照明がともり、ラウドスピーカーからアナウンスが聞こえてきた。「この素晴らしいコメディーを引き続きご覧いただく前に、五分ほどお時間をいただいて、この美しい新劇場の見どころをご紹介したく存じます」わたしは、自分の耳が信じられなかった。ものすごく腹が立ってきて、椅子《いす》から飛び上がると、通路を駆け上がって叫んだ。「あの大バカ劇場主はどこだ？　殺してやる！」

観客もわたしに味方し、愚か者が劇場の素晴らしい設備についてぐだぐだ話しつづけるなか、足を踏み鳴らし手を叩《たた》いて不満を爆発させた。ついに観客がブーイングを始めるにおよんで、アナウンスは止まった。だが、観客の笑い声が本調子に戻るまでには、フィルム丸々一巻分を費やさなければならなかった。そんな状況を考えれば、映画は成功したと思えた。最後の場面では、アインシュタインが目をぬぐっている姿が目に入った——科学者はどうしようもなくセンチメンタルな人種であることを示すさらなる証拠である。

翌日わたしは、映画評を待たずにニューヨークに旅立った。すぐ出かけてもニューヨークに着けるのは、封切りの四日前でしかなかったからだ。ニューヨークに着いてみると、ゾッとしたことに、「かつての友人が戻って来ました」といったような情けないキャッチフレーズからなる、おざなりの宣伝しかされていなかった。そこでわたしはユナイテッド・アーティスツのスタッフに、今打っている広告の即時停止命令を出した。「センチメンタルなことなどどうでもいいから、情報を発信するんだ。ぼくらは、繁華街から外れた、映画館でもない劇場で封切ろうとしているんだぞ」

わたしは、ニューヨークのいくつかの有力紙に、毎日交替で半ページ大の広告を打った。次の文面をすべて同じ大きさの活字で載せたのである。

チャールズ・チャップリンの最新作

『街の灯』

コーハン劇場にて絶賛上映
入場料は五〇セントまたは一ドル。入替なし。

わたしは新聞広告に三万ドルを余計に費やしたほか、さらに三万ドル支払って劇場前に設置する電光板を借りた。時間はほとんどなかったし、頑張らなければならなかったので、徹夜で映写機を試し、画面のサイズを決め、歪《ゆが》みを直した。翌日には記者会見も行って、サイレント映画を制作した理由を述べた。

ユナイテッド・アーティスツのスタッフは入場料の設定に疑念を抱いていた。というのは、特別席が一ドル、普通席が五〇セントと決めたのだが、ほかの一流封切館では、特別席でも八五セント、安い席では三五セント、それもトーキー映画で、実演ショーのおまけつきという設定だったからだ。観客の心理に関するわたしの根拠は、『街の灯』はサイレント映画であるという紛《まぎ》れもない事実に根ざしたもので、だからこそ入場料は引き上げられるべきであり、もし観客がこの映画を観たいのであれば、八五セントと一ドルの違いなどに躊躇《ちゅうちょ》はしないはずだ、というものだった。そんなわけで、わたしは断固として妥協しなかった。

プレミア上映は非常にうまくいった。だが、プレミアが成功したからといって、そのあともうまくいくとは限らない。肝心なのは、一般の人々の反応だった。サイレント映画に興味を示してくれるだろうか？　こうした不安にさいなまれ、その夜はろくに眠れなかった。だが朝が来ると、一一時に寝室に駆け込んできた宣伝部員に起こされ、興奮した声で、こう聞かされたのだった。「やりましたよ！　大ヒットです！　今朝の一〇時から行列がとぐろを巻いて、交通渋滞が起きています。警官も整理のために一〇人ばかりやって来てます。みんな争って劇場に入ろうとしてるんですよ。わめき声を聞かせてあげたいくらいです！」

　幸せな安堵《あんど》の感覚が湧《わ》き上がってきて、わたしは朝食を注文してから着替えた。「どこで一番笑っていたか聞かせてくれ」というわたしの要請に応《こた》えて、宣伝部員は観客がどこで笑い、どこで腹をよじって大笑いし、どこで歓声を上げたかと、逐一詳しく説明してくれた。「ご自分でご覧になったらどうです。心臓にいいですよ」と彼は言った。

　わたしはあまり行きたくなかった。宣伝部員の熱のこもった話どおりの状況になっているとは、とても思えなかったからだ。それでも、結局出かけて行って、最初の三〇分間だけ劇場の一番後ろで観客に交じって立ち見し、彼らの幸せな緊張感が突然の大爆笑に何度となく解かれる姿を目にした。もうそれだけで十分だった。わたしは満足感を抱いて劇場をあとにし、興奮を鎮《しず》めるために、ニューヨークじゅうを四時間も歩き回った。その間、ときどき劇場の前を通ると、長い行列が途切れなくブロックに沿って回り込んでいる様子が見えた。批評も口を揃《そろ》えての大絶賛だった。

一一五〇人入りの劇場で、わたしたちの映画は三週間にわたって週八万ドルを稼ぎ出した。真向いにあるパラマウント劇場は三〇〇〇人収容の大劇場で、モーリス・シュヴァリエ（フランス出身の俳優・歌手。一八八八～一九七二）のトーキー映画を上演していた。しかし、本人まで登場したにもかかわらず、同じ週の売り上げは三万八〇〇〇ドルにすぎなかった。『街の灯』は結局十二週間上映され、すべての諸経費を差し引いても、四〇万ドル以上の純益を計上することができた。上映を取りやめた唯一の理由は、『街の灯』の上映を非常によい条件で予約したニューヨークの興行チェーンから、自分たちが上映するまで、ほかでは見せないでくれと頼まれたからである。

いよいよわたしはロンドンに乗り込んで『街の灯』を上映することにした。ニューヨークにいる間、『ニューヨーカー』誌の編集者兼画家で、バルザックの『風流滑稽《こっけい》譚《たん》』の新版の挿絵を手がけたばかりだった友人のラルフ・バートン（アメリカの画家。一八九一～一九三一）によく会った。ラルフはまだ三七歳（三九歳だったと思われる）の、教養あるエキセントリックな男で、すでに五回（正しくは四回）の結婚歴があった。だが、そのころしばらくうつに苛まれ、何かの薬を過剰摂取して自殺未遂さえ引き起こしていた。そこで、わたしの客としてヨーロッパに一緒に行かないか、気分転換になるから、と誘ってみた。というわけで、最初にイギリスに戻ったときに乗った『オリンピック号』にふたたび乗り込み、わたしたちは旅立ったのだった。

第二二章

一〇年ぶりのロンドン。はたしてどう迎えられるか、わたしは気がかりだった。できることなら騒ぎ立てられずにこっそり入国したかった。が、ロンドンに来たそもそもの目的が『街の灯』のプレミアに出席することで、ひいては映画の宣伝をすることだったのだから、それは無理な話だった。とはいえ、大勢の群衆に迎えられたことに悪い気はしなかった。

今回はカールトン・ホテルに泊まることにした。ここを選んだ理由は、リッツ・ホテルより古くからあり、わたしにとってロンドンをもっと懐《なつ》かしい場所にしてくれるところだったからである。そこのスイートルームは、文句なしに素晴らしかった。人にとって、もっとも悲しいこととは、贅沢《ぜいたく》に慣れてしまって新たな感激が得られなくなることではないだろうか。だがわたしは、毎日カールトン・ホテルに足を踏み入れるたびに、黄金の天国に入るような心地がした。金さえあれば、ロンドンの生活は、日々の一瞬一瞬が心躍る冒険だった。世の中はすべて娯楽と化し、お楽しみは朝起きた瞬間から始まった。

部屋の窓から外を覗《のぞ》くと、通りに沿っていくつもプラカードが立っているのが見えた。なかのひとつに、「チャーリーは今でもわれらが恋人」というものがあり、その言葉が意味するところを思うと、自然と笑みが浮かんできた。ある取材でとんだヘマをやってしまったにもかかわらず、マスコミもとても好意的だった。ヘマというのは、エルストリーに行く予定があるかと訊《き》かれて、「それはどんなところなのかね？」と無邪気にも訊き返してしまったことである。記者たちは顔を見合わせて笑い、イギリス映画産業のメッカですよ、と教えてくれた。わたしは心から恥じたので、記者たちも気を悪くすることはなかったようだ。

この二度目のイギリス訪問は、前回と同じぐらい魂が揺さぶられ胸が躍った。そして、前よりもっと楽しめたことは確かである。それは、一層多くの興味深い人々と出会うという幸運に恵まれたからだ。

サー・フィリップ・サスーンは早速電話をかけてきて、ラルフとわたしをパークレーンのタウンハウスとリムにあるカントリーハウスでのディナーに何度も招待してくれた。また、下院でとる昼食にも連れて行ってくれ、そのロビーでは、アスター卿夫人《レイディ・アスター》（ナンシー・アスター。アメリカ出身で子爵の息子と結婚したのち英国初の女性国会議員〔下院〕になる。一八七九〜一九六四）に出会った。その翌日か翌々日、アスター卿《きょう》夫人は早速セント・ジェイムズ・スクエア一番地（四番地の勘違い）の自宅で開いた昼食会にわたしたちを招待してくれた。

応接室に入ったときには、まるでマダム・タッソー館（有名人を精巧に再現した蠟人形を集めた展示館。ロンドン名所のひとつ）の「名士の間」に足を踏み入れたかのようだった――なにしろそこには、バーナード・ショー、ジョン・メイナード・ケインズ（イギリスの世界的経済学者。一八八三～一九四六）、ロイド・ジョージをはじめとする超大物がいたのである――しかもみな生身の姿で。アスター卿夫人はその無尽蔵とも思われる機知で座の会話を弾ませていたが、ふいに呼ばれて席を外してしまった。そのあとに訪れたのがぎこちない沈黙だった。だが、バーナード・ショーがあとを引き受け、イング司祭（イギリスの神学者。セントポール寺院の司祭長を務めた。一八六〇～一九五四）に関する面白い逸話を披露してくれた。聖パウロ《セント・ポール》の教えに義憤を感じていたイング司祭は、こんなことを言ったという。「聖パウロは、主の教えをひどく歪《ゆが》めてしまったな。いわば、逆さ磔《はりつけ》にしてしまったんだ」座を白けさせないように心を砕く優しさと愛想のよさは、感じがよくて魅力的なショーの性格をよく表していた。

昼食の場で、わたしは経済学者のメイナード・ケインズに、当時まだ私企業だったイングランド銀行の信用機能についてイギリスの雑誌で読んだ話をした。第一次大戦中、イングランド銀行の正貨準備が底をつき、残っていたのは担保にしていた四億ポンドの外国証券だけだったという。ところが、イギリス政府が五億ポンドの借款《しゃっかん》を申し入れてきたので、銀行は、ただその外国証券を持ち出してきて、それを眺めたあと、また金庫に戻し、政府に融資を行ったのだそうだ。しかも、同じことを何度も繰り返したという。ケインズは頷《うなず》いて、こう言った。「そうです。実際起きたのは、そんなところです」

「でも」とわたしは礼儀正しく尋ねた。「政府は、その融資をどうやって返したのですか？」

「また信用借りをして返したわけですよ」とケインズが答えた。

昼食が終わるころ、アスター卿夫人が、喜劇用のそっ歯を自分の歯にかぶせて、ヴィクトリア朝の貴婦人が乗馬クラブで話をしているところを面白おかしく演じてみせた。付け歯でひどく滑稽《こっけい》な表情になった夫人は、こんな熱弁をふるったのだ。「わたくしたちの時代、イギリス人女性は、きちんとした淑女のやり方で狩猟犬を追ったものですわ――あの厚かましいアメリカ西部の女たちみたいに、はしたなく脚を開いて乗るようなことは決していたしませんでした。わたくしたちは、横乗りで力強く素早く馬を駆り、いつも威厳と女性らしい美しさを忘れなかったんですのよ」

アスター卿夫人はさぞかし素晴らしい女優になれたに違いない。彼女はまた、チャーミングなホステスで、彼女が開く素晴らしいパーティーの数々に招いてもらったことについては、心から感謝している。そうした機会を通して、わたしは数多くのイギリスの著名人に会うことができたのだった。

昼食のあとはわたしたちだけが残り、アスター卿が自分の肖像画を見せに連れて行ってくれた。それはマニングス（イギリスの画家。のちの王立芸術院校長。一八七八〜一九五九）の手によるものだった。アトリエに着いたとき、マニングスはわたしたちを中に入れたがらなかったのだが、アスター卿の熱心な懇願についに根負けしてアトリエに入れてくれた。肖像画はアスター卿が馬に乗って、たくさんの猟犬に囲まれている場面を描いたものだった。下絵として彼が描いた犬の動作のスケッチが完成した絵と同じくらい素晴らしかったので、そのことを褒めたことから、マニングスとわたしは意気投合した。「この動作はまさに音楽ですね」というと、マニングスは喜んで、ほかのスケッチも見せてくれた。

その翌日か翌々日には、バーナード・ショー宅での昼食会に呼ばれた。食事のあと、ショーはわたしだけを書斎に案内してくれた――アスター卿夫人やほかの客は居間に残して。テムズ川を見下ろす書斎は明るくて、陽気な雰囲気だった。そして、あろうことか、わたしはマントルピースの上にずらりと並べられたショーの本に直面することになったのである。ショーの本はほとんど読んだことがなかったので、わたしは馬《ば》鹿《か》みたいにマントルピースに近づき、感嘆符を付けてこう言ってしまった。「ほお、あなたの全作品ですか！」だが、そのあと、ふいに思いついた。もしかしたらショーは、自らの著作に関する議論を通じてわたしの心を探るために、わざわざこんな機会を作ったのではないかと。ふたりで議論に夢中になり、ほかの客が入って来たので、やっと話を切り上げるといった光景が浮かんできた。それがほんとうのことだったら、どんなによかったろう。だがもちろんそんなことにはならず、一瞬取り澄まして黙ったあと、わたしは笑みを浮かべてマントルピースから離れ、部屋の中を眺めて、その感じの良さについて月並みなお世辞を言っただけだった。そのあと、わたしたちはほかの客のもとに戻った。

その後もショー夫人には何度か会う機会があった。ショーの戯曲『デモクラシー万歳！』（一九二九年）について話したときのことを思い出す。この戯曲に寄せられた批評はあまり熱意の入らないおざなりなものだったので、夫人は憤慨していた。「主人に言ったんですのよ。もう戯曲を書くのはおよしなさいって。一般読者も批評家も、あなたの戯曲のよさがわからないのですからって！」

次の三週間、わたしたちは、ひきもきらない招待に応じて忙しく過ごした。首相のラムゼイ・マクドナルド（一九二四、一九二九〜一九三五年イギリス首相。一八六六〜一九三七）、ウィンストン・チャーチル、アスター卿夫人、サー・フィリップ・サスーンをはじめ、錚々《そうそう》たる人々から次々に招かれたのだった。

初めてウィンストン・チャーチルに会ったのは、マリオン・デイヴィスのビーチハウスである。五〇人ぐらいの客が舞踏室と応接間にひしめいていたとき、ハーストと一緒に戸口に現れ、まるでナポレオンのように片手をベストのポケットに差し込んだまま、ダンスを眺めたのだ。彼は場違いのところに来てしまって戸惑っているように見えた。そのとき、ハーストがわたしを見つけ、手招きして引き合わせてくれたのだった。

チャーチルの物腰は、親しげではあったが、どこかぶっきらぼうだった。ハーストがどこかへ行ったので、人々がうろつくなか、わたしたちはしばらく、あたりさわりのない世間話を交わした。彼の顔がパッと輝いたのは、わたしがイギリス労働党の話を持ち出したときである。「わからないのは、イギリスでは社会主義者の党が政権をとっても、なぜ国王や女王の地位が変わらないのか、ということなんですが」とわたしは言った。

チャーチルは、いたずらっぽく挑むような目つきで、ちらりとわたしを見た。「もちろん、そんなことにはならないさ」と彼は言った。

「社会主義者は君主制に反対していると思っていたんですが」

彼は笑った。「もしここがイギリスだったら、その言葉で君の首は飛んでいるよ」

次の日の晩だったか、そのまた次の日の晩だったか、チャーチルはわたしを滞在先のスイートルームでの食事に招待してくれた。そこにはほかに二人の客と、彼の息子のランドルフがいた。ランドルフは一六歳のハンサムな若者で、知的な議論に飢え、青年につきものの潔癖な批判精神にあふれていた。チャーチルが息子をとても誇らしく思っていることは、見ていてよくわかった。父と息子は、とるに足りないことで互いをからかいつづけ、とても楽しい夕べになった。その後も、チャーチルがイギリスに戻る日が来るまで、わたしたちは何度も会うことになった。

そして今、ロンドンにやって来たラルフとわたしを、チャーチルはチャートウェル（ケント州にあるチャーチルのカントリーハウス）で過ごす週末に招いてくれたのである。わたしたちは、寒くて不快なドライブの果てに、ようやく屋敷に辿《たど》りついた。だが、チャートウェルは美しい魅力のある古い屋敷で、慎ましいながらも趣味のよい家具調度類が備えられ、家庭的な雰囲気に満ちていた。チャーチルをよく知るようになったのは、この二度目のロンドン訪問からである。当時彼はまだ下院の平議員にすぎなかった。

サー・ウィンストンは、どんな人より楽しい人生を送って来たのではないかと思う。彼は勇気と熱意と熱烈な興味を持って、人生という舞台でさまざまな役を演じてきた。

この世の楽しみで味わわなかったものは、ほとんどなかったろう。人生は彼に優しかった。彼は存分に生きて、存分に賭《か》けた――それも最高の賭けをして勝ったのだった。権力を持つことも楽しんだが、決してそれに拘泥《こうでい》することはなかった。また、その忙しい暮らしの中で、煉瓦《れんが》積みや競馬や絵画など、趣味に費やす時間もちゃんと作っていた。ダイニングルームの暖炉の上に静物画が置かれているのに気がついたとき、ウィンストンは、わたしがそれに強い関心を示したのを見て、こう言った。

「ぼくが描いたんだ」

「見事な作品ですね！」わたしは熱意を込めて言った。

「そんなことはないさ――南フランスで、風景画を描いている男を見たときに、〝ぼくだって描ける〟と思ったんだよ」

その翌日、彼はチャートウェル周辺の煉瓦塀を見せてくれた。自分で積んだのだという。驚いて、煉瓦積みは見かけほどやさしいものではないですよね、というようなことを言うと、チャーチルは答えた。

「じゃあ、教えてあげよう。五分もすればできるようになるさ」

最初の晩のディナーには若い国会議員も何人か同席していて、いわば、ウィンストンの足もとにひれ伏すような態度をとっていた。そのなかには、今やブースビー卿になったミスター・ブースビー（男爵に叙せられた。一九〇〇～一九八六）、そしてのちにブラッケン卿になった故ブレンダン・ブラッケン（子爵に叙せられた。一九〇一～一九五八）もいたが、ともにチャーミングかつ面白い人物で、話の名手だった。わたしは、当時ロンドンに来ていたガンジー（インド独立の父。一八六九～一九四八）にこれから会う予定だと言った。

「あの男の要求には、もう十分応《こた》えてきましたよ」とブラッケンが言った。「ハンガーストライキをしようがしまいが、牢屋《ろうや》にぶち込んで、せいぜいそこにつないでおくことですね。厳しく処さなければ、われわれはインドを失うことになります」

わたしは割り込んで言った。「牢屋に入れて済むなら簡単でしょうね。でも、ひとりのガンジーを牢屋にぶちこんでも、またほかのガンジーが立ち上がりますよ。彼はインドの人たちが望んでいるもののシンボルなんです。だから、それを手に入れるまでは、次々と新しいガンジーが現れるでしょう」

チャーチルはわたしのほうを向いて微笑《ほほえ》んだ。「君はさぞかしいい労働党員になるだろうな」

チャーチルの魅力は、懐《ふところ》が深くて他人の意見を尊重する点にあった。自分に反対する者にも決して悪意を抱くようなことはなかったと思う。

ブラッケンとブースビーは最初の晩のうちに屋敷を去ったので、翌日わたしは、家族と親しく過ごすウィンストンの姿を目にする機会に恵まれた。それは政界に嵐《あらし》が吹き荒れた日で、ビーヴァーブルック卿（カナダ生まれのイギリスの政治家。ウィリアム・マックス・エイトケン。ビーヴァーブルック男爵に叙せられた。一八七九〜一九六四）から終日電話がチャートウェルにかかってきて、ディナーの間もウィンストンは何度となく中座を余儀なくされた。イギリスは選挙戦の最中かつ経済危機の真っただ中にあったのである。

食事のときは面白かった。というのも、ウィンストンが長々と政治の話をするのに、家族はまったく動じず、のんびり食事を進めるのだ。きっとそれはいつものことで、家族はすっかり慣れっこになってしまっていたのだろう。

「省は、予算の均衡が難しいと言っている」とチャーチルは言って、こっそり家族の、そして次にわたしの反応を見たあと、こう続けた。「政府歳出予算はすでに限界に達してしまったし、課税できるものももう底をついたから、と言ってね。イギリスは紅茶をシロップみたいにかき混ぜているというのに」彼は、ちょっと口をつぐんで、効果を狙《ねら》った。

「では、紅茶の税を上げれば、予算の均衡がはかれるのですかね？」とわたしは茶化して訊いた。

彼はわたしを見て、一瞬躊躇《ちゅうちょ》した。そして「そうだ」と答えたが、あまり確信があるようには見えなかった。

チャートウェルでは、その簡素な暮らしぶりとスパルタ式とさえ思えるほどの厳格な趣味に、すっかり魅せられてしまった。ウィンストンの寝室は書斎兼用で、四方のすべての壁は天井まで積み上げられた本であふれかえっていた。一つの壁は、国会議事録用にあてられていた。また、ナポレオンに関する本もたくさんあった。「そう、わたしは彼が大好きでね」とウィンストンは打ち明けた。

「君はナポレオンの映画制作に関心があると聞いたんだが」と彼は言った。「絶対やるべきだな――素晴らしいコメディーの材料がいくらでもある。たとえば、ナポレオンがバスタブで入浴しているときに、弟のジェロームが金モールのついた軍服を着こんで、勢い込んで入ってくる。ナポレオンを辱《はずかし》め、その機会に自分の要求をしぶしぶ認めさせようという魂胆だ。だがナポレオンはわざとバスタブで滑ったふりをして弟の軍服を水浸しにしたあと、出ていけと命令する。弟は、おめおめ引き下がるしかない――どうかな、素晴らしいコメディー・シーンにならないかい？」

わたしは、チャーチル夫妻が《クォリーノズ》レストランで昼食をとっていたときのことを思い出す。ウィンストンは子供っぽくむくれているように見えた。わたしはふたりのテーブルに行って笑顔で挨拶《あいさつ》した。「まるで世界中の錘《おもり》を飲み込んでしまったような顔をなさっていますよ」

ウィンストンは、下院の討論から出てきたところなんだが、ドイツの議題に関する討論の内容が気にくわないのだ、と言った。わたしが知ったかぶりをして何か言うと、彼は首を横に振ってこう答えた。「いや、深刻な問題なんだ。きわめて深刻なんだよ」

＊

チャーチル家での滞在からしばらくして、わたしはガンジーに会った。彼の政治的慧眼《けいがん》と鉄の意志に、わたしはつねづね敬意と感嘆の気持ちを抱いていた。だが、彼のロンドン訪問は誤りだったと思う。ロンドンという場所では、彼の伝説的な重要性が霧散してしまい、その宗教的な演出も感銘を与えるには至らなかったからだ。イギリスの寒くて湿っぽい気候のもとでは、インドの伝統的な腰布をくしゃくしゃにまとった姿は場違いな印象しか与えず、わざわざロンドンを訪れた彼を、軽薄な饒舌《じょうぜつ》と風刺の種にしてしまった。とかく人の印象は、遠くで見るほど偉大になるものである。だが、ガンジーに会いたいかどうかと訊かれたとき、わたしの胸は高鳴った。

ガンジーとの会見場所は、イースト・インディア・ドック・ロードから少しはずれた貧民街にあるみすぼらしい家だった。道には群衆があふれ、記者とカメラマンが一階にも二階にもぎっしり詰めかけていた。会見は、三メートル半四方ぐらいしかない、通りに面した二階の小さな部屋で行われた。偉大なる聖人《マハトマ》はまだ到着しておらず、わたしは待つ間に、何を話そうかと考えた。彼が投獄されていたこと、ハンガーストライキを決行したこと、インド独立のために奮闘してきたことなどについては聞き及んでいたし、機械の使用に反対していることもなんとなくは知っていた。

ついにガンジーが到着し、腰布のひだをたくし上げてタクシーから降りようとする姿に、万歳という歓声や拍手喝采《かっさい》が沸き起こった。貧民街の狭い通りに人が溢《あふ》れ、群衆の歓声を浴びながら異邦人が粗末な家に入ってくるところは、とても奇妙な光景だった。ガンジーは二階に上がると窓に歩み寄り、わたしを手招きしたので、ふたりで通りの群衆に手を振った。

並んでソファに座ったとたん、フラッシュの一斉射撃が部屋を襲った。わたしはマハトマの右隣に座った。いよいよ、ほとんど知らないテーマについて、鋭い知的な質問をしなければならないという、あの居心地悪く恐ろしい瞬間がやってきた。わたしの右側には、押しの強い若い女性が座って、くどくど何か話していたが、その言葉は何一つ耳に入らなかった。それでも、わたしは同意するふりをして頷きつづけ、その間じゅう、ガンジーに何を言おうかと考えを巡らせていた。わかっていたのは、会話をスムーズに始めるのはわたしの役目であること、マハトマのほうから、わたしの最新作を楽しんだなどというような話で口火を切らせるわけにいかないことなど。だいたい、ガンジーが映画など観《み》たことがあるかどうかさえ疑わしかった。そうこうするうちに、ふいに威厳のあるインド人女性の声が聞こえ、だらだら話している若い女性の口を封じた。「お嬢さん、いい加減にお話を終わらせて、ミスター・チャップリンがガンジーと話せるようにしてくださいな」

ぎゅうぎゅう詰めになった部屋が、突然しーんとなった。仮面のようなマハトマの表情は、話しかけられるのを待っているというものだったので、全インドもわたしの言葉を待ち受けているように感じられた。そこで、ひとつ咳払《せきばら》いしてから、意を決して話しはじめた。「もちろんわたしは、インドの人々の自由に対する強い願望とそのための奮闘に、心からの共感を抱いています。とはいえ、あなたの機械嫌いには、いささか戸惑っていると言わねばなりません」

マハトマが頷いて微笑んだのを見て、わたしは続けた。「何と言っても、もし機械を利他的な方法で使うことができれば、人々は奴隷《どれい》のようなくびきから解放され、労働時間も減り、知性を向上させて人生を楽しむ時間が生み出せるのではないですか？」

「おっしゃることは、わかります」とガンジーは穏やかに言った。「けれども、インドがそうした目的を達成できるようになるには、まずイギリスの支配から抜け出す必要があるのです。機械はかつて、わたしたちをイギリスに隷属させてしまいました。そうした隷属から抜け出す唯一《ゆいいつ》の方法が、機械で作られた製品のボイコットなのです。だからこそ、わたしたちは、すべてのインド人が自ら綿を紡《つむ》いで布を織ることを愛国的な義務として掲げました。それがイギリスのような強大国家に対するわたしたちの闘い方なのです——もちろん、理由はそれだけではありません。インドの気候風土はイギリスとは異なります。また、インドの習慣やニーズも異なっています。イギリスでは気候が寒いために、多大な努力を要する産業や複雑な経済が必要です。ナイフやフォークなど物を食べるための道具も必要でしょう。でもわたしたちは指で食べます。こうした違いが、多くの差異をもたらしているのです」

わたしはいわば、自由を勝ち取るために闘うインドの戦略について、明快な実践教育を受けたわけだった。しかもそれは、逆説的なことに、達成への鉄の意志を持った現実的で男らしいヴィジョナリーによって鼓舞された戦略だったのである。彼はまた、究極的な独立とは、一切の不要なものを手放すことであり、暴力は結局のところ自滅をもたらすだけだとも語った。

報道関係者が去ったあと、ガンジーから、部屋に留まって祈りを捧《ささ》げるところをご覧になりませんかと勧められた。マハトマが床にあぐらを組んですわると、他の五人の者も彼を取り囲んで同じように座った。それは興味深い光景だった。ロンドンの貧民街のど真ん中で、六人の男が小部屋の床に座っている。サフラン色の太陽は家々の屋根の背後に急速に沈もうとしている。そして、身を低くして祈りを唱えるそんな彼らの姿を、わたしはソファの上から見下ろしていたのだ。なんというパラドックスだろう——わたしはそう感じた。明敏な法学的精神と深遠な政治的現実の感覚を併せ持つ、このきわめて現実的な男のすべてが、歌うような祈りの詠唱のなかに消えていくように思われたからだ。

＊

『街の灯』のオープニングの日は土砂降りだったが、かなりの数の観客が詰めかけ、映画は大成功に終わった。わたしは二階の半円形に突き出した特等席にバーナード・ショーと並んで座り、観客はそれを見て笑い声をあげ、拍手喝采を送った。そこで、わたしたちは一緒に立ち上がっておじぎをしなければならなかったが、それを見た観客は喜んでまた笑い声を上げた。

チャーチルはプレミアにも、そのあとの晩餐会《ばんさんかい》にも出席してくれた。そして、テムズ川の対岸に住んでいた貧しい少年から身を起こし、今や全世界の愛情を手にした男、チャーリー・チャップリンに乾杯したい！　というような内容の祝辞を述べた。望外の賛辞だったし、彼がスピーチの前に、「閣下、ならびに紳士淑女諸君」という物物しい前置きを付けたので、わたしは、少々気が動転してしまった。そして、晩餐会のこのフォーマルな雰囲気に飲み込まれ――ほかにも理由はあったが――わたしは同じ調子で彼の祝辞に応え、「閣下、ならびに紳士淑女諸君、そしてわが友人の故大蔵大臣《レイト・チャンセラー・オブ・ジ・エクスチェッカー》――」とやってしまったのである。それ以上何も言うことはできなかった。爆笑が沸き起こったからだ。そして大声で繰り返す声が聞こえた。「故《レイト》か、故《レイト》か！　気に入ったぞ、故《レイト》か！」もちろん、それはチャーチルの声だった。気を取り直したあと、わたしは弁解した。「その、〝前大蔵大臣《エクス・チャンセラー・オブ・ジ・エクスチェッカー》〟というのはなんだか変な気がしたもので」

労働党の首相、ラムゼイ・マクドナルドの息子、マルコム・マクドナルドが、ラルフとわたしを父親に引き合わせようと、《チェッカーズ》（バッキンガムシャーにある英国首相の公式別荘）に一晩招待してくれた。首相に出くわしたのは、彼が健康のために散歩をしている途中だった。ゴルフズボンを履き、スカーフとキャップを身に着け、パイプをくわえてステッキを持って歩くその姿は、典型的な地方の大地主といった風情《ふぜい》で、とても労働党の党首には見えなかった。わたしが彼に抱いた最初の印象は、首相の重責をはっきりと認識している、とても威厳のある紳士というものだ。面立ちは貴族的だったが、ユーモアも感じられた。

その晩は、初めのうちこそぎこちなかったが、ディナーのあとコーヒーを飲みに、歴史のある有名な《ロングルーム》（一八世紀にこの館を所有していたオリヴァー・クロムウェルの子孫が彼の遺品を集めた部屋）に移り、クロムウェルのオリジナルのデスマスクや他の歴史的な所蔵品を見たあとは、打ち解けて話ができるようになった。わたしは首相に、前回の訪問以来、イギリスは良い方向に大きく変わったと告げた。一九二一年当時、ロンドンはもっとずっと貧しく、テムズ川のエンバンクメントで白髪の老婆《ろうば》たちが寝ている様子を見かけたものだったが、今では彼女たちをはじめ、路上生活者自体がいなくなっていた。さらに、商店の品揃《しなぞろ》えは豊富になり、裸足《はだし》で歩く子供たちも姿を消した。これもみな、労働党政権のおかげに違いない、と言ったのだ。

首相の表情は読み取れなかったが、横やりを入れることなく、わたしに話を続けさせた。そこで、わたしは訊いてみた。労働党政権は、社会主義の政権だと理解しているが、国の政体を基本的に変える権力があるのかと。すると彼の目が輝きだし、ユーモアを込めてこう答えた。「そうあるべきなのだがね、その点こそ、イギリス政治のパラドックスなんだ。党は政権を握ったとたんに無力になってしまうんだよ」彼は一瞬考え込んだあと、首相として初めてバッキンガム宮殿に呼ばれたときの話を披露した。国王陛下は丁重に彼を迎えたあと、こう述べられたそうだ。「さて、君たち社会主義者は、わたしをどうするつもりだね？」と。

　首相は笑って言ったそうだ。「何もいたしません。陛下および英国の最大利益のために全力を尽くす所存でございます」

　選挙の最中のある週末、アスター卿夫人がラルフとわたしをプリマスにある彼女の屋敷に招き、T・E・ローレンス（イギリスの軍人・考古学者。映画『アラビアのロレンス』の主人公のモデル。一八八八～一九三五）に会えるように図らってくれた。彼もそこで週末を過ごすことになっていたのである。だが、何らかの理由で、ローレンスは来ることができなかった。それでも、彼女はわたしたちを自分の選挙区に招き、漁師に向けてスピーチをすることになっている埠頭《ふとう》のそばの演説会場に連れて行った。そして、わたしに一言しゃべってくれないか、と頼んできたのである。だがわたしは、自分は労働党の支持者だから、わたしの話は彼女の政策を応援することにはならないと躊躇した。

「そんなこと、ぜんぜんかまわなくてよ。あの人たち、あなたを見たら喜ぶと思うの。ただそれだけのことよ」

それは戸外の集会で、わたしたちは大型のトラックの上から演説を行った。選挙区の主教もそこにいたが、どこかイライラしているようで、挨拶もぞんざいに思えた。アスター卿夫人による簡単な紹介のあと、わたしはトラックの上に立った。「はじめまして、みなさん。わたしたちのような大金持ちが、投票の仕方をあなたがたに指図するのは、別にかまわないかもしれません。でも、実のところ、わたしたちの置かれた状況は、あなたがたのものとはまったく違うんです」

ふいに主教の大声がした。「ブラボー！」と。

わたしは言葉を続けた。「アスター卿夫人とあなたがたには、なにか共通点があるのかもしれません――わたしには、それが何だかわかりませんが。きっとあなたがたのほうが、わたしより、よくご存知なのでしょう」

「いいぞ！　よく言った！」とまた主教が叫んだ。

「アスター卿夫人の政策とこれまでの議会活動について言えば、夫人を選んだこの――この――」

「選挙区！」と主教が叫んだ——わたしが言葉に詰まると、いつも助け舟を出してくれたのだ——「この選挙区のためのアスター卿夫人の議会活動は、とても満足すべきものに違いありません」そして、彼女はとても心がきれいで温かく、善意に満ちた人物であることをわたしは知っている、というようなことを言って言葉を締めくくった。トラックから下りたとき、主教は満面の笑みをたたえて、熱心にわたしの手を握った。

イギリスの聖職者には、イギリスのもっとも良い面を反映した根っからの率直さと誠実さがある。ヒューレット・ジョンソン博士（英国国教会の聖職者。ソビエト連邦を支持したため〝カンタベリーの赤い大司祭〟として知られる。一八七四～一九六六）やコリンズ司祭（ルイス・ジョン・コリンズ。セントポール寺院の司祭を長く務め、アパルトヘイトの撲滅や核軍縮に尽力した。一九〇五～一九八二）をはじめ、こうした多くの高位聖職者たちが、英国国教会に活力を与えているのだ。

＊

友人のラルフ・バートンの様子がおかしくなった。居間の電気時計が停まったので、見てみると、電線が切られていた。ラルフにそのことを伝えると、彼はこう答えた。「ああ、ぼくが切ったんだ。カチカチいうのがたまらなかったんでね」わたしは戸惑い、少し腹も立ったが、ラルフのいつもの変わった癖だと思い、それ以上深くは考えなかった。ニューヨークを出てから、ラルフはうつ状態から完全に立ち直ったように見えていた。そして今、彼はアメリカに戻ろうとしていた。

イギリスを去る前、ラルフは自分の娘のところに一緒に行ってくれないか、と頼んできた。ほんの一年前に修道院に入ったばかりで、今はハックニー（インナー・ロンドンの北東部）のカトリック修道院にいるという。その娘は彼の長女で、最初の妻の子だった。ラルフはその子のことをよく話した。一四歳になったとき、修道女になるべしというお告げを聞いたのだという。彼と妻は、あらゆることをして彼女の決意を翻《ひるがえ》させようとした。一六歳になったときの写真を見せられたわたしは、すぐさまその美しさに打たれた。大きな褐色の瞳《ひとみ》、ふっくらとした繊細な唇を持つ美少女が、うっとりするような笑みを浮かべてこちらを見つめていた。

ラルフは、娘をパリ中のダンスホールやナイトクラブに連れて行き、何とかして宗教への憧《あこが》れを捨てさせようとした。美男子をあてがって楽しいときを過ごさせることまでやったという。そのときは彼女も楽しんでいるように見えたのだが、結局は何事も修道女になる決心を変えさせることはできなかった。ラルフはここ一年半、娘に会っていなかった。今では修練期間も終わり、正式に修道女になっているという。

その修道院は、ハックニーの貧民街のど真ん中にある薄暗い陰気な建物だった。わたしたちは、着くとすぐ女子修道院長に迎えられ、陰気な小部屋に通されて、無限とも思われる時間、待たされた。ついにラルフの娘が部屋に入って来たとき、わたしは悲しくなってしまった。というのも、彼女の美しさはあの写真のまま、まったく変わっていなかったのである。ただ、微笑んだときに、両側の歯がなくなっているのがわかった。

その場の光景はまさに不条理と言ってよいものだった。わたしたち三人が陰気な部屋に座っている。屈託のない粋《いき》な三七歳の父親（三九歳の勘違いか？）が、足を組んでタバコを吸う中、反対側の椅子《いす》には、彼の娘である一九歳の美しい修道女が座っている。わたしは失礼して車で待つことにすると言ったのだが、ふたりとも頑として聞き入れなかった。

彼女は明るく快活だったが、それでもどこか浮世離れしているように見えた。学校の先生としての仕事について話すときも、その仕草は神経質でぎくしゃくしていて、緊張しているように見えた。

「幼い子を教えるのは、ほんとうに大変なの。でも、そのうちきっと慣れるわ」と彼女は言った。

タバコを吸いながら娘に話しかけるラルフの目は、誇らしげに輝いていた。異教徒であるくせに、娘が修道女になっているという事実をむしろ嬉しく思っていることがわかった。

　ふたりの対面には、どこか憂《うれ》いに満ちたよそよそしさがあった。彼女が精神的な試練を経てきたことは間違いない。若くて美しかったものの、その表情は悲しげでひたむきだった。彼女はわたしたちがロンドンで盛大に迎えられたことについて述べたあと、ラルフの五番目（正しくは四番目）の妻、ジェルメーヌ・タイユフェール（フランス人の作曲家。一九二五年から二年間ラルフの妻だった。一八九二〜一九八三）について尋ねた。ラルフは、離婚したんだ、と娘に伝えた。「もちろんそうでしょうね」と彼女はわたしのほうを見てユーモラスに言った。「パパの現在の奥さんが誰なのかって、いちいち追いかけるのは、ほんとに大変だわ」ラルフもわたしも照れ笑いした。

　ラルフが娘に、ハックニーには長くいることになるのか、と訊いたところ、彼女は考え深げに首を横に振って、中央アメリカに送られることになるかもしれないと答えた。

「でも、いつ、どこに行くことになるのかは、知らされないの」

「じゃあ、そこに着いてからお父さんに手紙を出せばいいね」とわたしは口を出した。

　だが、彼女は口ごもった。「わたしたち、誰にも連絡してはいけないことになっているんです」

「両親にも？」とわたしは訊いた。

「そうです」と彼女は努めて感情を交えないように言ったあと、父親に笑顔を向けた。みな一瞬、黙ってしまった。

修道院を去る時間がきたとき、娘は父親の手をとり、しばらくの間、愛情を込めて握りしめた——まるで、直観が働いたかのように。帰り道、ラルフはいつも通りの平静を装《よそお》ってはいたが、どことなく沈んでいた。二週間後、ニューヨークの自宅のアパートメントで、彼は自殺を遂げた。ベッドに横たわり、シーツをかぶって、こめかみを撃ち抜いたのである。

＊

わたしはH・G・ウェルズに頻繁に会っていた。彼はベーカー・ストリートにフラットを持っていて、そこを尋ねたときには、ウェルズの四人の女性秘書たちが、百科事典、技術書、記録や新聞などの山に埋もれるようにして、調べ物をしたりメモをとったりしていた。「これは、次の本、『金《かね》の分析』の準備でね」とウェルズが言った。

いた。

「大仕事なんだ」

「ほとんどの仕事は彼女たちがやっているように見えますがね」とわたしは茶化した。

「大型のビスケット缶のようなものが書斎の高い棚の上にずらりと置かれていて、それぞれ「伝記資料」、「個人的書簡」、「哲学」、「科学データ」といったラベルが貼《は》られて

ディナーのあとには、彼の友人たちがやってきた。なかに、ラスキ教授（ハロルド・ラスキ、イギリスの政治学者・労働党幹部。一八九三〜一九五〇）がいた。まだとても若々しく見える彼は、優れた雄弁家だった。カリフォルニアのアメリカ法曹協会での講演を聞いたことがあったのだが、そのとき何も見ずに、一時間にわたって、よどみなく見事な講義をしたのである。ウェルズのフラットで、ハロルドはわたしに、社会主義哲学の驚くべき進歩について話をした。ほんの少し物が加速することによって、甚大《じんだい》な社会的格差が生まれるという。話はとても面白かったのだが、ウェルズの就寝時間が来てしまった。ウェルズはそのことをまず客の顔を見てから腕時計に目をやる、という仕草を全員がいなくなるまで繰り返して、あからさまに示したのだった。

一九三五年に、ウェルズがカリフォルニアを訪ねてきたとき、わたしはソビエト連邦に対する彼の批判を非難した。ソ連を見くびった彼の報告書を読んでいたので、本

人の口から直接その説明を聞きたかったのだが、驚いたことに、彼はロシアについて、苦々しい思いさえ抱いていた。

「でも、結論を下すには、まだ、時期尚早なのでは？」とわたしは反論した。「内からも外からも反対やら陰謀やらが持ち上がって、今まで困難に直面してきたんです。時間が経《た》てば、よい結果が得られるのではありませんか？」

当時ウェルズは、ローズヴェルトがニューディール政策で成し遂げたことに夢中になっていて、アメリカでは疑似社会主義のようなものが、死につつある資本主義から生まれてくるだろうと考えていた。彼はとくに、ソ連で会見したスターリンに批判的だった。そして、ソ連はスターリンのもとで専制的な独裁国家に成り果ててしまったと言った。

「あなたのような社会主義者は、資本主義に未来はないと信じていますよね。でも、もしソ連でも社会主義が失敗したというなら、世界にはどんな希望が残されていると言うんです？」

「社会主義はソ連で失敗することはない。世界のどこであっても」とウェルズは言った。「だが、ソ連で発展した社会主義は、独裁主義を生み出してしまったんだ」

「もちろん、ソ連は間違いを犯しました」とわたしは言った。「そして、他の諸国同様、ソ連は間違いを犯しつづけるでしょう。その最大のものは、外国借款やロシア公債などに対する支払い拒否だったと思います。そして、それらを、ロシア皇帝《ツァー》が革命後に残した負債と呼んだことです。ソ連がその支払いを拒否することには正当な理由があったのかもしれませんが、それでもやはり、それは大きな間違いだったと思うんです。というのは、それによって世界の反感を買い、ボイコットされたり武力干渉を受けたりする羽目に陥ったのですから。長期的に見て、負債金額の二倍ものコストがかかってしまったと言えるでしょう」

ウェルズはわたしの意見を部分的に受け入れ、そうした話は理論的には正しくても、現実的ではない、と言った。というのも、皇帝借款の返済拒否というのは、ロシア革命の精神を鼓舞した布告のひとつだったからだ。旧体制のつけまで払わせられることになっていたら、国民は激怒していただろうと言う。

「でも」とわたしは食い下がった。「もしソ連が正々堂々とことを行って、ああまで理想主義に凝り固まらなければ、資本主義諸国から大金を借りて自国の経済をもっと迅速に再建できたのではありませんか？　資本主義国のほうでも、大戦後はインフレや何かで浮き沈みがあったのだから、ソ連は負債をもっと楽に清算して、世界と友好関係を維持することができたんじゃありませんかね」

ウェルズは笑って言った。「今じゃ、もう手遅れだよ」

ウェルズとは多くの時間を過ごし、彼のさまざまな面を見ることになった。彼は南フランスに、とても気まぐれなロシア人の愛人のための家を建てていた。そのマントルピースの上には、「この家は愛人ふたりで建てた」という銘がゴシック文字で刻まれていた。わたしがそのことについて尋ねると、「そのことなんだがね」とウェルズが話しはじめた。「あれを刻ませたんだが、そのあと何度も削ったんだよ。口論になるたびに、石工に言って削らせるんだが、仲直りすると、また彼女が石工に刻ませるんだ。あまりにも何度も削ったり、刻んだりするものだから、とうとう石工が指示に従わなくなり、あのままになったってわけさ」

一九三一年に、ウェルズは『金の分析』を完成させた。丸二年を費やした大作で、かなり疲れているように見えた。

「さて、これからどうするんですか?」とわたしは尋ねた。

「次の本を書くまでさ」と彼は弱々しい笑みを浮かべた。

「なんと」わたしは大声を出した。「一休みして、何か他のことをやりたいと思わないんですか?」

「わたしに何ができるというんだね?」

ウェルズの貧しい生い立ちは、その作品や外見にではなく、わたしと同じように、自意識過剰になる点に影を落としていた。あるとき、彼が無気音の「h」を発音してしまい、真っ赤になったときのことを覚えている。こんな些細《ささい》な間違いが、偉大な男を赤面させたのだ。それからまた、貴族の地所の庭師頭をしていたおじについて話していたことも思い出す。そのおじの野望とは、ウェルズをお屋敷に奉公させることだった。ウェルズは皮肉っぽくこう言った。「神のご加護がなければ、今頃は第二執事あたりになってたかもしれんな!」

ウェルズは、わたしが社会主義に興味を抱いた理由を知りたがった。わたしは、アメリカに行って、アプトン・シンクレア(アメリカの社会主義的小説家。一八七八～一九六八)に出会ってからのことだ、と答えた。シンクレアのパサデナの家で昼食をとるために、一緒に車で移動していたとき、彼特有の穏やかな声で、利潤システムを信じるか、と訊《き》かれたのである。わたしはひょうきんに、会計士じゃないから答えられない、と答えた。それは、無邪気な質問だったが、問題の核心に触れるものであることを本能的に感じた。それ以来、社会主義に興味を抱くようになり、政治を、歴史ではなく経済的な問題として考えるようになったのだ。

わたしはつねづね自分には霊感があると思ってきたのだが、ウェルズはこの点についても訊いてきた。そこでわたしは、偶然とは思えなかったある一件について話した。テニス選手のアンリ・コシェ（国際テニス殿堂に列せられているフランス人の男子テニス選手。一九〇一〜一九八七）ともうひとりの友人とで、ビアリッツ（フランス南部の高級リゾート地）のカクテル・バーに行ったときのことだ。そこのバーの壁には、それぞれ一から一〇までの数字が書かれたルーレットが掛かっていて、わたしは半分冗談のつもりで、芝居っ気たっぷりにこんなことを宣言した。今、ぼくは霊の力にとりつかれている。だから、あの三つのルーレットを当ててしんぜよう。最初は九、二番目は四、そして最後は七になるはずだ、と。そして、驚いたことに、最初のルーレットは九で、二番目は四、そして最後は七で止まったのである——百万分の一の確率で！

それは単なる偶然だ、とウェルズが言った。「でも、偶然の重なりは検討に値するでしょう」とわたしは言い、こんどは少年時代に経験した話をした。それは、カンバーウェル・ロードの食料品店の前を通ったときのことだった。わたしはその店のシャッターが閉じたままになっていることに気がついた。ふだんは、そんなことはなかったのに。何かに押されるように窓枠に足をかけて、シャッターのひし形の穴から中を覗《のぞ》いて見ると、店の中は暗く、人の気配はなかったが、商品はすべてちゃんとそこにあった。そして、床の真ん中に、大きな荷箱がひとつ置かれていた。と、そのとき強い嫌悪感《けんおかん》が走ったのである。わたしは窓枠から飛び降り、その場を歩き去った。殺人事件が街をにぎわしたのは、そのすぐあとだった。愛想のよい六五歳の老紳士、エドガー・エドワーズが、窓用の錘《おもり》で店のオーナーを殴り殺すという簡単な手段により五軒の食料品店を手に入れ、ちゃっかり後釜《あとがま》に座っていたのだ。カンバーウェルの食料品店のあの荷箱の中身は、最後の犠牲者であるダービー夫妻とその赤ん坊の変わり果てた姿だったのである。

それでも、ウェルズは聞く耳を持たず、偶然が何度も重なるのは誰にもよくあることで、何の証拠にもならない、と言い張った。これでウェルズとの話は終わったのだが、話そうと思えば、もうひとつの経験を持ち出すこともできた。それは少年のころ、ロンドン・ブリッジ・ロードのサルーンで、水をもらおうとしたときのことだ。黒い口髭《くちひげ》の、ぶっきらぼうだが親切な男性がわたしに水をくれた。だがどうしたわけか、わたしはその水が飲めなかった。そこで、飲むふりをして、彼がほかの客に話をしようと目を離したすきに、コップを置いて店を出たのである。その二週間後、ロンドン・ブリッジ・ロードにあるパブ、《王冠亭《ザ・クラウン》》の経営者、ジョージ・チャップマンが、ストリキニーネによって五人の妻を毒殺した容疑で逮捕された。彼の最後の犠牲者は、わたしが彼からコップを渡された日、あのサルーンの上の部屋で死にかけていたのだ。

チャップマンもエドワーズも、絞首刑《こうしゅけい》になった。

不思議な話のついでに言うのだが、ビバリーヒルズに家を建てる一年ほど前、わたしは匿名《とくめい》の手紙を受け取った。透視能力者だという送り主は、夢の中で丘の上に建つ家を見たという。家の前には、船のへさきのような形にすぼまる芝生の庭があり、窓の数は四〇、天井の高い広々とした音楽室があると書かれていた。そして、その土地は二〇〇〇年ほど前にアメリカ先住民が人身《ひとみ》御《ご》供《くう》を行った聖地で、その家は幽霊にとりつかれているから、決して暗くしてはならない、というのだ。だが、家にひとりきりにならず、灯りがともっている限り、幽霊が出ることはないだろう、とも書いてあった。

その当時は、どうせ頭のおかしい者が書いた手紙だろうと思って無視し、珍妙ながらくたとして脇《わき》にどけて置いた。ところが、それから二年ほど経って机の引き出しの中身をかき回したときにこの手紙に出くわし、ふたたび読んでみたのである。不思議なことに、家と芝生の記述は正確だった。窓を数えたことはなかったので、数えてみると、驚いたことに四〇あった。

幽霊を信じていたわけではないが、わたしは実験してみることにした。水曜日は屋敷のスタッフの休日で、夜にはみな出払っていたので、外で食事をとった。夕食が終

1923年、ビバリーヒルズに建てた家。

わるや否《いな》や家にとんで帰り、オルガン室に向かった。そこは教会の身廊のような細長い部屋で、天井はゴシック風の造りになっていた。カーテンを閉めたあと、すべての照明を消し、肘《ひじ》掛け椅子まで手探りで進んで、少なくとも一〇分間、静寂の中で座りつづけた。重苦しい暗闇《くらやみ》がわたしの感覚を研ぎ澄まさせ、目の前を形のないものが浮遊しているような気がした。だが、それはカーテンの細い隙間《すきま》から差し込む月の光が、クリスタル製のデカンターに反射したものに違いない、と理性的に考えた。

カーテンをきっちり閉めると、浮遊物は消えた。そのあとまた、わたしは暗闇のなかで待ち受けた――五分ぐらいもそうしていただろうか。だが何も起こらなかったので、声を出して話しかけてみた。「霊よ、もしいるなら、どうか姿を見せてくれ」しばらく待ったが、何も起きなかった。わたしはまた言った。「交信する方法はないのか？　何か印とか——何かコツコツ叩《たた》くとか、もしそんな方法がいやなら、わたしの心に呼びかけるとか。たとえば、わたしに何か書かせることができないか。あるいは、冷たい風を吹かせてくれたら、そこにいることがわかるんだが」

こう言ったあと、また五分待ったのだが、風も吹かなければ、なんの印も得られない。静寂は耳をつんざくほどになり、頭の中は空っぽだった。ついにわたしは無駄なことだと思ってあきらめ、照明をつけた。そのあと居間に行った。カーテンは閉じられておらず、月の光の中にピアノの姿が浮かび上がっていた。わたしはピアノの前に座り、鍵盤《けんばん》に指を走らせた。しばらくして、面白い和音を見つけたので、それを何度も繰り返して弾き、その音が部屋中に反響した。なぜ自分はこんなことをしているんだろう？　そうか、これこそ、印なのかもしれない！　わたしは同じ和音を弾きつづけた。と、突然、腰のあたりが一筋の白い光の帯に囲まれ、わたしはピアノから飛び跳ねて、そこに立ちすくんだ。心臓がドラムのように激しく高鳴った。

気を取りなおしたとき、わたしは理性的に考えようとした。ピアノは窓ぎわから少し外れた位置にあった。そして、思い当たったのである。帯状の心霊体に思えたのは、山腹から降りてくる車のヘッドライトだったと。自分を納得させるために、またピアノに座って、同じ和音を何度か弾いてみた。居間の一方は暗い廊下につながっていて、その先にはダイニングルームのドアがあった。わたしは視野の隅で、そのドアが開き、何かがダイニングルームから出て来て暗い廊下を進んでくる姿を捉《とら》えた。それは、グロテスクな小人のような怪物で、目の周りが滑稽《こっけい》な白い輪で縁取られていた。それが、オルガン室に向かってよたよた進んで行く。そちらに顔を向けるより早く、怪物の姿は消えてしまった。ドキドキしながら、わたしはピアノの椅子から立ち上がって、あとを追ってみたが、それはどこにもいなかった。極度に緊張した状態でいたから、まつげの動きが錯覚を引き起こしたに違いないと思い、わたしはピアノに戻って弾きつづけた。だが、それ以上何も起こらなかったので、眠ることにした。

わたしはパジャマに着替えて、バスルームに入った。そして灯りを付けると、なんと幽霊がバスタブの中に座ってこちらを見ているではないか！　わたしはほぼ横跳びに、バスルームから飛び出した。スカンクだったのだ！　視野の隅から見えた小さな怪物は、それだった。ただ、居間にいたときは、もっと大きく見えていたのだ。

朝になって、執事が呆然《ぼうぜん》としている小動物をケージに入れた。このスカンク君は、結局我が家のペットになった。しかし、ある日どこかへ行ってしまい、二度とその姿を見ることはなかった。

*

ロンドンを去る前、ヨーク公夫妻（のちの英国王ジョージ六世とその妃。エリザベス二世の両親）から昼食会の招待を受けた。それは内輪だけの気の置けない会で、公爵《こうしゃく》夫妻と、夫人の両親、そして夫人の弟で一三歳ぐらいの少年しかいなかった。サー・フィリップ・サスーンもあとから加わり、そのあと、彼とふたりで公爵夫人の弟をイートン校に送り届ける役を仰《おお》せつかった。物静かな少年で、わたしたちがふたりの監督生に校内を案内されるなか、そのあとについて回った。監督生たちは、ほかの何人かと一緒に、わたしたちをお茶に誘ってくれた。

わたしたちは学校の売店に入った。といっても、六ペンスのお茶といくらかのお菓子を売っている、ごくふつうの売店である。その間、少年はほかの一〇〇名ほどの生徒《イートニアン》たちと外で待っていた。わたしたち四人は、混雑した二階の小さな部屋の小さなテーブルについた。すべてうまくいっているように見えていたのだが、お茶をもう一杯どうですか、と礼儀正しく訊かれたわたしは、うっかり「お願いします」と言ってしまった。これが財政危機を勃発《ぼっぱつ》させることになったのだった。そして、所持金が足りなくなったわれらがホストは、ほかの数名の少年たちと額を集めて密談することを余儀なくされたのである。

フィリップが囁《ささや》いた。「気の毒に、どうやら二ペンス足りなくさせてしまったようだな。だが、ぼくらには、どうしようもない」

結局のところ、彼らはなんとか工面して、ポット一杯の紅茶を注文することができた。だが、始業ベルが鳴ったので、二杯目は大急ぎで飲まなければならなかった。なにしろ、校内に駆け込むにはあと一分しか余裕がない。というわけで、生徒たちは一斉に駆けだした。校内に入ると、わたしたちは校長に迎えられ、シェリー（イギリスの詩人。一七九二〜一八二二）をはじめとする多くの著名人の名前が刻まれたホールに案内された。しばらくして校長はわたしたちをまた例の監督生に引き渡し、彼らは聖所中の聖所、かつてシェリーが暮らしたという部屋にわたしたちを連れて行った。しかしボーズ＝ライアン家（ヨーク公夫人の実家の姓）の御曹司は中に入れてもらえず、外で待たされた。

われらが若きホストは、ひどく横柄《おうへい》な口調で少年に言った。「おまえ、ここで何してるんだ？」

「いや、彼はぼくらの連れでね」とフィリップが言い、わたしたちは少年をロンドンから連れてきたのだと説明した。

「ならいい」と若きホストは、苛立《いらだ》つように言った。「入れ」

サー・フィリップが囁いた。「あの子を中に入れるのは大変な譲歩なんだよ。それに、ほかの子だったら、これほどの聖なる場所に足を踏み入れたりしたら、あとでひどい虐《いじ》めにあうことになる」

イートン校のスパルタ式規律を目《ま》の当たりにしたのは、後にアスター卿《きょう》夫人とふたたびそこを訪れたときである。それは、ひどく寒い日で、時刻は夕暮れに差しかかり、夫人とわたしは暗い電灯のともった冷え込む褐色の廊下を手探りするようにして進んだ。各部屋のドアの前には、足湯用のたらいが掛けてあった。ようやく目指していた部屋にたどりつき、ドアをノックした。

すると、青白い顔をした小柄な少年がドアを開けた。夫人の息子だ。部屋の中では、ふたりのルームメートが、小さな暖炉にくべたほんの少しの石炭の上に身をかがめるようにして手を温めていた。室内の雰囲気はまさに寒々としていた。

アスター卿夫人が言った。「週末にあなたを帰してもらえるかどうか訊きにきたのよ」

わたしたちはしばらく話をした。と、突然ドアをノックする音が聞こえ、「どうぞ」というよりも早くハンドルが回って寮長が入って来た。年の頃は四〇歳ぐらい。がっちりした体格のハンサムなブロンドの男性である。「こんばんは」と彼は素っ気なくアスター卿夫人に挨拶し、わたしには頷《うなず》いた。そのあと、片肘を小さなマントルピースに置いて、パイプを吸い始めた。彼女の訪問はあきらかに都合の悪いものだったので、アスター卿夫人は言い訳を始めた。「この子を週末に帰してもらえるかどうか伺いにきたのですけれど」

「お気の毒ですが、無理です」寮長はぶっきらぼうに答えた。

「まあ、まあ」とアスター卿夫人は、いつもの親しげな口調で言った。「そんな強情は張らないでくださいな」

「強情など張っていません。単に事実を述べているだけです」

「でも、あの子の顔色はよくありませんわ」

「ばかげたことを。彼には悪いところなどありません」

アスター卿夫人は、ベッドから立ち上がって寮長に歩み寄った。わたしたちはそこに腰かけていたのだ。「まあ、そんなこと言わないでくださいな！」彼女は寮長をほだすように言って、彼をそっと小突いた。彼女がロイド・ジョージや他の者を説得しようとしてそんな仕草をするのを、わたしはよく目にしていた。

「アスター卿夫人」と寮長が言った。「あなたには人を押してよろめかせる困った癖がおありのようですが、そんなことは、おやめになっていただきたいですね」

この時点で、アスター卿夫人から如才《サヴォアル・フェール》なさが消えた。

どういうわけか話題は政治の話に移ったのだが、寮長は次の簡潔な一言で、それを終わりにしたのだった。「イギリス政治の難点は、女性が口出ししすぎることです。」では、ごきげんよう、アスター卿夫人」こう言って彼はわたしたちふたりにぞんざいな会釈《えしゃく》をすると、出て行ってしまった。

「なんて不愛想な男なのかしら」とアスター卿夫人が言った。

しかし、彼女の息子は寮長の肩を持った。「そんなことありません、お母様。ほんとうはすごくやさしい先生なんです」

アンチフェミニズム的な言葉にもかかわらず、わたしは寮長に感心せずにはいられなかった。というのも、彼は誠実で率直だったからだ。ユーモアに欠けていたとはいえ、あくまで正直だった。

＊

兄のシドニーにもう何年も会っていなかったので、わたしはイギリスを出てニースに行き、しばらく兄と時を過ごした。二五万ドル貯《た》まったら引退するというのが兄の口癖だったのだが、実際には、それよりかなりの額を貯めていたと付け加えておきたい。やり手のビジネスマンであることに加え、兄は素晴らしいコメディアンで、ヒットした映画も『海賊潜水艦（A Submarine Pirate）』（一九一五年公開）、『ベター・オール（The Better'Ole）』（一九二六年公開）、『箱の上の男（The Man on the Box）』（一九二五年公開）、『チャーリーのおばさん（Charley's Aunt）』（一九二五年公開）など数多くあり、すでに築き上げた財産をさらに増やしていたはずだ。そして今、言葉通りシドニーは引退して、妻とともにニースに暮らしていたのだった。

わたしが兄のもとに来ることを聞きつけた、やはりニース在住のフランク・J・グールド（リヴィエラのカジノとホテルの経営者。ヘティの姉と一時結婚していた。一八七七～一九五六）が、ジュアン＝レ＝パン（ニースとカンヌの間にある避暑地）にある屋敷に招きたいと連絡してきたので、招待に応じることにした。

ニースに行く前、わたしはパリに二日逗留《とうりゅう》して、フォリ・ベルジェールを訪れた。

エイト・ランカシャー・ラッズのオリジナルメンバーのアルフレッド・ジャクソンが出ているると聞いたからである。アルフレッドは、ジャクソン氏の息子たちがやってい た初代エイト・ランカシャー・ラッズの正真正銘のメンバーだった。久しぶりに会ったアルフレッドは、ジャクソン一家はかなり裕福になり、今では踊り子のグループを八組も抱え、父親はまだ健在だと近況を教えてくれた。リハーサルをしているときにフォリ・ベルジェールに来れば、彼に会えるという。そこで出かけて行くと、ジャクソン氏は、もう八〇歳を超えていたものの、身のこなしは未《いま》だにしなやかで、とても健康そうに見えた。わたしたちは昔話に花を咲かせ、「こんなふうになるなんて、あのころは考えもしなかったなあ！」と感嘆符付きで互いに言い合ったのだった。

「あのな、チャーリー」とジャクソン氏が言った。「君が少年だったころのことで一番よく覚えているのは、とてもやさしい子だったことだよ」

＊

一般の人々から寄せられる過度の称賛にいつまでも戯《たわむ》れるのは誤りだ。それはちょうどスフレみたいなもので、しばらくたつとしぼんでしまう。そういうわけで、わたしに対する歓迎ムードも、突然冷え込んでしまった。最初に吹き込んできた冷たい風は、新聞からだった。さんざん褒め上げた挙句、逆の立場をとるようになったのである。おそらく、そのほうが読者にとって面白いと考えたのだろう。

ロンドンとパリでの楽しい経験も心身に負担をかけていた。わたしはすっかり疲れてしまい、休養が必要だった。ジュアン＝レ＝パンで休んでいる間に、ロンドンのパレイディアム劇場から、御前公演に出てほしいという依頼が届いた。だが、わたしはそれを辞退して、代わりに二〇〇ポンドの小切手を送った。これが大騒ぎに火を付けることになったのである。国王を侮辱し勅命《ちょくめい》を軽んじたと非難されたのだ。だがわたしは、パレイディアム劇場の支配人からの手紙が勅命だなどとは考えてもみなかった。それに、十分な準備の余裕もなく公演を行うことなど、そもそも無理な話だった。

次の攻撃は、その数週間後にやってきた。たまたまテニスコートでパートナーを待っていたとき、若い紳士がわたしの友人の友人だといって自己紹介してきた。社交的な挨拶《あいさつ》を交わしたあと、いつの間にか色々な話題について話すようになっていた。チャーミングな若者で、とても感じがよかった。人を突然気に入ってしまう癖が出て――とりわけ相手が聞く耳を持っている場合はとくにそうなるのだが――わたしは様々なテーマについて持論を述べた。世界情勢に関する話題では、ヨーロッパは次の戦争を招きかねない状況にあると、悲観的な気分に浸って滔々《とうとう》と話してしまった。「でも、ぼくはどんなことをしても次の戦争には行きませんよ」とこの新たな友人は言った。

「君をとがめるわけにはいかないな」とわたしは答えた。「ぼくらを厄介なことに巻き込む連中には敬意など抱けないね。誰々を殺せとか、これこれのために死ね、などと命令されるのはまっぴらだ。しかも、そうしたものがみな、愛国心という名のもとに行われるのだからね」

わたしたちは、なごやかに別れた。次の日の晩に一緒に食事をしようとまで約束したのだが、彼は現れなかった。そして、なんと！　わたしは友人ならぬ新聞記者に話をしていたことが判明したのである。翌日の新聞には「チャーリー・チャップリンは非愛国者！」などという見出しが一面にでかでかと躍ったのだった。

それは嘘《うそ》ではない。だが、当時は、自分の個人的な考えを新聞で広められるようなことは望んでいなかった。わたしが愛国者でないのは事実である。そのわけは——道徳的観点や知的な理由だけからではなく——愛国心などというものを感じていないからだ。愛国心という名のもとに六〇〇万人ものユダヤ人が殺されたのに、どうしてそんなものが許せようか？　それはドイツのことだという人もいるかもしれない。しかし、そういった殺人集団は、どんな国にも潜んでいる。

わたしには国家の威信を声高に叫ぶようなことはできない。一族の伝統、屋敷や庭、幸せな子ども時代、家族や友人といったものに囲まれた人が、そうした感慨を抱くことは理解できる。だが、わたしにそんな背景はない。わたしの愛国心とは、よくても、競馬や狩猟、ヨークシャープディングやアメリカのハンバーガーとコカ・コーラといった現地の習慣にはぐくまれたものだ。だが、今では、そんな土地固有の食べ物でさえ世界的なものになってしまった。もちろん、自分が住んでいる国が侵略されたら、ほとんどの人と同じように、わたしも最大限の犠牲を払うことはできると思う。だが、祖国を熱狂的に愛するようなことはできない。なぜなら、それはナチスのような国を作ることになるからだ。わたしは、そんな国からは良心の呵責《かしゃく》など感じずに立ち去るだろう。そして、わたしが観察したところによれば、ナチズムの下部組織は、今でこそ休眠状態にあるが、それをすぐに活性化させるのはどんな国でも簡単なのだ。だからこそ、わたしは個人的に信奉していない限り、政治的な大義などの犠牲にはなりたくはない。国粋主義の殉教者になるつもりもないし、大統領のため、首相のため、独裁者などのために死ぬつもりもない。

翌日かその翌日、サー・フィリップ・サスーンが、コンスエロ・ヴァンダービルト・ボルサン（第九代マールバラ公チャールズ・スペンサー＝チャーチルの元夫人。フランス軍陸軍中佐のボルサンと再婚した。一八七七〜一九六四）の自宅に昼食に連れて行ってくれた。それは南フランスにある美しい屋敷だった。客のなかに、とくに目を惹《ひ》く、痩《や》せた長身の男がいた。黒髪で、ちょび髭をはやし、感じが良く愛想がよかった。この男とわたしは、昼食の席で話をすることになった。わたしはダグラス少佐の本『経済的民主主義』について話し、彼の信用理論が現在の世界危機の解決にどれほどふさわしいかと説いた――その日の午後についてコンスエロ・ボルサンはこう言っていたそうだ。「チャップリンは面白い人だったけれど、社会主義的な傾向が強いことがわかったわ」

わたしは、この長身の紳士に何かとくに気を惹くことを言ったに違いない。というのは、彼の顔がぱっと輝き、目が大きく見開かれたので、白目がむき出しになったのだ。彼はわたしが言うことすべてを是認するように見えていたが、わたしが持論のクライマックスに至ると、彼の考えとは反対の方向に向かったようだった。そのとき彼の顔つきが、失望したように変わったのである。なんとわたしが話していたのは、サー・オズワルド・モーズリー（貴族の家柄に生まれ、イギリス・ファシスト同盟を率いた。一八九六〜一九八〇）だったのだ。この男が後にイギリスの黒シャツ隊の首領になることなど何も知らずに――だが、三白眼になった目と、にっこりと薄笑いを浮かべた大きな口は、恐ろしいとまでは言わなくても、ひどく奇怪な表情としてわたしの記憶に刻み付けられている。

南フランスでは、ナポレオン、ビスマルク、バルザックなどの分厚い伝記を書いたエーミール・ルートヴィヒ（一八八一〜一九四八）にも会った。彼はナポレオンを活き活《い》きと描きはしたが、その書は、精神分析の手法を多用しすぎたために、物語としての面白さが半減してしまっていると思う。

わたしは彼から、『街の灯』をとても高く評価しており、是非お会いしたい、という旨《むね》の電報を受け取った。会ってみると、想像していたのとは、まったく違う人物だった。やや長めの髪と女性的な曲線を描くふっくらした唇は、オスカー・ワイルドをもっと洗練させたように見えた。わたしが泊まっていたホテルにやって来たルートヴィヒは時代がかった大げさなやり方で自己紹介した。月桂樹《げっけいじゅ》の葉を手渡しながら、こう言ったのである。「古代ローマでは、偉大な業績を成し遂げた者に月桂樹の葉で作った冠を捧《ささ》げて栄誉を称《たた》えました。ですから、わたしもそれをあなたに差しあげたく思います」

この彼のほとばしる感情に調子を合わせるのには、ちょっと時間がかかった。だがすぐに、照れくささを隠すために、そんなことをしていることがわかった。ふつうに戻ったときには、とても聡明《そうめい》で面白い男が姿を現した。わたしは、伝記を書く際にもっとも重要なことは何ですか、と訊いてみた。すると彼は、描く対象の扱い方です、と言う。「だとしたら、伝記というのは、バイアスがかかった、検閲済みの記述ということになりませんか」とわたしはまた訊いた。

「六五パーセントぐらいにあたる話は書かないで捨てているんですよ。なぜなら、ほかの人間が関わっていますのでね」というのが彼の答えだった。

食事中、わたしは彼から、今までに見たなかで、もっとも美しい光景はなにか、と尋ねられた。突然そう訊かれてすぐに浮かんだのは、ヘレン・ウィルス（アメリカ最大の女子テニス選手のひとり。一九〇五〜一九九八）がテニスをしている光景だった。その姿には、優美さと無駄のない動作に加えて、健康的なセックス・アピールまで感じられたものである。もうひとつは、ニュース映画で見た光景で、休戦協定（一九一八年一一月一一日）のすぐあと、何千人もの兵士が命を落としたフランドルで農夫が畑を耕している光景だった。一方、ルートヴィヒは、フロリダの浜辺で見た夕陽だと言った。一台のオープン・スポーツカーがゆっくりと浜辺を走っている。それには、水着を着たきれいな娘たちが大勢乗っていて、後部フェンダーに座った娘の脚がぶらぶら揺れ、砂についたつま先が、車が進むにつれて一本の線をどこまでも描いていった、という。

そんなことがあったあと、わたしはほかの美しい光景を思い出してみた。まず、フイレンツェのシニョーリア広場にあるベンヴェヌート・チェッリーニ作の『ペルセウス像』。それは夜のことで、広場は灯りに照らされていた。わたしはミケランジェロの『ダヴィデ像』を見に行ったのだが、『ペルセウス像』を目にするや否や、あらゆるものは二の次になってしまった。わたしはすっかり、その像の優雅さとその形式の触知できない美の虜《とりこ》になった。切り落としたメデューサの頭を、みじめにねじれたその体の上に乗って高々と掲げるペルセウスの姿は、まさに悲しみの縮図であり、オスカー・ワイルドの「されば、人はそれぞれ己の愛するものを殺す」という謎《なぞ》めいた一行が思い起こされた。あの永遠のミステリーである善と悪の闘いにおいて、ペルセウスは使命を終えたのだった。

スペインのアルバ公爵からも、わたしを招待したいという電報を受け取った。だが、その翌日、すべての新聞に「スペインで革命勃発」という見出しが大々的に躍った。そんなわけで、スペインへ行く代りに、わたしはウィーンに発《た》った——悲しみに満ちた、官能的な都ウィーンへと。その地でのもっとも強烈な思い出は、美しい娘と恋に落ちたことだ。それはまるでヴィクトリア朝小説の最終章のような恋愛で、わたしたちは互いへの熱烈な愛を誓いあって別れのキスをしたのだった。二度と会わないことを知りつつ。

ウィーンのあとは、ヴェニスに向かった。季節は秋で、ひと通りはまばらだった。わたしは、観光客のいるヴェニスのほうが好きだ。なぜなら、ひっそりしているときは墓場になってもおかしくないようなこの地に、温かさと活気を与えてくれるからだ。実際わたしは、観光客が好きである。人は休暇を過ごしているときには、回転ドアに突進してオフィスの中で働いているときより、ずっと愛想よくなるものなのだ。

ヴェニスは美しかったが、憂鬱《ゆううつ》でもあり。結局そこには二晩しか泊まらなかった。蓄音機でレコードを聴くしか何もすることがなかったからだ――それも、ムッソリーニが日曜日にダンスやレコードを楽しむことを禁じていたので、こっそりやるしかなかった。

わたしはウィーンに戻ってロマンスの続編を演じたかったのだが、パリに、どうしても逃したくない約束が待っていた。それは、ヨーロッパ合衆国という体制の発案者かつパトロンのアリスティード・ブリアン（フランスの左派の政治家で、首相経験者。ノーベル平和賞も受賞している。一八六二〜一九三二）との会見だった。実際に会ったとき、ムッシュー・ブリアンは健康状態があまりよくなく、世の中に幻滅して、苦々しい思いを抱いているようだった。昼食会は、パリの『ラントランシジャン』紙を発行しているムッシュー・バルビの自宅で開かれ、わたしはフランス語ができないにもかかわらず、とても楽しいひと時を過ごすことができた。英語を話したのは小鳥のように小柄なノアイユ公爵夫人で、彼女は素晴らしく機知に富む魅力的な女性だった。ムッシュー・ブリアンはこんなことを言って彼女を迎えた。

「このところ、ずっと姿を見せてくれなかったね。あなたが来てくれるのは、かつて捨てた愛人が会いに来るのと同じぐらい稀《まれ》なことだ」

昼食の後、わたしはエリゼ宮（大統領官邸）に連れて行かれ、そこでレジオンドヌール五等勲章《シュヴァリエ》を授かった。

＊

二度目にベルリンを訪れたときにわたしを迎えてくれた厖大《ぼうだい》な数の群衆の熱狂については省くことにする――書きたい気持ちは山々なのだが。

それについて言えば、メアリーとダグラスに、彼らの海外旅行を記録した映画を見せられたときのことを思い出す。わたしはてっきり、楽しい観光旅行の記録を見ることになるのだろうと思っていた。だが、映画はメアリーとダグラスがロンドンに到着し、駅で熱狂する大勢の群衆に迎えられ、ホテルの外で熱狂する大勢の群衆に迎えられる様子、そしてパリに到着し、さらに多くの熱狂する大勢の群衆に迎えられる姿を映していた。ロンドン、パリ、モスクワ、ウィーン、ブダペストの駅とホテルの外観を見せられたあと、わたしは無邪気に尋ねた。「町や田園の風景はいつ観《み》られるんだい？」これを聞いて、ふたりは吹きだした。とはいえわたし自身、大勢の群衆の歓待ぶりについて、これまであまり控えめに書いてきたわけではないと言うべきだろう。

＊

ベルリンに行ったのは社会民主党政府に招待されたためで、非常に魅力的な若いドイツ人女性のヨルク伯爵夫人（夫はのちにヒトラー暗殺に失敗して処刑され、自身も投獄された。戦後は法律家・判事として活躍した。一九〇四～二〇〇七）が、いわばわたしの随行員として世話してくれた。それは一九三一年、ナチスが帝国議会の一大勢力として台頭してきたすぐあとのことだった。そして、わたしは知らなかったのだが、新聞の半分はわたしを批判していたらしい。つまり、外国人のわたしを熱狂的に迎えるようなことは、ドイツ人として自らを貶《おとし》める行為だ、というのがその論調だった。もちろん、それらはナチス系の新聞で、わたしは無邪気にも、こうしたことにはまったく気づかず、楽しいときを過ごしていたのである。

皇帝《カイザー》のいとこのひとりが、親切にも、ポツダム周辺やサン・スーシ宮殿などを案内してくれた。だがわたしには、そうした宮殿はみな、贅沢《ぜいたく》を見せびらかすための非常識で悪趣味かつ陰鬱な態度を表わしたものとしか思えなかった。歴史的興味はともかくとして、ヴェルサイユ、クレムリン、ポツダム、バッキンガムといった、壮大な霊《れい》廟《びょう》のような宮殿を見ると、度を越えて尊大な慢心がそうしたものを築き上げたに違いないと感じてしまう。皇帝のいとこは、サン・スーシ宮殿はほかより趣味が良く、こぢんまりとしていて、もっと人間味があると言ったが、わたしはそこに化粧箱のような雰囲気を感じとり、ちっとも感心できなかった。

恐怖とやるせなさを感じたのは、ベルリンの警察博物館を訪れたときだった——殺人事件の被害者、自殺者、変質者、そして人間の異常性を示すありとあらゆる写真が飾ってあった。そこを出て外の新鮮な空気を吸ったときには、心底ありがたく思った。『奇跡』の著者であるフォン・フルミュラー博士（ドイツの劇作家・詩人のカール・グスタフ・フォルメラーのことと思われる。一八七八～一九四八）もベルリンの自宅でもてなしてくれた。そこでは、ドイツの芸術や演劇を代表する人たちに会うことができた。また、別の晩には、アインシュタイン夫妻の小さなアパートにも出かけた。ヒンデンブルク元帥《げんすい》（ドイツ〔ヴァイマル共和国〕の第二代大統領。一八四七～一九三四）にも会うことになっていたのだが、直前になって彼の気が変わったので、わたしは南フランスに戻った。

＊

本書のあちこちで、わたしはセックスについては、言及しても詳しく書くようなことはしない、と述べてきた。このテーマについて何か付け加えられる新しいことなど何もないからだ。とはいえ、生殖は自然界の主たる営みであり、どんな男でも、たとえ若かろうが年取っていようが、女性に会うときには、必ず自分とのセックスの可能性を探るものだ。というわけで、わたしもその例にもれなかった。

仕事の最中には、女性に興味を抱くことは決してなかった。無防備になったのは、映画と映画の間、何もすることがなかったときである。H・G・ウェルズもこう言っていた。「午前中に何ページか執筆し、午後に手紙を書き終わると、しなければならないことがなくなった時間帯が訪れる。そういった時間には退屈する。だから、セックスの時間になる」

というわけで、コートダジュールで何もすることがなかったわたしは、運よく非常にチャーミングな娘を紹介されるという幸運にあずかった。彼女は、あの退屈というブルーな時間を紛らわせてくれるあらゆる資質を持っていた。わたしと同じく自由気ままな身分で、わたしたちはお互いを額面通りに受け入れた。彼女が打ち明けたところによると、エジプト人の若者に失恋して、それから立ち直ったばかりだという。互いの関係については、はっきり口にこそしなかったものの、合意はできていた。わたしがいずれはアメリカに戻ることを、彼女はちゃんと知っていたのだ。毎週彼女に小遣いを渡し、一緒にカジノやレストランやパーティーなどに出かけた。食事をしたりタンゴを踊ったりして、おきまりのお膳立《ぜんだ》てをしたわけだ。しかし、そんなふうにしていつも一緒にいたせいで、わたしはすっかり彼女の魅力に囚《とら》われてしまい、避けられない事態が起きてしまった。情が移ってしまったのである。アメリカに戻ることを考えるにつけ、彼女をあとに残していく自信がなくなってきた。ひとり残すことを考えただけで、悲しくなった。彼女は陽気で、チャーミングで、わたしの心に寄り添ってくれた。それでも、疑念がよぎることも何度かあったのだった。

　ある日の午後、カジノでテ・ダンサン（午後の遅い時間にお茶とダンスを楽しむ上流社会の娯楽）を楽しんでいると、彼女が突然わたしの手を握りしめた。そこに「S――」つまり例のエジプト人の元恋人がいたのである。この元恋人については、彼女からさんざん聞かされていたので、わたしはむっとした。それからしばらくして、わたしたちはカジノを出た。もう少しでホテルに着くというとき、彼女は突然手袋を忘れたと言い出し、取りに戻るから先に行っていてほしいと頼んできた。その言い訳はあまりにも見え透いていた。だがわたしはことを荒立てず、何も言わずにホテルに戻った。二時間経《た》っても彼女が戻ってこなかったとき、わたしは手袋以上のことが関わっていると確信した。その晩は友人を何人か外での食事に招いていたのだが、その時間が来てもまだ戻ってこなかった。ついにひとりで部屋を出ようとしたそのとき、ようやく彼女が姿を現した。顔色は青ざめ、身だしなみは乱れている。

「夕食にはもう間に合わない。だから君は、抜け出してきたばかりの温かいベッドに戻りたまえ」とわたしは言ってやった。

彼女はわたしの言葉を否定して、一緒に連れて行ってくれと懇願したが、それほど長く留守にした理由に関してもっともらしい言い訳はしなかった。エジプト人の彼氏と一緒にいたことを疑わなかったわたしは、罵詈《ばり》雑言《ぞうごん》をぶつけたあと、ひとりで夕食に出かけた。

ナイトクラブで、むせび泣くようなサキソフォン、退屈な話、そして店の騒々しさに負けないように大声で話しているとき、突然孤独感に襲われてやりきれない思いをしたことのない人はどれだけいるだろうか？　仲間と座ってホスト役を演じているが、心の中は苦しみに引き裂かれているのだ。ホテルに戻ったとき、彼女はそこにいず、わたしはパニックに陥った。もう行ってしまったのだろうか？　こんなにも早く！彼女の寝室に行ってみると、ほっとしたことに、衣類や持ち物はまだそこにあった。それから一〇分ほどして彼女が戻ってきた。晴れ晴れとした顔で、映画を観てきたと言う。わたしは冷たく、翌日パリに戻るつもりだ、と告げた。彼女との関係は清算する、これがほんとうの最後だ、と。これらすべてのことを彼女は嫌々受け入れたが、それでもエジプト人の元恋人と一緒にいたことについては、まだ否定していた。

「ぼくらの間にどんな友情が残っていたとしても、この嘘をつき通せばおしまいだ」とわたしは言い、彼女を尾行させていたから、エジプト人とカジノを出て彼のホテルに入ったことはわかっているんだ、と嘘をついた。驚いたことに彼女は泣き出して、それが事実であることを認め、二度と彼には会わないと言い出したのだった。

翌朝、荷造りをして出発の準備が整ったとき、彼女がしくしく泣き始めた。パリへは車で行くことになっており、友人がやってきて、車の準備はもうできているから下で待つと告げた。すると彼女は人差し指を噛《か》んで、身を切るように泣き出した。「お願いだからわたしを置いていかないで。お願い――お願いだから」

「わたしにどうしろと言うんだね」わたしは冷たく尋ねた。

「パリまで一緒に連れて行って。そしたら、もう二度とお邪魔しないって約束するわ」
あまりにも哀れに見えたので、わたしの決意も鈍ってしまった。ドライブは楽しいものにはならないし、そうなる意味もない。パリに着いたら、そこで別れるのだから、と警告したのだが、彼女はそれでも構わないと言った。こうしてその朝、わたしたちは友人の車でパリに出発したのだった。

最初のころは重苦しい雰囲気だった。彼女は沈んで口を開かなかったし、わたしは冷たく他人行儀だった。けれども、そんな態度をとり続けるのはむずかしい。ドライブするうちに、共通の関心を抱いているものが目に入ってきて、どちらかがそれについて口を開くことになったからだ。それでも、以前の親しさは戻らなかった。

パリに着くと彼女のホテルにまっすぐ行き、そこで別れを告げた。これが最後の別れになるという彼女の嘘は、哀れになるほど見え透いていた。彼女は、わたしがしてやったことすべてに感謝し、手を握って、芝居がかった別れの挨拶をしたあと、ホテルの中に消えていった。

案の定、翌日になると、彼女は早速電話をしてきて、昼食に連れて行ってくれないかとねだった。わたしは断った。だが、友人と一緒にホテルを出ると、彼女が毛皮や何やらで身を飾って待ち構えていた。それで、結局三人で一緒に昼食をとったあと、マルメゾンに行くことになった。そこはナポレオンに離縁されたジョセフィーヌが住み、命を終えた館《やかた》だ。その美しい屋敷で、ジョセフィーヌは幾多の涙にくれたことだろう。薄ら寒い秋の日は、わたしたちの憂鬱な状況にふさわしかった。ふいに彼女がいなくなった。が、そのあと、庭の石のベンチに座り、涙にくれている姿を見つけた――その場の雰囲気に影響されたに違いない。わたしの意志が固くなければ、心は彼女を許していただろうが、どうしても彼女のエジプト人の恋人のことを忘れることはできなかった。こうしてわたしたちはパリで別れ、わたしはロンドンに向けて出発した。

*

ロンドンに戻ると、英国皇太子《プリンス・オブ・ウェールズ》（後のエドワード八世。シンプソン夫人と結婚するために退位した）に何度かお目にかかった。とはいえ、殿下にはそれより前、友人のファーネス卿夫人（セルマ・ファーネス。当時、皇太子の愛人だった。一九〇四～一九七〇）を通して、すでにビアリッツで出会っていた。テニス選手のコシェットとあと二人の知り合いとわたしとで、人気のあるレストランで食事をしていたとき、皇太子とファーネス卿夫人が店内に入って来たのである。そして、セルマからわたしたちのテーブルにメッセージが届き、あとでロシア・クラブに来ないかと誘われたのだった。

それは気のない出会いだったように、わたしは感じた。紹介が終わったあと、殿下は飲み物を注文し、ファーネス卿夫人とダンスをした。そのあとテーブルに戻ってきた殿下は、隣に腰を下ろして、わたしを質問攻めにした。「もちろんそうに違いないが、君はアメリカ人だね？」と殿下は尋ねた。

「いいえ、イギリス人です」

殿下は驚かれたようだった。「アメリカにはどれぐらいいるのかね？」

「一九一〇年からです」

「ほお」彼は考えるように頷いた。「戦前から？」

「そういうことになります」

その晩の会話のなかで、わたしはシャリアピン（ロシア人のオペラ歌手。一八七三〜一九三八）がわたしのためにパーティーを開いてくれることになっていると明かした。すると殿下は少年のように、自分も行きたいと言い出した。「もちろんです、殿下。彼も光栄に思って、大喜びすることでしょう」とわたしは言い、そう取り計らう許可をとった。

その晩、殿下はわたしの尊敬を勝ち得た。八〇歳後半のシャリアピンの母親の横に座り、彼女がその場を去るまで相手をしたのだ。そのあと、彼はわたしたちのもとにきて、共に楽しいときを過ごした。

そして今、ロンドンにいた皇太子が、わたしをご自身のカントリーハウス《フォート・ベルヴェディア》に招いてくださったのである。それは古い城を改築した屋敷で、家具調度類の趣味はどちらかといえば平凡だったが、食事はとびきり素晴らしかったうえ、殿下はチャーミングなホストだった。殿下は屋敷の内部を自ら案内してくれた。寝室は簡素かつ素朴で、ベッドの頭のほうに、王家の紋章のある赤い絹のモダンなタペストリーが下がっていた。だが、もうひとつの寝室には驚かされた。それは、ピンクと白に統一された部屋で、四柱式寝台のそれぞれの柱の上に、ピンク色の羽根飾りが三本ずつ立っていたのだ。とはいえ、もちろん、すぐに思い出した。羽根は殿下の紋章だったのである。

その晩、客の誰かが、アメリカで流行《はや》っていた「正直な評価《フランク・エスティメーションズ》」というゲームをやろうと言い出した。客はみな、魅力、知性、人格、セックス・アピール、ルックス、誠実さ、ユーモアのセンス、適応性などからなる一〇の徳目が記されたカードを渡される。そして、なかのひとりが部屋を出て、カードに正直な自己評価を一から一〇までの点数で記入する。たとえば、わたしは自分の徳目をこんなふうに評価した——ユーモアのセンス七点、セックス・アピール六点、ルックス六点、適応性八点、誠実さ四点……。その間に、ほかの客は、部屋を出た犠牲者の徳目をそれぞれ評価する。その後、犠牲者が部屋に戻って、自分が付けた評価を読み上げる。そして、代表者がほかの客の付けた評価を読み上げて、どれだけマッチしているかを見て楽しむ、というゲームだ。

皇太子の順番が来たとき、彼は自分のセックス・アピールに三点を付けたが、客の平均は四点だった。わたしは五点付けたのだが、なかには二点という辛い評もあった。ルックスについては、皇太子は自分に六点を付け、客の平均は八点、わたしは七点。魅力については殿下の自己評価は五点、客は八点、わたしも八点を付けた。誠実さについて、殿下は自分に最高点の一〇点を付けたが、客の平均は三・五点で、わたしは四点だった。殿下は納得がいかないようで、「誠実さは、ぼくの最大の長所だと思うんだが」と述べられた。

少年時代、わたしは数カ月マンチェスターで暮らしたことがある。そして今、ほかにやることがなかったので、その地を再訪してみることにした。その厳しい土地柄にもかかわらず、わたしはマンチェスターにロマンティックな想《おも》いを抱いていた。霧と雨を通してぼんやり光るつかみどころのない灯り。それはもしかしたら、ランカシャーの台所の火の思い出だったのかもしれないし、そこに住む人々の精神だったのかもしれない。こうしてわたしはリムジンを雇って北に向かった。

マンチェスターへ行く途中、一度も訪れたことのなかったストラットフォード＝アポン＝エイヴォン（シェイクスピアの生地）に寄った。着いたのは土曜日の夜遅くで、夕食をとったあと、シェイクスピアの生家を見てみようと散歩に出かけた。外は真っ暗だったが、なぜか本能が働いて、道を曲がると、一軒の家の前に足が止まった。マッチを擦ると、「シェイクスピアの生家」という標識が浮かび上がった。間違いなく、同じような志を持つ霊が導いてくれたに違いない——もしかしたら「詩人《ザ・バード》」（シェイクスピアの愛称）自身が呼んでくれたのかも！

朝になると、ストラットフォードの市長、サー・アーチボルド・フラワーがホテルにやって来て、シェイクスピアの生家に連れて行ってくれた。だが、あの家を「詩人」と結びつけることはまったくもって不可能だ。あれほどの知性がその家に住んだ、あるいはそこで生まれたとは到底考えられないのだ。農民の息子がロンドンに行き、俳優や劇場主として成功をつかむことなら容易に想像できる。しかし、偉大な詩人かつ劇作家になり、外国の宮廷、枢機卿《すうききょう》、国王などに関してあれほどの知識を蓄えたというのは、とても信じられることではない。わたしはシェイクスピアの作品を書いたのは誰だったのか、ベーコン（哲学者・政治家・法学者。一五六一～一六二六）か、サウサンプトン（シェイクスピアのパトロンだった文人貴族。）

一五七三〜一六二四）か、リッチモンド（この名の人物がシェイクスピアだったという説はないため、勘違いだと思われる）か、などということには興味はない。ただ、それがストラットフォードにいた少年だったとはとても思えないのだ。それを書いたのが誰だったにせよ、その人物には貴族的な特質があった。文法にまったく頓着《とんちゃく》しないこと自体、高貴な出自で才能に恵まれた精神からしか生まれえない。そして、あの家を見たあと、そして、平凡な学校の成績、密漁、田舎者っぽい物の考え方などといった彼のぱっとしない子ども時代に関する地元の乏しい情報に接したあとでは、その後、目覚ましい精神的メタモルフォシスを経て、全詩人中最高の地位に上り詰めたなどということは、とても信じられるものではなかった。最高の天才であっても、貧しい出自の者は、その影響が作品に現れる——だが、シェイクスピアにはそんな影がまったく認められないのだ。

車に乗って、ストラットフォードからマンチェスターに向かったわたしは、午後三時ごろ現地に到着した。それは日曜日で、マンチェスターはまるで強硬症にかかってしまったかのように、人けがなかった。そこで、これ幸いとまた車に戻り、ブラックバーンに向けて出発した。

『シャーロック・ホームズ』の地方巡業をしていたとき、ブラックバーンは、もっとも気に入っていた町のひとつだった。当時そこにあった小さなパブに一週間一四シリングで賄《まかな》い付きの部屋を間借りし、仕事をしていない時間には、小さなビリヤード卓でよく遊んだものだった。ビリントンというイギリスの有名な死刑執行人もこのパブによく来ていて、彼とビリヤードをやったことは、わたしの自慢話のひとつになっている。

ブラックバーンに着いたときは、まだ午後五時になったばかりだった。かなり暗くなっていたが、くだんのパブを見つけて、誰にも気づかれずに一杯やることができた。経営者は変わっていたものの、懐《なつ》かしいビリヤード台は、まだちゃんとそこに置かれていた。

そのあと、市場が開かれる広場に行ってみた。広さは一万二〇〇〇平方メートルほどあり、ひどく暗かった。せいぜい三〜四本の街灯しかともっていなかったろう。だが、その暗闇《くらやみ》の中に、いくつもの集団ができていて、それぞれ選挙演説に耳を傾けていた。ちょうどそのとき、イギリスは大不況のどん底にいた。わたしは集団から集団へと渡り歩いて、それぞれの演説を聴いてみた。なかには鋭い意見や苦々しい思いを吐く演説者もいた。社会主義を語る者、共産主義を説く者、そしてダグラス計画（前出のダグラス少佐が提唱した計画）を論じる者もいたが、これは残念ながら複雑すぎて一般的な労働者の理解を超えていた。演説会のあとにできた少人数の集団にも耳を傾けてみたところ、ヴィクトリア朝時代の名残のような老保守党支持者が、こんな意見を吐くのを聞いて驚いた。「イギリスの問題はだな、あまりにも長く国家の貯《たくわ》えを取り崩してきたことにある。失業手当がイギリスを破滅させているんだ！」わたしは暗闇に紛れて横やりを入れる誘惑に勝てず、大声で叫んだ。「失業手当がなかったら、イギリスはなくなってるぞ！」すると、「そうだ《ヒア》、そうだ《ヒア》！」という数人の叫び声が聞こえた。

政治的見通しは暗かった。イギリスは四〇〇万人近い失業者を抱え、その数はますます増えているというのに、労働党は保守党とは大々的に異なる政策を打ち出すことができなかった。

ウーリッジ（ロンドン東部。かつて兵器廠などがあった）に行ったとき、自由党候補者の選挙を応援するカニンガム＝リード氏（保守党の政治家。一八九五〜一九七七）の演説を聴いたことがある。彼は数多くの詭弁《きべん》を弄《ろう》したあげく、具体的なことは何も約束せず、有権者にはほとんど感銘を与えなかった。そのとき、わたしの隣に座っていたコックニー訛《なま》りの娘が叫んだ。「高級なおしゃべりなんかいらないから、四〇〇万人の失業者に何をしてくれるか言ってよ。そしたら、あんたの党に投票すべきかどうかわかるからさ」

もし彼女が政治に関心を持つ大衆の代表例なら、労働党が選挙に勝つ見込みはある、とわたしは感じた——だが、それは誤りだった。スノードン（元労働党の政治家だったが一九三一年一〇月一六日のラジオ演説で、労働党を激しく非難した。一八六四～一九三七）のラジオ演説のあと、保守党は圧倒的な勝利を収め、スノードンは貴族の称号を手にした。こうして、わたしは保守党内閣が政権を握るタイミングでイギリスを去り、共和党が政権を追われるタイミングでアメリカに戻ったのだった（一九三二年のアメリカ大統領選挙で、民主党のローズヴェルトが第三二代大統領になった）。

*

休暇というのは、よくても空っぽの気晴らしだ。わたしはヨーロッパのリゾートでだらだら時間を過ごしすぎた——そして、その理由もわかっていた。目的を失い、欲求不満に陥っていたのだ。映画に音声が導入されるようになって以来、わたしは将来の方針が明確に描けなくなっていた。『街の灯』は大成功し、当時上映されていたどのトーキー映画より興行収入を上げたものの、またサイレント映画を制作すればハンディキャップを背負い込むような気がした——それに、時代遅れとみなされることも怖《おそ》れていた。質の高いサイレント映画のほうがトーキーよりも高い芸術性を持つものの、音声は登場人物に、より現実味を与えるという事実も認めざるをえなかった。ときにはトーキー映画を作る可能性を考えてみたこともあったが、今まで作って来たサイレント映画以上のものは作れないと思うと嫌気がさした。それにそれは、わたしが創造した浮浪者のキャラクターを完全に手放すことでもあった。浮浪者にしゃべらせたらいいと言う人もいたが、そんなことはもってのほかだった。最初の一言を口にしたら最後、彼は別人になってしまうからである。それに、彼を生み出した母体そのものが、身にまとっているボロと同じように、口のきけないサイレント映画だったのだ。

こうした憂鬱な思いが休暇を長引かせたわけだったが、心の中の自制心は、しつこくわたしに言いつづけていた。「ハリウッドに戻って、仕事をしろ！」と。

イギリス北部への旅行のあと、わたしはロンドンのカールトン・ホテルに戻り、ニューヨーク経由でカリフォルニアに戻る切符の手配をしようと考えていた。だがそのとき、サンモリッツにいたダグラス・フェアバンクスから電報が届いて、またもや計画変更となったのである。電報にはこうあった。「サンモリッツに来られたし。到着に合わせて新雪を注文しておく。待ってるぞ。愛をこめて。ダグラス」

電報を読み終わるや否《いな》や、ドアをおずおずと叩《たた》く音がした。ウェイターだと思ったわたしは「どうぞ！」と声を上げた。だがドアから顔を出したのは、コートダジュールのあの娘だったのだ。わたしは驚き、腹が立ったが、観念して冷たく言った。「入りたまえ」

わたしたちはハロッズに行ってスキー用具を揃《そろ》え、そのあとボンドストリートの宝石店でブレスレットを買った。もちろん彼女は大喜びした。その翌日か翌々日、サンモリッツに到着し、ダグラスに会って、わたしの心は明るくなった。ダグラス自身も将来に関して同じジレンマを抱えていたのだが、ふたりともそのことには一切触れなかった。彼はひとりで来ていた——メアリーと別居したあとだったのだと思う（ダグラスとメアリーは一九三〇年代初頭に別居し、一九三六年に正式に離婚した）。とはいえ、スイスの山で会えたことで、憂鬱な気分は吹き飛んだ。わたしたちはともにスキーを楽しんだ——というか、なんとか滑れるようにはなったのだった。

そのときちょうど、ドイツの元皇太子、つまりカイザーの息子も同じホテルに逗留していたのだが、話を交わすことはなかった。それでも、同じエレベーターに乗り合わせたときには、皇太子を茶化した『担《にな》へ銃《つつ》』のことを思い出して、とりすました笑顔をつくろった。

サンモリッツにいる間に、わたしは兄のシドニーを呼び寄せた。そして、ビバリーヒルズに急いで戻る理由もなかったので、東洋経由でカリフォルニアに戻ることに決め、シドニーも日本まで同行することになった。

わたしたちはナポリから船に乗り込んだ。そして、例の娘には、そこで別れを告げたのだった。だが今回、彼女は陽気なムードで、涙を流すことはなかった。おそらくあきらめがついて、どこかほっとしてもいたのだと思う。というのは、スイスでの滞在以来、互いに対する気持ちがどことなく薄れてきたことを、ふたりとも感じていたからだ。こうしてわたしたちは仲の良い友人として別れた。船が岸を離れたとき、彼女は桟橋でわたしの浮浪者をまねて歩いて見せた。彼女を見たのはそれが最後だった。

第二三章

東洋についてはすでに多くの素晴らしい旅行記があるので、読者の忍耐を強いるようなことは控えたい。ただ、日本については、ここで書かせてもらう理由がある。というのは、その地で怪事件に巻き込まれたからだ。わたしはラフカディオ・ハーンが日本について書いた本を読み、彼が描いたその文化と演劇に興味をそそられて、是非とも訪れてみたいと思っていた。

わたしたちは日本の船に乗り、身を切るように冷たい一月の風を後にして、陽光に満ちたスエズ運河へと進んだ。アレクサンドリアでは、新たな乗客を積み込んだ。アラブ人とヒンドゥー教徒だ。実のところ、わたしたちは新たな世界を積み込んだのである！　日没が訪れると、アラブ人たちは甲板にマットを広げ、メッカの方角に向かって祈りを唱えた。

翌日には紅海に入った。そこで、〝冬服《ノルディックス》〟を脱ぎ捨て、白い半ズボンと薄手の絹シャツに着替えた。アレクサンドリアで熱帯のフルーツを積み込んだので、朝食にはマンゴーが、夕食には冷やしたココナツミルクが出た。ある晩には日本式スタイルを試すことになり、甲板の床の上で夕食をとった。高級船員のひとりが、ごはんの上にお茶を少し注いで食べると風味が増すと教えてくれた。船が次に停泊する南洋の港に近づくにつれ、いよいよ興奮は高まった。日本人船長は静かな声で、翌朝コロンボに到着すると告げた。セイロン（現在のスリランカ）のエキゾチックな経験も愉《たの》しかったが、わたしたちがほんとうに行きたかったのは、バリ島と日本だった。

　次の停泊地はシンガポールで、わたしたちは、柳模様の中国の皿に描かれたあの雰囲気に包まれ、バンヤンの木が海から生えているところを見た。シンガポールでの思い出でもっともよく覚えているのは、《新世界》（一九二三年に開園し一九八七年に閉園した娯楽施設）で見た劇である。劇は非常に才能がある教養豊かな子供たちによって演じられた。なぜなら、出し物は、ほとんどが偉大な中国詩人の古典だったのだ。俳優たちはパゴダのフロアで、伝統的な様式にのっとって演技した。わたしが見たのは三晩にわたって演じられた壮大な劇だった。主役の王子を演じた役者は一五歳の少女で、かすれた高音の歌声を出していた。クライマックスは三日目の晩に訪れた。ときおり、言葉を解さない方がかえってよいことがある。というのも、若い王子が追放される場面を描いた最後の一幕の皮肉な調子の音楽、むせび泣くような弦楽器、雷鳴のようにとどろく銅鑼《どら》の音、そしてどこか荒涼とした寂しい場所で王子がたてる失われた魂の苦悩の叫びほど心を動かされたものもなかったからだ。

バリ島行きを勧めたのはシドニーだった。その地はまだ文明に毒されておらず、若く美しい女性たちが胸をむき出しにして歩いているというようなことを兄から聞かされて興味を抱いたのである。最初にバリ島の姿をみとめたのは朝で、真っ白な綿雲が緑の山裾《やますそ》をおおい、頂上が浮島のように見えていた。当時は港も飛行場もなかったので、手こぎボートに乗って、古びた木製の桟橋に降り立った。

わたしたちは、家々を囲む美しい壁といかめしい門を持つ集落を通り過ぎた。そこには一〇家族から二〇家族ほどの人々が暮らしているということだった。奥へ行けば行くほど、美しい田園風景が姿を現した。銀色の鏡面のように光る緑の棚田が、曲がりくねる小川の岸まで続いている。ふいにシドニーがわたしを小突いた。道に沿ってがっしりとした体格の若い女性たちが歩いていたのだ。身に着けていたのは腰に巻いたバティックだけ。胸をむき出しにして、果物をたくさん積んだ籠《かご》を頭の上に置いて運んでいた。それ以来、わたしたちは何度も小突き合うことになった。なかにはすごい美人もいた。だが、前の座席で、運転手の隣に座っていたトルコ系アメリカ人の案内人には、まったくうんざりさせられた。露骨に好色な興味を示して、わたしたちの反応を見ようと、しょっちゅう振り返るのである——まるでショーをお膳立《ぜんだ》てしたのは自分だとでもいうように。

デンパサールでは、新築されたばかりのホテルに泊まった。居間はみなベランダのようにオープンな造りになっていて間仕切りがあり、奥にしつらえられた寝場所は清潔で居心地がよかった。

二カ月前からバリ島に住んでいるというアメリカ人水彩画家のハーシュフェルド（一九〇三〜二〇〇三）とその奥さん（正式に結婚してはいなかったと思われる）が自宅に呼んでくれた。その家には、前に、メキシコ人画家のミゲル・コバルビアス（一九〇四〜一九五七）が住んでいたという。夫妻はバリ人の貴族からその家を借り、週たった一五ドルで土地持ち貴族のように優雅に暮らしていた。夕食のあとは、夫妻とシドニーとわたしの四人で散歩に出かけた。夜の闇《やみ》は暗く、蒸し暑かった。風はそよとも吹かない。と突然、一ヘクタールもおおうかと思われるほたるの大群が、水田の上を青い光の波となって漂うのが見えた。そしてほかの方向から、じゃらじゃらというタンバリンの音とグワーンという銅鑼の音がリズミカルに聞こえてきた。「どこかで舞踏をやっているらしい」とハーシュフェルドが言った。「行ってみよう」

そこから二〇〇メートルほど離れたところに、部族の人々が立ったりしゃがんだりして集まっていた。娘たちが籠と小さな灯りを持ってあぐらを組んで座り、ご馳走《ちそう》を売っている。人ごみを縫って進むと、一〇歳ぐらいのふたりの少女が踊っているのが目に入った。刺繍《ししゅう》のついた腰巻をまとい、金のティンセルの付いた凝った頭飾りを付けている。その飾りは彼女たちが甲高い高音と大きな銅鑼の低音に合わせてぎくしゃく踊るたびに、ランプの光に反射してチラチラと輝いた。悪魔のような音楽に合わせて、少女たちの頭が揺れ、目が光り、指が震える。音楽は徐々に高まって奔流のようになったかと思うと、また穏やかな川のように静まった。舞踏の終わりはあっけなかった。踊り手は唐突に動きを止め、群衆の中に紛れ込んでしまった。拍手もなかった――バリ島の人たちは決して拍手をしなかった。さらに言えば、愛という言葉も感謝を表す言葉もなかった。

音楽家で画家のヴァルター・シュピース（現代バリ芸術の父として知られる。一八九五～一九四二）が訪ねてきたので、ホテルで一緒に昼食をとった。一五年もバリ島に住んでいるシュピースはバリ語が話せた。また、現地の音楽をピアノ用に記譜していて、そのいくつかを弾いてくれた。それはバッハのコンチェルトを二倍のテンポで演奏するような感じだった。バリ島の人々の音楽に対する趣味はかなり洗練されている、とシュピースが説明した。西洋のモダンジャズは退屈で遅すぎる、モーツァルトはセンチメンタルだと言って受け付けない。興味を抱いたのは自分たちの音楽にパターンとリズムが似ているというバッハだけだったそうだ。だが、わたしには、バリの音楽は冷たく非情で、やや気障《きざわ》りな感じがした。深い悲しみの楽節にさえ、飢えたミノタウロスの邪悪な欲望が潜んでいるように思えた。

昼食の後、シュピースがジャングルの奥に案内してくれた。鞭打《むちう》ちの儀式が行われるという。その場所まで、ジャングルの中の道を六キロも歩かなければならなかった。ようやく到着すると、大勢の人が三メートル半ほどの長さの祭壇を囲んでいた。美しい腰巻を身にまとい胸をあらわにした若い娘たちが、果物などの供物《くもつ》を満載した籠を抱えて列をなしている。白いガウンを着て髪を腰まで伸ばした修道僧のような祭司が、それを受け取って清めてから、祭壇に並べる。祭司が祈りを唱え終わると、若者たちがくすくす笑いながら一斉に祭壇に押し寄せ、司祭が荒々しく鞭をふるうなか、手にできる限りの供物をひったくった。激しく鞭打たれて略奪品を取り落とす者もいたが、それは、物を盗ませようとする悪霊《あくりょう》から解き放たれたことを意味するのだということだった。

わたしたちは寺院や壁で囲まれた家々の敷地内に自由に出入りすることができた。そして、闘鶏を観《み》たり、昼夜を問わず行われる祭りや宗教儀式を見物したりした。ある儀式などは、朝の五時まで観ていた。彼らの神は快楽主義で、バリの人々も、畏怖《いふ》の念からではなく、愛情を通して神を崇拝していた。

ある晩遅くシュピースとわたしは、アマゾネスのような長身の女性が松明《たいまつ》の灯りを受けて踊っている光景に出くわした。その後ろでは、彼女の幼い息子も母親をまねて踊っていた。若く見える男が、ときどき彼女を指導していたのだが、あとになってその男は女性の父親であることがわかり、シュピースは彼に年齢を尋ねた。

「地震が起きたのはいつだったかね？」と男が訊《き》いた。

「一二年前だ」シュピースが答えた。

「そうか、そのときには結婚している子が三人いた」この答えでは不十分だと思ったのか、男はこう付け加えた。「わたしは二〇〇ドル歳だ」今までの人生で、それだけ使ったというのである。

多くの集落で新車のリムジンが鶏小屋として使われていたので、シュピースにその理由を尋ねたところ、こういうことだった。「集落は共産主義的に運営されているんだ。わずかな牛の輸出で稼いだ金を共同貯金するんだが、長年貯《た》めた金は、かなりの額になる。そんな折、抜け目ない車のセールスマンがやってきて、あれこれいいことを言って、キャデラックのリムジンを売り付ける。住民も最初の何日かは、車を乗り回して、大いに楽しむんだが、やがてガソリンが尽きてしまう。そのときになって、車を一日動かすには、一カ月分の稼ぎを注ぎこまなければならないことを初めて知るんだ。こうして、車は集落に置き去りにされ、鶏のねぐらになるというわけさ」

バリ人のユーモアは、わたしたちと同じように、性的なジョークや、きまり文句、語呂《ごろ》合わせにあふれている。わたしはホテルの若いウェイターのユーモアのレベルを試してみることにし、まず、「鶏はなぜ道を横切るのか」と訊いてみた。

彼の反応は横柄《おうへい》なもので、「そんなジョークは、だれだって知ってるさ」と通訳に言った。

「そうか、じゃあ鶏と卵とどっちが先かね？」

これには彼も困った。「鶏――違うな――」と首を振る。「――卵――でもない――」彼はターバンを押して、ちょっと考え込むと、きっぱり結論を下した。「卵だね」

「でも、卵はどこから産まれるんだい？」

「ウミガメだよ。だって、ウミガメは何よりも偉くて、卵はみんなウミガメが産むんだから」

当時のバリは楽園だった。島民は四カ月だけ水田で働き、残りの八カ月はすべて芸術と文化に費やした。村々は互いに娯楽を提供しあい、島中どこでもただで楽しめた。

だがこの楽園も今や失われようとしている。教育が、胸を隠したり、快楽主義の神を手放して西洋の神を信じるようにと教えたからだ。

日本に向かう前、わたしの日本人秘書、コーノ（高野虎市。一八八五〜一九七一）が、先発して到着の準備をしたいと申し出た。わたしは国賓として招かれることになっていたのである。神戸港についたときには、船の上を飛行機が旋回して歓迎ビラを撒《ま》き、桟橋には数千人の群衆が詰めかけて、歓声で迎えてくれた。林立する大煙突とくすんだ色の埠頭《ふとう》という背景の前に無数の派手なキモノ姿が立ち並ぶ光景は、矛盾した美しさを見せていた。その歓迎ぶりには、あのよく知られた日本の神秘性も慎みもほとんど見られず、群衆はほかのどこでも見てきたのと同じように、興奮して感極まっていた。

日本政府は東京に向かうわたしたちが自由に使えるようにと、特別列車を用意してくれた。駅に停車するたびに群衆とその興奮状態は増していき、プラットホームは綺《き》羅星《らぼし》のように美しい少女で満員になって、わたしたちを贈り物攻めにした。女性たちがキモノ姿で立っているところは、まるでフラワーショーを観ているようだった。東京駅では、推計四万人の群衆に出迎えられ、混雑のなかで転んだシドニーは、あやうく踏み殺されるところだった。

東洋の神秘性は伝説になっている。わたしはつねづね、そうした話は、われわれヨーロッパ人の誇張だと思っていた。だが、謎《なぞ》めいた雰囲気は神戸港で下船した瞬間から感じられ、東京に着いた今では、それに包み込まれるようになっていた。ホテルに向かう途中、わたしたちは街の落ち着いた一画に差しかかった。すると、ふいに車のスピードが落ち、皇居の近くで止まったのである。コーノがリムジンの窓から不安げに後ろを振り向くと、わたしに向かって奇妙なことを頼んできた。車から降りて皇居にお辞儀してくれませんか、と言うのだ。

「これは習わしなのかね？」わたしは訊いた。

「そうです」コーノはそっけなく答えた。「お辞儀はしなくてもかまいません。車を降りてくだされば十分です」

この要請にはやや面食らった。というのは、わたしたちのあとに従う二、三台の車を除けば、そこには誰もいなかったからである。もしそれが習わしなら、世間はわたしがそうすることを知っていて、たとえ少数だとしても、群衆が待ち受けているはずだった。ともかく、わたしは車から降りて一礼した。車に戻ると、コーノはほっとしたように見えた。シドニーもこれは奇妙な要請だと思い、コーノのふるまいもどこかおかしいと言った。実際、わたしたちが神戸港に到着して以来、コーノはずっと心配そうだった。だが、わたしは、コーノは仕事に追われて疲れているだけだと言って、その件についてはそれ以上深く考えなかった。

その晩は何も起きなかった。だが翌朝、シドニーが興奮して居間に入ってきた。「気味が悪い。誰かがぼくのカバンを調べたらしいんだ。書類にいじられた形跡がある！」わたしは、それがたとえ事実だとしても、たいしたことではないと答えた。だが、シドニーの不安は和らがなかった。「なんか、うさん臭いことが起きてるぞ！」彼はそう言ったが、わたしは笑って、疑心暗鬼に囚《とら》われているだけだとたしなめた。

その朝、わたしたちの世話をするという名目で政府の担当官が派遣され、どこか行きたいところがあれば、コーノを通じて必ず彼に伝えるようにと説明を受けた。シドニーは、わたしたちが監視下に置かれていて、コーノも何か隠しているに違いない、と言い張った。わたしとしても、コーノがいよいよ不安そうになり、なにかに脅されているように見えることを認めないわけにはいかなかった。

シドニーの疑念は根拠のないものではなかった。というのは、その日、妙なことが起きたのである。絹本の春画を持っているある商人が、わたしに彼の家に来て見て欲しいと言っている、とコーノから聞かされたのだ。わたしは、興味がないと伝えてくれとコーノに指示した。だが彼は不安そうな顔つきで、「ホテルに置いていくように伝えたらどうでしょう？」と提案した。

「絶対に断る。時間を無駄にするなと言ってくれ」

コーノは躊躇《ちゅうちょ》した。「ああいう連中は、言い出したら聞かないんです」

「いったい何の話だね？」わたしは訊いた。

「その、連中はここ何日もわたしを脅しているんです。東京には硬派の連中がいますので」

「バカバカしい！　警察に尾行させたらいいじゃないか」とわたしは言ったが、コーノは首を横に振った。

翌日の晩、兄とコーノと三人でレストランの個室で食事をしていると、六人の若い男が押し入ってきた。そのうちのひとりがコーノの横に座って腕を組み、残りは二、三歩下がって突っ立った。座った男が、ドスのきいた低い声で、コーノに日本語で話しかけ、その言葉を聞いたコーノの顔は青ざめた。

わたしは武器を携帯していなかったのだが、片手をコートのポケットに差し込み、リボルバーを持っているふりをして、大声で叫んだ。「いったいどういうことなんだ？」

コーノは皿から目を上げずに、ぼそぼそと話した。「あなたがあの絵を見ることを拒否したので、先祖が侮辱されたと言っています」

わたしはさっと立ち上がり、片手をポケットに入れたまま若い男を睨《にら》み付けた。「いったい何の話だ?」そしてシドニーに言った。「ここを出よう。それからコーノ、タクシーを呼んでくれ」

　無事、道路に出られたときには、ほっとした。タクシーが待っていたので、すぐに乗り込んでその場を後にした。

　謎が頂点に達したのは、翌日、首相の子息が彼のプライベートな客としてスオミ・レスリング（相撲のこと）に招待してくれたときだった。みなで座って試合を観ていた最中、随行員がケン・イヌカイ氏（犬養健《たける》。犬養毅首相の三男。一八九六〜一九六〇）の肩を叩《たた》いて、何か囁《ささや》いた。犬養氏はわたしたちに向き合うと、緊急事態が起きたので席を立たなければならないが、あとでまた戻って来ると言い残して、その場を立ち去った。相撲が終わろうとするころ彼は戻ってきた。その顔は真っ青で、動揺していた。具合が悪いのではないかと尋ねたところ首を横に振ったが、突然両手で顔を覆《おお》い「つい今しがた、父が暗殺されたのです」と言う（一九三二年五月十五日に海軍の青年将校たちが首相を暗殺した「五・一五事件」のこと。詳細はチャップリンの記述と多少異なる）。

　わたしたちは彼をホテルに連れて行ってブランデーを飲ませた。そのあと犬養氏は、事の顛末《てんまつ》を明かしたのだった。六人の海軍士官が首相官邸の外で護衛を殺したあと、首相の住まいに乱入し、夫人および娘と一緒にいた首相を見つけた。そのあとの話は、母親から聞いたのだという。暗殺者は彼の父親に銃を突きつけながら、二〇分ばかり立っていたそうだ。その間、首相は士官たちを説得したのだが無駄だった。彼らは黙って首相を撃とうとしていた。だが首相が家族の前で殺さないでくれと懇願したため、妻と娘に別れを告げることは許された。首相は静かに立ち上がり、暗殺者たちをほかの部屋に案内した——そこでも説得を試みたに違いない。なぜなら家族は、身を切られるような緊張の中でしばらく座っていたからだ。だが、そのあと銃声が聞こえ、首相の命は奪われたのだった。

事件が起きたのは、息子が相撲見物をしている最中だった。もしわたしたちと一緒でなかったら、おそらく父親と共に殺されていただろうと彼は言った。

犬養氏を官邸に送っていったとき、二時間前に彼の父親が殺害された部屋を見ることになった。畳の上には血の海が広がり、まだ乾いていなかった。カメラマンや新聞記者が大勢詰めかけていたが、写真撮影を控えるだけの礼儀はわきまえていた。それでも、わたしは説き伏せられて、コメントを口にすることになった。もっとも、家族にとっても国にとっても深い悲劇である、としか言いようがなかったのだが。

惨劇の翌日は公式な歓迎会が開かれて首相に会うことになっていたが、もちろんそれは中止になった。

シドニーは、この暗殺は一連の怪事件の一環で、何らかの形でわたしたちも巻き込まれているのだと言ってきかなかった。「首相を暗殺したのが六人で、ぼくらが夕食を食べていたレストランに来た男たちも六人だったのは、とても偶然とは思えない」というのだ。

この謎について、少なくともわたしの関与がようやく明らかになったのは、ヒュー・バイアスが書いた詳しく興味深い本『昭和帝国の暗殺政治』がアルフレッド・A・ノップフ社から出版されてからである。当時、「黒竜会《ブラック・ドラゴン》」という右翼結社が暗躍していて、皇居遥拝をわたしに要求したのも、この連中だったらしい。ここで、ヒュー・バイアスの本から、首相を暗殺した者たちの公判記録を一部引用してみよう。

この陰謀における海軍側の首謀者だったコガ・セイシ（古賀清志）中尉《ちゅうい》が後に軍法会議で述べたところによると、共謀者たちは衆議院を爆破して戒厳令を発令させる計画を練っていたという。院内に容易に入り込める民間人が傍聴席から爆発物を投げ込み、青年将校たちがドアの脇《わき》で待ち受けて、逃げようとする議員たちを殺害する計画だった。法廷で語られたのでなければ、とてもおぞましくて信じられないようなもうひとつの計画は、当時日本を訪れていたチャールズ・チャップリン氏を殺害するというものである。首相はチャップリン氏を茶会に招いており、青年将校たちは、会の最中に官邸に押し入る計画を温めていたのだった。

判事：チャップリン氏殺害の意図は何だったのか？
古賀：チャップリンはアメリカ合衆国で人気のある人物であるとともに、資本階級のお気に入りである。彼を殺害すればアメリカと戦争になり、一石二鳥だと思ったのだ。
判事：では、その妙案をなぜ断念したのか？
古賀：のちに新聞が、計画されている茶会はまだ確定していないと報じたからだ。
判事：首相公邸襲撃を計画した動機は何だったのか？
古賀：首相を排除することだ。彼は政党の党首でもあった。言い換えれば、政権の中枢《ちゅうすう》を転覆させるためだった。
判事：初めから殺意はあったのか。
古賀：あった。とはいえ首相に対する個人的な恨みはなかった。

同被告人はまた、チャップリン氏殺害計画を放棄した理由について、次のように述べた。「あの喜劇役者を殺害したところで、アメリカ合衆国との開戦をもたらしてわが軍の威力を高める可能性は微々たるものだ。そんななか、それを決行することがはたして賢明なのかどうかについて意見が分かれたのだ」

わたしの暗殺計画を実行したあと、アメリカ人ではなくイギリス人であると知った彼らの様子が目に浮かぶ——「おお、まことに失敬！」と言ったのではないだろうか。とはいえ、日本での経験がすべて謎めいて不愉快なものだったわけではない。大部分においては、とても楽しいときを過ごすことができた。歌舞伎《かぶき》は、わたしの予想を上回る面白さだった。歌舞伎は完全な様式演劇というわけではなく、古典劇と現代劇が合わさったものである。もっとも重要なのは俳優の名人芸で、劇自体はただ単に俳優が演技を見せるための素材にすぎない。われわれ西欧の基準から見れば、彼らのテクニックには厳しい制約がある。リアリズムは、効果的に達成できないところでは無視されるのだ。たとえば、われわれ西欧人が剣で立ち回りを演じるときには、どうしてもある種の馬鹿《ばか》げた雰囲気が生まれてしまう。なぜなら、どれほど剣さばきが熾烈《しれつ》なものであっても、怪我《けが》をしないために用心しながらやっていることを観客に見抜かれてしまうからだ。一方、日本人は、はなからリアリズムのふりなどしない。互いに離れて闘いを演じ、刀で流れるような線を描き、片方が相手の首を切り落とそうとすれば、もう片方は敵の脚に切りつけようとする。それぞれが自分の立ち位置で跳ねたり《ジャンプ》、踊ったり《ダンス》、つま先旋回《ピルエット》したりするのだ。それはまるでバレエのようだ。闘いは印象主義のもとに演じられ、勝者も敗者も見得《みえ》を切って終わる。だが、死の場面になると、演者はこの印象主義からリアリズムに転じる。

　歌舞伎のテーマの多くはアイロニーだ。わたしは歌舞伎版『ロミオとジュリエット』とも言うべき、親たちに結婚を阻《はば》まれる若い恋人たちのドラマを観た。劇場は、日本人が三〇〇年以上も使ってきた廻り舞台だった。最初の場面は新婚夫婦の部屋の内部で、結婚したての若いカップルが登場する。第一幕のなかで、結婚を認めてほしいと望むふたりの使者が、親をとりなそうとする。だが、伝統の力はあまりにも強く、親たちは頑として聞き入れない。そこで恋人たちは日本の伝統作法に従って心中しようとする。それぞれが床に花びらを敷き詰め、その上で命を絶とうとするのだ。花婿《はなむこ》がまず花嫁を殺したあと、自らを刺して死ぬ覚悟だ。

　死への準備として床に花びらを撒く恋人たちの会話が、観客の笑いを誘った。通訳によると、「あれほどの愛の一夜のあとでは、生きていてもつまらない」というような、皮肉なユーモアが台詞《せりふ》に込められているのだという。こうした皮肉なやりとりが一〇分ばかりも続く。そのあと花嫁は花びらの敷き詰められた床に正座する——それは夫の立ち位置からかなり離れている。そして襟を開いて喉元《のどもと》をさらすのだ。花婿が刀を抜いてゆっくり彼女のもとに歩み寄るなか、廻り舞台が回転しはじめ、刀の切っ先が新妻の喉元に届く寸前に、その場面は観客の視野から消えてしまう。そして、月の光に満たされた家の外の情景が現れるのだ。観客は、果てしなく続くかと思われる沈黙の中で待ちつづける。すると、ようやく近づいてくる声が聞こえてくる。それは命を落とした夫婦の友人で、親がふたりの結婚を許したという吉報を伝えに来たのだ。友人たちは酔いが回っていて、吉報を届ける役について口論を始める。そして恋の歌を歌って聞かせるのだが、何も反応がないので、ドアを叩き始める。

「邪魔したら悪いよ」とひとりが言う。「ぐっすり眠っているか、お取込みの最中だろうからさ」こうして友人たちは、恋の歌を歌いながら去っていく。それにかぶさるように、芝居の終了を告げるカチカチという箱を叩くような音がして、幕がゆっくりと引かれるのだ。

日本がどれほど長く西欧文明のウィルスに感染せずにいられるかは未知数だ。日本文化の傑出した特徴となっている、日々の暮らしにおける素朴な瞬間を楽しむ風習——月の光を愛《め》でる月見、満開の桜を楽しみに出かける花見、茶の湯における静かな瞑想《めいそう》など——が、西欧的な企業のスモッグの中に消えていくのは避けられない運命であるように思われる。

わたしの休暇もついに終わりを迎えようとしていた。楽しいことはたくさんあったが、気の滅入《めい》ることもあった。食べ物が腐り、商品がうずたかく積まれる一方で、腹をすかして人々がうろつき、何百万人もが失業し、彼らの勤労が無駄にされるところも見てきた。

ある食事の席では、もっと金鉱を見つけない限り事態を救うことはできないと誰かが言うのを耳にした。機械による自動化が人々の仕事を奪っていることを議論したときには、そのうち労働賃金がうんと安くなって自動化と競争できるようになるから、問題はひとりでに解決すると言った者もいた。世界不況は人々をひどく残酷にしていた。

第二四章

ビバリーヒルズの自宅に戻ったわたしは、居間の中央に立った。すでに夕刻近く、長い影がカーペットのように芝生をおおい、黄金色の光の筋が部屋の中に差し込んでいた。それらがみな、なんと穏やかに見えたことか。わたしは泣きたくなった。八カ月も留守にしていたのに、戻れて嬉《うれ》しいのかどうかもわからない。混乱し、将来の計画もなく、落ち着きを欠いて、深い孤独感に苛《さい》まれていた。

ヨーロッパでわたしの人生を方向付けてくれる人に出会えるのではないかと、ぼんやりした希望を抱いていたのだが、確たるものは何も得られなかった。出会った女性に条件に見合う人はほとんどいなかったし、そうした相手がいたとしても、向こうが興味を示さなかった。カリフォルニアにふたたび戻った今、墓場に帰ってきてしまったような気がしていた。ダグラスとメアリーは別居しており、あの楽しい世界も、もはやなかった。

その晩、わたしはひとりで食事をとることになっていたのだが、大きな家で、ひとりぽつんと食事をするのは、いつも気が進まなかった。そこで食事の支度はしないようにスタッフに伝えてハリウッドに行き、車を停めてハリウッド大通りまで歩いた。すると、今まで留守にしていたことが嘘《うそ》のように思えてきた。平屋建ての店舗、古臭い《アーミー・アンド・ネイヴィー》百貨店、ディスカウント・ドラッグストア、《ウールワース》や《クレスギ》といった安売り雑貨店などが相変わらず立ち並んでいる。みな、うんざりするように野暮ったい店ばかり。ハリウッドは未《いま》だに新興都市という殻を脱ぎ捨てていなかった。

大通りを歩いている間に、引退してすべてを売り払い、中国にでも行ったほうがいいのではないかという思いが浮かんできた。ハリウッドに留まりたいと思わせるものは何もなかった。サイレント映画の時代が終わってしまったのは明らかだったし、トーキー映画と闘う意欲もなかった。それに、わたしは人付き合いをしていなかった。気まずい思いをせずに電話をかけて食事に誘えるほど親しい者がいるかどうかと考えてみたが、そんな者はだれもいない。家に戻ると、マネージャーのリーヴスが電話をかけてきて、すべてが順調に行っていると伝えてくれた。だが、そのほかに電話をかけてきたのは誰もいなかった。

スタジオに顔を出して事業面の面倒な仕事をこなすのは、冷たい水に飛び込むようにゾッとした。それでも、『街の灯』が大成功を収めているという知らせは嬉しかった。すでに三〇〇万ドル（純益）が貯《た》まっており、今も毎月一〇万ドルの小切手が送られてくるという。リーヴスは、ハリウッドの銀行に行って、新たに赴任した支配人と顔見知りになっておくようにと勧めたが、断った。銀行には七年も足を踏み入れていなかった。

カイザーの孫にあたるルイ・フェルディナンド殿下がスタジオ見学に訪れ、わたしの自宅で食事をして、面白い話を聞かせてくれた。とても聡明《そうめい》でチャーミングなこの殿下によると、第一次世界大戦後に起きたドイツ革命は、まるで喜歌劇のようなものだったという。「祖父はすでにオランダに逃げていましたが、親戚《しんせき》の一部はポツダムの宮殿に残っていました。あまりにも恐ろしくて身動きがとれなかったのです。しかし、ついに革命家たちが宮殿にやってくると、彼らはこの親戚たちに書簡を送り、謁《えっ》見《けん》を賜りたいと丁重に尋ねてきたのです。そしてその会見で、皇族たちには完全な保護を与えると約束し、何か必要なものがあれば、社会党本部に電話を一本入れてくだされぱいい、とまで言ったそうです。親戚たちは自分の耳が信じられませんでした。でも、やがて革命政府による皇族の財産補償について交渉が始まると、親戚たちは彼らの言い分を受け入れるどころか、なんと、もっと欲しいと要求したのです」最後に彼はこう締めくくった。「ロシア革命は悲劇でした——でも、われわれの革命は茶番だったのです」

アメリカに戻ってきてから、ある、とても素晴らしいことが起こりつつあった。経済の崩壊は極端なものだったが、それがかえってアメリカの人々の偉大さを引き出したのである。状況はさらに悪化の一途をたどっていた。州によっては、売れ残った商品をさばくために、木片に印刷した信用券まで発行する始末だった。そんななか、陰《いん》鬱《うつ》なフーヴァー（当時の第三一代大統領。一八七四〜一九六四）はじっと座って手をこまねいていた。上部に金をばらまけば下部の一般人までその効果が浸透するという、経済的詭弁《きべん》でしかない彼の悲惨な政策が完全に失敗してしまったからだ。そして、この悲劇の渦中《かちゅう》に行われていた大統領選のキャンペーンで、もしフランクリン・ローズヴェルトが当選するようなことがあれば、アメリカの社会制度――当時でも完全無欠というわけではなかったのだが――は根底から覆《くつがえ》る危機に瀕《ひん》することになる、と大声で説いていた。

だが、フランクリン・D・ローズヴェルトは当選して大統領になり、アメリカが危機に瀕することもなかった。「忘れられた人々《フォゴトン・マン》」について語ったローズヴェルトの演説は、アメリカの政治をひねくれた無策の昼寝から目覚めさせ、アメリカ史上もっとも心が鼓舞される時代を築いたのである。わたしはこのラジオ演説をサム・ゴールドウィンのビーチハウスで聞いた。一緒に座って耳を傾けていた人たちの中には、コロンビア放送（現在のCBS放送）のビル・ペイリー、ジョー・スケンク、フレッド・アステア（アメリカのダンサー・俳優。一八九九〜一九八七）夫妻もいた。「われわれが恐れなければならないのは、恐れることだけである」という言葉が電波に乗って一筋の陽光のように差し込んできた。それでもわたしは、ほかのみんなと同じように懐疑的で、「そんなにうまくいくはずがない」とそのときは言ったのだった。

ローズヴェルトは大統領に就任するや否《いな》や、矢継ぎ早に公約を実行していった。まず、銀行の破《は》綻《たん》を回避するために、一〇日間の「バンク・ホリデー」を実施して銀行を閉鎖した。それはアメリカの最良の面が発揮された瞬間だった。あらゆる種類の店舗や商店が売り掛けで営業を続け、映画館でさえチケットを信用売りで販売した。この一〇日間にローズヴェルトと、彼のいわゆる顧問団がニューディール政策を編みだす間、アメリカ人は実に立派に行動したのである。

あらゆる緊急事態に対処する法令も次々と施行されていった。抵当流れ農地の大規模強奪を防ぐための農業信用制度の再建、大型公共事業への貸付、全国産業復興法の制定、最低賃金の引き上げ、労働時間短縮による雇用の分配、そして労働組合の奨励などなど。これは行き過ぎだ、社会主義だ、と反対派は叫んだ。たとえそうであろうがなかろうが、資本主義は完全な破滅から救われたのだった。そしてそれはまた、いくつかのアメリカ史上最良の改革を導くことにもなったのである。アメリカの市民が建設的な政府に素早く反応する姿には感激させられたものだった。

　ハリウッドもまた曲がり角にきていた。サイレント映画のスターのほとんどは姿を消し、わたしを含めてほんの一握りしか残っていなかった。トーキー映画がしっかり根付いた今となっては、ハリウッドの魅力や無頓着《むとんちゃく》さもなくなってしまった。一夜にして映画界は冷酷で真面目《まじめ》な産業に変貌《へんぼう》してしまったのである。音響技術者はスタジオを改装して手の込んだ音響装置を取り付けていた。一部屋分もあろうかと思われる巨大なカメラは、ヒンドゥー教の破壊的な神ジャガーノートよろしくステージの上をのし歩いていた。複雑なラジオ装置も、無数の電線を張り巡らして据え付けられた。天井から釣竿《つりざお》のように垂れるマイクのもとで俳優が演技する横では、火星の戦士みたいな格好をした男たちがイヤフォンをつけて作業していた。そうしたものすべてが、ひどく複雑でうんざりするものばかりだった。あんなガラクタに囲まれていながら、どうやって創造的になれというのか？　わたしはそうしたことがみな嫌だった。そうこうするうちに誰かが、複雑なガラクタ全部を携帯できるようにして、カメラをさらに可動的にし、装置自体ももっと手軽な価格でレンタルできる方法を考え出した。だが、こうした改良も仕事再開の意欲を奮い立たせてはくれなかった。

わたしはまだ、ハリウッドから引き上げて中国に移住するという考えを弄《もてあそ》んでいた。ハリウッドの蔦《つた》にしがみついて腐ることにひきかえ、香港《ホンコン》でなら、映画のことなど忘れて贅沢《ぜいたく》に暮らせそうに思えた。

三週間もそんなふうにブラブラしていたある日、ジョー・スケンクが電話をしてきて、週末は彼のヨットで過ごす予定にしておいてくれ、と言った。それは一四人もの乗員を楽に泊められる全長四二メートルの美しいヨットで、ジョーはそれに乗ってカタリナ島に行き、アヴァロンの街の近くに停泊するのが常だった。客はたいていポーカーをやりにきている連中で、ポーカーに興味がなかったわたしには面白くなかったのだが、彼はいつも美しい娘の一団も乗り込ませていた。絶望的な孤独感にさいなまれていたわたしは、ひょっとしたら、ちょっとしたきれいな陽光が差してくるかもしれないと淡い期待を抱いた。

そして実際、その通りになったのである。そこでポーレット・ゴダードに出会ったのだ。彼女は陽気で面白く、その晩、元夫からもらった離婚扶養手当の一部の五万ドルを、ある映画会社に注ぎこむつもりだと話した。署名するばかりの必要書類も、すべてヨットに持ち込んでいた。わたしは強引にそれを止《や》めさせようとした。というのも、その会社は明らかにハリウッドのインチキ企業だったからだ。わたしは彼女に言ってやった。自分はほぼ映画の草創期からこの業界にいるが、その知識があるがために、自分の映画以外には一ペンスだって投資するつもりはない――自分の映画にだって投資するのはリスキーだと。さらには、文芸スタッフを抱え、アメリカ中のもっとも人気のある物語のほとんどに通じていたハーストでさえ映画に投資して七〇〇万ドルも失ったというのに、彼女にどんなチャンスがあるというのか、とまで言った。結局彼女は断念した。そして、それがわたしたちの友情の始まりだったのである。

ポーレットとわたしを結び付けていたのは孤独だった。彼女はニューヨークからやってきたばかりで知り合いがいなかった。わたしたちは、いわばロビンソン・クルーソーがフライデーに出会ったようなものだった。平日、ポーレットはサム・ゴールドウィンの映画の仕事で、そしてわたしは自分のビジネスで、忙しくしていたが、日曜日は孤独でみじめな一日だった。そこで捨て鉢になって、よく長距離のドライブに出かけたものである。実際、わたしたちは、カリフォルニアの海岸すべての街を走破してしまい、他にはもう何もすることがないように思われた。わたしたちのもっとも刺激的な冒険は、サン・ペドロ港に行ってプレジャーボートを眺めることだった。そこで一艘《そう》が売りに出ていたのだ。全長一七メートルほどのモータークルーザーで、船室が三つ、厨房《ちゅうぼう》、そして魅力的な操舵室《そうだしつ》を備えていた――わたしが持ちたいと思っていたタイプの船だ。

「そうね、あなたが、あんなのを持っていたら、わたしたち日曜日にうんと楽しめるわね。カタリナ島にも行けるし」とポーレットが言った。そこで、購入について問い合わせてみると、所有者は映画用カメラを製造しているミッチェル氏という人物で、自ら船内を案内してくれた。わたしたちは一週間に三度も船を見に行ったので、しまいには気恥しくなってしまった。それでもミッチェル氏は、船が売れるまで、何度でも見に来てかまわないと言ってくれた。

わたしはポーレットに内緒でその船を購入し、カタリナ島へ行くための食糧を積み込み、自宅のコックと、船の操縦免許を持っていた元キーストン・コップスのアンディ・アンダーソンを乗せる準備をした。その次の日曜日には、すべてが整っていた。その日、ポーレットとわたしは朝早く出発した。いつもの長距離ドライブだと思っていた彼女は、コーヒーだけ飲んで出かけ、どこかで朝食をとろう、というわたしの提案に同意した。だが途中で、サン・ペドロ島へ向かっていることに気づいて、こう訊《き》いてきた。「まさか、またあの船を見に行こうとしているんじゃないわよね？」

「買うかどうか決めるために、もう一度だけ見たいんだ」とわたしは言った。

「それなら、ひとりで行ってちょうだい。わたしはとても恥ずかしくて行けないから。

車で待つことにするわ」ポーレットは、気乗りしない顔で言った。

桟橋の横で車を停めたときも、彼女は車を降りようとしなかった。「いやよ、あなたひとりで行ってちょうだい。でも急いでね――まだ朝食も食べてないんだから」

二分後、わたしは車に戻り、嫌がる彼女を急き立《せ》ててクルーザーに乗り込ませた。キャビンは、ピンクとブルーのテーブルクロスと、それに合わせたピンクとブルーの陶製の食器で楽しい雰囲気に飾っておいた。厨房からは、ベーコンと卵を調理するおいしい匂《にお》いが漂ってくる。「親切にもキャプテンが朝食に招待してくれたんだ」とわたしは言った。「ホットケーキ、ベーコン・アンド・エッグズ、トーストとコーヒーだよ」ポーレットは厨房に目をやり、そこに我が家のコックがいることに気づいた。

「さて、君は日曜日にどこかへ行きたいって言ってたね。だから、朝食を食べたらカタリナ島に行って泳ごう」そうわたしは言い、船を買ったことを打ち明けた。

彼女の反応は面白かった。「ちょっと待って」と言って立ち上がり、船を降りて船着き場を五〇メートルほども走って行ったかと思うと、両手で顔を覆《おお》ったのだ。

「おおい！　戻っておいで。朝食を食べよう」

船に戻ってきたポーレットが言った。「ああでもしなけりゃ、ショックが収まらなかったのよ」

日本人コックのフレディーがにやにや笑いながら朝食を運んできた。そのあとわたしたちはエンジンを始動させて港に向かい、太平洋に出て、三五キロ先のカタリナ島に向かった。そしてそこに九日間停泊したのだった。

＊

すぐに始めるべき仕事の計画はいまだに立っていなかった。わたしはポーレットと一緒に愚かなことをやりまくった――競馬大会に行き、ナイトスポットに出かけ、さまざまな公的行事に顔を出した。時間が潰《つぶ》せることならなんでもよかった。ひとりになりたくなかったし、物を考えることもしたくなかった。それでも、こうしたお楽しみの底には、つねに罪悪感が潜んでいた――わたしはいったい何をやっているんだ？なぜ仕事をしていない？

さらに、わたしはある若い批評家の言葉に落ち込んでいた。『街の灯』は素晴らしい映画だが、センチメンタリズムに陥るぎりぎりのところにあり、将来の映画ではもっとリアリズムに近づく努力をしたほうがいい、と言うのだ。そしてわたしも、そのときは彼と同意見だった。だが、今になって知り得たことが、もし当時わかっていたとしたら、この批評家にはこう言ってやることができただろう。いわゆるリアリズムというやつは作り物の見せかけで、平凡かつ退屈極まりないことが多く、映画でほんとうに重要なのは、リアリティーそのものではなく、想像力を駆使してリアリティーから導き出すものなのだと。

もう一本サイレント映画を作ろうという気持ちに突然なったきっかけが、まったく予想もしていなかった偶然によるものだったのは興味深い。あるときポーレットと一緒にメキシコのティファナ競馬場に出かけたとき、ケンタッキーなにがしというレースをやっていて、優勝者には銀杯が贈られることになっていた。そして、優勝ジョッキーにカップを渡し、南部なまりで一言述べる役を引き受けて欲しい、とポーレットに依

ポーレット・ゴダード（『独裁者』）。

頼がきたのである。二つ返事で引き受けたポーレットの、ラウドスピーカーから流れてくる声にわたしは驚いた。ブルックリン生まれであるにもかかわらず、ポーレットは見事にケンタッキー育ちの社交界の名花《ソサエティー・ベル》役を演じてみせたのだ。その瞬間、わたしは彼女には演技ができると確信した。

がぜんやる気が湧《わ》いてきた。ポーレットのおてんば娘《ガミーン》のようなところに、わたしは強い印象を受けていた。この特徴を画面に出せたら、すばらしいものができるに違いない。わたしは、例の浮浪者とこのおてんば娘が満員の護送車の中で出会う様子を想像しはじめた。浮浪者が騎士道精神を発揮して彼女に席を譲るのだ。それを土台にすれば、プロットとさまざまなギャグを築き上げることができる。

そのあと、『ニューヨーク・ワールド』紙の有能な若手記者と会ったときのことを思い出した。わたしがデトロイトを訪問することを聞きつけた彼は、工場のベルトコンベア・システムについて話したのである——それは、大企業にそそのかされて農村からやってきた健康な青年たちがこのベルトコンベア・システムで働かされ、四、五年も経《た》つと、精神的にボロボロになってしまうという恐ろしい話だった。

『モダン・タイムス』のアイデアが生まれたのは、そのときの会話からだった。わたしは、職工を昼食時にも働かせて時間を節約する装置として、自動食事機を考え出した。工場のシークエンスは、浮浪者がノイローゼになることで自然に収束する。プロットは、さまざまな出来事の自然な流れによって展開していった。ノイローゼから回復した彼は、逮捕されて、おてんば娘に出会うことになる。彼女もまたパンを盗んだかどで逮捕されたのだ。ふたりは囚人を満載した警察の護送車の中で初めて出会う。それ以降は、名もないふたりの人物が、現代《モダン・タイムス》の世の中でもがきながら何とか生きていこうとする話が主題になる。ふたりは、大不況、ストライキ、暴動、失業といった世の中の荒波にもまれていく。ポーレットにはボロを着せた。汚れて見せるために顔に煤《すす》を塗ったときには、彼女が泣き出しそうになったので「この煤は、付けぼくろみたいなものだよ」とわたしは言い張ってなだめた。

女優にファッショナブルな衣装を着せて美しく見せるのは簡単だが、『街の灯』の場合のように、花売り娘の格好をさせながら魅力的に見せるのは難しい。『黄金狂時代』のときは、そうしたことは問題にならなかった。だが『モダン・タイムス』のポーレットの衣装は、それこそディオールのドレスと同じぐらいの熟慮と手腕を必要とした。おてんば娘の衣装に気を配らなかったら、つぎはぎは、わざとらしい小道具のように見えて説得力を失ってしまう。女優たちに浮浪児や花売り娘の格好をさせるとき、わたしは詩的な雰囲気を引き出すように努め、人物の個性的な魅力を損なわないように気を配った。

『モダン・タイムス』の公開前に、この映画は共産主義的だという噂を耳にした、と書いたコラムニストが何人かいた。おそらく、新聞ですでに報道されていたあらすじのせいだったのだろう。とはいえ、リベラルな映画評論家たちは、この映画は共産主義を賛美するものでも批判するものでもなく、いわばわたしは境界壁の上に座って中立的な態度をとっていると評してくれた。

公開直後の週には観客動員数があらゆる記録を破ったものの翌週はやや下がったなどという速報を手にすることほど神経に障《さわ》るものはない。そんなわけで、ニューヨークとロサンゼルスでのプレミア上映後に唯一《ゆいいつ》わたしが望んだことは、映画に関するあらゆるニュースからできるだけ遠ざかることだった。そこで、事務所に一切連絡をよこすなという指示を残して、ポーレットと彼女の母親を連れてホノルルに行くことにした。

＊

わたしたちはロサンゼルスで乗船し、土砂降りのサンフランシスコに着いた。だが、

「万能薬」の意味があるパナシーア号。

気分が湿るようなことはなかった。少しショッピングをして、また船に戻った。倉庫の横を通り過ぎたとき、ふと見ると、貨物に「中国」という文字が押されていた。「中国に行こう！」

「どこですって？」ポーレットが訊き返した。

「中国だよ」

「冗談言ってるの？」

「これから行こう。でなけりゃ、二度とチャンスはない」

「でも、服も用意していないわ」

「ホノルルで好きなだけ買えばいいさ」わたしは言った。

わたしはつねづね、船の名前は、みな〝万能薬《パナシーア》〟にすべきだと思っている。

なぜなら、船旅ほど心身を癒してくれるものもないからだ。心配事はすべて一時棚上げになる。船はわたしたちを迎え入れて癒してくれ、ついに港に入ると、嫌々ながらわたしたちを単調な世界に戻すのだ。

だが怖《おそ》れおののいたことに、ホノルルに到着すると、『モダン・タイムス』を宣伝する大型のポスターがあちこちに貼《は》りだされていただけでなく、桟橋には大勢の新聞記者が詰めかけていて、わたしを貪《むさぼ》り食おうと待ち構えているのが目に入った。逃げ場はなかった。

とはいえ、東京では誰にも気づかれずにすんだ。というのは、船長が気を利《き》かして船客名簿に偽名を載せてくれたからだ。日本の当局は、わたしのパスポートを見て驚き、「なぜ前もって、いらっしゃることを教えてくださらなかったのですか？」と尋ねてきた。だが、軍事クーデターが起きて、数百人が殺害されたばかりだったので、かえって好都合だったとわたしは思った（一九三六年二月二六日から二九日にかけて陸軍青年将校らが起こした「二・二六事件」のこと。実際の死亡者数は一桁台だった）。日本での滞在中、政府のよこした随行員は、片時もわたしたちのそばを離れなかった。サンフランシスコから香港まで、わたしたちは他の乗客とほとんど話をしなかったのだが、香港に着いたとき、その苦行は解けた。そのきっかけは、カトリックの司祭という形をとって訪れた。「チャーリー」と、ある背の高い、おとなしそうなビジネスマンが言った。「コネティカットから来ているアメリカ人の司祭に会ってくれないかな。この神父は五年前からここのハンセン病の共同体で暮らしているんだが、とても寂しがっていてね。それで、毎週土曜日になると、香港にやって来るんだ。アメリカの船を見るだけのために」

司祭は長身のハンサムな男で、年の頃は三〇代後半。ピンク色の頬をして、愛想のよい笑みを浮かべていた。わたしがみなに酒をおごると、次に友人がおごり、そして神父もおごった。最初は少人数だったのだが、夜がふけるにつれて人数はどんどん増え、二五人ほどにもなって、誰もが次々に酒をおごっていった。その後もさらに人数を増して三五人ほどにもなり、酒も途切れなくやってきた。多くの者が前後不覚になって船に運ばれていったが、一杯も酒を断らなかった神父は、まだ笑みを絶やさず、しらふでみんなと話していた。ついにわたしは彼にさよならと言うために立ち上がった。そのとき彼が心配そうにわたしの体を支えてくれたので、握手しようとして手を握った。するとその手がざらざらしていたので、手の平を上に向けてよく見てみた。いたるところにひび割れがあり、真ん中には白い斑点《はんてん》まである。「ハンセン病ではないですよね」とわたしは冗談で言った。神父はにやりと笑って、首を横に振った。それから一年後、わたしは神父がその病で亡くなったと聞かされたのだった。

ポーレットとわたしは五カ月間もハリウッドから離れていた。そして、その間に結婚した（法的には籍を入れていなかったため、事実婚だった）。その後、アメリカに戻るために、シンガポールで日本船に乗った。

船が港を離れた日、わたしは船内で手紙を受け取った。それによると、手紙の主とわたしには共通の友人がたくさんいるのだが、長年すれ違ってきたそうだ。そして、南シナ海のど真ん中で出会った今、これは、知り合いになるための絶好のチャンスではないか、という。末尾の署名は「ジャン・コクトー」。追伸には夕食前、食前酒を一杯やりに、あなたの船室を訪れてもいいだろうか、と書かれていた。そのときすぐに頭に浮かんだのは、偽手紙《にせ》だった。あの粋《いき》なパリジャンが南シナ海のど真ん中にいることなど考えられなかったから。しかし、それは本物だった。コクトーは、フランスの新聞『フィガロ』の仕事をしていたのである（実際には、夕刊紙『パリ・ソワール』の企画で世界一周旅行をしていた）。

コクトーはまったく英語ができず、わたしもフランス語が話せなかったのだが、彼の秘書が、あまりうまくはないものの少し英語ができたので、通訳役を買って出た。その晩、わたしたちは真夜中過ぎまで、人生と芸術について持論を披露しあった。秘書が時間をかけてたどたどしく通訳するなか、コクトーは、その美しい両手を胸の上で広げて、マシンガンのように話しまくった。コクトーは訴えかけるようにわたしを見て、そのあと視線を秘書に移す。すると、秘書が無表情でこんなふうに訳すのだ。「ミスター・コクトーは、ええと、彼は言っています。あなたは詩人だと、ええと、太陽の光の。そして彼は詩人だと、ええと、夜のだと」

　するとすぐにコクトーは秘書からわたしに視線を戻し、鳥のように素早くちょこんと頷《うなず》いて、また話を続ける。すると今度はわたしが哲学と芸術について滔々《とうとう》と話すといった具合だ。意見が一致すると、秘書の冷めた視線の前で、わたしたちは抱擁し合った。こうして、こんな感極まった状態で明け方四時まで延々と話を続けたあと別れたのだった。一時に昼食の席でまた会おうと約束して。

　だが、わたしたちの興奮状態はすでにクライマックスに達してしまっていた。もう満腹だったのだ！　というわけで、昼食にはお互い姿を現さなかった。その日の午後、互いに謝罪の手紙を送り合ったのだが、どうやら行き違いになったらしい。彼からの手紙の文面はわたしのものとほぼまったく同じで、盛んに無礼を詫《わ》びてはいたが、それ以降の約束は慎重に避けていた——互いにうんざりしていたのである。

　夕食時にダイニングルームに行くと、コクトーが部屋の端のほうに座っていた。背はこちらに向けられていたものの、わたしたちの姿はいやでも秘書の目に入り、彼はそっとコクトーに耳打ちした。コクトーは一瞬躊躇《ちゅうちょ》したが、体をこちらに向けて驚いたふりをすると、わたしが送った手紙を陽気に振った。わたしも彼の手紙を陽気に振って、笑い合った。そのあと、ふたりとも真顔になって体を元に戻し、つねになく真剣にメニューを調べだしたのだった。最初に食事を終えたのはコクトーのほうで、わたしたちのほうはメインコースを給仕されている最中だったので、彼は急いでこっそりとわたしたちの横を通り過ぎた。それでも、ダイニングルームを出る前に外のほうを指さして、「あとで、あっちで会おう」という意味のジェスチャーをした。わたしは熱心に頷いて同意した。が、あとでそこに行ってみると、彼の姿はなかったので、内心ほっとした。

　その翌日、わたしは甲板をひとりで散歩していた。すると、ぎょっとしたことに、遠くのほうに、コクトーが角を曲がってこちらに向かってくる姿が見えるではないか！　おお、どうしよう！　わたしは急いで逃げ道を探した。が、コクトーもわたしに気づき、ありがたいことに、メイン・サロンのドアから中に駆け込んでくれた。ふたりとも、その朝はもう甲板には出なかった。こうして、その日一日中、わたしたちは互いを避けるために、かくれんぼをする羽目に陥った。もっとも、香港に着くころまでには、ちょっと顔を合わせても平気でいられるくらいには回復していた。それでも、東京まではまだ四日もあった。

航海の最中に、コクトーは面白い話を聞かせてくれた。中国の奥地で生き仏を見た、というのだ。五〇歳ぐらいの男性で、生まれたときからずっと油壺《あぶらつぼ》のなかで、首だけ出して暮らしてきたそうだ。長年油に浸っていたせいで、体は胎児の状態のままになり、皮膚は指を差し込めるほど柔らかかったという。中国のどこでこの男を見たのか、コクトーははっきり言わなかった。そして、ついに自分の目で見たわけではなく、また聞きした話だと白状した。

船が停泊したさまざまな場所でも、わたしたちはほとんど出会うことはなく、ごくたまに、お元気ですか、さようなら、という言葉を交わす程度だった。だが、『プレジデント・クーリッジ号』に乗って一緒にアメリカに戻る予定であることがわかると、ふたりともついに観念して、相手が大好きだというふりは、お互いやめることにした。コクトーは東京でクツワムシを一匹買い、小さな籠《かご》に入れて、仰々しくわたしのキャビンに連れてきて、こう言った。「すごく賢くてね。ぼくが話しかけると必ず答えて鳴くんだ」コクトーがあまりにもこの生き物に熱中するものだから、話を交わすたびに、その話題が出るようになった。「今朝のピルゥちゃん(クツワムシのこと)のご機嫌はいかがかな」とわたしはよく尋ねたものだ。

すると「あまりよくなくてね」などとコクトーが真面目くさって答える。「だから、食事制限をしているんだ」

サンフランシスコに到着したとき、リムジンがわたしたちを迎えにきていたので、彼にもロサンゼルスまで乗っていくようにと誘ったところ、ピルゥも一緒にやってきた。そしてドライブの最中に鳴き始めた。「ほらね」とコクトーが言った。「アメリカが好きなんだよ」そして、突然車の窓を開け、小さな籠の入口を開けて、ピルゥを外に振り落としてしまった。

わたしはびっくりして訊いた。「なんで、そんなことするんだい？」

「彼は彼に自由を与えるのです」と秘書が通訳した。

「でも」とわたしは答えた。「見知らぬ国の異邦人なんだよ——おまけに、言葉も話せない」

コクトーは肩をすくめて言った。「頭がいいから、すぐ覚えるさ」

＊

ビバリーヒルズの自宅に戻ったとき、嬉しいニュースがスタジオから届いた。『モダン・タイムス』が大好評を博しているという。

しかし、ここでもまた、憂鬱な問題と向き合わなければならなかった——またサイレント映画を作るべきだろうか？　もしやるとしたら、それは大きな賭《か》けになることはわかっていた。もはやハリウッド全体がサイレント映画を見捨ててしまい、わたしは最後に残ったひとりになっていた。今までは運に恵まれてきたものの、パントマイムの技が時代遅れになりつつあるという思いを抱きながら映画制作を続けるのは気が重かった。それに、一時間四〇分も続く無言のアクションをひねり出すのは容易ではなかった。フィルム二〇フィート（約六メートル）ごとに、機知をアクションに変換して視覚的なジョークを作り出さなければならない。しかもそれを、七〇〇〇から八〇〇〇フィート分もやりつづけなければならないのだ。それにまた、仮にトーキー映画を作ったとしても、どれほど素晴らしい演技をしたところで、自分がやってきたパントマイムの技を超えることはできまいという思いもあった。浮浪者にどんな声を出させるかについても考えてみた。ただ「はい」とか「いいえ」しか言わせなかったり、もごもご聞き取れない声を出させたりしたらどうかとも思った。だが、そんなことをしても無駄なことはわかっていた。もしわたしが映画で口を開けば、他のコメディアンと変わらなくなってしまう。こうした問題に直面したわたしは、鬱々としていた。ポーレットとわたしが結婚してからすでに一年が経っていたが、ふたりの間には溝

左からコンスタンス・コリアー、ポーレット・ゴダードとその母、チャップリン。

が広がりはじめていた。その責任の一端は、わたしが仕事を始めようとしてあれこれ悩み、そのことにすっかり気を取られていたことにあったと思う。ポーレットは、『モダン・タイムス』の成功のおかげで、パラマウント社で数本の映画を作る契約を取り付けていたが、わたしのほうは、仕事をすることも遊ぶこともできないでいた。こんな鬱々とした気分でいたので、わたしは友人のティム・デュラント（アメリカの俳優。一八九九～一九八四）と一緒にペブル・ビーチに出かけることにした。そこのほうが、仕事がはかどるかもしれないと思ったのだ。

サンフランシスコから一六〇キロ

ほど南に下ったところにあるペブル・ビーチは、荒涼として毒気の漂う、やや邪悪な感じさえする場所だった。わたしはそこを〝迷える魂のすみか〟と名付けた。その周辺は〝一七マイル・ドライブ〟（モントレー半島にある全長二七キロの風光明媚なドライブルート）として知られ、森林地帯には鹿《しか》がうろつき、住む者のいなくなった仰々しい邸宅がいくつも売りに出ていた。また、モリダニ、ポイズン・アイヴィー、キョウチクトウ（食べると毒）、ベラドンナ（毒草）などが茂る野原には、いたるところに朽ちた倒木が転がっていた――まさに死を告げる妖精《バンシー》が現れるにぴったりの背景である。太平洋に面する崖《がけ》の上には、大富豪が住むひどく凝った邸宅が何軒も建ち、〝黄金海岸《ゴールド・コースト》〟と呼ばれていた。

ティム・デュラントに初めて会ったのは、日曜日に我が家で開いていたテニス・パーティーに誰かに連れられてやって来たときだった。ティムはテニスがうまく、わたしたちはよく一緒にプレーした。彼は、Ｅ・Ｆ・ハットン（アメリカの老舗証券会社「Ｅ・Ｆ・ハットン」の共同創設者のひとり。一八七五～一九六二）の娘の元妻と離婚したばかりで、そうしたことすべてから逃れるために、カリフォルニアに来ていたのだった。とても思いやりのある人物で、わたしたちはすぐに仲の良い友人になった。

わたしたちは海岸から八〇〇メートルほど奥まったところにある家を借りた。それは、じめじめしたみじめな家で、暖炉に火をくべると大量の煙が部屋に充満した。テイムはペブル・ビーチの社交界に知り合いがたくさんいて、彼がそうした人たちに会いに出かける間に、わたしは仕事をしようとした。何日も何日も、ひとりで書斎にこもったり庭を歩いたりしてアイデアをひねり出そうとしたのだが、何も成果は得られなかった。ついにわたしは、心配事は一時棚上げにして、ティムと一緒に近所付き合いをすることにした。ペブル・ビーチの住人は短編——それも典型的なモーパッサン風の短編——の題材にはもってこいだと、よく思ったものである。ある大きな邸宅は、居心地はよかったものの、どこか薄気味悪く陰鬱だった。家の主人は愛想のいい男で、大声でのべつ幕なしにしゃべったが、妻のほうは一言も口を開かなかった。五年前に赤ん坊を亡《な》くして以来、ほとんど口もきかなければ、笑うこともなくなったという。彼女が口にしたのは、「今晩は」と「おやすみなさい」、だけだった。

もう一軒の家は、海に臨む高い崖の上に建っていて、家のあるじの作家は妻を亡くしていた。どうやら、彼女が庭で崖に背を向けて写真を撮っていたときに、後ろに下がりすぎたらしい。夫が探しに行ったときには、三脚だけが残っていたそうだ。以来彼女の姿を見た者は誰もいないという。

ウィルソン・マイズナー（八六頁に登場）の妹は隣の住人を嫌っていた。隣のテニスコートが彼女の家をのぞき込むような形でつくられていたからだ。そこで、隣人がテニスをするたびに、彼女は焚火《たきび》に火を付け、テニスコートに煙を充満させていた。

途方もない金持ちの老フェイガン夫妻は、日曜日になると贅沢に客をもてなした。そこではナチスの領事にも出会った。そつのないブロンドの若者で、気に入られようと精一杯愛想よくしていたが、わたしはできるだけ近寄らないようにした。

ときおり、モントレー近くの小さな家で暮らすジョン・スタインベック（アメリカの小説家、劇作家。一九〇二～一九六八）夫妻のところで週末を過ごすこともあった。ジョンは『トルティーヤ・フラット』や一連の短編小説によって、ちょうど有名になりかけていたところだった。午前中を執筆にあて、平均して一日二〇〇〇語書いていた。彼の原稿には修正がほとんどなく、そのきれいさには驚いた。そんな彼がうらやましかった。

わたしは作家の仕事ぶりや、一日の執筆量に興味がある。トマス・マンは、一日平均四〇〇語執筆した。リオン・フォイヒトヴァンガー（ドイツ系ユダヤ人の小説家、劇作家。フランスに亡命後、アメリカで没した。一八八四～一九五八）は二〇〇〇語を口述筆記したが、これは一日平均六〇〇語分の執筆量にあたる。サマセット・モームは筆力を保つために、毎日四〇〇語書きつづけた。H・G・ウェルズは一日平均一〇〇〇語、イギリス人ジャーナリストのハネン・スウォッファー（一八七九～一九六二）は一日四〇〇〇語から五〇〇〇語も書いた。アメリカ人批評家のアレグザンダー・ウルコット（一八八七～一九四三）などは、一五分で七〇〇語の批評を書いて、そのあとポーカーに興じていた——実際に目撃したから、それは確かである。ハーストは一晩に二〇〇〇語の社説を書いた。ジョルジュ・シムノン（ベルギーの作家。『メグレ警部』シリーズで有名。一九〇三～一九八九）は一カ月に一本中編小説を書いた——しかも素晴らしい文芸作品を。ジョルジュはわたしに、朝五時に起きて自分でコーヒーを淹《い》れたあと、机の前に座ってテニスボール大の金の球を転がしながら構想を練るのだと教えてくれた。万年筆で執筆していたが、その字がとても細かいので理由を訊くと、「手首に負担をかけないためだよ」と答えた。わたし自身について言えば、一日約一〇〇〇語分口述筆記する。それは平均すると、わたしの映画台本の決定稿約三〇〇〇語に相当する。

スタインベック家は使用人を置かず、家事はすべて夫人が取り仕切っていた。素晴らしい家庭生活を送っていて、わたしはスタインベック夫人が大好きだった。わたしたちはさまざまなことについて大いに語り合ったが、ソ連について話していたときに、ジョンが言った。共産主義者が成し遂げたことのひとつに売春の廃止がある、と。「いわば民間企業の終焉《しゅうえん》だね」とわたしは言った。「残念だな。払った分を額面通りに提供してくれる唯一の職業だし、おまけに何よりも正直な商売なのにね——いっそ労働組合を作ったらどうなんだろうね？」

ある日、夫に目に余るほどの不倫を繰り返されている魅力的な既婚夫人が、彼女の広大な家で差し向かい《パ・ド・ドゥ》の機会をお膳立《ぜんだ》てしてくれたので、わたしは不純な思いではちきれんばかりになって出かけて行った。だが、そのご婦人が、夫とは八年間もセックスレスの状態にあるがそれでも彼を愛している、と涙ながらに打ち明けたので、その涙にわたしの情熱はすっかり湿ってしまい、彼女に哲学的な助言を与える羽目になってしまった——つまり、すっかり知的な話し合いの機会になってしまったのである。のちに、彼女はレズビアンになったという噂《うわさ》を聞いた。

　詩人のロビンソン・ジェファーズ（一八八七〜一九六二）もペブル・ビーチの近くに住んでいた。ティムとわたしは、友人の家で初めて彼に出会った。よそよそしくて寡黙《かもく》だったが、わたしのほうは座をとりもったために、例のおしゃべりな調子で現代の害悪やら不正やらに難癖をつけはじめた。それでもジェファーズは一言もしゃべらなかった。その家を去るときには、会話を独占してしまったと自己嫌悪《けんお》に陥ったほどだ。すっかり嫌われてしまったのだろうと思ったのだが、それは誤りだったらしい。というのは、一週間後に、ティムとわたしは、お茶に招待されたのである。

　ジェファーズ夫妻は、太平洋岸の岩盤の上に自ら石を積み上げて築いた中世風の小さな城に住み、そこを〝トーア〟（ゴツゴツした岩山の意味）と名付けていた。その住まいは、わたしには、やや子供じみた思い入れのこもった場所のように思えた。もっとも大きな部屋でも一辺三メートル半ほどしかなかった。家のすぐ横には、高さ五メートル半、直径一・二メートルほどの中世風の石の円塔があり、狭い石の階段を上がっていくと、窓の代わりに細長い開口部のある狭い牢屋《ろうや》のような丸部屋に至った。それが彼の書斎だった。『葦毛《あしげ》の種馬』もそこで書かれたのである。ティムは、この陰気な趣味は、死にあこがれる心理的願望から来ているのだと主張した。だが、わたしは見たのだった。日暮れにロビンソン・ジェファーズが愛犬を連れて散歩する姿を。彼は、遥《はる》かかなたの夢想に浸っているかのような、言いようのない平穏な表情を浮かべて夕べを愉しんでいた。ロビンソン・ジェファーズのような人物にかぎって死を望んでいたなどということは絶対にないと思う。

第二五章

戦争の気配がふたたび漂い出した。ナチスは勢力を増していた。第一次世界大戦と、その死の苦悶《くもん》に満ちた四年間を、なんと早く忘れたものか。悲惨極まる人体の残骸《ざんがい》――腕をもがれ、脚を失い、視力を奪われ、顎《あご》をなくし、体がねじ曲がり、痙攣《けいれん》し、身体障害者になった人々、そして両腕両脚を切断された人々のことを、なぜこれほど早く忘れてしまえるのか。命を長らえ、障害を負わなかった人々も無傷ではなく、傷ついた心を抱いて暮らしていた。戦争はミノタウロスのように若者をむさぼり喰い、シニカルな老人を生き延びさせた。だがわたしたちはあっという間にそうしたことを忘れ、ティン・パン・アレー（音楽出版社が集まっていたニューヨークの一画）が生み出す流行歌が戦争を美化していたのだ。

〝若者を畑に留められるわけがない
花のパリを見せちまったんだから――〟

こんな調子の歌がいくつも流行《はや》っていた。戦争にはよい面もたくさんある、とまで言い出す者もいた。戦争は産業を発展させ、技術を促進し、新たな雇用をもたらしてくれるのだからと。証券市場で何百万ドルも儲《もう》けているときに、誰が何百万人もの死者のことなど考えるだろう? 株式市場が大いに沸いていたとき、『ハースト・イグザミナー』紙のアーサー・ブリズベインが言った。「U・S・スチール社は一株五〇〇ドルまで飛び上がるだろうな」と。だが、やがて窓から飛び降りることになったのは投資家たちのほうだった。

そして今また戦争が勃発《ぼっぱつ》しようとしていたにもかかわらず、わたしはポーレットのために脚本を書いていた。でも、どうしても進めることができなかった。ぞっとするほどグロテスクな男、アドルフ・ヒトラーが狂気の沙汰《さた》に拍車をかけているというのに、どうして、女の気まぐれや、甘いロマンス、恋愛の問題などに呑気《のんき》にかかずらわってなどいられようか?

一九三七年に、アレグザンダー・コルダ(ハンガリー出身のイギリスの映画監督・プロデューサー。一八九三〜一九五六)がヒトラーに関するコメディーを作ったらどうかと持ちかけてきた。ヒトラーと浮浪者が同じチョビ髭《ひげ》を生やしていることから、人違いが生じるという話を作って一人二役をやったらいいという。そのときは、深く考えなかったのだが、今やこのアイデアは時宜に適したテーマになっていた。それになにより、わたしはまた仕事を始めたくてたまらなかった。そんなとき、突然ひらめいたのである。これだ！　ヒトラーに扮《ふん》するときには、デタラメ言葉を繰り出して群衆を前に演説をぶちあげ、好きなだけしゃべりまくればいい。そして、浮浪者に扮するときには、ほとんど何もしゃべらなければいいのだ、と。ヒトラーの喜劇は、風刺劇《バーレスク》とパントマイムを両立させる絶好の機会だった。こうして、わたしは熱い思いを抱いてハリウッドに飛んで帰り、脚本の執筆にとりかかった。だが、ストーリーを発展させるには、それから丸二年の月日を要することになる。

まずは、オープニングのシークエンスについて考えてみた。第一次世界大戦の戦闘場面から始まり、射程距離一二〇キロという巨大榴弾砲《りゅうだんほう》〝ディッケ・ベルタ〟が映しだされる。ドイツ軍は連合軍を怯《おび》えさせようと、フランスのランス・ノートルダム大聖堂を破壊しようとするのだが、狙《ねら》いは外れ、戸外の水洗トイレに命中してしまう。

ポーレットはこの映画に出演することになっていた。それまでの二年間、彼女はパラマウントの映画で、かなりの成功を収めていた。わたしたちはやや疎遠《そえん》になっていたとはいえ、依然として友人であり、夫婦であることには変わりなかった。だがポーレットは気まぐれな女だった。気まぐれも、都合の悪いときに起きるのでなければ、むしろ楽しいものだったろう。しかしある日、わたしがスタジオの楽屋にいたとき、ポーレットが、仕立てのよいスーツを着込んだ細身の若い男と一緒にやってきた。男は、自分の身体をスタイリッシュな服に押し込んでいるように見えた。それは脚本が進まずに悩んでいた日で、わたしはそんなときに邪魔されたことに、かなり驚いた。だがポーレットは、とても重要な用件で来たのだと言い張り、椅子《いす》に座ると、この若い男を呼んで、自分の横に座らせたのである。

「こちら、わたしのエージェントよ」とポーレットが言った。

そして、彼に視線を向けて、あとを引き継ぐように促した。男はきびきびとした発声法を使って早口に話し、自分の言葉に酔っているようにさえ見えた。「ミスター・チャップリン、ご存知のように、あなたは『モダン・タイムス』以来、ポーレットに毎週二五〇〇ドルを支払っておられます。けれども、ミスター・チャップリン、ぼくらがまだあなたと合意に達していないのは、彼女の役者番付のことです。あらゆるポスターの七五パーセントの文面は彼女に割り充《あ》てられるべき――」彼はそれ以上続けられなかった。「いったい何のことだね？」わたしは怒鳴った。「ポーレットの番付のことで口出しなどされる筋合いはない！　彼女のことは、君などより、よほど親身になって考えている！　出て行きたまえ、ふたりとも！」

『独裁者（The Great Dictator）』（一九四〇年公開）の撮影も中盤にさしかかったころ、ユナイ

『独裁者』から。

テッド・アーティスツ社から嫌な知らせが届き始めた。ヘイズ・オフィス（「アメリカ映画制作者・配給者連合」の通称。ウィル・ヘイズが会長で、〝ヘイズ・コード〟として知られる自主検閲制度を実施していた）から、検閲の問題が生じる可能性があると助言されたという。また、イギリスの事務所からも、反ヒトラー映画を非常に懸念《けねん》しており、イギリスで上映できるかどうかわからないと言ってきた。だがわたしは断固進める決意だった。なぜなら、ヒトラーは笑い者にされなければならなかったからだ。もっとも、ドイツの強制収容所のおぞましい実態を知っていたら、『独裁者』は作れなかっただろう。人殺しに熱中するナチスの狂気を笑いものにすることなどできなかったはずだ。ともあれ、わたしは純血民族などという神秘的妄言を笑い飛ばしてやる決意だった。オーストラリアの先住民を別にすれば、そんなものが存在したためしは、一度としてなかったのだから！

『独裁者』の制作中、サー・スタフォード・クリップス（イギリス労働党の政治家。駐ソ連大使を務めた。一八八九〜一九五二）が、ソ連から帰る途中に、カリフォルニアに立ち寄った。彼は夕食に、オクスフォード大学を卒業したばかりだという若者を連れてきた。名前は忘れたが、その晩、この青年が口にした言葉はよく覚えている。彼はこう言ったのだ。「ドイツやそのほかの国で起きていることを考えると、ぼくが五年以上生存できる可能性は非常に低いと思います」ソ連で現地調査をしてきたサー・スタフォードは、そこで見たことに大いに感銘を受けていた。そして、その巨大なプロジェクトと、もちろん彼らが抱えている恐るべき諸問題についても語った。彼も、戦争はもはや避けられないと考えているようだった。

ニューヨークの事務所からは、映画を作らないようにと懇願する手紙がさらに送られてきた。作ったところで、イギリスでもアメリカでも上映することはかなわないだろうという。だがわたしは、たとえ自分で映画館を借りて上映する羽目になるとしても、あくまで完成させる覚悟だった。

『独裁者』が完成する前に、イギリスはナチス・ドイツに宣戦布告した。そのときわたしは例の船に乗ってカタリナ島で週末を過ごしていて、ラジオでこの陰鬱《いんうつ》なニュースに接した。当初は、どこの前線もほとんど動きがなかった。「ドイツ軍はマジノ線（フランスが対独防衛のために国境を中心に構築した大要塞線）を突破することなどできないさ」とわたしたちは楽観視していた。が、突然、ドイツ軍による大虐殺《だいぎゃくさつ》が始まったのである。ベルギー侵攻、マジノ線の崩壊、赤裸々で恐ろしいダンケルクの真実——そしてフランスは占領されてしまった。ニュースは日を追うごとに陰鬱なものになっていき、イギリスは背水の陣で戦っていた。そして今や、ニューヨークの事務所が狂ったように打電してきた。「映画の完成急がれたし。みな待ちこがれている」

『独裁者』は制作に手を焼いた映画だった。ミニチュアのモデルや小道具を作らなければならず、その準備に丸一年かかった。だが、そうした装置がなければ、五倍の制作費がかかっていただろう。それでも、撮影開始までに、わたしはすでに五〇万ドルの自費を注ぎこんでいた。

そうこうするうちに、ヒトラーがロシア侵攻を決断したのだ！　これはまさに、来るべき彼の精神錯乱が始まった証拠だった。アメリカはまだ参戦していなかったが、イギリスにもアメリカにも、大きな安堵《あんど》感が広がった。

『独裁者』が完成に近づいたとき、ダグラス・フェアバンクスと彼の妻シルヴィアがロケ現場を訪ねてきた。ダグラスはここ五年間ほど活動停止状態にあり、アメリカとイギリスを行ったり来たりしていたので、めったに会うこともなかった。老《ふ》けて、やや太ったように見え、何か心配事があるようだった。それでも、熱血漢のダグラスであることには変わりなかった。ある場面の撮影中には大笑いのしっぱなしで、「完成が待ち遠しいよ」と言ってくれた。

ダグラスは一時間ほどいて帰って行った。わたしはその場に立ちつくし、急な斜面を登る妻に手を貸す彼の姿をじっと見ていた。ふたりが小道を先へと進み、わたしとの距離が離れていくにつれ、ふいに悲しみが襲ってきた。ダグが振り返ったので、手を振ると、彼も手を振り返した。彼の姿を見たのはそれが最後だった。一カ月後、息子のダグラス・ジュニアからの電話で、夜の間に心臓麻痺《まひ》を起こして急逝したと告げられたのである。ひどいショックだった。ダグラスは、そんなことが不可能に思われるほど、活気に満ちた男だったから。

わたしは彼がむしょうに懐《なつ》かしかった――その温かさ、熱意、魅力が懐かしかった。電話から聞こえる彼の優しい声が聴きたかった。わびしい孤独な日曜の朝、ダグラスはよく電話をかけてくれたものだ。「チャーリー、昼めしに来いよ――そのあと泳い

最後に会ったときのダグ。

で——それからディナーを食べて——そして、映画でも見よう」そう、彼の素晴らしい友情を失ったことは、やりきれないほど悲しかった。

自分は、いったいどんな仲間との付き合いを好むのだろう。わたしは、そんなことを考えてみた。おそらく、自分自身の職業仲間が最初に来て当然だろう。だが、友人として付き合った俳優は、ダグラスただひとりだった。さまざまなハリウッドのパーティーで数多くのスターたちに会ってきたが、帰るときにはいつも疑念を抱いていた——もしかしたらスターの数が多すぎたのかもしれない。パーティーの雰囲気は、親しさよりも競争心に満ちていた。そして、ブッフェに行ったり戻ったりする間に競って人目を惹《ひ》こうとして、さまざまな嫌な目に合うのだ。そう、スターの中にいるスターは、光をほとんど放たない――温かさに至っては、言わずもがなだ。

作家はいい人たちだが、あまり気前はよくない。どんな知識があろうが、ほとんどの場合、それを他人に教えようとはしないのだ。大方の作家は、そうした知識を本のカバーの中に閉じ込めてしまう。科学者たちは素晴らしい話し相手になり得るが、居間にやって来た姿を見ただけで、こちらの頭が麻痺してしまう。画家は退屈な人種だ。というのも、ほとんどの画家は、自分が単なる画家を超えた哲学者であると信じ込ませようとするから。詩人は間違いなく高級なグループに属していて、ひとりひとりは感じがよく、寛容で、素晴らしい話し相手になる。とはいえ、どんなグループより協調性を備えているのは音楽家の集団だ。交響楽団の姿ほど心温まり感動させられるものはない。譜面台にかかるロマンティックな光、楽器のチューニング、そして指揮者が登場した途端に突如広がる静寂は、社会的連帯感を示している。ピアニストのホロヴィッツ（ウクライナ出身の世界的ピアニスト。一九〇三～一九八九）がわたしの家で食事をしたときのことを思い出す。客たちが世界情勢について意見を交わしていて、大恐慌《だいきょうこう》と失業は、精神的なルネッサンスを生み出すだろうという話が出たときだった。ふいにホロヴィッツが立ち上がって、こう言ったのである。「お話を聞いていて、ピアノが弾きたくなりました」もちろん異議をはさむ者はだれもおらず、彼はシューマンのピアノ・ソナタ第二番を弾いてくれた。それは、この曲がそれ以上見事に演奏されることは、今後決してないだろうと思えたほど素晴らしい演奏だった。

第二次世界大戦が勃発する間際《まぎわ》、わたしは彼の家で、トスカニーニ（イタリア出身の指揮者。一八六七～一九五七）の娘である夫人と一緒に食事をした。ラフマニノフ（ロシアの作曲家、ピアニスト。一八七三～一九四三）とバルビロリ（イギリスの指揮者。一八九九～一九七〇）も同席していた。ラフマニノフは奇妙な外見の男で、どこか審美的で浮世離れした雰囲気を漂わせていた。それはわたしたち五人だけの気の置けないディナーだった。

芸術について議論するとき、どうやらわたしはいつも人と異なる意見を抱くらしい。でも、それでいいのではないだろうか？　その晩わたしは、芸術とは、優れた技巧という基盤の上に生まれる付加的な情緒なのだと言った。誰かが宗教について話しはじめたので、わたしは、宗教心は持ち合わせていないと白状した。するとラフマニノフがすぐに口をはさんだ。「でも、宗教心がなかったら、どうやって芸術が生み出せるというのですか？」

わたしは一瞬言葉に詰まった。「そのふたつは別物だと思います」とわたしは答えた。「わたしが考える宗教とは教義を信じることであり——そして芸術とは、信じるというよりも、感じることだと思うのです」

「宗教も同じですよ」と彼は答えた。それ以上わたしは何も言わなかった。

＊

イーゴリ・ストラヴィンスキー（ロシア出身の作曲家。一八八二〜一九七一）が、わたしの家で食事をしていたとき、一緒に映画を作ろうと言い出した。そこでわたしは、その場でストーリーをひねり出し、では、シュールレアリズムの作品にしましょう、と話した。場所は退廃的なナイトクラブ。テーブルがダンスフロアの周囲に並んでいる。各テーブルにはグループや夫婦が座っていて、それぞれ俗世の罪を表している——あるテーブルは強欲、もうひとつは欺瞞《ぎまん》、さらに別のテーブルは無慈悲、といった具合だ。フロアショーはキリストの受難劇で、キリストの磔刑《たっけい》が進む中、各テーブルにいる客たちがそれを無関心に眺める。ある者は食事を注文したり、ある者は商談をしたり、またある者はまったくそれを無視する。群衆、司祭長、パリサイ人たちは十字架に拳《こぶし》を振り上げて「汝《なんじ》、もし神の子ならば十字架より下りて己を救え」と叫んでいる。が、そのすぐ近くのテーブルでは、実業家たちが興奮気味に大口取引の商談をしている。そのうちのひとりが神経質そうに煙草《たばこ》を吸い、キリストに目をやって、何も考えずに煙をその方向に吐く。

　別のテーブルでは、実業家夫婦がメニューを調べている。妻のほうが目を上げ、不安そうに椅子をダンスフロアから遠ざける。「どうしてみんな、こんな店に来るのかしら」と彼女は居心地悪そうに言う。「気分が落ち込むわ」

「面白いからさ」と実業家の夫が答える。「このショーをやる前、一度潰《つぶ》れたんだがね、今じゃ黒字だよ」

「罰当たりだわ」と妻が言う。

「いや、ためになってるのさ」と夫が答える。「教会に一度も行ったことのない人でも、ここに来れば、キリスト教のことがわかるようになるんだから」

　ショーが進む中、酒に酔った男が映し出される。ひとりでテーブルについているこの男はまったく別の世界にいるような行動をとる。泣き出したかと思うと、大声で叫ぶのだ。「見ろ！　やつらはキリストを磔《はりつけ》にしてるんだぜ！　なのに、誰も何とも思わないのか！」そのあと、よろよろと立ち上がり、十字架に向かって両手を差し出す。近くに座っている牧師の妻が給仕頭に不満を言い、酔っ払いはクラブから連れ出されることになるのだが、その間も、泣きながら他の客を非難しつづける。「おい、みんな無視するのか！　ご立派なキリスト教徒だな！」

「つまり」とわたしはストラヴィンスキーに言った。「彼がつまみ出されるのは、ショーの邪魔をしたからなんです」そして続けて説明した。ナイトクラブのダンスフロアで受難劇を見せるのは、キリスト教徒を標榜《ひょうぼう》する世界が、いかにシニカルになり、信仰を慣習としてしか捉《とら》えなくなったかを示すためなのだ、と。

マエストロの顔が深刻になり、「だが、これは冒瀆じゃないか！」と言った。

わたしは驚くとともに、少し恥ずかしくなった。「そうですか？　そんなつもりはなかったんですが。わたしは、キリスト教に対する世の中の態度を批判するつもりだったのです——もしかしたら、成り行きで話を発展させていったので、そのことがあまり明確になっていなかったのかもしれませんね」こうして、この話題はおしまいになった。だがそれから数週間経《た》って、ストラヴィンスキーから手紙が届いた。まだ一緒に映画を作る意思があるかどうか知りたいという。だがわたしの熱はすでに冷めていたし、関心は自分の映画のほうに移っていた。

ハンス・アイスラー（ドイツ出身の音楽家。アメリカに亡命したが、後に赤狩りで国外追放された。チャップリンの音楽顧問を一時引き受けていた。一八九八〜一九六二）がシェーンベルク（オーストリア出身の作曲家。ナチスから逃れてアメリカに移住後、帰化した。一八七四〜一九五一）をスタジオに連れてきた。シェーンベルクは率直で唐突なところのある小柄な男で、わたしは彼の音楽の熱烈なファンだった。また、ロサンゼルスのテニストーナメントでは、白いキャップにTシャツという姿で、屋根のない観客席にひとり座って観戦している姿をよく見かけたものだった。『モダン・タイムス』を観《み》ていた彼は、映画はとても面白かったが、音楽はひどかったと感想を述べた――それには、わたしも一部同意せずにはいられなかった。音楽について話していたときのシェーンベルクの言葉に、忘れられないものがある。彼はこう言ったのだ。「わたしは音が好きなんだ。美しい音がね」

ハンス・アイスラーは、この偉大な音楽家について、面白い話を聞かせてくれた。シェーンベルクに和声を習っていたハンスは、真冬に雪が降りしきる中を八キロも歩いて、朝八時に始まる巨匠のレッスンに出かけていたという。髪が薄くなりかけていたシェーンベルクはピアノに座り、ハンスはその後ろに立って、師匠の肩越しに楽譜を読みながら、口笛でメロディーを追っていた。すると「君」と師匠が言ったそうだ。「口笛はやめてくれたまえ。氷みたいな息がかかって、頭がひどく冷える」

『独裁者』の制作中にも、嫌がらせの手紙は寄せられていたが、完成した今、その数はいよいよ増してきた。上映のたびに映画館に悪臭弾を投げ込んだりスクリーンを撃ち抜いたりしてやる、などと脅してくるものもあれば、暴動を起こしてやると警告してくるものもあった。最初は警察に届けようと思ったのだが、そんなことが報道されでもしたら、観客が映画館に寄り付かなくなるかもしれなかった。そんな折ある友人が、港湾労働者組合の委員長ハリー・ブリッジズ（オーストラリア出身の労働組合指導者。一九〇一～一九九〇）に話をしてみたらどうかと勧めたので、自宅に呼んで夕食を共にすることになった。

わたしは招いた用件を彼に率直に伝えた。ブリッジズが反ナチス派であることはわかっていたので、反ナチスのコメディーを制作していること、そして脅迫状を受け取っていることを話し、こんなふうに言ったのだ。「たとえば、オープニングに君の港湾労働者を二〇～三〇人呼んで観客の間に座ってもらい、親ナチス派の連中が騒動を起こしそうになったら、ひどくなる前に、そっと連中の足を踏みつけてもらえないかね」

ブリッジズは笑って言った。「そんな事態にはならないでしょう、チャーリー。あなたには、そんな輩《やから》を退けるファンが十分いますよ。それに、もし脅迫状を送って来たのがナチスの連中だったら、真っ昼間に姿を見せるようなことは、とても怖くてできないはずです」

その夜ハリーは、サンフランシスコ・ストライキ（一九三四年）に関する興味深い話を聞かせてくれた。そのとき彼は、港に届くすべての貨物を押さえて、実質的にサンフランシスコ全市の実権を握っていた。だが、病院と子供用の貨物については、自由に通行させたという。そのストライキについて彼はこう言った。「大義名分が正当なものであれば、人々を説得する必要などありません。ただ事実を告げれば、あとは彼らが自分自身で判断します。わたしは港湾労働者たちに言いました。ストライキに打って出ることになったら、面倒なことがたくさん起こるだろう。その結果を生きて知ることができない者さえ出るかもしれない。だが、たとえ君らがどんな決断を下そうとも、わたしはそれに従う。もしストライキを決行するなら、わたしは最前線に立つ、とね。結局、五〇〇〇人が満場一致でストライキ決行に票を投じたのです」

『独裁者』は、ニューヨークのふたつの映画館、アスターとキャピトルでの上映が決まった。報道向けには、アスターで試写を行った。その晩は、フランクリン・ローズヴェルトの首席補佐官ハリー・ホプキンスと食事をしたので、アスターに着いたときには、映画はすでに半分終わっていた。

報道向けの喜劇の試写会には、ひとつ明白な特徴がある——無理に笑おうとはしないのだ。そのときの試写会でも、笑い声があがったときには、そんな感じだった。「素晴らしい映画だ」ホプキンスは映画館を出ながら言った。「作った意義は大いにあるが、興行面では絶望的だね。赤字になるだろう」すでに自費二〇〇万ドルと丸二年の制作期間を費やしていたので、彼の予覚に欣喜雀躍《きんきじゃくやく》するどころではなかった。それでも生真面目《きまじめ》に頷《うなず》いて見せた。ホプキンスの予想が外れて、どれほどありがたかったことか。『独裁者』は、華々しいゲストを招いてキャピトルで封切られ、観客はみな大喜びで映画に熱中したのだった。ニューヨークのふたつの映画館で一五週間にわたって上映されたこの映画は、そのときまでのわたしの全作品のなかで最大の利益を上げる映画になった。

しかし映画評は好悪《こうお》入り混じっていた。とりわけ、最後の演説には大部分の批評家が難色を示した。『ニューヨーク・デイリーニューズ』紙は、わたしが観客に共産主義の指を突きつけたと非難した。批評家の大半が演説の部分に反対し、この映画になじまないと言うなかで、一般の人々は概してこの部分が大いに気に入り、それを褒めてくれる素晴らしい手紙をたくさん受け取ったものだ。

ハリウッドの重要な監督のひとり、アーチー・L・メイヨー（一八九一〜一九六八）は、クリスマスカードにこの演説を印刷したいので許可してほしいと言ってきた。このあとに示すのは、彼の紹介文と、くだんの演説を書き起こしたものである。

もしわたしがリンカーンの時代に生きていたら、あなたがたには、彼のゲティスバーグ演説を送ったことでしょう。当時、心を鼓舞してくれるもっとも偉大なメッセージが、その演説だったからです。今日わたしたちは新たな危機に直面しています。そんな折、もうひとりの人間が、その真摯《しんし》で誠実な心の底から、わたしたちに語りかけてくれました。その人のことはほとんど知りませんが、わたしはその言葉にいたく感動しました……。このチャールズ・チャップリンの全演説をみなさんに送りたく思います。どうかあなたの心にも、この希望のメッセージが届きますように。

『独裁者』の結びの演説

申し訳ありませんが、わたしは皇帝になどなりたくありません。それはわたしのすることじゃありません。わたしは誰についても支配したり征服したりなどしたくないのです。みんなの助けになることはしたいです――それができるならですが――ユダヤ人や異邦人――黒人や――白人、みんなについて。
わたしたちは誰でも、互いを助けたいと思っています。人間とはそういうもの

『独裁者』の床屋。

です。お互いの幸せのなかで生きたいのです――お互いの悲しみの中ではなく。お互いに憎んだり軽《けい》蔑《べつ》し合ったりしたくはありません。この世の中には、みんなが暮らしていける余地が十分にあります。大地は豊かで、みんなを養うことができるのです。

人々の暮らしは自由で美しいものになりえます。でも、わたしたちはそうした生き方を失《な》くしてしまいました。貪欲《どんよく》さが人間の魂に毒を盛り――世界を憎しみで隔て――グースステップ（足を真っすぐ伸ばしたまま高く上げるナチス式の行進）によって、わたしたちを不幸と殺戮《さつりく》に追い込んでいったのです。わたしたちはスピードを発明しましたが、それは、かえってわたしたちを閉じ込めてしまいました。豊かな生活をもたらすはずの機械は、わたしたちを欠乏に追いやってしまいました。知識はわたしたちをシニカルにし、賢さはわたしたちを意固地で冷酷な人間にしました。頭を使うばかりで、心で感じることがおろそかになってしまったのです。わたしたちに必要なのは、機械よりも人間性です。賢さよりも、親切心とやさしさが必要なのです。そうしたものがなければ、人生は暴力的なものになり、すべてが失われてしまうでしょう。

飛行機やラジオは、人々の距離を縮めました。そうしたものは、まさに、人間の善良さを求めているのです。それらは、普遍的人類愛を求め、わたしたちみんなが団結するように求めているのです。たった今でさえ、わたしの声は世界中の何百万人もの人々——何百万人もの絶望した男たち、女たち、そして子供たち——に届いているはずです。あなたがたは、罪なき人々を拷問《ごうもん》し投獄する人間を作り出す体制の犠牲者なのです。わたしの声を聞くことができる人たち全員に、わたしは伝えたい。「絶望しないでください」と。わたしたちの上に降りかかった不幸は、一時的な貪欲、つまり人類の進歩を怖《おそ》れる人間の敵意でしかありません。人間の憎しみは過ぎ去ります。独裁者は死にます。そして人々から奪い取られた権力は、ふたたび人々に戻されるでしょう。人間が死ぬ限り、自由は絶対に滅びません。

兵士のみなさん！　けだものたちに身をゆだねてはなりません――彼らはあなたを軽蔑し――奴隷《どれい》にし――あなたの人生を軍隊にはめ込み――何をすべきか――何を考えるべきか――何を感じるかについてまで命令します。彼らはあなたを訓練し――食べさせ、牛のように扱い、大砲の餌《えさ》として使うのです。こうした不自然な人間たちに身をゆだねてはいけません――彼らは機械の頭と機械の心を持った機械人間なのです！　あなたは機械ではありません！　あなたは人間です！　心の中に人類愛を持つ人間です！　憎んではいけません！　憎むのは愛されない者だけです――愛されない不自然な人間たちだけです！

兵士のみなさん！　隷属のために戦ってはなりません！　自由のために戦ってください！　ルカによる福音書の第一七章に、神の国はあなたがたのただ中にある、と書かれています――ひとりの人間の中にではなく、あるグループの人たちの中にでもなく、あらゆる人たちの中にあると！　それは、あなた自身の中にあるのです！　あなたがた人民には力があります――機械を築く力、そして幸せを築く力です！　あなたがた人民には、この人生を自由で美しいものにする力、この人生を素晴らしい冒険にする力があります。だとすれば、民主主義という名のもとに、この力を使おうではありませんか、団結しましょう。新たな世界のために戦いましょう――人々に働くチャンスを与えるまともな世界――若者には将来を、老人には保障を与えてくれるような世界のために戦おうではありませんか。けだものたちも、そうしたことを約束して権力を握りました。でも彼らは嘘《うそ》をついています！　約束を守る気はありません。これからも決して守ろうとはしないでしょう！　独裁者たちは自分たちこそ自由にしますが、人民は奴隷にしてしまうのです。さあ、世界を自由にするために戦おうではありませんか――国の壁を取り外し――貪欲さ、憎しみ、不寛容を追い払いましょう。理性的な世界のために戦いましょう――科学と進歩がすべてのわたしたちに幸せをもたらすような世界のために。兵士のみなさん、民主主義の名のもとに団結しましょう！

ハナ、ぼくの声が聞こえるかい？　君がどこにいようとも、どうか見上げてほしい！　見上げるんだ、ハナ！　雲は切れようとしている！　太陽の光が差し込もうとしている！　ぼくらは暗闇《くらやみ》の世界から光の世界に入ろうとしている！　ぼくらは新たな世界に入ろうとしているんだ――もっと優しい世界、人々が貪欲さと憎しみと残忍さを克服した世界に。見上げるんだ、ハナ！　人間の魂は翼を与えられ、ついに今、羽ばたこうとしている。虹《にじ》に向かって飛び立とうとしている――希望の光の中へ。見上げてごらん、ハナ！　見上げてごらん！

*

プレミア上映が済んで一週間経ったとき、わたしは『ニューヨーク・タイムズ』紙のオーナー、アーサー・ザルツバーガー（一八九一～一九六八）から昼食会の招待を受けた。到着すると、タイムズ・ビルの最上階にある応接間に案内された。そこは、絵画や写真が飾られ、革張りの椅子が供えられた家庭的な雰囲気のスイートルームだった。そして、その堂々とした存在感で暖炉に箔《はく》を付けていたのは、聖者のような物腰と小さな目を持つ大男、元アメリカ合衆国大統領のハーバート・フーヴァー氏だった。

「大統領閣下《ミスター・プレジデント》、こちら、チャーリー・チャップリンです」と、ザルツバーガー氏がわたしをこの大物の前に連れて行って紹介した。フーヴァー氏の皺《しわ》の中から笑みが浮かび、「ああ、何年も前にお会いしましたな」と顔を輝かせて言った。

フーヴァー氏がそのときのことを覚えていたのは意外だった。というのは、当時は大統領選の真っ最中で、彼は大統領となってホワイトハウスに行くことに気をとられ、ほかのことなど一切目に入らないように見えていたのである。それはアスター・ホテルで開かれた新聞記者向け夕食会のことで、わたしもメンバーのひとりに連れていかれて、いわば料理の付け合わせのように、フーヴァー氏のスピーチの前座をやらされたのだった。ちょうど苦しい離婚訴訟の真っ只中《ただなか》にいたときだったので、国政《ステート・アフェアー》のことはよくわからない――というか、自分の事情《オウン・アフェアー》のことさえよくわからない――というようなことを、ボソボソつぶやいたように思う。こんな調子でだらだら数分話したあと、わたしは腰を下ろした。そして、あとになって、フーヴァー氏に紹介されたのだ。わたしは「はじめまして」と挨拶《あいさつ》したと思うが、それ以上の言葉は交わさなかったはずだ。

そのときフーヴァー氏は、綴《と》じていない原稿を見ながらスピーチを行った。原稿は厚さにしてゆうに一〇センチほどもあったと思う。それを、一枚読むたびにめくっていった。一時間半も経ったころには、誰もがページの山を物憂《ものう》げに見つめていた。二時間後に、読み終わったページの山と、これから読むページの山の高さがようやく同じになった。ときおり、一〇枚以上の原稿を脇《わき》にどけて飛ばして読むことがあったが、そんなときには、みな心からほっとしたものだ。しかし、人生には永遠に続くものがないように、スピーチもついには終わりを迎え、彼が原稿をとても事務的にかき集めるなか、わたしは笑顔を作って、スピーチを終えた彼をねぎらおうとしたのだが、フーヴァー氏はわたしに気づかず、そばを通りすぎていってしまったのだった。

それから何年も経っていたが、もちろんその間、彼は大統領になり、任を終えていたわけである。そして今、暖炉の前に、ふだんに似つかない温和な表情で立っていたのだった。わたしたちは大きな円卓について昼食をとった。そこにいたのは一二人で、こうした昼食会はごく内輪だけの非常に特権的な会なのだと教えられた。

アメリカ実業界のトップには、気後れさせられるタイプの者がいる。ものすごく背が高く、ハンサムで、完璧《かんぺき》な身のこなしをしている。しかも冷静かつ聡明《そうめい》で、完全に把握している事実を、すぐ口に上らせられるような者たちだ。彼らは、増幅されたような金属的な声で幾何学的な用語を使って人間の問題を論じる。たとえば「年次失業パターンに見られる組織プロセスは――」といった具合だ。その日の昼食会に座っていたのも、そうしたタイプの人間で、見るからに恐ろしげで意志堅固――まるで屹立《きつりつ》する摩天楼のような感じだった。唯一《ゆいいつ》、人間的な趣を添えていたのは、『ニューヨーク・タイムズ』紙の有名な政治コラムニストのアン・オハラ・マコーミック（イギリス出身のジャーナリスト。ピューリッツァー賞受賞者。一八八〇～一九五四）で、とても聡明かつ魅力的な女性だった。

昼食会の雰囲気はフォーマルで、会話はなかなか進まなかった。誰もがフーヴァー氏のことを「ミスター・プレジデント」と呼んだが、わたしには、この呼びかけがやや多用されすぎているように思えた。昼食が進むにつれ、理由もなく呼ばれたはずがない、という思いが強くなってきた。そしてまもなく、ザルツバーガー氏がその理由を明らかにしたのである。沈黙が広がったときをうまく捉えて、こう切り出したのだ。「ミスター・プレジデント、構想されているヨーロッパ使節団について、ご説明いただけませんか？」

ミスター・フーヴァーはナイフとフォークを置いたあと、考え深げに口の中の食べ物を嚙《か》みしだき、それを飲みくだしてから話し始めた。昼食の間中、そのことがずっと念頭にあったのは明らかだ。彼は皿を見つめて話したが、ときおりザルツバーガー氏とわたしにチラチラと視線を向けた。「ヨーロッパの悲しむべき現状、すなわち、戦争勃発以来同地に広がりつつある貧困と飢餓については、みなさん、よくご存知のことと思う。危機的状況はあまりにも差し迫っているため、わたしはただちに手を差し伸べるようにと、ワシントンの説得にとりかかった」（〝ワシントン〟とは、ローズヴェルト大統領を指しているらしかった）。ここで彼は、第一次世界大戦時に自ら出かけて「ヨーロッパ全体を養った」ときの使節団の内容や数値データ、そしてその結果などを列挙した。「この種の使節団は」と彼は続けた。「超党派で、純粋に人道的な目的のもとに行われるものである――君も、こうしたことに興味があるものと思うが」と言って、ここで、わたしを見た。

わたしは厳粛な顔で頷いた。

「このプロジェクトはいつ立ち上げられるのですか、ミスター・プレジデント?」ザルツバーガー氏が尋ねた。

「ワシントンの認可が出次第ただちに」とフーヴァー氏が言った。「だが、ワシントンを動かすには、一般大衆からの要求と有名人の支援が欠かせない」――ここでまた、フーヴァー氏がちらりとわたしを見やったので、わたしはまた頷いた。「占領下のフランスでは」と彼は続けた。「数百万人が飢えている。ノルウェー、デンマーク、オランダ、ベルギーもしかり。全ヨーロッパに飢饉《ききん》が広がっているのだ!」彼は、事実を列挙し、それに信念と希望と思いやりを吹き込んで雄弁に語った。

そのあと沈黙が訪れた。わたしは咳払《せきばら》いをして言った。「でも、もちろん、状況は第一次世界大戦のときとまったく同じというわけではないでしょう。フランスは今や完全に占領されていますし、他の多くの国も同様です――食糧がナチスの手に渡るような事態は招きたくないと思って当然でしょう」

フーヴァー氏の顔がややしかめ面《つら》になり、その場にいた人々の間に、ちょっとしたざわめきが広がった。みなフーヴァー氏を眺めたあと、視線をわたしに向けた。

フーヴァー氏は、ふたたび眉《まゆ》をひそめ、皿に向かって話を続けた。「われわれは、アメリカ赤十字と協力して超党派の委員会を設立し、ハーグ協定第二七条第四三項に従って作業を行うつもりだ。この規定は、交戦国であろうがなかろうが、敵味方両陣営にいる病人や困窮者に手を差し伸べる寛大な措置を可能にする。君のような人道主義者なら、こうした措置に賛同してもらえるだろうと思っているのだが」これは彼の言葉を一言一句再現したものではないが、そんなような内容だった。

だがわたしも引かなかった。「わたしは心からあなたの構想に賛同します。ただ、食糧がナチスの手に落ちないことが条件です」とわたしは言った。

この発言で、また座がざわめいた。

「こうした措置は、すでに経験済みなんだ」と、腹立たしさをにじませながらも謙虚にフーヴァー氏が言った。今や、聳《そび》え立つ建物じみた若者たちの視線が、わたしの上に集まり、そのうちのひとりが笑顔で言った。「その件については、ミスター・プレジデントがうまくやってくださるでしょう」

「すばらしい構想です」とザルツバーガー氏が威厳たっぷりに言った。

「ほんとうに、そう思います」とわたしは従順に答えた。「全面的に支援しますよ。

もし具体案の策定がすべてユダヤ人に任されるのであれば！」
「いや、それは無理だな」とフーヴァー氏がぶっきらぼうに言った。

＊

ニューヨークの五番街では、洗練された雰囲気の若いナチス党員が、マホガニーの演壇に立って、まばらな聴衆を前によく熱弁をふるっていたが、そんな姿を見るのは、とても奇妙な気がした。ある演説では、こんなことが話されていた。「ヒトラーの哲学は、この工業時代の問題を深遠かつ思慮深く研究した成果であります。こうした時代には、中間業者やユダヤ人は不要なのです」

ある女性が口をはさんだ。「なんて馬鹿《ばか》な話をしてるの！」と彼女は大声で言った。「ここはアメリカよ。あんた、今どこにいると思ってんの？」

その追従《ついしょう》的な美青年タイプの若者は、穏やかな口調で答えた。「ぼくはアメリカにいますし、ついでに言えば、アメリカの市民です」

「そうなの」と彼女は言った。「わたしもアメリカの市民で、しかもユダヤ人よ。もしわたしが男だったら、あんたの頭をぶん殴ってやるとこだわ」

彼女のおどしを支持する者もひとりやふたりはいたが、ほとんどの聴衆は無表情で押し黙って立っていた。そして、そばに立っていた警官がこの女性をなだめた。わたしは驚いてその場を後にした。自分の耳が信じられなかった。

その翌日か翌々日、あるカントリーハウスにいたとき、昼食前に、青白い顔色をした貧血気味のフランス人青年につきまとわれた。それは、ピエール・ラヴァル（フランスの政治家で、ヴィシー政権を成立させ、ドイツ協力を押し進めた。一八八三〜一九四五）の娘を妻にしていたシャンブラン伯だった。『独裁者』をニューヨークの封切り日に観たと言う。そして、度量の大きなところを示すように、こう付け加えた。「だがもちろん、あなたの見解は、真面目に受けとられるべきものなどではありませんよね」

「結局のところ、あれは喜劇ですからね」とわたしは答えた。

もしそのとき、ナチスの強制収容所で起きていた野蛮な殺戮と拷問《ごうもん》のことを知っていたら、わたしはそんなに礼儀正しくはふるまわなかったろう。昼食会には五〇人ほどの客が招かれていて、各テーブルに四人ずつ座っていた。彼もわたしたちのテーブルに座り、話を政治的議論に向けようとしたが、わたしは政治よりも、素晴らしい食事を楽しみたい、と言ってはぐらかした。彼の会話はすべてそんな調子だったので、わたしはグラスを持ち上げて言ってやった。「なんだか〝ヴィシー水〟をずいぶん飲んでいるような気がしますな」（ヴィシー水は、ナチス占領下の傀儡政権が樹立されたヴィシーで産出されるミネラルウォーター）。こう言ったか言わないかのうちに、ほかのテーブルで激しい口論が勃発《ぼっぱつ》した。見ると、ふたりの女性が猛烈にやりあっている。あまりけたたましかったので、髪をひっつかんで取っ組み合いになるかと思ったほどだ。ひとりが相手にこう叫んでいた。「そんな話はとても聞いていられない。あなた、クソ野郎のナチスね！」

あるニューヨーク在住の育ちのよい青年が、穏やかな調子で、なぜわたしがそれほど反ナチス的なのかと尋ねてきた。わたしは、彼らが反人民的だからだ、と答えた。すると「ああ、もちろん、そうだったんですか」と、突然ひらめいたかのように彼は言った。「あなたはユダヤ人なんですね、そうでしょう？」

「反ナチスになるには、ユダヤ人である必要はありませんよ。正常でまともな人間であるだけで十分です」とわたしは答え、それっきり、この話はおしまいになった。

次の日か、その次あたりに、わたしはワシントンのアメリカ愛国婦人会館で、『独裁者』の結びの演説をラジオで朗読することになっていた。だがその前に、わたしはローズヴェルト大統領と会う予定があった。彼の要請で『独裁者』をホワイトハウスに送っていたのである。大統領のプライベートな書斎に通されたとき、彼は挨拶代わりに、いきなりこう切り出した。「座りたまえ、チャーリー。君の映画は、アルゼンチンでわれわれに多くのトラブルを引き起こしているよ」（当時のアルゼンチンは親枢軸国で中立の立場にあった）。映画に関する大統領のコメントは、これだけだった。のちに友人が、このときの会見を一言で要約して言った。「君はホワイトハウスに迎え入れられたが、受け入れられたわけではなかったのさ」

大統領とは四〇分ほど話をした。その間、何度もドライ・マティーニを自ら作ってくれ、わたしははにかみを隠すために、その都度すぐさま飲み干してしまった。そんなわけで、帰る時間が来たときには、千鳥足でホワイトハウスを去る羽目に陥ったのである――そして、ふいに、一〇時にラジオで話す予定があることを思い出したのだった。それは全国中継だった。つまり、六〇〇〇万人以上の人々に向けて話すことになっていたのである。何度か冷水シャワーを浴び、濃いブラックコーヒーを飲んだ後に、ようやく何とかしゃんとすることができた。

アメリカ合衆国はまだ参戦していなかったので、その晩、ホールにはかなりの数の親ナチス派が座っていた。スピーチを始めるや否《いな》や、そうした連中が咳払《せきばら》いを始めた。それは自然な咳にしてはうるさすぎた。わたしは神経質になって、喉《のど》がカラカラになり、舌が口蓋《こうがい》にくっついて、はっきり話すことができなくなってしまった。スピーチの予定は六分間だったが、その途中で、水を飲まなければ続けられないと言わなければばならなかった。だが、もちろん、水などどこにもない。六〇〇万人の聴衆はじっと待っている。永遠とも思われる二分間が経過したとき、やっと小さな封筒状の紙コップで水が届けられた。こうして何とかスピーチを終えることができたのだった。

第二六章

ポーレットとの別れは避けられないものになっていた。それについては、ふたりとも『独裁者』の制作にとりかかる前から自覚していたのだが、映画が完成した今となっては、いよいよ決断を迫られていた。ポーレットは、パラマウントの別の映画を作ると言い残してカリフォルニアに戻り、わたしはしばらくそのままニューヨークの暮らしを楽しんだ。執事のフランクから電話があり、ポーレットはビバリーヒルズの自宅に戻ったものの、家には泊まらずに荷物をまとめて出て行ったと聞かされた。わたしが自宅に戻ったときには、ポーレットは離婚手続きのためにメキシコに出かけたあとだった。家はとても寂しい場所になってしまった。八年もの深いつながりが自分の人生から引き裂かれたわけで、別れは当然のことに辛《つら》かった。

『独裁者』はアメリカの一般大衆の罰では大いに受けたが、密《ひそ》かな反感を生み出したのも事実だった。その最初の兆候は、ビバリーヒルズに戻ったときに開いた記者会見に現れた。二〇人以上の記者が、不吉な集団のように我が家のガラス張りのポーチに黙って座っていた。飲み物を勧めても、断られた——新聞記者には異例のことである。

「チャーリー、きょうは何の用なんです？」と、明らかに全員を代弁して、記者のひとりが口火を切った。

「なに、『独裁者』をちょっと宣伝してもらおうと思ってね」とわたしは冗談めかして言った。

それから大統領と会見したこと、そして『独裁者』が駐アルゼンチンのアメリカ大使館を困らせているという話を披露した。これは面白いネタだと思ったのだが、記者たちは依然むっつりしたままだった。そこで、少し間を置いて、おどけて言ってみた。

「この話は、あまり受けなかったようだね」

「ええ、そうですね」と代表が言った。「そもそも、あなたは広報活動が下手なんですよ。われわれ地元紙を無視して行ってしまったでしょう。われわれとしては面白くないんです」

地元新聞との関係が前からあまりよくなかったのは事実だが、それでも彼の言葉は意外だった。実のところ、記者会見もせずにハリウッドを去った理由は、もともとあまり好意的でない新聞が、ニューヨークでの封切り前に『独裁者』をこき下ろすかもしれないとおそれたからだった。この映画にはすでに二〇〇万ドルも投資していたので、そんな危険を冒すわけにはいかなかったのである。わたしは、たとえアメリカにおいても反ナチス映画には強力な敵がおり、『独裁者』を正当に見てもらうために、一般に公開する直前まで試写会は控えることにしたのだ、と弁解した。

だが、何を言ったところで、彼らの反感は和らがなかった。わたしに対する空気は変わり始め、多くの中傷記事が新聞に載るようになった。最初は、わたしがケチだというようなたわいない攻撃にすぎなかったが、やがてポーレットとわたしに関する醜聞めいた話なども登場し始めた。しかし、こうした悪評にもかかわらず『独裁者』は、イギリスでもアメリカでも次々と興行記録を塗り替えていった。

＊

アメリカはまだ参戦していなかったものの、ローズヴェルトはヒトラーに対する冷戦を始めており、これが大統領としての彼の立場を非常に難しくしていた。というのも、ナチスはすでにアメリカのさまざまな機関や団体に侵入していたからだ。そうした諸機関や団体は、その事実を知ろうが知るまいが、ナチスの道具として使われていたのである。

そんな折、日本が真珠湾を攻撃したという劇的なニュースが突如飛び込んできた。

事態の深刻さにアメリカは愕然《がくぜん》としたが、それでもただちに応戦態勢を整え、たちまちのうちに、アメリカの師団が続々と海外に派兵されていった。この重要な時点で、ソ連軍はヒトラーの大軍をモスクワ郊外で押しとどめており、ただちに第二戦線（敵の兵力を分散させるための二次的な戦線）を開くよう要請していた。ローズヴェルトも、第二戦線の形成を勧告した。しかし、ナチスの同調者は今や地下に潜ったとはいえ、その毒気は依然として感じられた。アメリカにソ連と同盟を結ばせないようにするために、あらゆる手段が講じられていたのである。「ドイツとソ連には互いに血を流させればいい。そしたら俺たちがとどめを刺してやる」というような悪意あるプロパガンダも巷《ちまた》に満ちていた――あらゆる種類の口実が使われて、第二戦線の形成を阻《はば》もうとしていたのだ。不安な日々が続いた。毎日のようにソ連の悲惨な死傷者数が報道された。日が週になり、週が月になっても、ナチスは依然としてモスクワ郊外に陣取っていた。

わたしの問題が始まったのも、このころだったと思う。あるとき、サンフランシスコのロシア戦禍救済アメリカ委員会の委員長から電話があり、駐ソ連アメリカ大使のジョゼフ・E・デイヴィス氏の代りにスピーチを行ってくれないかと要請された。喉《こう》頭炎《とうえん》を発症した大使が、急遽《きゅうきょ》降板したのだという。時間の余裕はわずかしかなかったが、わたしは引き受けることにした。講演は翌日だったので、夕方の列車に飛び乗り、かろうじて朝の八時にサンフランシスコに到着した。

委員会はわたしのために社交的な予定を組んでいた——ここで昼食会、あそこで晩《ばん》餐会《さんかい》、という具合である。そんなわけで、メイン・スピーカーに予定されていたにもかかわらずスピーチについて考える時間はほとんどなかった。それでも、夕食で飲んだ数杯のシャンペンが勢いをつけてくれた。

会場は収容人数一万人の大ホールだったが、満席になっていた。ステージにずらりと並んだのは、アメリカ軍の提督や司令官、サンフランシスコのロッシ市長といった錚々《そうそう》たるメンバー。だが、彼らのスピーチは地味で曖昧《あいまい》なものだった。ロッシ市長などはこんな言い方をした。「わたしたちは、ソ連が同盟国だという事実を受け入れなければなりません」彼はソ連が切羽詰まっている事実をなるべく強調しないように、彼らの武勇をほめ過ぎないようにと気を使い、ソ連軍は二〇〇個師団に近いナチスの大軍を阻止するために戦って死んでいるという事実にさえ触れようとしなかった。その晩の講演者のトーンは、〝われわれの同盟相手は奇妙な仲間だ〟というものであるように、わたしには感じられた。

委員会の委員長から、できれば一時間話してくれと頼まれていたわたしは、恐れをなしていた。というのも、最大限頑張っても、四分がいいところだろうと踏んでいたからである。だが、これほど弱々しい無駄話を聞かされると、かえって怒りがふつふつと湧《わ》いてきた。そこで、晩餐会の座席札の裏に話のテーマを四つメモし、緊張と恐怖感を抱いて舞台裏を歩き回りながら出番を待った。やがて、わたしを紹介する声が聞こえてきた。

わたしはディナー・ジャケットを着こみ、黒い蝶《ちょう》ネクタイを締めていた。拍手が起きたので、心を落ち着ける時間がかせげた。拍手が静まってから、まず「同志諸君！」と一言投げかけた。すると会場が大きな笑いに包まれた。それがまた静まったあと、もう一度繰り返した。「本物の同志諸君！」またもや笑い声が上がり、拍手がそれに続いた。わたしは続けた。「ここには、多くのロシア人のみなさんがいらっしゃることと思います。あなたがたの同胞が、今この瞬間にも戦って命を落としていることを思うと、あなたがたを同志と呼べることはわたしの名誉であり、まことに光栄に思います」割れるような拍手のなかで、多くの聴衆が立ち上がった。

今やわたしは、「互いに血を流させればいい」という暴言を思い出して、猛烈に腹が立ってきていた。そして、その言葉への怒りをぶちまけるつもりだった――だが、心の中の何かがそれを引き留め、こんなふうに話すことになったのである。「わたしは共産主義者ではありません。わたしは人間です。そして人間の反応というものがわかっているつもりです。共産主義者は、ほかの誰とも変わりありません。腕や脚を失えば、われわれと同じように苦しみ、われわれと同じように死にます。共産主義者の母親たちも、ほかのどの母親とも変わりません。息子がもう二度と戻ってこないという悲しい知らせを受け取れば、ほかの母親と同じように涙にくれます。それを知るのに共産主義者になる必要はありません。人間でありさえすれば、わかります。そして今、この瞬間にも、ソ連の多くの母親たちが涙にくれ、ソ連の多くの息子たちが次々と命を落としているのです……」

聴衆の心を摑《つか》んだことがわかった今、わたしは四〇分間にわたって話しつづけることができた。ローズヴェルトや第一次世界大戦時の戦時公債の話に観客は大笑いし、拍手喝采《かっさい》した――何を言ってもうまくいった。

わたしは続けた。「そして今、この戦争に際し――わたしはソ連の戦禍を救済するためにここにやってきました」ここでちょっと間をおいて、また繰り返した。「ソ連の戦禍救済のためです。義援金も役には立つでしょうが、彼らが必要としているのは金銭以上のものなのです。聞きおよんだことによれば、連合軍はアイルランド北方で二〇〇万人の兵士を遊ばせているとのこと。その一方で、ソ連軍は今、援軍もなしに二〇〇個師団近いナチス軍と対峙《たいじ》しています」会場に緊張をはらむ沈黙が広がった。

「ソ連は」とわたしは強調した。「われわれの同盟国です。彼らは自分たちの生き方を守るために戦っているだけでなく、われわれの生き方を守るためにも戦ってくれているのです。そしてわたしが間違っていない限り、アメリカの人々は、他人任せにはせずに、自ら出かけて戦いたいと思っているはずです。スターリンもそれを望んでいます。ローズヴェルトもそれを求めています――だから、われわれもみんなでそれを求めようではありませんか――ただちに、第二戦線を開きましょう！」

会場は大いに沸き、七分間も静まらなかった。そうした思いは、聴衆の頭と心の中に、すでにあったのだ。聴衆が足を踏み鳴らして万雷の拍手を浴びせたので、わたしは先を続けることができなかった。聴衆が足を踏み鳴らし、大声で叫び、帽子を放り投げる姿を見て、わたしは内心、言い過ぎてしまったのではないか、やり過ぎてしまったのではないかと思い始めた。だが、たった今も数千人の兵士が戦って死んでいっていることを思うと、そんな気の弱いことを考えた自分に腹が立った。ついに聴衆が静まったとき、わたしはこう言った。「みなさんも同じように感じているのだとすれば、どうか、それぞれ大統領に電報を送ってください。明日までに、大統領が第二戦線の開設を求める一万通の電報を受け取っていると期待しようではありませんか！」

この集会のあと、わたしは緊張と不安をはらんだ空気を感じるようになった。ダドリー・フィールド・マローンとジョン・ガーフィールド（アメリカの俳優。一九一三〜一九五二）と夕食に出かけたとき、ガーフィールドが「君はほんとに勇敢だな」と言った。わたしのスピーチを指して言ったのである。彼の言葉は気になった。というのも、わたしは勇敢な者になどなりたくなかったし、政治的な関心の的《コーズ・セレーブル》に巻き込まれたくもなかったからだ。わたしはただ、心の底から感じ、正しいと思ったことを話しただけだった。それにしても、ジョンの言葉には、その晩ずっと陰鬱《いんうつ》な気分にさせられた。しかし、あのスピーチがもたらすことが懸念《けねん》された不穏な雲もやがて消え、ビバリーヒルズに戻ったわたしは、いつも通りの生活を続けた。

　その数週間後、今度は、マディソン・スクエアで開かれる大集会で電話演説をしてくれないかという要請を受けた。同じ目的の集会だったので、わたしは引き受けることにした——ことさら断る理由もなかったからだ。集会を後援していたのは、非常に立派な人物や団体だった。わたしは一四分間話し、その内容は、産業別労働組合会議（ＣＩＯ）によって印刷にふさわしいものとみなされた。ＣＩＯが発行した次の小冊子でわかるとおり、この取り組みにおいて、わたしは孤立無援ではなかったのである。

「ソ連の戦場には、民主主義の生死がかかっている」

スピーチ

拍手でスピーチを中断しないように前もって注意されていた大聴衆は、息をひそめて、言葉ひとつひとつに耳を傾けようとした。

かくして彼らは一四分間にわたり、ハリウッドからの電話を通して語るアメリカの偉大な人民芸術家、チャーリー・チャップリンのスピーチを聴いたのである。

一九四二年七月二二日の夕方、労働組合、一般市民団体、友愛組合、在郷軍人会、町会および教会団体などからなる六万人の大群衆が、ニューヨークのマディソン・スクエア・パークに集結した。その目的は、ヒトラーと枢軸国《すうじくこく》に対する最終勝利を急がせるために第二戦線の即時開設を呼びかけるフランクリン・D・ローズヴェルト大統領を支援することにあった。

この大集会の後援者は、グレーター・ニューヨーク市産業別労働組合会議傘下《さんか》の二五〇におよぶ労働組合とCIOだった。ウェンデル・L・ウィルキー（政治家・弁護士。一八九二～一九四四）、フィリップ・マレー（スコットランド出身の労働運動指導者・初代アメリカ鉄鋼労働組合委員長。一八八六～一九五二）、シドニー・ヒルマン（リトアニア出身の労働運動指導者。初代合同衣類労働組合議長。一八八七～一九四六）をはじめとする錚々たるアメリカ人も、この集会に熱烈なメッセージを寄せた。

その日は天候に恵まれ、青空が広がっていた。演壇には、星条旗《オールド・グローリー》を中心にして連合国の国旗が立ち並び、公園周辺の道路まで埋め尽くした人の波のそこここに、大統領を支持するスローガンや第二戦線の開設を促すスローガンを書き込んだプラカードが掲げられていた。

集会は、ルーシー・モンロー（アメリカ国歌の歌手として有名だった。一九〇六〜一九八七）がリードシンガーを務めるアメリカ国歌の合唱で幕を開け、それに続いて、ジェイン・フローマン、アーリーン・フランシスといったアメリカ・シアター・ウィング（もともと戦禍救済を目的に設立されたニューヨーク在住の女優集団。現在、全米劇場プロデューサー連盟と共同でトニー賞を授与している）の人気スターたちがアトラクションを演じた。ジェームズ・M・ミード上院議員とクロード・ペパー上院議員、F・H・ラガーディア・ニューヨーク市長、チャールズ・ポレッティ・ニューヨーク州副知事、ヴィト・マーカントニオ下院議員とマイケル・クィル下院議員、ニューヨークCIO会議の委員長ジョゼフ・カランなどが、メイン・スピーカーとして演説を行った。ミード上院議員は次のように述べた。「われわれは、アジア、占領下のヨーロッパ、そしてアフリカにいる厖大《ぼうだい》な数の大衆を、彼らが心から熱烈に求める自由への闘いに動員させることに成功してはじめて、この戦争に勝利することができるであろう」ペパー上院議員は「われわれの取り組みを阻み、抑制を要求する者こそ、アメリカの敵である」ジョゼフ・カランは、「われわれには兵力がある。われわれには物資がある。われわれは唯一《ゆいいつ》の勝利の方法を知っている――それはただちに第二戦線を開くことだ」と述べた。

大統領、第二戦線、英雄的な同盟軍、勇敢な兵士、そしてソ連、イギリス、中国という言葉が発せられるたびに、結集した群衆は一斉に歓声を上げた。そしていよいよ、長距離電話を通して、チャールズ・チャップリンの声が流れてきた。

ただちに第二戦線を開こう!

――大統領支援集会に際して

マディソン・スクエア・パーク、一九四二年七月二二日

「ソ連の戦場には民主主義の生死がかかっています。連合国の運命は共産主義者の手に握られているのです。もしソ連が敗北すれば、アジア大陸――この地球上でもっとも広大かつ豊饒《ほうじょう》な大地――はナチスの支配下に陥ります。そうなれば、すべての東洋地域が実質的に日本の手に握られている中、ナチスは世界のほぼすべての重要な軍需物資を手中に収めることになるでしょう。そんな事態になったら、わたしたちがヒトラーを打倒するチャンスなど、どこに残っているというのでしょうか？

「輸送の難しさ、何千キロも離れた場所に通信回線を引く問題、鉄鋼、石油、ゴム調達の問題――そして分断して征服するというヒトラーの戦略――のことを考えると、万一ソ連が敗北したら、わたしたちが絶望的な立場に立たされるのは必至です。

「ソ連が負けても、戦争が一〇年か二〇年延びるだけだ、と言う人もいます。でも、わたしには、これはあまりにも楽観的な予測に思えます。このような状況で、そしてあれほど手ごわい敵を前にしては、将来の展望などまったく予測がつきません。

わたしたちは何を待っているのか？

「ソ連は今、必死に助けを求めています。第二戦線の開設を切望しているのです。連合国の間では、現在、第二戦線が開設できるかどうかについて意見が食い違っています。連合軍には第二戦線を支援する十分な補給力がないという声があれば、逆に、十分にあるという声もあります。さらには、負ける可能性があるから、現時点では第二戦線開設のリスクは負いたくない、という人もいます。勝利が確実になって用意が整うまで、リスクは負いたくないというわけです。

「しかし、はたしてわたしたちには、勝利が確実になって用意が整うまで待つ余裕などあるのでしょうか？　はたして、安全策をとる余裕などあるのでしょうか？　戦争には安全な戦略などありません。今この時点で、ドイツ軍はコーカサスまで五六キロの地点に迫っています。万一コーカサスが落ちれば、ソ連の石油の九五パーセントが失われます。何万人もの人が命を落としつつあり、数百万人がこれから命を落とそうという今、わたしたちは心の声を正直に口に出さなければなりません。人々は自問しています。聞いたところによると、アイルランドには厖大な海外派遣軍が上陸しており、アメリカの護衛艦隊の九五パーセントがヨーロッパに無事到着し、二〇〇万人の完全装備のイギリス人が出発を今か今かと待ちわびているそうです。ソ連の状況がこれほどまでに切迫しているというのに、わたしたちはいったい何を待っているのでしょう？

われわれは受け入れる

「ワシントンのアメリカ政府当局およびロンドンのイギリス政府当局よ、これは紛争の種を撒《ま》くための質問ではありません。こうした質問をするのは、混乱をなくすため、そして最終勝利を得るための自信と団結を生み出したいがためなのです。そして、その答えが何であれ、われわれには受け入れる用意があります。

「ソ連は背水の陣で戦っています。そのソ連こそ、同盟軍の最強の防衛力なのです。われわれはリビアを防衛して、結局失いました。クレタ島も防衛して、結局失いました。フィリピンや他の太平洋諸島も防衛して、結局失いました。しかし、ソ連を失うことはできません。というのは、それは民主主義の戦争における前線であるからです。われわれの世界――われわれの生活――われわれの文明が足もとから崩れ去ろうとしているとき、われわれは、いちかばちかの賭《か》けに出るしかありません。

「ソ連がコーカサスを失うようなことがあれば、連合軍側にとって最大の惨事になるでしょう。そんなことになったら、融和主義者たちへの警戒が必要になります。なぜなら、やつらはそれまで隠れていた穴から這《は》い出してくるからです。やつらは勝利に酔うヒトラーと和平を築きたがります。きっとこんなふうに言うでしょう。『これ以上アメリカ人の命を犠牲にしても得るところはない――われわれはヒトラーと〝条件のいい取引〟をすることだってできるのだ』と。

ナチスの誘惑に警戒せよ

「ナチスの誘惑に警戒を怠ってはなりません。こうしたナチスの狼《おおかみ》どもは、羊の衣をまといます。非常に魅力的な講和条件を持ち出し、われわれが気づかないうちに、ナチスの理念に屈服させてしまうでしょう。そうなれば、われわれは奴隷《どれい》になります。われわれの自由は奪われ、精神はコントロールされます。世界中がゲシュタポに支配されてしまうのです。彼らは空からわれわれを支配するでしょう。そうです。将来の威力は制空権にあるのです。

「制空権をナチスが握れば、ナチスの秩序に対するあらゆる抵抗は、木《こ》っ端《ぱ》みじんに破壊されます。人類の進歩は失われます。少数派の権利も、労働者の権利も、市民の権利もなくなります。そうしたものすべてが破壊されてしまうのです。ひとたび融和論者の声に耳を傾け、勝利に酔いしれるヒトラーと和平を結んだら最後、彼の残忍な命令が世界を支配することになるでしょう。

賭けてみることはできる

「融和主義者には警戒が必要です。やつらは必ず災難のあとに浮上してきますから。

「しかし、監視を怠らず、士気を高く保ちつづければ、怖《おそ》れるには及びません。思い出してください。士気はイギリスを救いました。そしてわれわれも士気を保ちさえすれば、確実に勝利できます。

「ヒトラーは何度も賭けに出ました。その最大のものがロシア作戦です。ヒトラーがこの夏にコーカサスを突破できなければ、そして、もう一冬をモスクワ周辺で過ごさなければならなくなるとすれば、彼には哀れな運命が待ち受けているでしょう。ヒトラーのチャンスは確実なものではありません。それでも、彼は賭けに打って出たのです。もしヒトラーに賭けができるなら、われわれにだってできるのではありませんか？　行動を起こそうではありませんか。ベルリンに空からより多くの爆弾を落としましょう。あのグレン・マーチン社の水上機を使って、輸送問題を解決しましょう。なにより、ただちに第二戦線を開きましょう！

来春の勝利を目指して

「みなさん、来春の勝利を目指しましょう。工場で働く諸君、畑で働く諸君、軍服で戦う諸君、世界中の市民の諸君よ、この目標を掲げて働き、戦おうではありませんか。ワシントンのアメリカ政府そしてロンドンのイギリス政府よ、これをわれらの目標にしようではありませんか――来春の勝利を！

「この目標を胸に掲げ、この目標のもとに働き、この目標に沿って日々を過ごせば、必ずや、人びとには気力が生まれ、エネルギーが増大し、やる気が促進されるでしょう。

「みなさん、不可能に向かって頑張ろうではありませんか。困難と思われた問題の克服こそ、どの時代にあっても偉大な業績とみなされてきたことを、どうか思い出してください」

＊

当面の間、わたしの日々は平穏に過ぎていた。だがそれは嵐《あらし》の前の静けさだったのである。この奇妙な物語をもたらした状況の発端は、ごく無邪気なものだった。それはある日曜日のことで、テニスのあと、ティム・デュラントが、ポール・ゲティ（ジャン・ポール・ゲティ。アメリカの石油王。一八九二～一九七六）の女友達でジョーン・バリーという名の若い女と会うことになっていると言った。彼女はメキシコシティから戻ったばかりで、友人のA・C・ブルーメンタールからの紹介状を携えてきたのだという。ティムは、彼女ともうひとりの娘と夕食をとる予定なのだが、ミス・バリーが是非ともわたしに会いたいと言っているので、来てもらえないだろうかと頼んできた。わたしたちは、《ペリーノズ》レストランで会った。くだんのご婦人は、そこそこ感じのよい陽気な女性で、わたしたちは四人で当たり障《さわ》りのない夕べを過ごしたが、特にまた会いたいとも思わなかった。

だがその次の日曜日――その日はテニスをするので家を開放していたのだ――ティムが彼女を連れてきたのである。日曜の夜は、スタッフに暇を出して外食するのが常だったので、わたしはティムとミス・バリーを《ロマノフズ》レストランに連れてゆき、そのあとふたりを車で送った。が、その翌日、彼女から電話があって、昼食に連れて行ってくれないかと言う。わたしはその日、一四五キロほど離れたサンタ・バーバラで開かれる競売会に行く予定だったので、もし暇なら一緒に行ってそこで昼食をとり、そのあと競売会に出かけるのはどうだろうかと答えた。そうして会い、競売会でひとつかふたつ品物を買ったあと、わたしは彼女をロサンゼルスに送り届けた。

ミス・バリーは、めりはりのある体つきをした二二歳の大柄な美人で、極端に襟ぐりの深いサマードレスが上半身上部の巨大なドームを魅力的に見せていた。ロサンゼルスに戻る途中、そんな姿が、わたしの煽情《せんじょう》的好奇心を喚起したのである。おりしも彼女は、こんなことを言いだした。ポール・ゲティと口論したので翌日ニューヨークに戻るつもりだけれど、あなたにいて欲しいと言われたら、すべてを投げ打ってそうするつもりよ、と。だが、その提案には、どこかあまりにも唐突で奇妙なところがあり、わたしは不審に思って尻込《しりご》みした。そして、わたしのために残るようなことをする必要はさらさらないと率直に伝え、その言葉とともに彼女をアパートメントの入口で降ろして別れたのだった。

だが驚いたことに、彼女はその翌日あたりにまた電話してきて、どのみちロサンゼルスに留まることにしたから夕方会ってくれないか、と言ってきた。粘り強さは成就への道である。こうして、彼女は目的を達成し、わたしは彼女とよく会うようになった。そのあとの日々は案外楽しかったのだが、どこか奇妙で、常軌を逸しているところがあったことも否《いな》めない。電話もなしに突然深夜に自宅に押し掛けてこられて困ることもあった。そうかと思うと、一週間もまったく音沙汰《おとさた》がないこともあり、そんなときには、努めて考えまいとしたものの、不安な気分にさせられた。それでも、実際に会うと、拍子抜けするくらい愛想がよかったので、わたしの疑念や不安は和らいだのだった。

ある日、サー・セドリック・ハードウィック（イギリスの俳優。息子はグラナダＴＶ版『シャーロック・ホームズ』の二代目ワトソンを演じたエドワード・ハードウィック。一八九三～一九六四）とシンクレア・ルイス（アメリカの小説家・劇作家。ノーベル文学賞受賞者。一八八五～一九五一）と昼食をとっていたとき、ルイスが『影と実体』（アイルランドの劇作家、ポール・ヴィンセント・キャロルの代表作）の話をした。その戯曲にセドリックが出ていたのである。ルイスは、ブリジットという登場人物のことを現代のジャンヌダルクだと褒め、この戯曲はきっと素晴らしい映画になるだろうと言った。興味を抱いたわたしが読んでみたいと言うと、セドリックはすぐに送ってくれた。

その晩か、その翌日の晩、ジョーン・バリーが夕食にやってきたので、この戯曲の話をした。すると彼女は、その劇を観《み》たことがあると言い、あの娘の役をやってみたいと言う。わたしは本気にしなかったのだが、その晩、彼女がその役の台詞《せりふ》を読んで聞かせた。驚いたことに、その朗読は見事で、アイルランド訛《なま》りまで忠実に再現していたのである。すっかり夢中になったわたしは、こっそりカメラ映りのテストをしてみたところ、彼女は十分に合格圏に達していることがわかった。

今や、彼女の突飛なふるまいにまつわる不安は消し飛んでしまった。それどころか、稀有《けう》な才能を発掘したとまで思ったものである。彼女には演技の技術的なトレーニングが欠けていたので、マックス・ラインハルトの演劇学校に入学させた。そして、その勉強で忙しくなった彼女には、その間、ほとんど会わなかった。戯曲の映画化権はまだとっていなかったが、セドリックに連絡したところ、親切に尽力してくれ、二万五〇〇〇ドルで無事権利を入手することができた。そのあとバリーと、週二五〇ドルで出演契約を結んだ。

世の中には、人間の存在というものは半分夢の中にあり、どこで夢が終わって、どこで現実が始まるのかを知るのは困難だと信じる神秘主義者たちがいる。この一件もちょうどそんな具合だった。何ヵ月間というもの、わたしは映画の脚本作りに没頭した。その間に、奇妙で薄気味悪いことが起こり出したのである。バリーが泥酔《でいすい》して、真夜中、時間を問わずに、しょっちゅうキャデラックで乗り付けてくるようになり、わたしは毎回自分の運転手を起こしては、彼女を送り届けさせなければならなくなった。あるときは、車寄せに車をぶつけ、そのまま乗り捨てたこともあった。バリーの名はすでにチャップリン・スタジオと関連付けられていたため、飲酒運転で警察につかまってスキャンダルにでもなったらことだと、わたしは心配になった。そうこうするうちに、彼女がいよいよ手に負えなくなったので、わたしは電話に出なくなり、家に来たときもドアを開けないようにした。すると今度は、窓を割り始めたのである。一夜にして、わたしという人間が存在する場所は夢の中、それも悪夢の中になってしまった。

そのうち、ラインハルトの学校を七週間も欠席していることが判明した。それについて詰問《きつもん》すると、女優になんかなりたくない、と言い出す始末。挙句の果てに、自分と母親にニューヨークに帰る旅費と五〇〇〇ドルをくれれば、出演契約は破棄してあげると言う。その時点で、わたしはもっけの幸いと彼女の要求に応じ、旅費と五〇〇〇ドルを渡して、厄介払いができたことに安堵《あんど》したのだった。

バリーに関する企画は台無しになってしまったが、『影と実体』の映画化権を買ったことについては後悔していなかった。脚本はもう少しで完成するところまできており、とてもいい出来に思えたからである。

サンフランシスコでの集会から数カ月が経《た》っていたが、ソ連は今も第二戦線の開設を訴えていた。そんなとき、またもやニューヨークから、カーネギー・ホールで話してほしいという依頼が届いた。行くべきかどうかと自問したが、乗りかけた船なのだから、と行くことにした。だが、その翌日、わたしの家でテニスをしていたジャック・ワーナー（ワーナーブラザーズ・スタジオの社長。一八九二〜一九七八）にその話をしたところ、彼は首を横に振りながら、謎《なぞ》めかして言ったのである。「やめたほうがいいな」と。

「なぜだい？」とわたしは尋ねた。

それには答えず、彼は言った。「内部情報があるんだ。行くのはよせ」

が、それは逆効果だった。かえってわたしのチャレンジ精神に火がついたのである。それに、その時点では、第二戦線に関する全アメリカ人の共感を引き出すには、大して言葉を要しないように見えていた。ソ連がスターリングラードの戦いに勝利したばかりだったからだ。こうしてわたしは、ティム・デュラントを連れてニューヨークに出かけた。

カーネギー・ホールの集会には、パール・バック（アメリカの女流小説家。『大地』をはじめとする三部作でノーベル文学賞受賞。一八九二〜一九七三）、ロックウェル・ケント（アメリカの挿絵画家・作家。一八八二〜一九七一）、オーソン・ウェルズ（アメリカの映画監督・脚本家・俳優。一九一五〜一九八五）といった華々しい著名人が大勢参列していた。オーソン・ウェルズはその機会にスピーチをすることが前から決まっていたのだが、反対派の嵐が吹き荒れそうになると見るや、船を岸からほとんど離さないで、なるべく聴衆を刺激しない策に出たようにわたしには思えた。彼の順番はわたしのすぐ前で、集会の目的はロシアの戦禍救済にあり、ソ連はわれわれの同盟国なのだから、自分はここで話をしているのだ、というようなことを話していた。そのスピーチは、まるで塩気のない料理のように味気なかった。そんなわけで、自分の思うところを正直に口にしようというわたしの決意は、なおさら強くなったのである。まず、開口一番、戦争を牛耳りたがっていると言ってわたしを批判したコラムニストについて触れ、こう口火を切った。「その激しい怒りの発作に鑑《かんが》みるに、彼はわたしに嫉妬《しっと》していて、ほんとうは自分で戦争を牛耳りたいと思っていたのでしょう。問題は、とるべき戦略についてわたしたちふたりの意見が異なる点にあります——彼はこの時点で第二戦線を開設すべきだとは思っていません。ですがわたしは、それこそ、われわれがとるべき道だと思っているのです！」「その集会は、まるでチャーリーと聴衆の懇親会のようだった」と『デイリー・ワーカー』紙は書いた。だがわたしの気持ちは複雑だった。結果には満足してはいたものの、不安を抱えてもいたのである。

カーネギー・ホールを後にしてから、ティムとわたしは、同じく集会に参列していたコンスタンス・コリアーと夕食を共にした。コンスタンスは集会にとても感動していた――左派とはお世辞にも言えない人物だったのに、である。ウォルドフ＝アストリア・ホテルに着くと、ジョーン・バリーからの電話メッセージがいくつも届いていた。わたしはゾッとして鳥肌が立ちそうになった。伝言はすぐに破り捨てたが、またもや電話が鳴った。電話交換手にそれ以上取りつがないようにと伝えようとすると、ティムがそれを遮った。「それはしないほうがいいな。電話には出たほうがいい。さもないと、きっとここにやってきて騒ぎを起こすぞ」

次にベルが鳴ったとき、わたしは電話に出た。彼女はかなりまともで愛想もよく、ただ挨拶《あいさつ》をするために会いたいのだと言った。それでわたしもしぶしぶ承諾し、ティムに、絶対に彼女とふたりきりにしないように言い含めた。その晩やってきた彼女は、ニューヨークに戻ってきてから、ポール・ゲティ所有のピエール・ホテルに暮らしているると言った。わたしは、一日か二日しかここには滞在しない予定だが、どこかで昼食を一緒にとれるようになんとか都合してみる、と嘘《うそ》をついた。バリーは半時間ほど話をしたあと、ピエール・ホテルまで送ってほしいと頼んできた。ホテルに着くと、今度はエレベーターまで送ってほしいとしつこく頼まれた。だが、さすがに疑念が湧いたので、ホテルの入口で別れた。彼女にニューヨークで会ったのは、それが最初で最後である。

第二戦線のスピーチのせいで、ニューヨーク社交界での付き合いは徐々に縮小していき、もはや週末に豪勢なカントリーハウスに招かれることもなくなった。カーネギー・ホールでの集会のあと、CBSの仕事をしていた作家でエッセイストのクリフトン・ファディマン（一九〇四〜一九九九）がホテルに訪ねて来て、世界に向けて話す機会があるのだが、と言ってきた。七分間与えるから、好きなことを話していいと言う。わたしは引き受ける気持ちになったものの、それがケイト・スミスの番組の中であることを彼が明かしたので、気が変わった。そして、戦争に関する自分の信念がジェロ（フルーツゼリーの素）の宣伝などに使われるのはまっぴらだと言って申し出を断った。ファディマンの気を悪くさせるつもりはなかった。というのも、彼は才能と教養を兼ね備えた親切な人物で、実際、ジェロという言葉を口に出したときには、赤面したほどだったのである。わたしはすぐに後悔し、そんな言い方はしなければよかったと思った。

そのあとも、さまざまな種類の機会を提供する手紙がいくつも舞い込んできた。そのひとつは有名な〝アメリカ至上主義者《アメリカ・ファースター》〟のジェラルド・K・スミス（牧師で極右政党「アメリカ・ファースト党」の党首。一八九八〜一九七六）からのもので、この問題についてわたしと議論したいと言ってきた。そのほかにも、講演や、第二戦線のために話してほしいという依頼などがあった。

今やわたしは、政治の雪崩《なだれ》に巻き込まれてしまったように感じ、自らの動機について自問し始めていた。こんなことを始めたのは、自分の中にある役者の性《さが》と目の前の聴衆の反応に刺激されたからではなかったのか？　もし反ナチス映画を作っていなかったら、はたしてこんなドン・キホーテ的な冒険に乗り出していただろうか？　トーキー映画に対する自分のいら立ちと反発が昇華された結果だったのではないか？　おそらく、そうした要素すべてが関わっていたのだろうが、それでも、もっとも強力な動機は、ナチス体制に対する憎しみと侮蔑《ぶべつ》であったように思う。

第二七章

ビバリーヒルズに戻って『影と実体』の仕事にふたたびとりかかっていたとき、ある提案を携えてオーソン・ウェルズが我が家を訪ねてきた。実在の人物にまつわるドキュメンタリー・シリーズの制作を考えていて、そのひとつに有名なフランス人殺人鬼「青ひげランドリュ」の生涯を取り上げようと思っているのだが、その役が、まさに君にぴったりだと思う、と言うのだ。

わたしは興味を抱いた。コメディーと違うことをやってみるのも、たまには気が変わっていいし、脚本、演技、監督を長年すべてひとりでやってきたことへの気分転換にもなると思ったからだ。そこで、脚本を見せてくれと頼んだ。

「いや、まだ書いてないんだ。だが、必要なのは、ランドリュの裁判記録を調べることだけだから、話の筋はすぐにわかるさ」とウェルズは言った。そして、こう付け加えた。「君は脚本にも関わりたいんじゃないかと思っているんだがね」

わたしはがっかりした。そこで、「脚本を手伝わなければならないんじゃ、興味ないね」と答えて、この件はおしまいになった。

しかし、翌日か翌々日になって、ランドリュのアイデアは素晴らしいコメディーになるとひらめいた。わたしは早速ウェルズに電話をかけた。「実は、ランドリュについて君が提案したドキュメンタリーのおかげで、コメディーの構想がひらめいたんだ。ランドリュとはまったく関係ない話なんだが、すべてをスタートラインに戻すために、君に五〇〇〇ドル支払ってもいい。君が提案したから、考え付いたということだけのためにね」

だが、ウェルズはあれこれ言って躊躇《ちゅうちょ》した。

「いいかい、ランドリュの事件は、君の創作でもなければ、誰のものでもないんだよ。いわば、誰もが使える共有財産のようなものじゃないか」とわたしは言った。

すると彼はちょっと考えて、自分のマネージャーに連絡をとってくれと答えた。こうして、ウェルズは五〇〇〇ドルを受け取り、わたしは一切の制約から自由になるということで、話が進められた。ウェルズは了承したが、ひとつだけ条件を付けた。完成した映画を見たあとに〝原案オーソン・ウェルズ〟というクレジットを入れる権利を保留する、というものである。わたしはこの映画のアイデアにすっかり熱中していたので、この条件について深くは考えなかった。だが、彼がこの映画からどれほどの名誉を手に入れようとするかが当時わかっていたら、クレジットなど絶対入れないと強く主張していたことだろう。

こうしてわたしは『影と実体』のほうは脇《わき》に置いて、『殺人狂時代（Monsieur Verdoux）』（一九四七年公開）の脚本を書きはじめた。しかし、脚本の執筆が三カ月目に入ったころ、なんとジョーン・バリーがまた不意にビバリーヒルズに現れたのである。彼女から電話があったと執事が伝えてきたのだが、わたしは、たとえどんな状況にあろうとも、断固として会わないと言った。

そのあと起きたことは、浅ましいだけでなく、悪質としか言いようがないものだった。わたしが会おうとしないので、バリーは家に押し入って窓ガラスを割り、わたしを殺すと脅し、金を要求したのである。ついにわたしは警察を呼んだ。もっと早くそうするべきだったのだが、新聞社をお祭り気分にさせるのが嫌で躊躇していたのだ。だが、警察はこれ以上ないほど協力的で、彼女をニューヨークに送り返す費用を負担するなら、浮浪罪で訴えることはしないと言ってくれた。そこで、わたしはまた旅費を支払い、彼女のほうは、ふたたびビバリーヒルズ周辺をうろついているのが目撃されたら、今度こそ浮浪罪で告発されると警告された。

*

人生最高の幸せな出来事が、この浅ましい一件と言わば〝隣り合わせで〟生じたというのは、まことに残念なことである。とはいえ、不安な影は夜の闇《やみ》に消え、夜明けの薄明の中から、太陽が輝き出したのだった。

それから数カ月経《た》ったある日、ハリウッドの俳優斡旋業《あっせんぎょう》を手掛けているミス・マイナ・ウォレスから電話があった。ニューヨークからやってきたばかりのクライアントがいて、『影と実体』の主役のブリジット役によさそうなのだが、と言う。ちょうど、話を展開させるのがむずかしい『殺人狂時代』に手こずっていたところだったので、わたしはミス・ウォレスの電話は、『殺人狂時代』を一旦《いったん》棚に上げて、『影と実体』の映画化を再考すべき吉兆だと捉《とら》えた。そこで、詳しいことを訊《き》こうと電話をかけると、そのクライアントとは、有名な劇作家ユージーン・オニール（一八八八〜一九五三）の娘、ウーナ・オニールなのだと言う。わたしはユージーン・オニールに会ったことはなかったが、その戯曲の厳粛なトーンから、きっと暗い印象の娘なのだろうと想像し、ミス・ウォレスに率直に訊いてみた。「演技はできるのかい？」と。

「東部にいたときに夏期劇団で演じた経験がちょっとあるらしいわ。カメラテストをやって、ご自分で確かめてみたらどう？　ああ、それよりも、まだそこまで深くかかわりたくないのだったら、夕飯を食べにうちにいらっしゃいよ。彼女も呼んでおくから」とミス・ウォレスは言った。

予定より早く着いて居間に行くと、若い女性がひとりで暖炉のそばに座っていた。ミス・ウォレスを待つ間に、わたしは名を名乗り、ミス・オニールですね、と尋ねた。彼女は微笑《ほほえ》んだ。想像とは違って、輝くような美しさの持ち主で、ひっそりとした魅力とやさしさがあり、わたしは強く惹《ひ》きつけられた。女主人を待つ間、わたしたちは腰を下ろして話をした。

ようやくミス・ウォレスが現れ、わたしたちは正式に紹介された。その晩、夕食のテーブルを囲んだのは四人だった——ミス・ウォレス、ミス・オニール、ティム・デュラントとわたしである。仕事については、直接核心に触れることはなかったものの、それとなく話題には上った。わたしが『影と実体』のヒロインはとても若いのだと話したとき、ミス・オニールは一七歳を少し超えたばかりよ、とミス・ウォレスがすかさず言った。だが、わたしは内心がっかりしてしまった。というのは、その役には若い娘が必要ではあったものの、性格設定はとても複雑で、もっと年上で経験のある女優でなければ無理だったからだ。そんなわけで、とても残念に思いながら、彼女のことは忘れることにした。

だが、それから数日たって、ミス・ウォレスがまた電話してきた。ミス・オニールの話はどうなっているのかという。二〇世紀フォックスが彼女に関心を示しているというのだ。わたしはその場で決断を下して契約した。そしてそれこそが、以降二〇年間にわたる——そして、これからも末永く続くことを祈っている——完璧《かんぺき》な幸福の始まりだったのである。

ウーナを知るにつれ、わたしは彼女のユーモアのセンスとその寛容力に何度となく驚かされた。彼女は常に相手の立場でものを考えられる人なのだ。このことと、その他無数の理由があいまって、わたしはウーナと恋に落ちたのだった。そのとき彼女は一八歳になったばかりだったが、わたしには、彼女に限って、年齢特有のきまぐれには陥らないという絶対の自信があった。ウーナはそんな法則の例外だったのである。もっとも当初は、わたしたちの年齢差が心配だった。だが、ウーナは、まるで真理を見出《みいだ》した者のように毅然《きぜん》としていた。そんなわけで、わたしたちは『影と実体』の映画が完成したら結婚しようと決めたのである。

脚本の初稿がようやく完成したので、わたしは、いよいよ制作にとりかかろうとしていた。もしウーナの稀有《けう》な魅力を映画で表現することができれば、『影と実体』の成功は間違いなかった。

だが、その時点で、バリーがまた現れたのだった。執事に電話してきて、金に困っていること、そして妊娠三カ月であることを、あっけらかんと告げたという。それでも、お腹《なか》の子については、わたしを責めることも、父親である可能性についてほのめかすこともしなかったそうだ。わたしには、そんな心配をする必要がないことがわかっていたので、もし彼女が家の周りでふざけたことでもしようものなら、スキャンダルになろうがなるまいが警察を呼ぶと言えと執事に指示した。だが、翌日も彼女は陽気な気分で現れると、家や庭を何度もぐるぐると歩き回った。その行動が計画的だったのは明らかである。のちに判明したことだが、お涙頂戴《ちょうだい》記事専門の女性記者に垂れ込んだところ、わたしの家に行ってわざと逮捕されてこい、と入れ知恵されたらしい。わたしは、彼女に直接会って、家の敷地から出なければ警察を呼ぶぞと警告した。だがバリーはせせら笑うばかり。彼女の脅しと嫌がらせに耐えかねたわたしは、ついに警察を呼ぶよう執事に指示を出した。

その数時間後、新聞という新聞は、この一件の見出しで真っ黒になっていた。わたしは、さらし者にされ、生皮をはがれ、嘲《あざけ》られた。「生まれてくる子の父親はチャップリン」、「チャップリン、愛人を逮捕させる」、「チャップリン、愛人を貧困に突き落とす」などなど。その一週間後には、わたしに対して父親認知訴訟が起こされた。こうした非難に対抗するため、わたしは顧問弁護士のロイド・ライトを呼び、過去二年間バリーとは一切交渉がなかったと説明した。

『影と実体』の撮影を始めようとしていることを知っていたライトは、しばらくそれは延期して、ウーナもニューヨークに戻したほうがいい、と控えめに助言した。だが、そんな助言に従う気はなかったし、ましてや、バリーの嘘《うそ》や新聞の見出しに牛耳られたままでいる気もさらさらなかった。そこで、すでに結婚について話し合っていたわたしたちは、すぐさま式を挙げることにしたのである。友人のハリー・クロッカーがすべての準備を整えてくれた。今やハーストのもとで働いていた彼は、結婚式の写真はごく少ししか撮らないと約束し、記事はハーストにスクープとして提供し、そして同じく友人のルエラ・パーソンズに独占記事を書かせれば、交戦中の他の新聞の餌食《えじき》にならないですむ、と言ってくれた。

わたしたちは、サンタ・バーバラから二四キロほど離れた静かな村、カーピンテリアで式を挙げることにした。だが、結婚許可証を手に入れるには、サンタ・バーバラ市役所で登録する必要があった。それは朝八時のことで、まだ街はひっそりと静まり返っていた。だが、新郎新婦のいずれかが有名人だった場合、登録係は机の下にある秘密のボタンを押して、新聞社に通報するのが常だった。そこで、写真撮影の嵐《あらし》に見舞われるのを避けるため、ハリーは、ウーナがまず登録を済ませるまで、わたしを事務所の外で待機させた。氏名と年齢などについて通常の質問をしたあと、登録係が尋ねた。「さて、新郎の若者はどこにいるんですかな?」

わたしが姿を見せると、彼は派手に反応した。「いやあ、これは意外でしたな!」そして、彼の手がカウンターの下にすべりこむのを、ハリーが目ざとく見ていた。だが、わたしたちが急がせたので、登録係はできるだけ引き延ばしはしたものの、しぶしぶ結婚許可証を手渡さなければならなかった。新聞社の車が中庭に滑り込んできたのは、建物を後にして車に乗り込もうとしたそのときである。さあ、それからが、命がけのカーチェイスになった。朝まだ早く、人けのないサンタ・バーバラの道を、車を横滑りさせ、タイヤをきしませ、横道に急角度で入り、トップスピードで駆け抜けた。こうして何とか追跡車をまき、カーピンテリアについて、静かな式を挙げることができたのである。

わたしたちはサンタ・バーバラに家を借りて二カ月間暮らし、新聞社が血眼《ちまなこ》になって探す最中も、静かな生活を楽しむことができた。というのも、彼らはついにわたしたちの居所を突き止められなかったのだ——それでも玄関の呼び鈴が鳴るたびに、ぎょっとして飛び上がったものである。

夕方には、気づかれないように気を配りながら、静かな田舎の散歩を楽しんだ。ときおり、自分はアメリカ中の批判と憎しみにさらされていて、映画のキャリアも失われてしまったのではないかと感じて、ひどく気分が落ち込むこともあった。だがそんなときには、ウーナが『トリルビー』（ジョージ・デュ・モーリアの小説。一八九四年刊）を朗読して、わたしの気分を引き立たせてくれた。これは、とても愉快な典型的ヴィクトリア朝小説で、とりわけ、ヒロインのトリルビーが男どもに気前よく身を任せることへの言い訳と説明に、著者が多大なページを費やすところには、声を上げて笑ったものだ。ウーナはこの本を暖炉の前の肘掛椅子《ひじかけいす》に丸くなって読んでくれた。ときおり襲ってくるうつ状態を別にすれば、サンタ・バーバラでのこの二カ月は、至福と不安と絶望感の入りまじった切なくロマンティックなひとときだった。

*

ロサンゼルスに戻ると、友人のアメリカ合衆国最高裁判所のマーフィー判事から不穏な知らせが届いた。有力な政治家たちと夕食を共にしていたとき、そのなかのひとりが「チャップリンをやり玉にあげてやる」と言ったというのである。マーフィー判事は、手紙の中で「万一問題が起きたら、高額な費用を請求しない目立たない無名の弁護士を雇ったほうがいい」、と助言してくれた。

　しかし、連邦政府が実際に行動に出たのは、しばらく経ってからだった。各新聞社も口を揃《そろ》えて政府を支持した。その中でわたしは悪者中の悪者として描かれたのである。

　そのときわたしたちは父親認知訴訟の準備をしている最中だった。こちらのほうは民事裁判で、連邦政府とは何の関連もなかった。この認知訴訟については血液検査を受けたらどうか、とロイド・ライトが勧めた。もしわたしに有利な結果が出れば、バリーの子供の父親ではないという決定的な証拠になるからだ。しばらくしてライトから、バリー側の弁護士も血液検査を受けることに同意したと知らせが届いた。条件はジョーン・バリーに二万五〇〇〇ドル支払うこと。そうすれば、彼女と生まれてくる子供は血液検査を受け、その結果わたしが父親でないことが判明したら、認知訴訟は取り下げるという。わたしは申し出に飛びついた。しかし、同じ血液型を持つ人は無数にいるわけで、わたしに有利な結果が出る確率は一四分の一しかなかった。ライトはこう説明した。もし、子供の血液型が母親とも訴えられた父親とも違うものだったら、それは第三者から来ていることになる、と。

バリーの子供が産まれたあと、連邦政府は大陪審（一般市民から選ばれた陪審員二三人で構成され、犯罪を起訴するか否かを決定する）による審議を開始した。わたしを起訴する目的で、バリーの証拠を検討しはじめたのだ――いったいどんな根拠で訴えようとしているのか、わたしには見当もつかなかったのだが。友人たちは、有名な刑事弁護士のギースラーを雇うように勧め、わたしはマーフィー判事の助言があったにもかかわらず、それに応じてしまった。だが、これは誤りだった。わたしがひどい困難に直面しているという印象を与えてしまったからである。ロイド・ライトはギースラーと話し合い、どのような根拠で大陪審が起訴に至る可能性があるかについて検討した。ふたりとも、政府はマン法違反を立証したがっているという情報をつかんでいた。

連邦政府はときおり、政敵の信用を失墜させるために、この法的脅迫手段を使っていた。マン法のそもそもの目的は、女性を売春させるために他の州に移動させるのを禁じることにあった。しかし、赤線地区が廃絶されたあとは、この法律の意義自体がなくなっていたにもかかわらず、市民を犠牲にするだけのために利用されていたのである。たとえば、ある男性が離婚した妻を州外に連れて行って、たまたま肉体関係を持ったとしたら、彼はマン法違反となり、五年の刑が科せられる可能性があった。アメリカ合衆国政府は、こんな偽りの法的ご都合主義を持ち出して、わたしを起訴しようと諮《はか》ったのだ。

この信じがたい告発に加えて、政府はもうひとつ告発理由をでっち上げた。こちらのほうは、時代遅れの法律の技術的側面に関するもので、あまりにも現実離れしていたために、さすがの政府も最終的には自ら取り下げることになる。ともあれライトとギースラーは、どちらの告発も馬鹿《ばか》げたものなので、仮にわたしが起訴されたとしても、簡単に勝訴できるだろうという見解で一致していた。

そしてついに、大陪審の審議が始まった。わたしは、すべてが取り下げられることになるだろうと確信していた。何といっても、わたしが理解していた限り、バリーはニューヨークとロサンゼルスの間を母親と一緒に旅しただけだったのだから。しかし、その数日後、ギースラーから電話があった。「チャーリー、全訴因について起訴されることが決定したそうだ」と言う。「あとで起訴請求の明細書を取り寄せる。予審の日取りについても、わかり次第連絡する」

それからの数週間は、まさにカフカの小説（『審判』のこと）を地で行くみたいだった。わたしは自らの自由を勝ち取るため、まさにあらゆるものを飲み込んでしまうような闘いに没頭した。もし全訴因で有罪になったら、二〇年の刑が確定する恐れすらあった。

法廷での予審が終わると、カメラマンと新聞記者はてんてこ舞いのお祭り騒ぎを繰り広げた。そして、わたしの抗議にもかかわらず、連邦保安官の事務所に詰めかけて、指紋を採取されるわたしの姿を撮りまくった。

「彼らに、そんなことをする権利があるのかね？」とわたしは尋ねた。

「いいえ」と保安官が言った。「でも、あの連中をコントロールすることはできないんです」

これは、連邦政府の役人の口から発せられた言葉である。

今やバリーの産んだ子は血液検査が受けられるまでに育っていたので、双方の弁護士の合意の上でクリニックが決められ、バリー、その子、そしてわたしの血液が採取された。

それからしばらくして、わたしの弁護士から電話があった。その声は活気にあふれていた。「チャーリー、無実が証明されたぞ！　血液検査の結果、君が父親である可能性はないことがわかったんだ！」

「これは」とわたしは感極まって言った。「天罰だな！」

このニュースに各新聞は一瞬どっと沸いた。「チャールズ・チャップリンは無実」と書きたてた新聞もあれば、「血液検査、チャップリンが父親でないことを証明！」

と書いた新聞もあった。

血液検査の結果は連邦政府を冷やかすことになったものの、彼らは依然として、この件を追及しつづけた。公判が近づくにつれ、わたしはギースラーの家で、長く陰鬱《いんうつ》な夕べを何度も過ごし、ジョーン・バリーに、いつどのようにして会ったかという気の滅入《めい》る詳細について、ことごとく話さなければならなかった。そんな折、サンフランシスコ在住のカトリック司祭から、重要な手紙が届いた。バリーがファシストに利用されているという情報をつかんだので、サンフランシスコからロサンゼルスにやってきて、そのことについて証言する用意があるという。だがギースラーは、事件とは無関係だと言って取り合わなかった。

わたしたちはまた、バリーの性格とその過去に関して彼女に不利となる証拠をたくさんつかんでいた。この面で抗弁を進めることについて何週間も作業を進めていたのだが、ある晩、驚いたことに、ギースラーが突然言い出したのである。性格を攻撃するようなことは古臭い手段で、エロール・フリン（オーストラリア出身の俳優。一九〇九〜一九五九）の裁判ではうまくいったが、今回は必要ないと。「こんなくだらない手段に訴えなくても、ぼくらは簡単に勝てるさ」と彼は言った。だが、ギースラーにとってはくだらなかったかもしれないが、彼女の背景に関して握っていた証拠は、わたしには非常に重要なものだったのだ。

さらに、わたしのもとには、さまざまな迷惑について謝罪し、わたしが差し伸べた親切と寛大さに感謝するバリーの手紙がいくつかあった。これらの手紙は、証拠の中に含めたかった。わたしについて書き立てられた新聞の悪意ある話を否定する証拠になりえたからだ。そうした理由から、スキャンダルが頂点に達したことは、ある意味でありがたかった。今こそ新聞は真実を掲載しなければならなくなり、少なくともアメリカの大衆の目には潔白であると映るだろう——とわたしは思っていた。

この時点で、エドガー・フーヴァー（FBI初代長官。一八九五～一九七二）と彼のFBIについて一言触れておかなければならない。この一件は連邦訴訟であったために、FBIは検察側の証拠集めにどっぷり関与していたからだ。フーヴァーには、何年も前に、あるディナーの席で会っていた。やや残忍そうな顔つきと折れた鼻に慣れてしまえば、なかなか人好きのする人物だった。そのとき、わたしに向かって、法科学生も含めた優秀な人材をFBIに集めたいと熱心に語ったものである。

そして今、わたしの起訴が確定してから数日たった晩、エドガー・フーヴァーは、《チェイセンズ・レストラン》で、わたしとウーナから三つしか離れていないテーブルにFBIの部下と一緒に座っていた。そのテーブルには、一九一八年以来、ときどき顔を合わせていたティッピー・グレイも座っていた。ハリウッドのパーティーにしょっ中出入りしていた目立たないお気楽タイプの男で、いつも空虚な薄ら笑いを浮かべており、それがやけに気に障《さわ》った。そのころは、軽薄なプレイボーイか映画の端役《はやく》程度の男ぐらいにしか思っていなかったのだが、今、フーヴァーのテーブルにいる彼を見て、いったい何をしているのかと不審に思った。ウーナとわたしが席を立って帰るとき、わたしが体を向けるのと同時に彼も体をこちらに向けたので、一瞬視線が交錯した。彼は曖昧《あいまい》な笑みを浮かべた。そのときふいにわかったのである。あのすこぶる有益な薄ら笑いを使って、彼がパーティーで何をしていたのか。

ついに公判の日が訪れた。ギースラーからは、一緒に法廷に入れるように、きっかり一〇時一〇分前に連邦裁判所の前で落ち合おうと指示された。

法廷は二階だった。わたしたちが姿を見せても、たいしたざわめきは起きなかった――というより、新聞記者たちは今やわたしを無視していた。公判そのものから山のようなネタが仕入れられるからだろう、とわたしは思った。ギースラーはわたしを椅子に座らせてから、法廷内を歩いて、何人かと話をした。まるで、わたしひとりをのけ者にして、みんなが楽しんでいるパーティーみたいだった。

わたしは連邦検事に目をやった。書類を読んで何かを記入しては、数人の男たちと自信ありげに談笑している。ティッピー・グレイもいた。ときおり、こっそりとわたしに視線を向けて、あいまいな薄ら笑いを浮かべた。

公判中にメモをとるために、ギースラーは書類と鉛筆をデスクの上に置いていた。そこで、ただじっと座って所在なげに前を見つめないですむように、わたしは絵を描きはじめた。すると、あわててギースラーがやってきて「いたずら書きはするな！」と囁《ささや》くと、その紙をひったくって破いてしまった。「新聞社の連中の手に渡ったら、分析されて、ありとあらゆる結論が導き出されるぞ」わたしはただ、幼いころによく描いていた、ひなびた橋と小川の絵を描いただけだったのだが。

ついに法廷内の緊張が高まり、みな所定の位置についた。廷吏が小づちを三回叩《たた》いたあと、公判が始まった。わたしに対する訴因は四つだった。二つはマン法違反、そして二つは南北戦争以来だれも聞いたことがないような陳腐化した法律の違反で、わたしは市民の権利を侵したということだった。まず、ギースラーが、すべての起訴を取り下げるよう要請した。だがそれは単なる形式にすぎず、そうなるチャンスは、入場料を払って席に着いたサーカスの観衆を場内から追い出そうとするのと同じようなものだった。

陪審員の選出には二日かかった。各陣営は、二四人のリストの中から六人を忌避する権利をそれぞれ持ち、最終的に一二人が選ばれるのである。陪審員候補は、両方の陣営から尋問され、仔細《しさい》にわたって、きわめて厳しい質問攻撃を受ける。その手続きは、先入観なく本件を裁く資格を有しているかどうかを見るために、判事と弁護士たちが陪審員に次のような質問をすることによって行われた。たとえば、この件に関する新聞記事を読んだか？　それらを読んだことによって影響を受けたり偏見を持ったりした事実はないか？　本件にまつわる人物を知っていないか？　といった具合だ。だがこれは、まったくもってシニカルな手続きに思えた。というのも、すでに過去一四カ月にわたり、九〇パーセントにあたる新聞が、わたしに対する反感を積み上げてきていたのだから。各陪審員候補への質問には三〇分ほどが費やされ、その間、検察側と弁護側双方が、それぞれ自前の調査員を走らせて、当人に関する情報を集めた。候補者が呼ばれるたびに、ギースラーはメモを書いて調査員に渡す。すると、調査員はただちにその場から姿を消し、一〇分ほどして戻って来ると、ギースラーに情報を書いたメモを渡すのである。それには、こんな情報が記されていた。「ジョン・ドークス、雑貨小間物店の店員、妻と二人の子あり、映画は見ない」すると、ギースラーが「とりあえず、確保しておこう」と小声で言う、といった具合だ。こんなふうに双方が候補者を忌避したり承認したりして選出作業が進んでいった。検事側も、自前の調査員と小声で話し合っている。その間じゅう、ティッピー・グレイがときおりわたしを盗み見ては、例の薄ら笑いを浮かべていた。

八人まで陪審員が選ばれた時点で、ひとりの女性が陪審員席に座った。それを見て、ギースラーがすぐに言った。「気にくわないな」彼は言い続けた。「気にくわない――彼女の何かが気にかかる」彼女に対する質問が続けられている間、ギースラーの調査員がメモを渡した。「やっぱりそうだったか」それを読んだギースラーが小声で言った。「あの女は『ロサンゼルス・タイムズ』紙の記者だ！　外さなければ！　それに、検察側の承認があまりにも早かった」わたしはその女性の顔を調べようとしたが、よく見えなかったので、メガネに手を伸ばした。するとギースラーがあわててわたしの腕をつかんで囁いた。「メガネはかけるな」女性は考えに没頭しているような印象を受けたが、メガネがなかったので、はっきりしたことは何もわからなかった。「残念だが、忌避権はもう二人分しか残っていないので、とりあえず彼女は保留にするしかない」とギースラーが言った。だが、選定が進む間に、明らかにわたしに偏見を抱いている陪審員候補二人に残りの忌避権を使ってしまったため、この婦人記者は承認するしかなかった。

弁護側と検察側で交わされるチンプンカンプン《アブラカダブラ》な言葉を聞いていると、わたしなどまったく関与していないゲームが繰り広げられているような気がした。だが、心の底では、告発内容の馬鹿さ加減にもかかわらず、無実の罪で投獄される可能性もありうるという思いが浮かびはじめた――とても信じられることではなかったが。ときおり、自分のキャリアについても、考えがよぎった。しかし、それは混とんとしていて、あまりにも目の前の出来事からかけ離れていたので、とりあえずは考えないことにした――そのときは、一度にひとつのことしか考えられなかったのだ。

人というものは、始終、問題と四角四面に向かい合えるわけではない。法的な問題を話し合うために休廷になったとき、こんなことがあった。陪審員は席を立ち、弁護士と判事も控えの間に退き、あとに残ったのは、傍聴者たちとひとりのカメラマンとわたしだけだった。カメラマンは、わたしが気を許したときのポーズを捉えようと狙《ねら》っていた。わたしが書類を読もうとしてメガネをかけると、彼がカメラを構えたので、わたしはすぐにメガネを外した。これを見て、法廷に残っていた傍聴者のあいだから笑い声が上がった。彼がカメラを下ろすと、わたしはまたメガネをかけた。こうして、遊び心のいたちごっこが始まった。彼がカメラを構えると、わたしはすぐにメガネを外す――傍聴者はそれを楽しんだのだ。再開後、メガネを外してまた真面目《まじめ》な態度をとったことは言うまでもない。

公判は何日も続いた。連邦政府が起こした裁判だったので、ジョーン・バリーの男友達だったポール・ゲティ氏も、二人のドイツ人の若者や他の男たちと同様に、証人として姿を現さざるを得なくなった。ポール・ゲティは、ジョーン・バリーと過去に付き合っていたことを認め、彼女に金を渡していたことも認めた。しかし、重要だったのは、わたしに迷惑をかけたことを詫《わ》び、彼女に差し伸べた親切と寛大さを感謝する彼女からの手紙だった。ギースラーはこれらの手紙を証拠物件として提出しようとしたのだが、却下されてしまった。だが、わたしには、それらを採用することについてギースラーは十分に食い下がらなかったように思えた。

公判のなかで、バリーがわたしの家に侵入した日よりしばらく前の晩、彼女がドイツ人の若者のアパートに一晩中泊まっていたという事実が明るみにでた。証言台に立ったこのドイツ人青年が、それを認めたのである。

こうした浅ましい事実の渦中《かちゅう》に当事者として身を置くのは、見せしめのための晒《さら》し台につながれているようなものだった。だが、法廷から一歩出るや否や、すべては忘却の彼方《かなた》に去り、ウーナと静かな夕食をとったあと、疲れ果てて眠りについた。

公判の緊張と不安のほかに、朝七時に起床して、朝食のあとすぐに出発するという日程も退屈だった。ロサンゼルスの交通渋滞を抜け、開廷のきっかり一〇分前に裁判所に到着するには、たっぷり一時間かかった。

しかし公判も、ついに終わりを迎えた。検察と弁護側は、最終弁論に二時間半を費やすことに合意したが、そんな長い時間にわたって何を話すことがあるのか、見当もつかなかった。わたしにとって、政府側の敗訴は、あまりにも明瞭《めいりょう》かつ決まりきったことだったのだから。そしてもちろん、四つの訴因すべてについて万一有罪が確定した場合、二〇年の刑が科せられる可能性については考えてもいなかった。判事が陪審員に与えた事件要点の説示は、これ以上ないほど曖昧に思えた。わたしは、判事の話が『タイムズ』紙の女性記者にどんな影響を与えているか見ようとしたが、その顔はわたしのほうを向いてはいなかった。陪審員が協議のために席を立つときにまた見てみたのだが、彼女はわき目もふらずに出て行ってしまった。

法廷を出たとき、ギースラーがそっと囁いた。「きょうは、判決が出るまで建物を出ることはできないんだ。だが――」と彼は明るく付け加えた。「外の手すりに座って、日向《ひなた》ぼっこをすることはできるさ」このちょっとした情報は、邪悪な存在がわたしを締め付ける手の力をじわじわと強めているような気にさせ、たった今わたしは完全に法のもとに囚《とら》われているのだという事実を思い出させた。

時刻は一時半になっていたが、評決は遅くとも二〇分以内には出るだろうとたか、、をくくっていたので、ウーナに電話するのは、そのあとにするつもりだった。だが、一時間経っても評決が出ない！　わたしは彼女に電話して、陪審員はまだ戻ってきていないこと、そして評決が出次第、また連絡すると伝えた。

だが、さらに一時間経っても、まだ評決は出なかった！　なんでこれほど手間どっているのだろう？　一〇分以上かかるはずなどないのに――無罪の評決に達するしかないのだから。その間じゅう、ギースラーとわたしは、外の石の手すりに座っていたのだが、お互い手間どっている理由に触れるのは避けていた。だがついにギースラーが時計を見て言った。「四時になったな」そのあと彼は何気なく言った。「いったい何でこんなにかかっているんだろう？」これがきっかけとなって、ふたりで冷静かつ腹蔵のない意見を交わすことになった。いったい裁判のどの点が評決を遅らせているのだろうか……。

五時一五分前に、陪審員が評決に達したことを告げるベルが鳴った。わたしの心臓は飛び上がった。建物に入るときには、ギースラーが急いでこう囁いた。「評決がどちらになっても、感情は表に出さないように」階段を上るわたしたちの横を検事が興奮気味に息を切らせて駆け上がっていった。そのすぐ後を検事補たちが陽気に追う。最後にティッピー・グレイが続き、わたしたちの横を通りすぎたときに、振り返って薄ら笑いを浮かべた。

法廷はたちまち満員になり、緊張感がみなぎった。なぜかわたしは落ち着いていた。もっとも、喉元《のどもと》までせりあがったかと思われる心臓はバクバク波打っていた。

法廷書記官が三回木づちを叩いて判事の入廷を知らせ、全員が立ち上がった。みな腰を下ろすと、今度は陪審員が入廷し、陪審員長が書記官に書類を渡した。ギースラーは頭を下げて座り、自分の足を見つめながら、不安げにひっそりつぶやいていた。「もしも有罪になどなったら、知る限り最悪の誤審だ！」そのあとも、「最悪の誤審だ！」と何度も繰り返した。

渡された書類に目を通した法廷書記官が、木づちを三回叩いた。そして法廷が極度に緊張する中で、評決が読み上げられた。

「チャールズ・チャップリン、刑事訴訟三三七〇六八号……第一訴因について――」

(ここでしばらく間をあけて)「無罪！」

傍聴席から突然叫び声が上がった。が、そのすぐあと、また沈黙が訪れ、書記官が続けるのを待った。「第二訴因について……無罪！」

傍聴席はすさまじい騒ぎになった。自分にこれほど味方がいたとは思いもよらなかった——何人かは仕切りの手すりを押し破って駆け寄り、わたしを抱きしめてキスをした。ティッピー・グレイの姿がチラリと見えた。いつもの薄笑いは消え、うつろな顔つきになっている。

そのあと裁判長がわたしに言葉をかけた。「ミスター・チャップリン、これ以上出廷にはおよびません。あなたはもう自由です」こう言ったあと、判事は裁判長席から手を差し伸べ、握手で祝福してくれた。検事もそうしてくれた。ギースラーが耳元で囁いた。「さあ、陪審員のところに行って、握手してきなさい」

陪審員席に近づくと、ギースラーが不審に思っていた女性が立ち上がって、手を差し出してきた。そのとき初めて、彼女の顔を見ることができた。それは、知性と思いやりに輝く美しい顔だった。握手をしたとき、彼女は笑顔でこう言った。「心配しないで、チャーリー。アメリカはまだ自由の国なんですから」

わたしは言葉を口にすることができなかった。彼女の言葉は、それほどわたしを感動させたのだ。できたのは、ただ頷《うなず》いて微笑むことだけ。彼女は続けた。「陪審員室の窓から、歩き回るあなたの姿が見えたんです。心配しないで、とどんなに伝えてさしあげたかったことか。あのたったひとりの反対者がいなければ、一〇分で評決に達していましたよ」

そんな言葉を聞いて涙ぐまないのは難しかった。だが、わたしはにっこり笑って感謝の言葉を述べ、残りの陪審員に礼を言うために、彼らに体を向けた。みな心から握手してくれたが、ひとりだけ拒絶しようとした女性がいた。目に憎しみが宿っていた。立ち去ろうとしたとき、陪審員長の声が聞こえた。「まあまあ、あんた、そう構えずに、握手しろよ！」女性はしぶしぶ手を差し出し、わたしも冷たく礼を言った。

そのとき妊娠四カ月目に入っていたウーナは、自宅の芝生の上に座っていた。たったひとりでいた彼女は、ラジオでニュースを知ったときに気を失ったという。

その晩はウーナとふたりきりで自宅で静かに食事をとった。新聞にも、電話にも邪魔されたくなかった。ほかの誰とも、会ったり話したりしたくなかった。わたしは空っぽで傷つき、人格をはぎ取られてしまったように感じていた。自宅の使用人と顔を合わせることさえ、気まずかった。

夕食の後、ウーナが強いジントニックを作ってくれ、ふたりで暖炉の脇に座った。わたしは、評決が遅れた理由、そしてアメリカは今でも自由な国だと言った女性のことについて話した。何週間も緊張感が続いたあと、わたしは抜け殻のようになっていた。その夜は、もう裁判所に行くために早起きしなくてもいいという幸せな思いを抱いてベッドに入った。

一日か二日たって、リオン・フォイヒトヴァンガーがわたしをからかって言った。

「これで君も、国中に政治的反感を抱かせた俳優としてアメリカ史に名を残すな」（リンカーン大統領を暗殺した俳優ジョン・ウィルクス・ブースのことを敷いている）。

*

ところが、血液検査で解決したと思っていた父親認知訴訟がまた持ち上がって来たのである。地元の政界に影響力のあるもうひとりの弁護士が、巧妙なごまかしによって裁判を再開させたのだ。子供の後見権をバリーの母親から裁判所に移すという姑息《こそく》な手段によって、バリーの母親の契約は侵害されないままになり、彼女は二万五〇〇〇ドルをそっくりそのまま懐《ふところ》に収めておくことができたのだ（一連の訴訟の原告はバリーの母親で、孫の後見権も彼女が持っていた）。そして、今や後見役となった裁判所が、子供の養育について、わたしを訴えてきたのである。

第一審では、陪審員は合意に達せず、勝訴すると思っていたわたしの弁護士をがっかりさせた。そして再審では、血液検査の結果にもかかわらず——血液検査結果は、のちに、認知訴訟における確証としてカリフォルニア州法で認められるようになったのだが——わたしを有罪とする評決が出たのだった。

＊

ウーナとわたしが望んでいたただひとつのことは、カリフォルニアから逃げ出すことだった。結婚した最初の年に、わたしたちは、肉ひき器にかけられるようなことになってしまったわけで、休養が必要だった。そこで飼っていた黒い仔猫《こねこ》と一緒に列車に乗ってニューヨークに向かい、さらにナイアックに行って一軒家を借りた。そこは、人里離れた岩だらけの不毛な地だったが、それでもそれなりの魅力があった。家は一七八〇年に建てられたという、こぢんまりした魅力のある建物で、家には親切な家政婦が付いていて、彼女はすばらしい料理人でもあった。

その家にはまた、性格のおだやかな黒いレトリーバーの老犬もいて、まるで貴婦人の話し相手《コンパニオン》のように、よくなついた。朝食の時間になるといつもポーチにやってきて、行儀よく尻尾《しっぽ》をふると静かに寝そべり、わたしたちが食事しおわるまで目立たないようにはべっていた。わたしたちの黒い仔猫は、最初にこの犬に出会ったときには、フトッと毛を逆立てて敵意を表したが、犬のほうは顎《あご》を床に付けて寝そべり、うまく共存しようとする意向を示したのだった。

ナイアックでの日々はのどかだったが、寂しくもあった。わたしたちは誰にも会わなかったし、訪ねてくる者もいなかった。とはいえ、裁判で受けた不面目からまだ立ち直っていなかったので、かえってそのほうがありがたかった。

この試練はわたしの創造力をひどく損ないはしたものの、それでも『殺人狂時代』はほぼ完成に近づいていたので、それを仕上げたいという気持ちが戻ってきていた。

東部には少なくとも半年はいて、ウーナはそこで出産するつもりだった。だが、ナイアックで仕事をするわけにもいかなかったので、結局、五週間滞在したあと、わたしたちはカリフォルニアに戻った。

結婚したあとすぐにウーナは、映画でも舞台でも女優になるつもりはないと打ち明けた。このニュースは嬉《うれ》しかった。というのは、ついにわたしは、キャリアガールではなく、妻を得ることができたからだ。『影と実体』をあきらめたのもその時点だった。こうして、『殺人狂時代』の仕事に専念することになったのである――政府にあれほど無礼な横やりを入れられるまで。わたしは今でも、映画界はすばらしい喜劇女優を失ったと思っている。ウーナのユーモアのセンスは、それほどすばらしいものだったのだ。

裁判直前のある出来事を思い出す。ウーナとわたしがビバリーヒルズの宝石店に、彼女の化粧箱の修理を頼みに出かけたときのことだ。待っている間に、わたしたちはブレスレットをいくつか物色した。すると、ダイヤモンドとルビーがちりばめられた、とりわけすばらしい品が目を惹いた。だがウーナがあまりにも高すぎると言ったので、わたしは店主に、ちょっと考えてみると言い残して、店を後にした。車に戻ったとき、わたしは不安そうにウーナに言った。「急ぐんだ。早く店を離れないと！」そのあと、わたしはポケットに手を入れ、彼女が気に入っていたブレスレットを取り出した。「店主が君にほかのブレスレットを見せているときに、かすめたんだよ」とわたしは言った。

ウーナの顔が青ざめた。「まあ、そんなことしちゃったなんて！」彼女は車を走らせた後、脇道に入り、縁石に寄せて停めた。「考えなくちゃ！」ウーナはそう言った後、また繰り返した。「そんなことしちゃったなんて！」

「でも、いまさら返すわけにはいかないさ」とわたしは言った。だが、それ以上演技を続けることはできなかった。わたしは大笑いして、ジョークを明かした。彼女がほかのブレスレットを見ているときに、店主を脇に呼んで、それを買ったのだと。

「君は——ぼくが盗んだとすっかり思い込んで——共犯者になってくれようとしたんだね！」わたしは笑いながら言った。

「だって、もうこれ以上、問題を抱えてほしくなかったのよ」とウーナが言った。

第二八章

裁判の間じゅう、わたしたちは大勢の親しい友人に囲まれていた――みな義理堅く同情的な人ばかりだった。サルカ・ヴィアテル（女優・脚本家。息子は女優デボラ・カーの夫。一八八九～一九七八）、クリフォード・オデッツ（アメリカの劇作家。一九〇六～一九六三）夫妻、ハンス・アイスラー夫妻、フォイヒトヴァンガー夫妻は、そうした人々のほんの一部だ。

ポーランド人女優（出生地オーストリア＝ハンガリー帝国のガリツィア〔現在のウクライナ地域〕にはポーランド最南部も含まれることがあった）のサルカ・ヴィアテルは、サンタモニカの自宅で楽しい夕食会をよく開いていて、芸術家や文学者を惹《ひ》きつけていた。トマス・マン、ベルトルト・ブレヒト（ドイツの劇作家・詩人・演出家。一八九八～一九五六）、シェーンベルク、ハンス・アイスラー、リオン・フォイヒトヴァンガー、スティーヴン・スペンダー（イギリスの詩人・批評家。一九〇九～一九九五）、シリル・コノリー（イギリスの批評家。一九〇三～一九七四）をはじめとする錚々《そうそう》たるメンバーが集ったものである。サルカは、どこに住もうが、常に家を〝コペ館〟（ナポレオン時代のフランス人女流作家スタール夫人がスイスのコペで文芸サロンを開いた館）にしたのだった。

ハンス・アイスラー夫妻の家では、よくベルトルト・ブレヒトに会った。髪を短く刈り込んだブレヒトは見るからに活気にあふれ、わたしが覚えている限り、いつも葉巻を吸っていた。出会ってから何カ月か経《た》ったときに『殺人狂時代』の脚本を見せると、彼はそれをパラパラとめくったが、コメントは次の一言だけだった。「ああ、あなたは脚本を中国式に書くのですね」

リオン・フォイヒトヴァンガーには、アメリカの政治的状況をどう思うかと尋ねてみた。すると彼は、ユーモラスにこんな答えをよこした。「ぼくがベルリンで家を新築しおわったとき、ヒトラーが政権を握ったので国を出た。パリのフラットの内装工事がおわったとき、ナチスが行軍してきたのでまた国を出た。そして今アメリカにいるわけだが、ぼくは、サンタモニカに家を買ったばかりなんだ。こうしたことすべてに、何か意味があるんじゃないかと思っているんだがね」こう言って肩をすくめ、意味ありげに、にっこり笑った。

ときおり、オルダス・ハクスリー（イギリスの小説家・批評家。一八九四～一九六三）夫妻と会うこともあった。だが、そのとき彼は神秘主義のゆりかごの中で過ごしていて、正直なところ、わたしは一九二〇年代のシニカルなハクスリー青年のほうが好きだった。

ある日、友人のフランク・テイラーから電話があった。ウェールズ出身の詩人、ディラン・トマス（イギリスの詩人・作家。一九一四～一九五三）が会いたがっていると言う。わたしたちは、大歓迎だと答えた。「それじゃあ」とフランクがちょっと口ごもって言った。「連れて行くよ。しらふのときにね」その日の晩、玄関のベルが鳴ったのでドアを開けると、ディラン・トマスが倒れ込んできた。もしそれがしらふだというなら、酔っ払っているときは、いったいどんな風なのかと思ってしまった。翌日か翌々日に、彼はまたディナーにやって来たが、そのときは、もっとましな状態だった。ディラン・トマスは深く豊かな、よく響く声で自作の詩を読んでくれた。その詩のイマジェリーは忘れたものの、「セロファン」という言葉が、彼の魔法のような詩句のなかで、陽の光を反射するようにきらめいたのを覚えている。

友人の中には、わたしが心から尊敬するセオドア・ドライサー（アメリカの小説家。一八七一～一九四五）もいた。彼はチャーミングなヘレン夫人と、ときおり我が家で食事をとった。心の中にはいつも義憤が燃えていたが、実は穏やかで思いやりのある人物だった。亡《な》くなったとき、葬儀で弔辞を読むことになった劇作家のジョン・ローソン（一八九四～一九七七）が、わたしに棺側の第一介添人になってドライサーの詩を式の際に読んでくれないかと頼んできた。もちろん頭みは引き受けた。

わたしは人生において、ときおり自分のキャリアに不安になることはあったとはいえ、良い喜劇はあらゆる問題を解決するという信念が揺らいだことは一度もなかった。『殺人狂時代』を完成させたのも、この確固たる信念があったからである。ストーリーの展開が難しかったので二年間を要したが、実際の撮影には三カ月しかかからなかった――わたしの最短記録である。そのあと、脚本を検閲のために、ブリーン・オフィス（映画界が自主的に運営した映画制作倫理規定管理局。前述のヘイズ・オフィスの下部組織で、ヘイズに任命されたカトリック系ジャーナリストのジョゼフ・ブリーンが運営していたため、そう呼ばれた）に送った。映画全体を上映禁止にするという手紙を受け取ったのは、それからすぐのことだった。ブリーン・オフィスは、カトリック矯風団《リージョン・オブ・ディーセンシー》の一部門で、アメリカ映画制作者・配給者連合によって設立された自主検閲機関である。わたしも検閲の必要性を認めるのはやぶさかではないが、その適用は簡単ではないように思われる。わたしが提案したいのは、その規定の適用を杓子《しゃくし》定規ではなく柔軟性に富むものにすること、そして作品のテーマ自体を判断するのではなく、テーマを扱う際の趣味の良さ、知性、そして感性の豊かさを調べるべきである、ということだ。

道徳的な観点から言えば、肉体的な暴力と偽《にせ》の哲学も、露骨な性描写と同じぐらい有害だと思う。バーナード・ショーも、悪者の顎《あご》を殴るなどというのは、人生の問題を解決する手段としてはあまりにも安易すぎると言っていた。

『殺人狂時代《ムッシュー・ヴェルドゥー》』の検閲にまつわる一件を論じるには、その前に、あらすじを簡単に述べて置く必要があるだろう。ヴェルドゥーはいわゆる〝青ひげ〟（フランスの詩人シャルル・ペローによる童話の登場人物で、妻を次々に殺害した）だ。もとは平凡な銀行員だったが、大恐慌《だいきょうこう》で失業したため、年配の未婚女性と偽りの結婚をしたあとに殺害して金を奪う計画を立てる。病身の正妻は田舎に幼い息子と暮らしており、夫の犯罪計画については何も知らない。犠牲者をひとり殺すたびに、彼は一日の仕事を終えたブルジョワ階級の夫のように自宅に戻る。ヴェルドゥーは、美徳と悪徳のパラドックスを体現した人物だ。庭のバラを摘むときには毛虫を踏みつぶさないように心を配るにもかかわらず、その庭の片隅にある焼却炉では犠牲者が焼かれているという具合である。この話には、極悪非道のユーモア、苦々しい皮肉、そして社会批判を盛り込んだ。

ブリーン・オフィスは、この作品を全面禁止にした理由について長々と説明する手紙をよこした。ここに、その一部を引用しよう。

「……概念および意義が反社会的だと思われる要素については、当オフィスとしては不問に付します。このストーリーには、ヴェルドゥーが〝体制〟を批判し、現在の社会構造を非難する箇所が確かにあるのですが。それでも、われわれとしては、さらに重要で、まさに倫理規定に抵触すると考えられる箇所について、貴殿の注意を喚起したく存じます……」

「ヴェルドゥーの主張は、直接的にではないものの、自分が犯した残虐《ざんぎゃく》行為にショッ

『殺人狂時代』から。女優はマリリン・ナッシュ。

クを受けるのは馬鹿馬鹿《ばかばか》しいことであり、それは〝体制〟に金モールで飾られて合法化された大量殺人である戦争に比べれば〝殺人喜劇〟でしかない、というようなことを示唆《しさ》しています。戦争は大量殺人であるのか、または正当化されうる殺人なのか、という点に関する議論は置くとしても、ヴェルドゥーがその台詞の中で、自分の犯罪の反道徳な程度を評価しようとしている事実には問題があります。

この脚本を容認できないふたつ目の基本的な理由については、もっと簡潔に述べることができます。すなわち、このストーリーは大まかに言って、一連の結婚詐欺《さぎ》によって女性たちを欺《あざむ》き、その財産を横領しようとする詐欺師の物語であるということです。ストーリーのこの局面には、不純な性行為という不愉快な雰囲気がまとわりついており、この点については容認できません」

この時点で彼らは、個々の難点を長々とリストアップした。その例の一部を示すために、まずは、わたしの脚本から、ヴェルドゥーの非合法的な妻のひとりで、彼がその晩に殺害しようと企《たくら》んでいる年配の女性リディアに関する箇所を抜粋しよう。

リディアが薄暗いホールに姿を現し、灯りを消して、自分の寝室に入る。寝室の灯りがともり、暗くなった廊下に光りが漏れ出してくる。ここでヴェルドゥーがゆっくり登場する。廊下の突き当りには大きな窓があり、輝く満月が見える。ヴェルドゥーはうっとりと窓辺に近寄る。

ヴェルドゥー（小声で）なんと美しいのだろう……この蒼《あお》ざめたエンディミオンの時《と》間《き》は……

リディアの声（寝室から）なに話してるのよ?

ヴェルドゥー（うっとりと）エンディミオンのことだよ、おまえ……月の女神に愛された美少年だ。

リディアの声　ふん、そんなこと忘れて、ベッドに来なさいよ。
ヴェルドゥー　わかったよ、おまえ――ぼくらの足はやわらかな花を踏む（ジョン・キーツの詩『エンディミオン』より）

ヴェルドゥーはリディアの寝室に消える。誰もいなくなった廊下はほの暗く、月の光だけが差し込んでいる。

ヴェルドゥーの声（リディアの寝室から）月を見てごらん。あれほど明るい月は見たことがない！……なんてみだらな月なんだろう。
リディアの声　みだらな月！　なんて馬鹿なのかねえ、あんたは……あはは！　みだらな月なんて！

恐ろしげな音楽が急激に高まる。やがて画面は、朝の情景にフェードインする。映し出されるのは同じ廊下だが、今や明るい太陽の光が差し込んでいる。ヴェルドゥーがリディアの寝室からハミングしながら出てくる。

このシーンでブリーン・オフィスが異議を唱えたのは次の点だ。「次のリディアの台詞《せりふ》『ふん、そんなこと忘れて、ベッドに来なさいよ《カム・トゥー・ベッド》』を『寝なさいよ《ゴー・トゥー・ベッド》』に変えていただきたい。この場面のアクションは、ヴェルドゥーとリディアが夫婦の特権を楽しむところだという雰囲気を抱かせないように演じられることを期待します。さらに、何度も繰り返される『みだらな月』という台詞と、翌朝ヴェルドゥーが妻の寝室からハミングしながら出てくる演出も変えていただきたい」

次に彼らが難色を示したのは、ヴェルドゥーが夜遅く出会った娘と交わす会話についてである。娘は明らかに売春婦として設定されており、それが容認できないという。

当然のことに、わたしの物語に出てくる娘は売春婦であり、彼女がヴェルドゥーのアパートに彼のエッチングを見るためだけにやってきたと考えた人がいたとしたら、あまりに幼稚だと言えるだろう。だがこの場合、ヴェルドゥーが彼女を誘った理由は、服毒の痕跡《こんせき》をまったく残さずに、アパートを去った後一時間以内に殺せるという毒薬の効果を確かめるためだった。だから、その場面には、猥褻《わいせつ》なところも、性的な雰囲気も一切なかった。オリジナルの脚本は次の通りである。

家具屋の上にあるヴェルドゥーのパリのアパートの場面にフェードインする。

ふたりが部屋に入ったとき、ヴェルドゥーは娘がレインコートの下に仔猫《こねこ》を隠していたことを知る。

ヴェルドゥー　猫が好きなのかい？

娘　別に。でも、びしょ濡《ぬ》れで寒そうだったのよ。この子にやるミルクなんかないでしょうね。

ヴェルドゥー　それがあるんだな。ほら、君が思ってるほど、世の中は悪くないんだよ。

娘　わたしって、そんなに悲観的に見える？

ヴェルドゥー　ああ。でも、君はそんな人じゃないと思うな。

娘　どうして？

ヴェルドゥー　こんな夜に出歩くなんて、楽観主義者じゃなきゃやらないからさ。

娘　わたしはその正反対よ。

ヴェルドゥー　生活に困ってるのかね？

娘　（皮肉っぽく）素晴らしい観察眼をお持ちね。

ヴェルドゥー　この商売、どれぐらいやっているのかい？

娘　その……三カ月になるわ。
ヴェルドゥー　嘘《うそ》だろう。
娘　どうしてそう思うの？
ヴェルドゥー　君ほどの美人なら、もっとましなことがやれたはずだから。
娘　（横柄《おうへい》に）ありがとう。
ヴェルドゥー　じゃあ、本当のことを言ってごらん。君は退院したばかり、あるいは出所したばかりだろう……どっちだい？
娘　（素直に、だが挑むように）どうしてそんなこと知りたいの？
ヴェルドゥー　君を助けたいからさ。
娘　博愛主義者っていうわけ？
ヴェルドゥー　（いんぎんに）その通り……それに、見返りは求めないよ。
娘　（彼をしげしげと見て）いったいなんなのよ……救世軍？
ヴェルドゥー　いいさ。そんなふうに思いたいんなら、そうするがいい。どう思おうが君の勝手さ。
娘　（言葉少なに）刑務所から出たばかりなの。
ヴェルドゥー　どうして入れられたんだい？

娘　（肩をすくめて）どうだっていいでしょ。軽窃盗罪。そう言われたわ……。借りもののタイプライターを質に入れちゃったのよ。
ヴェルドゥー　なんと、なんと……もうちょっとうまくやれなかったのかね。刑期は？
娘　三カ月。
ヴェルドゥー　じゃあ、きょうが出所第一日目というわけか。
娘　そうよ。
ヴェルドゥー　腹がへっているんじゃないかい？
娘が頷《うなず》き、悲しそうに微笑《ほほえ》む。
ヴェルドゥー　じゃあ、わたしが調理業務に取り掛かるあいだ、君にはキッチンからものを運んでもらおう。さあ、来なさい。
ふたりはキッチンに消える。ヴェルドゥーはスクランブルエッグを作り始め、娘がトレイに食器類を載せるのを手伝う。娘はそれを居間に運ぶ。彼女がキッチンを出たとたん、ヴェルドゥーはその後ろ姿を用心深く眺めたあと、さっと戸棚を開けて毒薬を取り出し、赤ワインのボトルの中に注ぎ込む。そのあとコルクで栓をし、グラス二個と一緒にトレイに載せて居間に運ぶ。

ヴェルドゥー　君の口に合うかどうかわからないが——スクランブルエッグとトーストと、少々の赤ワインだ。

娘　まあ、すてき！

娘は、それまで読んでいた本を置いて、あくびをする。

ヴェルドゥー　疲れてるようだね。食べ終わったら、すぐホテルまで送ろう。

ヴェルドゥーがワインの栓を抜く。

娘　（彼をじっと見て）あなたはとても親切ね。こんなによくしてくれる理由がわからないわ。

ヴェルドゥー　当然さ、（毒入りワインを娘のグラスに注ぎながら）ちょっとした親切が、それほど珍しいものかね？

娘　そう思い始めていたところよ。

ヴェルドゥーは、毒入りボトルのワインを自分のグラスに注ぎかけて、口実を口にする。

ヴェルドゥー　おっと、トーストを忘れてた！

ヴェルドゥーはワインボトルと共にキッチンに消える。そこですばやく毒入りボトルをほかのボトルと取り換え、トーストを皿に載せて、また居間に行く。居間に戻ると、トーストを「さあ！《ヴォアラ》」と言いながらテーブルに置く。そして、取り換えたボトルから自分のグラスにワインを注ぐ。

娘　（当惑気味に）あなたって面白い人ね。

ヴェルドゥー　そうかい？　どうして？

娘　さあ、わからないわ。
ヴェルドゥー　ともあれ、君は腹をすかしている。遠慮しないで食べなさい。
娘が食べ始めたとき、ヴェルドゥーはテーブルの上に置かれた本に気づく。
ヴェルドゥー　何の本かね？
娘　ショーペンハウエルよ。
ヴェルドゥー　好きなのかい？
娘　まあね。
ヴェルドゥー　彼の自殺に関する論考を読んだことがあるかね？
娘　興味ないわ。
ヴェルドゥー　（催眠術をかけるように）だが、もし簡単に死ねるとしたら？　たとえば、君は眠りについたとする。そして、死のことなど考えてもいないのに、突然呼吸がとまったとしたら……こんなさえない人生を続けるより、そのほうがいいと思わないかい？
娘　さあ……。

ヴェルドゥー　恐ろしいのは、死が近づいてくることなんだ。
娘（考え込んで）きっと、まだ産まれていない赤ちゃんが、生命の近づいてくることを知ったら、同じくらい怖い思いをするんでしょうね。

ヴェルドゥーは、同意するように笑顔を作ってワインを飲む。娘は毒入りワインの入ったグラスを手に取って飲もうとするが、一瞬その手を止める。

娘（考えるように）でも、人生は素晴らしいわ。
ヴェルドゥー　どこが素晴らしいのかね？
娘　すべてが——春の朝、夏の宵……音楽、芸術、愛すること……
ヴェルドゥー（せせら笑うように）愛することかい！
娘（ちょっと挑むように）愛は確かに存在するわ。
ヴェルドゥー　どうしてわかるんだね？
娘　人を愛したことがあるからよ。
ヴェルドゥー　つまり、だれかに肉体的に惹かれたってことか。
娘（詰問《きつもん》するように）あなたは、女嫌いなのね、そうでしょ？

ヴェルドゥー　それどころか、女は大好きだよ……でも、尊敬はしていない。
娘　どうして？
ヴェルドゥー　女は俗っぽい……現実的で、物理的なものに支配されているから。
娘（信じられないというように）馬鹿げてるわ！
ヴェルドゥー　女はひとたび男を裏切ると、その男を軽蔑《けいべつ》するようになる。いくら善良で地位のある男だったとしても、もっと肉体的に魅力のある劣った男のほうになびくのさ。
娘　女ってものを、全然ご存知ないのね。
ヴェルドゥー　いや、本当のことを知ったら驚くだろうよ。
娘　それは愛じゃないわ。
ヴェルドゥー　じゃあ、愛ってなんだね？
娘　与えること……自分を犠牲にすること……母親が子供に感じるものと同じよ。
ヴェルドゥー（笑顔で）君もそうやって愛したのかい？
娘　そうよ。
ヴェルドゥー　相手は？

娘　夫。
ヴェルドゥー（驚いて）結婚してるのか？
娘　前にね……わたしが刑務所にいる間に死んだの。
ヴェルドゥー　そうだったのか……どんな男だったんだい？
娘　長い話よ……（間）。スペイン内戦で負傷したの……治る見込みのない病人だったわ。
ヴェルドゥー（身を乗り出して）病人？
娘（頷く）だから愛したのよ。彼はわたしを必要としていた……わたしなしには生きられなかった。まるで子供みたいだったわ。でも、わたしにとっては子供以上のものだった。彼は信仰……わたしの命……彼のためなら人殺しだっていとわなかった。
娘は涙をこらえ、毒入りワインを飲もうとする。
ヴェルドゥー　待ちなさい……コルク片が浮いているようだ。グラスを代えよう。

ヴェルドゥーは彼女のグラスを取り上げるとサイドボードに置き、空のグラスを手にとって、毒の入っていないボトルからワインを注ぐ。しばらくの間、ふたりは無言でワインを飲む。やがてヴェルドゥーは椅子《いす》から立ち上がる。

ヴェルドゥー　とても遅くなったな。君はへとへとだ……ほら……（娘に金を渡す）これで、一日や二日は乗り切れるだろう……幸運を祈るよ。

娘が金を見つめる。

娘　まあ、こんなに……そんなつもりじゃ……（両手で顔を覆《おお》って泣く）。お馬鹿さんね……泣くなんて。わたしはあらゆることに絶望しかけてたの。そしたら、こうなって、またもう一度信じたいと思うようになって。

ヴェルドゥー　あまり信じすぎちゃいけないよ。悪い世の中なんだから。

娘　（首を横に振って）それは違うわ。間違いだらけで、とても悲しい世の中だけど……でも小さな親切が美しい世界にしてくれるわ。

ヴェルドゥー　君の哲学に影響されてしまう前に、帰ってもらったほうがいいね。

娘はドアまで歩いて振り返り、笑顔で「おやすみなさい」と言いながら退場する。

ここまでの場面で、ブリーン・オフィスが難色を示した箇所をいくつか引用したい。「ヴェルドゥーと娘の会話で『こんな夜に出歩くなんて、楽観主義者じゃなきゃやらないさ』、『この商売、どれぐらいやってるのかね?』、および『君ほどの美人なら、もっとましなことがやれたはずだ』は修正していただきたい」

「救世軍への言及は、われわれの見解では、当該組織に不快感を与えるものと思われます」

わたしの脚本の最後のほうで、ヴェルドゥーはいくつも冒険を経たあとに、この娘とふたたび出会う。ヴェルドゥーは落ちぶれ果てているが、娘はすこぶる羽振りがいい。ブリーン・オフィスは、彼女の羽振りのよさに目くじらを立てた。その場面は次の通りである。

カフェのテラス席の場面にフェードインする。ヴェルドゥーは席に座って新聞を読んでいる。紙面は、ヨーロッパで戦争が間近に迫っていることを告げている。しばらくして彼は勘定を清算し、店を離れる。道路を横切ろうとしたとき、立派なリムジンに轢《ひ》かれそうになる。車は急ハンドルを切って縁石に乗りあげ、彼をよける。運転手が車を停めて警笛を鳴らす。すると、リムジンの窓から手袋をはめた手が差し伸べられ、彼を手招きする。ヴェルドゥーが驚いたことに、かつて出会った娘がリムジンの窓から微笑んでいる。彼女はエレガントな服に身を包んでいる。

娘　ごきげんいかが、博愛主義者さん。

ヴェルドゥーはけげんな顔をする。

娘（続けて）覚えてないの？　あなたのアパートに連れて行ってくれたでしょ……あの雨の晩。

ヴェルドゥー（驚いて）そうだったかね？

『殺人狂時代』から。

娘　そして夕食を作ってくれたあと、お金をくれて、ちゃんとした娘みたいに送り出してくれたわ。

ヴェルドゥー（ユーモラスに）馬鹿なことをしたもんだな。

娘（まじめに）いいえ、あなたはとても親切だった——どこへ行くところなの？

ヴェルドゥー　どこへも。

娘　じゃあ、乗って。

ヴェルドゥー、車に乗る。車内。

娘（運転手に）カフェ・ラファルジュへ行ってちょうだい……まだ

ヴェルドゥー　思い出してくださらないのね……でも忘れられて当然だわ。（彼女をうっとり見ながら）いやいや、明らかに、思い出して当然な理由があるよ。

娘（微笑む）覚えてない？　わたしたちが出会った夜のこと……わたしは刑務所から出てきたばかりだったわ。

ヴェルドゥーが指を唇にあてる。

ヴェルドゥー　シーッ！（運転手を指さしてから、仕切りガラスに触る）。大丈夫だ……閉まってる（彼女を不思議そうに見る）。でも君は……こんなすごい……（車を指す）。何が起きたんだね？

娘　よくある話よ……無一文から大金持ちになったっていう。あなたに出会ってから運が向いてきたの。すごい大金持ちに出会ったのよ――軍需会社の社長なの。

ヴェルドゥー　わたしがやるべきは、その仕事だったな。で、どんな男なんだい？

娘　とても親切で気前がいいの。でも、ビジネスの面ではひどく冷酷よ。

ヴェルドゥー　ビジネスっていうのは冷酷なものだからね……愛《ビジネス》しているのかい？

娘　いいえ。でも、だからあの人、わたしに夢中なの。

この場面について、ブリーン・オフィスは、こう書いてきた。「次の下線部の会話を修正していただきたい。『ちゃんとした娘みたいに送り出してくれたわ』、そしてその返答『馬鹿なことをしたもんだな』。これは現在の会話に含まれる性的な含蓄を除くためです。さらに、会話のどこかに、軍需会社の社長は娘の婚約者であることを示す台詞を入れていただきたく思います。これは、娘が男の愛人であると思わせないようにするためです」

ほかの場面についても、いろいろと些細《ささい》な難癖をつけてきた。たとえば、こんなふうである。

「中年女性の『お腹《なか》とお尻《しり》の異様な曲線』といった下品な強調は避けていただきたい」

「ショーガールの衣装や踊りについては、眉《まゆ》を顰《ひそ》めさせるような表現は一切慎んでいただきたい。とりわけ、ガーターより上の大腿部《だいたいぶ》の肌をむきだしにすることは絶対に容認できません」

「〝どん底に落ちる《スクレイピング・ボトム》〟（もとの意味は「尻をこする」）という言葉のジョークは認められません」

「寝室のトイレを見せたり、示唆したりすることは認められません」

「ヴェルドゥーの台詞にある『肉感的』という言葉を変えてください」


手紙には、これらの件につき、喜んであなたと顔を突き合わせて話し合う心づもりでいます、と書かれ、この作品の娯楽的価値を大幅に損なわずに倫理規定の要件に合うように修正することは可能かもしれません、と結ばれていた。そこでわたしはブリーン・オフィスに出かけて行き、ブリーン氏本人に会った。するとそのすぐあとに、ブリーン氏の助手だという長身の不機嫌そうな若者が現れた。その口調は冷淡そのものだった。

「あなたは、カトリック教会のどこがお嫌いなんです？」と男に言った。

「なぜ、そんなことを訊《き》くんだね？」とわたしは訊いた。

「ほら」と男は言い、わたしの脚本を机に叩《たた》きつけるように置くと、ページをめくった。「死刑囚監房のシーンで、犯罪者ヴェルドゥーが司祭にこう言っているじゃありませんか。『なにかご用ですかな、君《マイ・グッド・マン》』と」

「はて、彼は善人《グッド・マン》じゃないのかね？」

「ふざけてますよ」と彼は、見下げるように手を払いながら言った。

「人を『グッド』と呼んで、どこがふざけているというんだね」とわたしは答えた。

こんなふうに話し合いを続けるうちに、まるでバーナード・ショーの喜劇の会話をこの男と演じているような具合になってきた。

「人は、司祭を『グッド・マン』などと呼びはしませんよ。『神父さま《ファーザー》』と呼ぶものです」

「わかった。では『神父さま《ファーザー》』と呼ぶことにしよう」

「それからこの台詞ですが」彼は別のページを指さした。あなたは司祭に、こう言わせています。「『悔い改めて神と和睦《わぼく》されるよう勧めにまいったのです』と。でも、それに対して、ヴェルドゥーはこう答えています。『いや、わたしは神とは仲がいいんですよ。仲たがいしている相手は人間ですから』これが冷やかしだということは、おわかりでしょう」

「君には自由にものを考える権利があるが」わたしは続けた。「わたしにも自由にものを考える権利がある」

『殺人狂時代』から。

「それからこれです」と彼はわたしの言葉を遮って、脚本の一節を読み上げた。「司祭はこう言います。『犯した罪を後悔していないのですか?』するとヴェルドゥーはこう答えます。『罪とは何かなんて誰にわかるというんです。もともと天国にいた神の堕天使から生まれたものなんですから、神がそれにどんなミステリアスな目的を持たせたのかなんて、誰にもわかるはずがないでしょう?』」

「罪とは、美徳と同じぐらいミステリアスなものだと思っている」とわたしは答えた。

「そんなものは、エセ哲学です」と

彼は見下げるように言った。「それからまた、あなたはまたヴェルドゥーに司祭を眺めさせて、こう言わせてますよね。『罪がなかったら、あなたの仕事はあがったりでしょう』と」

「確かに、この台詞は論議を呼ぶところかもしれない。だがとどのつまり、この台詞は皮肉な面白さを意図したもので、司祭を冒瀆《ぼうとく》するようなやり方で演じるつもりはないんだ」

「だがあなたは、ヴェルドゥーに司祭をずっとやり込めさせているじゃありませんか」

「じゃあ君は、司祭にどんな役をさせたいんだね？　喜劇の役でも？」

「もちろん違います。でも、少しは立派な答えをさせたらどうですか？」

「いいかね」とわたしは言った。「この犯罪者はこれから死刑になるところで、虚勢を張って最後を迎えようとしているんだよ。司祭は最初から最後まで威厳そのものだし、台詞も適切だ。とはいえ、司祭がどう答えるかについては何か考えよう」

「それから、この台詞です」と若者は続けた。「司祭が『あなたの魂が主のご慈悲を賜れますように』と言ったあと、ヴェルドゥーがこう答えています。『あたりまえだろ？　魂はもともと主のものなのだから』」

「これのどこが悪いんだね？」とわたしは訊いた。

彼はぴしゃりとその台詞を繰り返した。「『あたりまえだろ？』です。司祭にこんな口をきく人はいません」

「これは自分に向けて言う台詞だ。まず映画を見てから言ってもらいたいものだね」とわたしは言い返した。

「あなたは社会とアメリカ全体を非難しています」と若者が言う。

「お言葉だがね、そもそも、国と社会は完全無欠というわけではないし、それらを批判することが禁じられているわけでもないだろう？」

さらに、ひとつかふたつの些細な修正点を指摘されたあと、脚本は最終的に許可された。そして公平を期すために言えば、ブリーン氏の指摘の大部分は建設的なものだった。彼は物憂《ものう》げに言った。「この娘も売春婦にするようなことはしないでくれ。そうでなくてもハリウッドの脚本のほぼすべてに売春婦が登場しているんだから」

実のところ、その言葉を聞いて、わたしは恥ずかしくなった。とはいえ、その点を強調するようなことはしないとだけ約束した。

映画が完成すると、検閲者と様々な宗派の宗教団体を代表するカトリック矯風団の二〇～三〇人のメンバーを集めて試写が行われた。そのときほど孤独に感じたことはない。それでも、映画が終わり、照明がついたとき、ブリーン氏はメンバーに向かって、こう言った。「問題ないだろう……許可しよう！」しばらくは誰も口を開かなかった。が、そのうち、ひとりが「そうだな、わたしは異存ない。胸の谷間は出てこなかったし」と言った。残りのメンバーはむっつり押し黙っていた。

渋い顔をしたブリーン氏は、手を振り払うような仕草をして、ほかのメンバーに言った。「問題ない――許可できる、だろう？」

反応はほとんどなかったが、何人かがしぶしぶ頷《うなず》いた。ブリーン氏は、他のメンバーに難癖をつけられないようにその場をさっさと収拾し、わたしの背中をポンと叩《たた》いて言った。「オーケーだ、チャーリー。さあ、やってくれ」――つまり「ポジフィルムをプリントしてよい」ということだった。

わたしは彼らが映画を承認したことにやや面食らった。何といっても、最初は完全に上映禁止にしたがっていたのである。だから、この全面的な承認には不信感を抱いた。彼らは何かほかの手段を講じるつもりなのだろうか？

＊

『殺人狂時代』の再編集中に、ある連邦保安官から電話がかかってきた。ワシントンの非米活動委員会（「赤狩り」を行ったことで悪名高い一九三八年に設置された下院委員会）に出頭を求める召喚令状が届いているというのである。召喚されたのは、わたしを含めて一九人だった。

そのときフロリダ州選出のペッパー上院議員がロサンゼルスに滞在していた。そこで、彼に会って助言を求めたらどうかと勧められたのだが、わたしは出かけなかった。他の者とは違い、アメリカ人ではなかったからだ。上院議員との会合に出かけた者たちは、ワシントンに召喚されたら黙秘権を行使しようとしめしあった（だが実際に黙秘権を行使した者たちは、法廷侮辱罪の名目で一年間収監されることになったのだった）。

召喚令状には、令状の発行一〇日以内に定められているワシントンでの出頭日時をのちほど連絡するとあったが、すぐにまた電報が届いて、わたしの出頭日はさらに一〇日間延期になったと告げられた。

三度目に出頭日が延期されたとき、わたしは次の内容の電報を送った。自分は大きな組織を抱えており、度重なる延期により組織の活動が保留されて、多大な財政的損害を被《こうむ》っている。委員会は最近、友人のハンス・アイスラーを尋問したときにハリウッドで開催されたのだから、そのときにわたしも尋問されていたら、公費が節約できたはずだったのに、と。「とはいえ」とわたしは締めくくった。「ご参考のために、委員会がお知りになりたいであろうことをここで表明しておきます。わたしは共産主義者ではないし、政党や政治的組織に属したことも一切ありません。わたしは、いわゆる〝平和屋《ピース・マンガー》〟（〝戦争屋〟を意味する「ウォー・マンガー」を皮肉ったもの）にすぎないのです。この電報にお気を悪くされないことを願っています。ともあれ、ワシントンでの召喚日時を確定していただけましたら幸いです。敬具。チャールズ・チャップリン」

　すると意外にも、出頭は必要なく、この一件は落着したものとみなされたい、という丁重な返事が届いたのだった。

第二九章

　個人的な問題に忙殺されていた間、ユナイテッド・アーティスツ社の業務については、あまり注意を払っていなかった。ところが今、弁護士から、一〇〇〇万ドルの赤字になっていると注意を促す連絡が届いたのである。ユナイテッド・アーティスツ社は最盛期には、年間四〇〇〇万ドルから五〇〇〇万ドルの利益を上げていた。といっても、配当を受け取った覚えは二回しかないが。絶頂期にあったときには、こちらからは一ペニーも出さずに、イギリスの映画館四〇〇軒の二五パーセントもの株を手にしていたものだ。どうやって株を取得したのかはよくわからないが、おそらく作品の配給を保証したことへの見返りだったのだと思う。他のアメリカの映画会社も、同じようにイギリスの映画館の株を大量に手に入れていた。一時期などは、わたしたちの会社が持っていたランク・オーガニゼーション（実業家アーサー・ランクが一九三七年に設立した英国最大の映画企業で制作・配給・興行を行っていた。一九九六年にギャンブル企業のランク・グループに買収されて消滅）の株は時価総額一〇〇〇万ドル分にも上っていた。

　しかし株主たちは、次々と持ち株をユナイテッド・アーティスツ社に買い取らせたので、その支払いにより、会社の金庫はほとんど空っぽになってしまった。こうしてわたしは突如、一〇〇万ドルの赤字に陥ったユナイテッド・アーティスツ社のふたりのオーナーのひとりになっていることを見出《みいだ》したのである。もうひとりのオーナーは、メアリー・ピックフォードだった。メアリーは、融資してくれる銀行など一行もなくなってしまったと知らせる手紙を慌《あわ》てて送ってきた。それでもわたしは、さほど心配はしていなかった。赤字に陥ったことは前にもあったし、映画がヒットすれば、いつも窮地を脱することができたからだ。それに『殺人狂時代』を完成させたばかりで、莫大《ばくだい》な興行収入を上げられるに違いないと思っていた。わたしの代理人のアーサー・ケリー（ヘティの兄。ユナイテッド・アーティスツに入社して会計担当やチャップリンの代理人を務め、のちに同社の副社長に就任）などは、最低一二〇〇万ドルの総利益を上げられるとまで豪語していたほどである。もし彼の予測が正しければ、会社の負債は帳消しになり、さらに一〇〇万ドルの利益が転がり込むはずだった。

わたしはハリウッドで、友人たちを招いてプライベートな試写会を行った。試写が終わったとき、トマス・マン、リオン・フォイヒトヴァンガーとほかの何人もの友人が立ち上がって拍手してくれた。それは一分以上も鳴りやまなかった。

自信を胸に抱き、わたしはニューヨークに旅立った。だが到着するや否《いな》や、『デイリー・ニューズ』紙の批判にさらされたのである。

「チャップリンが新作映画の封切りのためにニューヨークにやってきた。だが〝共産主義シンパ〟としてあれだけ派手に立ち回っておいて、記者会見が無事にすむと思ったら大間違いだ。わたしもそこで、気まずい質問をいくつかぶつけるつもりである」

ユナイテッド・アーティスツの宣伝部は、わたしがアメリカ人記者たちと会うのは得策かどうかと慎重に検討した。が、わたしはそんな彼らに腹が立った。というのも、その前日の午前中に外国人記者たちと会ったときには、好意的で熱心な歓迎を受けていたからだ。それに、わたしは威嚇《いかく》に屈するような人間ではない。

結局、翌日の午前中、予約したホテルの広い部屋でアメリカ人記者向けの会見を開くことになった。まずカクテルをふるまい、そのあとに会場に入ったのだが、その時点ですでに、記者たちが何か企《たくら》んでいる雰囲気が漂っていた。わたしは小さなテーブルの奥に据えられた講壇に立って、できるだけ愛想よく話を切り出した。

「こんにちは、紳士淑女のみなさん。きょうは、このたびの新作およびこれからの計画に関し、みなさんのご興味を惹《ひ》くと思われる事実をお伝えするためにまいりました」

誰も何も言わなかった。「どうか一斉に話さないでください」とわたしは笑顔で冗談を言った。

ついに前のほうに座っていた女性記者が口を開いた。「あなたは共産主義者なんですか？」

「違います」わたしはきっぱり答えた。「次の質問をお願いします」

すると、ぶつぶつ低い声でつぶやく声がしてきた。もしかしたら例の『デイリー・ニューズ』紙の男かと思ったのだが、彼は欠席することによって、かえって存在感を示していた。話していたのは、くたびれた感じの男で、コートを着たまま、のしかかるようにして持っていた原稿を読み上げていた。

「すみませんが」とわたしは言った。「もう一度読んで下さい。一言も聞き取れなかったので」

彼が読み始めた。「われわれカトリック系在郷軍人会は……」

わたしは遮って言った。「ここに来たのは、カトリック系在郷軍人会の質問に答えるためじゃありません。これは記者向けの会見なんです」

「なんでアメリカ人にならないんだ？」と別の声がした。

「国籍を変えるべき理由などないからです。わたしは自分を世界市民だとみなしています」

会場にどよめきが広がり、二、三人が一度に話そうとした。だが、もっともはっきり聞こえたのは次の声だった。「でもアメリカで稼いでるじゃないか」

「それについては」とわたしは笑顔で応じた。「金が目当てでアメリカにいる、とおっしゃるのでしたら、誤解を解かせていただきましょう。わたしの事業は国際的に展開されています。そのため、わたしの収入の七五パーセントまではアメリカ国外で生まれていますが、税金は一〇〇パーセントアメリカに収めています。いわばわたしはとても金払いのいい下宿人というわけですよ」

またカトリック系在郷軍人会がキーキー声を上げた。「アメリカで金を稼ごうがどうしようが、フランスのあの海岸に上陸して国を守ったわれわれとしては（第二次大戦中の一九四四年六月に連合軍がドイツ占領下のフランスに侵攻した「ノルマンディー上陸作戦」のこと）、あんたがアメリカ人じゃないことが恨めしいんだよ」

「あの砂浜に上陸したのはあなたがただけではありませんよ」とわたしは言った。「わたしの二人の息子も、パットン将軍（アメリカの陸軍軍人。ノルマンディー上陸作戦では第三軍を率いた。一八八五〜一九四五）の軍に所属して、第一線で戦いましたが、あなたがたのように、不平を言ったり、その事実を利用してえらぶったりはしていません」

「ハンス・アイスラーを知っていますか？」とほかの記者が訊《き》いた。

「ええ。とても親しい友人で、優れた音楽家です」

「彼が共産主義者だということは？」

「彼が何だろうが、どうでもいいことです。わたしたちの友情は政治とは関係ありませんから」

「でもあなたは、共産主義者がお好きなようですね」とまた別の記者が言った。

「誰を好きになるか、嫌いになるか、というようなことについて指図を受けるつもりはありません。まだそこまでひどい社会になってはいないはずです」

すると、敵意に満ちた雰囲気の中から、ある声があがった。「あれほどの幸せと名もなき庶民への思いやりによって世の中を豊かにしてきたにもかかわらず、アメリカ記者団の代表を標榜《ひょうぼう》する者たちによって嘲《あざけ》られ、憎しみとさげすみのやり玉にあげられる芸術家になった気分は、いかがなものですか？」

同情の声も理解できないようなひどい状態にいたわたしは、ぶっきらぼうにこう答えてしまった。「すみませんが、質問の意味がよくわかりません。もう一度ちゃんと言ってくれないと」

宣伝係がわたしを小突いて小声で言った。「この男は味方ですよ。とてもいいことを言ってくれたんです」それは、アメリカ人の詩人で小説家のジム・エイジー（一九四〇年代の有力な映画批評家でもあった。一九〇九～一九五五）だった。当時彼は『タイム』誌の特集記事のライターおよび批評家として働いていたのだ。わたしは不意打ちをくらって、すっかり混乱してしまった。「すみませんが」とわたしは言った。「よく聞こえなかったもので――大変申し訳ないが、もう一度繰り返していただけませんか？」

「できるかどうかわかりませんが」と彼はやや戸惑って言ったあと、ほぼ同じ言葉を繰り返した。

わたしはどう答えたらよいやらわからなかった。そこで首を横に振って、ただこう言った。「ノーコメントです……でも、ありがとう」

そのあとはもう闘う気力が失《う》せてしまった。彼の親切な言葉が闘志を鈍らせてしまったのだ。「紳士淑女のみなさん、残念なことに」とわたしは言った。「この会見はわたしの作品についての取材になるはずでしたが、政治論争の場になってしまいました。これ以上、わたしのほうから言うことはありません」記者会見のあと、わたしはすっかり気落ちしてしまった。毒々しい敵意がわたしに向けられていることがはっきりわかったからだ。

それでも、わたしはまだ信じられなかった。『独裁者』のときにも、映画が世に出る前には、さんざん個人攻撃を被《こうむ》ったが、結局のところは、作品を高く評価する手紙をもらい、収益のほうも、それまで制作した作品の中で最高になったからだ。それに、

『殺人狂時代』には絶大な自信があり、ユナイテッド・アーティスツのスタッフも同じように感じていた。

メアリー・ピックフォードが、わたしたち夫婦と一緒にオープニング上映会に出かけたいと電話してきた。そこで彼女を上映前の《トゥエンティワン》クラブでの食事に招待することにした。メアリーはかなり遅れてやってきて、カクテル・パーティーで引き留められたので、なかなか抜け出せなかったのだと弁解した。

劇場に着くと、外に大勢の群衆がひしめいていた。人ごみをかきわけてロビーに入ったとき、アナウンサーがラジオの実況中継をしている姿が見えた。「ついにチャーリー・チャップリン夫妻が到着しました。あ、彼らのゲストとして共に現れたのは、あのサイレント映画時代の素晴らしき小さな大女優、今でもアメリカの恋人であるメアリー・ピックフォードさんです。メアリー、この素晴らしいオープニング上映会について、一言いただけませんか?」

メアリーはわたしの手を握ったまま、すし詰め状態のロビーを、人ごみを押しのけるようにしてマイクのところまで進んだ。

「さて、紳士淑女のみなさん、メアリー・ピックフォードさんです」

人々が押し合いへしあいする中、メアリーが口を開いた。「今から二〇〇〇年前、イエスさまがお生まれになりました。そして今夜――」彼女はそれ以上続けられなかった。わたしの手を握ったまま人ごみにぐいと押されて、マイクから離されてしまったからだ。メアリーはそのあと何を言うつもりだったのかと、あとでよく思ったものである。

その晩、劇場には居心地の悪い雰囲気が漂っていた。聴衆は何かを見せつけるためにやってきたように思われた。映画が始まった瞬間、そこには、かつてわたしの映画を迎えてくれた熱心な期待感や楽しげなざわめきはなかった。その代わり、シューッという非難の音が混じる不安そうな拍手がわいた。認めたくないが、そのシューッという音は、記者会見の敵意をすべて集めたよりも辛《つら》かった。

映画が進むにつれ、わたしは心配になってきた。笑い声は上がってはいたものの、すべての観客が笑っていたわけではなかった。かつての映画で聞かれた笑い声――『黄金狂時代』や『街の灯』、あるいは『担《にな》へ銃《つつ》』のときに聞かれた笑い声――とは明らかに違っていた。それは、シューッという音をたてる連中に挑むための笑い声だったのである。わたしは気が滅入《めい》ってきて、それ以上、椅子《いす》に座りつづけることができなくなってしまった。ウーナに「ロビーに行くよ。とても耐えられない」と言うと、彼女はわたしの手をぎゅっと握った。元に戻せないほどひねってしまったプログラムが手の平にあたって痛かったので、椅子の下に投げ捨てた。そして、通路をこっそり上って通り抜け、ロビーを歩き回った。心の中では、笑い声を聞きたい気持ちと、そこから逃げ出したい思いとがせめぎ合っていた。そのあと、特等席《サークル》がどんな状況になっているか見たくなったので、そっと二階に行った。ひとりの男が誰よりも大きな声で笑っていた。明らかに味方だったが、どこかひきつった不安な笑い方で、まるで笑いを誇示しているように見えた。天井桟敷《さじき》でも特等席と状況は同じだった。

二時間というもの、わたしはロビーと道路と劇場の周囲を歩き回り、また劇場に戻って映画を見た。映画は果てしなく続くように思えた。だがそれもついに終わった。ロビーで最初に出会ったのは、コラムニストのアール・ウィルソン（一九〇七〜一九八七）だった。彼はとてもいい人で、「ぼくは気に入ったね」と言ってくれたが、〝ぼくは〟という言葉がやけに強調されていた。次に代理人のアーサー・ケリーがやって来て「もちろん、一二〇〇万ドルは無理だな」と言った。「それなら、半分にまけておくよ」とわたしは軽口をたたいた。

そのあと、一五〇人ほどの客——昔からの友人も混じっていた——を招いて夕食会を開いた。その晩は、表面下に逆流がいくつも渦巻いているような雰囲気が漂い、シャンペンも憂鬱《ゆううつ》な気分を晴らしてはくれなかった。ウーナは早々に寝るために、こっそりパーティーを抜け出したが、わたしは三〇分ほどとどまった。

ベイヤード・スウォープがわたしの友人のドン・ステュアートと映画について口論していた。わたしはスウォープのことが気に入っていて、明敏な男だと思っていたのだが、彼は『殺人狂時代』には反感を抱いた。その晩わたしを褒めてくれた人は、ごくわずかしかいなかった。わたしと同じように少し酔っ払っていたドン・ステュアートは、こう言ってくれた。「チャーリー、やつらは君の映画に政治的な難癖をつけようとしている連中だ。でも、この作品は偉大だし、観客たちも大いに気に入っていたよ」

だが、そのころまでには、誰がどう考えようが、もうどうでもよくなっていた。闘う気もすっかり失せていたのだ。ドン・ステュアートはホテルまで送ってくれた。わたしたちが着いたとき、ウーナはぐっすり眠っていた。

「ここ、何階かい？」とドンが訊いた。

「一七階さ」

「くそっ！　この部屋がなんだかわかってるのかい？　例の少年が窓の張り出しに一二時間もへばりついて、結局飛び降り自殺した部屋だぜ」

これは、その晩の終焉《しゅうえん》を飾るには、まことにふさわしい情報だった。それでもわたしは、『殺人狂時代』は自分の作った映画のなかで、もっとも機知に富み、もっとも見事な作品だと今でも思っている。

意外なことに『殺人狂時代』は、ニューヨークで六週間にわたって続映され、興行的にも大成功した。だが、そのあと客足がパタリと落ちたのだった。ユナイテッド・アーティスツのグラッド・シアーズにわけを尋ねると、彼はこう答えた。「君の映画は、いつだって封切り三、四週間目までは大当たりする。昔からのファンが押し寄せるからね。だがそのあと来るのは一般客だ。率直に言って、マスコミは一〇年以上も君への批判を続けている。いやでもその影響が出るわけだ。だから客足が落ちるんだよ」

「だが、一般客だってユーモアのセンスぐらいはあるだろ?」とわたしは言った。

「ほら!」と彼は『デイリー・ニューズ』とハースト系の各紙を見せた。「こんなものが全国にばらまかれているんだぜ」

一紙は、『殺人狂時代』を上映している同州内の映画館の前で、ニュージャージーのカトリック系在郷軍人会がピケを張っている写真を載せていた。彼らが掲げているプラカードには、こんなことが書かれていた。

「チャップリンは共産主義シンパだ」

「あの外人を国から追い出せ」
「チャップリンはアメリカの下宿人のまま長くいすぎた」
「チャップリン、恩知らずの共産主義シンパ」
「チャップリンはソ連に送ってしまえ……」

人は圧倒されるような失意と苦悩のどん底に突き落とされたときには、絶望するか、さもなければ、哲学かユーモアに訴える。グラッドがピケ隊のほかには誰も観客がいない劇場の写真を見せたとき、わたしは冗談めかして「朝の五時に撮ったんだろうな」と言った。それでも、邪魔が入らずに『殺人狂時代』が無事上映できたところでは、ふだんよりずっとよい興行成績を上げていた。

この映画にはアメリカじゅうの有力な劇場チェーンから予約が入っていた。だが全米在郷軍人会をはじめとする圧力団体からの脅迫状を受け取ったところでは、上映のキャンセルを余儀なくされた。在郷軍人会は、チャップリンの映画や彼らが承認しない映画を上映したら、一年間ボイコットするという効果的な脅しを使って、劇場を怯《おび》えさせたのである。デンヴァーでは、封切日には大当たりをとったものの、翌日の夜には、この脅しによって上映中止に追い込まれてしまった。

このときのニューヨーク滞在は、それまで経験した中でもっともみじめなものになった。上映キャンセルの知らせは、連日のように飛び込んできた。さらにこの問題のほかに、わたしは当時、『独裁者』に関する盗用訴訟に巻き込まれていた。そして、マスコミと一般大衆の強烈な憎悪《ぞうお》と反感が最高潮に達し、上院議会で四人の上院議員が公にわたしを非難するなか、延期を望むわたしの意志に反して、訴訟は陪審裁判にかけられることになったのである。

話を先に進める前に、まず、わたしは常に自分で案を思いつき、必ず自分で脚本を執筆してきたことをここに明記して、事実を正しておきたい。公判が始まった直後、判事の父親が重体に陥った。そこで判事が、裁判を早く終わらせて父親の元に行けるようにするため、示談にしてくれないか、と頼んできたのである。相手方はこの展開にメリットを見出し、すぐ示談話に飛びついてきた。いつもなら、わたしは裁判の継続によって決着を付けることを断固として主張していただろう。だが、当時のアメリカにおけるわたしの不人気と、法廷からの強大な圧力に直面して、次に何が起こるか不安になり、すっかりおびえてしまったのだった。こうして、やむなく示談に応じたのである。

『殺人狂時代』で一二〇〇万ドルを手にするという望みは、今や水泡に帰してしまった。そして、映画の興行収入では制作コストさえ回収できないような状況で、いよいよユナイテッド・アーティスツ社は絶望的な危機に直面した。メアリーは経費削減のために、わたしの代理人、アーサー・ケリーを解雇すると言い出した。そこでわたしも同社の共同オーナーの片われであることを思い出させると、彼女は腹を立てた。「もしぼくの代理人を解雇するなら、メアリー、君の代理人も解雇すべきだ」とわたしは言い張った。これで話し合いは行き詰まり、最後にわたしがこう言って終わりになった。「どちらかが自分の持ち分を売るか相手の持ち分を買うしかないんじゃないかね。君が望む値段を言ってくれ」しかしメアリーは値段を口にせず、わたしもそうしなかった。

そうこうするうちに、ようやく、東部の劇場チェーンを代表する法律会社が救済に乗り出してくれた。ユナイテッド・アーティスツの経営権を握る代わりに、一二〇〇万ドルを支払う用意があるという——現金で七〇〇万ドル、株で五〇〇万ドルだ。これは天の恵みだった。

わたしはメアリーに言った。「今、ぼくに現金で五〇〇万ドルくれたら、経営権を放棄するよ。君は残りを手にすればいい」メアリーは同意し、会社もこの提案を受け入れた。

何週間にもわたる交渉の末、書類が作成された。そしてわたしの弁護士から電話がかかってきた。「チャーリー、一〇分後には、君は五〇〇万ドルを手にしているよ」だがその一〇分後に、彼からまた電話があった。「チャーリー、取引はご破算になった。ペンを握って署名するところだったメアリーが、急にこう言い出したんだ。〝いやだわ！　なぜあの人は今五〇〇万ドル手にできるのに、わたしは二年間も待たなくちゃならないの？〟とね。彼女には七〇〇万ドルが手に入るんだと言い聞かせたんだが――君より二〇〇万ドルも多くもらえるんだと。だが彼女は、所得税の問題が生じると言い訳しはじめたんだ」その取引は千載一遇のチャンスだったのだが、結局わたしたちは、もっとあとになって、それよりずっと低い額で会社を手放すことを余儀なくされたのだった。

カリフォルニアに戻り、『殺人狂時代』の試練からも完全に立ち直ったわたしは、ふたたび新しい映画のアイデアに思いを巡らしはじめた。というのも、わたしは楽観的に考えていて、そのときもまだ、アメリカの一般大衆の愛情を完全に失ったとは思っていなかったからだ。さらには、アメリカの人々が、楽しみをもたらしてくれる人物をボイコットするほど政治的意識が強いともユーモアに欠けているとも思えなかった。わたしにはあるアイデアがあり、その勢いに押されて、結果がどうなろうがどうでもいいと思っていた。その映画は世に出てしかるべき作品だったのだ。

世間というのは、たとえどれほど現代的なうわべを装《よそお》うとも、いつだって恋愛話が大好きだ。ハズリットも言っているように、情感は知性より訴える力があり、芸術作品への貢献度も知性より高い。わたしの新しいアイデアは恋愛物で、しかも『殺人狂時代』のシニカルなペシミズムの対極にある話だった。だが、それよりもっと重要だったのは、そのアイデアがわたしの創造力を引き出してくれたことである。

『ライムライト』（一九五二年公開）には、準備に一年半を費すことになった。この映画では一二分間分のバレエ音楽を作曲する必要があったのだが、バレエの動きを想像しながらやらなければならなかったので、ほぼ克服不可能と思われる大仕事になった。それまでの映画でも音楽は作曲してきたが、いつも映画の完成後にやればよかったので、動きを実際に見ながら行うことができたのだ。ともあれ、わたしは振り付けを想像しながら、すべての音楽の作曲を完成させた。しかし、作曲を終えたとき、はたしてそれらがバレエにふさわしいものかという疑問が生じてきた。というのも、振り付けは多かれ少なかれ、ダンサー自身に任せる必要があったからだ。

アンドレ・エグレフスキー（ロシア生まれのバレエ・ダンサー。一九三〇年代にアメリカに帰化した。一九一七〜一九七七）の大ファンだったわたしは、バレエの場面で彼を使うことを考えていた。そこでニューヨークにいたエグレフスキーに電話をかけて、彼の「青い鳥《ブルーバード》」の振り付けを異なる音楽で踊ってくれないか、そして一緒に踊るバレリーナを推薦してくれないか、と頼んでみた。すると、まず曲を聴きたい、と返事が返ってきた。「青い鳥」はチャイコフスキーの四五秒の長さのバレエ曲だったので、わたしは、同じ長さの曲を作曲した。

一二分間のバレエ音楽の編曲に何カ月もかけ、五〇人編成のオーケストラによる演奏を録音していたわたしは、彼らの反応が知りたくてたまらなかった。ついに、バレリーナのメリッサ・ヘイデン（一九二三〜二〇〇六）とアンドレ・エグレフスキーがわたしの曲を聴くために、飛行機でハリウッドにやって来た。ふたりが座って音楽に耳を傾けているあいだは極度に緊張し、不安でたまらなかった。だがありがたいことに、気に入られ、バレエ曲らしいと言ってくれた。ふたりがこの曲に合わせて踊る姿は、わたしの映画人生のもっともスリリングに感じた瞬間のひとつになっている。彼らの解釈は、わたしにとってまさに身に余るものであり、この曲に一流作品としての品格を与えてくれた。

ヒロイン役のキャスティングには、美しくて、才能があり、情感の表現の幅が豊かな若い女優という不可能に近い資質を求めた。何カ月も探し回り、テストを繰り返して残念な結果ばかり手にしていたところ、ようやく、友人のアーサー・ローレンツの推

クレア・ブルーム（『ライムライト』）。

薦を受けたクレア・ブルーム（一九三一〜）に出会うという幸運にみまわれ、彼女と契約することができた。

人間の本質には、憎しみや不快な物事を忘れさせてくれる何かがある。裁判やそれにまつわるあらゆる刺々《とげとげ》しさは、雪のようにかき消えてしまった。そしてその間に、ウーナは四人の子供たちの母親になった――ジェラルディン、マイケル、ジョージー（次女ジョゼフィン）、そしてヴィッキー（三女ヴィクトリア）だ。ビバリーヒルズでの生活は今や快適そのものだった。わたしたちは幸せな家庭を築き、あらゆることがうまくいっていた。日曜日には家を開放して、多くの友人に会った。

そのなかには、ジョン・ヒューストン（アメリカの映画監督・脚本家・俳優。一九〇六〜一九八七）の映画の脚本を担当するためにハリウッドにやってきたジム・エイジーもいた。

著述家で哲学者のウィル・ダラント（一八八五〜一九八一）もハリウッドに来ていて、カリフォルニア大学ロサンゼルス校（UCLA）で教えていた。彼は昔からの友人で、ときおり我が家で一緒に食事をした。そんな折は、楽しい晩になった。感激屋のウィルを酔わせるには刺激物など一切必要なく、人生そのもので十分だった。そんな彼から一度訊かれたことがある。「君は美とはどういうものだと思っているかい？」と。わたしは、死と美しいものが偏在することだと思う、と答えた。つまり、自然やあらゆるもののなかに見られる微笑《ほほえ》みをたたえた悲しさや、詩人が感じとる神秘的な交感——たとえば、ゴミ箱の上に落ちる一筋の陽の光や、排水溝に落ちた薔薇《ばら》の花というような形で表現されるもの——であり、エル・グレコはそれを十字架にかけられたキリストに見出したのだ、と。

ウィルには、ダグラス・フェアバンクス・ジュニアの家で開かれたディナーの席でも会った。そのときには、クレメンス・デイン（イギリスの作家・劇作家。一八八八〜一九六五）とクレア・ブース・ルース（アメリカの劇作家・米下院議員。一九〇三〜一九八七）も同席していた。クレアに初めて会ったのは、ずっと以前、ニューヨークでW・R・ハーストの仮装舞踏会が開かれたときである。その晩、一八世紀の衣装と銀髪のかつらを身に着けた彼女はうっとりするほど美しく、とても魅力的だった。が、そう思ったのも、教養豊かで繊細なわたしの友人、ジョージ・ムーアと口論しているところを聞きつけるまでだった。とりまきに囲まれた彼女は、はっきり周囲に聞こえる声で彼をけなしていたのである。「あなたって、ちょっとした謎《なぞ》ね。いったいどうやって稼いでるの？」

これは残酷な仕打ちだった。しかもそれは、衆人環視の中で発せられたのだった。だが、ジョージは愛想よく笑いながら答えた。「ぼくは石炭を売り、友人のヒッチコックとときどきポロを楽しんでいるよ。そのことは、ほら（たまたまわたしが通りかかったので）、チャーリー・チャップリンも知っているさ」と。クレアに対するわたしの印象は、その瞬間から変わってしまった。のちに彼女が下院議員になり、アメリカの政界に、あの〝地球規模のたわごと《グローブ・バロニー》〟という深遠な哲学的警句を授けたと聞いたときも、ちっとも驚かなかった。

その晩わたしは、クレア・ルースの神託めいた説法を長々と聞かされた。もちろん、話題は宗教に向かった（彼女はその少し前からカトリック教徒になっていたのだ）。相手をやりこめようとする応酬のなかで、わたしは言った。「人はキリスト教徒であるということをことさら吹聴して生きる必要などないさ。キリスト教の精神は聖者にも罪人にも、等しく現れるものなのだから。聖霊の精神は、あらゆるところに存在している」その晩、わたしたちは、どこか仲たがいした気分のまま別れたのだった。

＊

『ライムライト』を完成させたあと、その成功については、それまで作ったどの映画よりも確信を抱いていた。友人を集めてプライベートな試写会を開いたときも、誰もが絶賛してくれた。そこでわたしたちはヨーロッパに旅立つことを考え始めた。ウーナが子供たちをハリウッドの影響から遠ざけるため、ヨーロッパの学校に入れたがったからである。

わたしは三カ月前に再入国許可を申請していたのだが、何も反応がなかった。それでも、出立に備えて仕事の整理は続けた。税金の申告もすみ、すべてが問題なく片付いていた。だがヨーロッパに向かうことを嗅《か》ぎつけた国税庁が、納税不足分を〝発見〟したのである。そして、その額として六桁《けた》の数字をでっちあげた上、二〇〇万ドルの担保を要求してきた。それはなんと、彼らが不足分として挙げた額の一〇倍にも上っていた。わたしは本能的に、担保など支払わずに裁判に訴えるべきだと感じた。

その結果、国税庁は示談を申し入れ、ほんの少しの額を支払っただけで一件は落着したのだった。これでもう政府には揚げ足取りをする余地がなくなったので、わたしは再び再入国許可を申請した。だがまたもや、何週間待っても、なしのつぶてだった。そこでワシントンに手紙を送り、もし政府がわたしに再入国許可証を発行したくないとしても出国の意向は変わらないと通告した。

その一週間後、移民局から電話があった。まだいくつか質問があるのだが、お宅に伺ってもよろしいか、という。

「ぜひどうぞ」とわたしは答えた。

こうして、男性三人と女性ひとりからなる調査団がやってきた。女性は速記用タイプを携え、男たちは、テープレコーダーが入っているとおぼしき小さな四角い書類カバンを抱えていた。主任調査官は、背が高く痩《や》せていて、年の頃四〇歳ぐらいのハンサムで抜け目のない男だった。彼ら四人に対して自分がひとりであることを意識したわたしは、弁護士を呼んでおけばよかったと思った。もっとも、隠すことなど何もなかったが。

ガラス張りのポーチに案内すると、さっそく女性が速記用タイプを取り出して小さなテーブルの上に据え、男たちはテープレコーダーのケースを自分たちの前に置いてソファに座った。調査官は三〇センチにもなると思われる書類の束を取り出し、自分のわきのテーブルの上にきちんと置いた。わたしは正面に座った。そして調査官が書類を一ページずつめくりながら、質問を始めた。

「チャールズ・チャップリンというのは本名ですか？」

「そうです」

「一部の人が、あなたの本名は――で（ここで彼は外国風の名前を口にした）、出身はガリツィア（現在のウクライナ南西部の地域）だと言っていますが」

「いいえ。わたしの名はチャールズ・チャップリン。父親と同じです。そして生まれは、イギリスのロンドンです」

「共産党員だったことは一度もないとおっしゃっていますね？」

「一度としてありません。何らかの政治組織に属したことも、生まれてこのかた一度もありません」

「あなたは、スピーチの中で〝同志諸君〟という言葉を使っていますが――どういう意味で使ったのですか？」

「文字通りの意味です。辞書で調べたらどうですか。共産主義者はこの言葉の優先使用権など持っていませんよ」

男は、共産主義に関する質問を続けた後、ふいに話題を変えて、こう訊いてきた。

「今までに不倫されたことがありますか？」

「いいですか」とわたしは言った。「わたしを国から締め出すための技術的な言い訳を探しているのなら、そうおっしゃってください。もしそうなら、ご希望通りアメリカを出て行く手筈《てはず》を整えますから。〝好ましからざる人物《ペルソナ・ノン・グラータ》〟として留まるようなことはしたくないのでね」

「いや、そんな」と彼は言った。「これは、再入国許可を申請する方への所定の質問なんです」

「いったい〝不倫〟の定義とは何ですか？」とわたしは訊いた。

わたしたちは一緒に辞書を調べた。「〝他人の妻との密通〟ということですかね」と男が言った。

わたしは少し考えてから答えた。「わたしが知る限り、それはありません」

「もしアメリカが侵略されたら、あなたはアメリカのために戦いますか？」

「もちろんです。わたしはこの国を愛しています――わたしの家はここにあるんですから。もう四〇年にもなるんですよ」

「でも、あなたはアメリカ市民にはなりませんでした」

「それは法律違反でもなんでもないでしょう。それでも、わたしはこの国に税金を納めています」

「でも、それならなぜ共産党の方針に従っているんです？」

「もし、その共産党の方針とやらが何であるか教えてくださるなら、わたしがそれに従っているかどうかお答えしますよ」

しばらく沈黙が広がり、わたしが口を開いた。「わたしがこんな問題を被るようになった理由をご存知ですかな？」

彼は首を横に振った。

「あなたがたの政府の依頼に応じたからですよ」

驚いた彼の眉《まゆ》が吊《つ》り上がった。

「駐ソ連アメリカ大使のジョゼフ・デイヴィス氏が、サンフランシスコで、ロシア戦禍救済のためにスピーチをすることになっていたんです。でも直前になって、喉頭炎《こうとうえん》にかかってしまった。そこで、あなたがたの政府の高官から、政府の願いを聞き入れて代りに話してくれないかと頼まれたわけです。それ以来取っちめられっぱなし、というわけですよ」

尋問は三時間にわたった。それから一週間後、また彼らから電話があって、移民局まで出向いてくれないかと要請された。今度は弁護士がわたしと一緒に行くと言ってきかなかった。「これ以上何か質問されたときのためにね」と彼は言った。

だが、移民局に到着すると、わたしたちはこれ以上ないと思われるほど丁重に迎えられたのだった。移民局長は親切な中年男性で、その口調は、まるでわたしを慰めようとでもするかのようだった。「ミスター・チャップリン、長いことお待たせして大変申し訳ありませんでした。しかし今やロサンゼルスに移民局の支局が開設され、申請書をワシントンとの間でやりとりする必要がなくなりましたから、これからはもっと迅速に処理するようにいたします。ひとつだけ質問があるのですが、ミスター・チャップリン——どれぐらい長くアメリカを離れるおつもりですか？」

「六カ月以上にはならないと思います」とわたしは答えた。「休暇に出かけるだけですから」

「もしそれ以上長く国を離れられるようでしたら、そのときは延長申請が必要になります」彼はこう言うと、書類をデスクの上に置いて部屋を離れた。すぐにわたしの弁護士が書類を調べて言った。「やったぞ！　再入国許可証だ！」

局長はペンを携えて戻って来た。「ここに署名していただけますか、ミスター・チャップリン？　それから、もちろん、出航許可証もとっていただく必要があります」

署名を終えると、局長は愛情を込めてわたしの背中をポンと叩《たた》いた。「さあ、許可証をどうぞ。どうぞよい休暇を過ごされますように、チャーリー——お早い帰国をお待ちしてますよ！」

それは土曜日のことで、わたしたちは日曜日の午前中に列車でニューヨークに向かうことになっていた。わたしは万一自分に何かが起きたときのために、ウーナが金庫を開けられるようにしておきたかった。ほぼ全財産をそこに保管していたからである。だがウーナは銀行で必要書類にサインすることを延ばし延ばしにしていた。そして、ロサンゼルスで過ごす最後の日になった今、銀行の閉店時間が一〇分後に迫っていた。「あと一〇分しかない、急ごう」とわたしは言った。ウーナは、こうしたことをいつも先延ばしにしようとする。「休暇から戻ってきてからじゃだめなの？」と彼女は言ったが、わたしは譲らなかった。それがよかったのだ。というのも、もしそのとき銀行に行っていなかったら、アメリカから財産を持ち出す訴訟を死ぬまで続ける羽目に陥っていたかもしれない。

ニューヨークに出発する日は心が痛んだ。ウーナが家のことを最後に使用人に言い残すあいだ、わたしは外の芝生に立ち、相半ばする気持ちを抱いて家を眺めていた。その家では、あまりにも多くのことが起きた——数多くの幸せ、数多くの苦しみ。今や庭と屋敷はとても平穏で優しく見え、そこをあとにするのは後ろ髪が引かれた。

メイドのヘレンと執事のヘンリーに別れを告げた後、彼らの横をすり抜けてキッチンに行き、料理人のアナに別れを告げた。そんなときわたしは、過度に内気になる。そして小太りのどっしりしたアナは、少し耳が遠かった。「さよなら」とわたしはもう一度言って、彼女の腕に触れた。ウーナは最後に家を出たのだが、わたしと合流したときに、料理人とメイドが涙にくれていたと報告した。駅では助監督のジェリー・エプスティーンが待っていて、わたしたちを見送ってくれた。

アメリカ横断はくつろげる旅だった。ニューヨークには、出航前に一週間滞在した。だが、これから楽しもうという矢先、弁護士のチャールズ・シュウォーツから電話がかかってきた。ユナイテッド・アーティスツの元社員が会社を相手取って数百万ドルの訴訟を起こしたという。「単なる嫌がらせの訴訟だよ、チャーリー。とはいえ、君に召喚令状を受け取ってほしくはない。一度受け取ってしまったら、休暇から戻らなければならなくなるからね」というわけで、最後の四日間、わたしはホテルの部屋に閉じ込められ、ウーナと子どもたちと共にニューヨークを楽しむことができなかった。それでも、『ライムライト』の報道関係者向け試写会には、召喚令状が届こうが届くまいが出かけるつもりでいた。

今やわたしの広報担当になっていたクロッカーは、『タイム』誌と『ライフ』誌の編集スタッフとの昼食会を手配していた。それは言わば、映画の宣伝のためにくぐり抜けなければならない試練のようなものだった。殺風景な白い漆喰《しっくい》の壁に囲まれた彼らのオフィスは、昼食会の冷え込んだ雰囲気にはうってつけだった。わたしは、ずらりと並んだ厳粛な面持ちの、髪を刈り込んだ宇宙人たち――『タイム』誌のスタッフ――を前にして、愛想のよい面白い人間に映るようにとせいぜい頑張った。味気ないチキンと土色の粘っこいグレイヴィーからなる食事も、その場の雰囲気と同じぐらい冷え込んでいた。しかし『ライムライト』の宣伝のために良い効果が得られたかどうかと言えば、わたしの存在も、愛想よくしようとした努力も、そしてご馳走《ちそう》もすべてが水の泡だった。彼らの雑誌は『ライムライト』をこきおろしたのである。

報道関係者向け試写会に冷ややかな雰囲気が漂っていたのは明らかだったが、意外なことに有力紙のいくつかが好意的な映画評を掲載してくれ、快く驚かされたのだった。

第三〇章

《クィーン・エリザベス号》に乗船したのは、午前五時のことだった。ロマンティックな時刻ではあるが、なんのことはない、召喚令状の送達執行官をまくという情けない事情があったのである。弁護士からは、こっそり乗船してスイートに閉じこもり、水先案内人が下船するまで決して甲板には出ないようにと指示されていた。過去一〇年間にわたり最悪の事態を想定するように訓練されてきたわたしは、素直に指示に従った。

船が滑るように桟橋を離れ、もうひとつの人生に向かう感動的な瞬間を家族とともに上甲板で味わうことを、わたしはずっと心待ちにしてきた。にもかかわらず、自分の船室に閉じ込められ、舷窓《げんそう》から外を覗《のぞ》くという不面目な事態に陥ったのだった。

「わたしよ」とウーナが言いながら、ドアをコツコツ叩《たた》いた。

わたしはドアを開けた。

「ジム・エイジーが見送りに来てくれたわ。桟橋に立ってる。わたし、あなたは召喚令状の送達執行官から隠れているので、舷窓から手を振らせるわって大声で伝えたの。

ほら、今、桟橋の端にいるわ」

ジムは見送りの集団から少し離れて立ち、強い日差しの中で探るように船を見ていた。すぐにわたしはフェドーラ帽を手に取り、舷窓から腕を出して振った。隣の舷窓から外を見ていたウーナが、「だめだわ、まだあなたに気がついてない」と言う。

ジムはついにわたしを見つけることができなかった。そして、彼の姿——世界から切り離されたようにぽつんと立って一所懸命にわたしを探していた——を見るのも、それが最後になった。それから二年半ほどして、ジムは心臓発作でこの世を去ったのである。

ついに船は動き出し、水先案内人が下船する前だったが、わたしはドアの鍵《かぎ》を開け、自由人として甲板に立った。目の前には、超然として懐《ふところ》深く聳《そび》え立つニューヨークの高層ビルの輪郭が広がっていた。陽光に照らされたそれらの姿は目の前から急速に遠ざかり、刻一刻と、この世のものとも思えない美しさを増していった……そしてこの広大な大陸が霧の中に消えたとき、胸に抱いたのは奇妙な感慨だった。

家族とともにイギリスを訪れることには胸が躍ったが、わたしは心地よい安らぎにも包まれていた。茫漠《ぼうばく》とした大西洋には浄化作用がある。わたしは生まれ変わったように感じていた。もはや映画界の神話的人物でも、批判の対象でもなく、単に、妻と家族を連れて休暇に出かける家庭人だった。子供たちは上甲板で遊びに夢中になり、ウーナとわたしはデッキチェアに並んで座った。そしてこのムードの中で、わたしは完璧《かんぺき》な幸福という感覚を手にしたのである――それは悲しみにとても近い感覚だった。わたしたちは、残してきた友人たちについて愛情深く語り合った。移民局が友好的だったことまで話題に上った。人とは、いかに容易《たやす》く、ちょっとした好意にほだされてしまうものだろう――憎しみは心に抱き続けるのが難しいのだ。

ウーナとわたしは、長い休暇をとって、それを楽しみ尽くすつもりだった。それに、『ライムライト』の封切りの仕事もあったので、この旅は無目的なわけでもなかった。仕事と楽しみという組み合わせは、このうえなく快適な見通しだった。

翌日の昼食も、これ以上ないほど楽しかった。わたしたちは、アルトゥール・ルービンシュタイン（ポーランド出身の世界的ピアニスト。一八八七〜一九八二）とアドルフ・グリーン（アメリカの作詞家・脚本家。『雨に唄えば』などの作品がある。一九一四〜二〇〇二）を招いて一緒に食事をした。だがその最中に、ハリー・クロッカーのもとに海底電信が届いた。ハリーが読まずにポケットにしまおうとすると、「無線の返事をお待ちです」とボーイが言った。電信を読むハリーの顔がみるみる曇りだし、詫《わ》びを言って席を立った。

あとになってハリーはわたしを自分の船室に呼んで電文を読み上げた。それには、わたしはアメリカ合衆国への入国を禁じられ、再入国するには、政治的問題および不道徳な行為にまつわる嫌疑に関して、移民審問委員会の審問を受けなければならなくなったと書かれていた。そして、送り主の『ユナイテッド・プレス』（UP通信社）が、わたしのコメントを求めていたのである。

体中の神経が緊張した。あのみじめな国に再入国できるかどうかは、もはやどうでもよかった。わたしは言ってやりたかった。あんな憎しみに包まれた土地からは、一刻も早くおさらばしたい、アメリカの侮辱とその道徳的尊大さには心底辟易《へきえき》している、この一件は、もううんざりだと。だがわたしの財産はすべてアメリカにあったので、政府がそれを差し押さえる方法をでっち上げるのではないかと気がかりだった。今や、彼らがどんな不誠実な行動にも出かねないことはわかっていた。そこでわたしは、アメリカに戻って彼らの審問に応じるつもりであること、そしてわたしの得た再入国許可証は、ただの〝紙切れ〟ではなく、アメリカ合衆国政府が誠意をもって発行したものである云々《うんぬん》と高飛車に答えてやった。

もはや船でゆっくり休養することなど不可能だった。わたしの声明を要求する報道機関の無線電報が世界中から押し寄せてきた。サウサンプトンに着く前に停泊したシエルブールでは、一〇〇人以上のヨーロッパの新聞記者が乗り込んできて取材を申し入れたので、昼食後にブッフェ・ルームで一時間の会見を開くことにした。記者たちは同情的だったが、それはまったくうんざりする試練で、わたしはすっかり消耗してしまった。

＊

サウサンプトンからロンドンまでの旅路も、落ち着けずに緊張を強いられた。というのも、わたしにとってアメリカから締め出されることより重要な問題は、ウーナと子どもたちがイギリスの田園風景にどんな第一印象を抱くか、ということだったからだ。長年にわたり、わたしはイギリス南西部、デヴォンシャーやコーンウォールの驚くべき美しさをほめそやしてきたのだが、今見えていたのは、陰惨な赤レンガ造りの建物群と、同じ形の家々が小道に沿って丘を這《は》うように連なる光景だった。ウーナが言った。「みんなおんなじに見えるわ」

「もうちょっと待ってくれ」とわたしは言った。「まだサウサンプトンを出たばかりなんだから」果たして先へ進むにつれ、美しい田園風景が広がってきた。

ロンドンのウォータールー駅に到着したときには、今回もファンの群衆が出迎えてくれ、その忠実さと熱心さは、それまでとまったく変わらなかった。わたしたちが駅を出ると歓声が沸き上がり、みな手を振ってくれた。「あんなやつら、やっつけちまえよ、チャーリー！」と叫ぶ声も聞こえた。それはほんとうに心温まる歓迎だった。

ようやくウーナとふたりきりになって、サヴォイ・ホテルの六階にあるスイートの窓辺に立った。わたしは新たに架け替えられたウォータールー・ブリッジをウーナに指し示した。だが、それは美しくはあったものの、その道が幼年期に過ごした場所に続いていることを除けば、今のわたしにはほとんど何も意味しなかった。わたしたちは黙ったまま立ち尽くし、この世でもっとも心を沸き立たせる都市の景観に見とれていた。パリのコンコルド広場のロマンティックな優美さも愛《め》でてきたし、日没時にニューヨークのビルの無数の窓が光を反射して放つ神秘的なメッセージも受け取ってきてはいたが、わたしにとって、ホテルの窓から見えるロンドンのテムズ川の姿は、その実利的な壮大さにおいて、それらすべてを凌《しの》ぐものだった——その光景にはどことても人間くさいところがあった。

わたしは景色を眺めているウーナに目をやった。興奮で引き締まったその顔は、二七歳という実際の年齢より、はるかに若く見える。結婚以来、ウーナはわたしとともに数多くの試練を乗り越えてきてくれた。ロンドンの街を見つめる彼女の黒髪に陽の光がちらちらとたわむれるなか、そこに初めて一筋か二筋の白いものを見つけた。口にこそ出さなかったものの、そのときわたしは、身も心もすべて捧《ささ》げ尽くしたいと思ったのだった。ウーナは静かに「ロンドンが気に入ったわ」と言った。

最後にロンドンに戻ったときから、すでに二〇年が経《た》っていた。眼下には、テムズ川の屈曲部とその河岸に醜い近代的なビルが立ち並び、スカイラインを台無しにしていた。幼少期になじんでいた場所の半分は、空襲で焦《こ》げた燃えさしとなって消えてしまい、そのあとには、空っぽのすすけた土地が広がっていた。

安食堂やホットドッグスタンド、ミルクバーといったアメリカ風の安ピカ物が

ウーナ。

混じるようになったレスタースクエアやピカデリーにウーナと行ったときも、無帽の若者やブルージーンズを穿《は》いた娘たちがぶらぶら街を歩いていた。昔はウェストエンドに出かけるときはそれなりの恰好《かっこう》をし、黄色い手袋をはめ、ステッキを携えて行ったものである。けれどもそんな時代は過ぎ去って今は新たな時代になり、物の見かたも変わって、感性もほかの物事に反応するようになっていた。男たちはジャズに涙し、暴力さえ性的なものになった。時は過ぎゆく。

タクシーに乗ってケニントンに行き、パウナル・テラス三番地を訪ねてみた。だが、家は空っぽで、取り壊されるのを待っていた。シドニーと一緒に父と暮らしたケニントン・ロード二八七番地の前でも車を停めた。ベルグレイヴィア（西ロンドンの一角にある。現在も超高級住宅街）を通り過ぎたときには、かつて壮麗な個人宅だった家のさまざまな部屋にネオンがともり、事務員がデスクで働いている姿が見えた。また、完全に立て替えられた邸宅もあり、それぞれ細長い箱や、ガラスのタンクや、セメントのマッチ箱のような建物となって空に伸びていた――すべてみな、進歩の名のもとに行われたことである。

わたしたち夫婦は多くの問題を抱えていた。まず、アメリカから財産を持ち出す問題があった。そのためウーナは、飛行機でカリフォルニアに戻り、銀行の金庫から全財産を取り出してこなければならなくなった。彼女は一〇日間留守にし、戻ってきたときに、その間に起きた詳しい話をしてくれた。銀行に行ったときには、行員が彼女の署名を念入りに調べ、顔をじっと見つめたあと、支配人と相談するために長いこと部屋をあとにしたという。ウーナはついに金庫が開けられるまで、不安でしかたなかったと言った。

銀行での用件が終わったあとは、ビバリーヒルズの家に行ったそうだ。すべてはわたしたちが出発したときのままで、庭や花の手入れも行き届いていた。居間にひとりで立ったときには、胸に迫るものがあったという。そのあと彼女はスイス人執事のヘンリーと話をした。わたしたちが出発したあと、ＦＢＩの捜査官が二度もやってきて尋問し、わたしはどんな人間なのか、裸の娘たちを交えたパーティーを開いていなかったかなどと訊《き》いてきたらしい。チャップリン氏は奥さんと子供さんたちと静かに暮らしていましたとヘンリーが答えると、今度は、彼に嫌がらせをしはじめ、国籍や、アメリカにどれほど長くいるのかと訊いてきて、パスポートの提示を要求したという。

ウーナは、ヘンリーからその一件を聞いたとき、どれほどその家に愛着があろうとも、その時点で結びつきは絶たれたと感じたそうだ。ウーナが家を出たときに見せたメイドのヘレンの涙でさえ、早く出発したいという思いを変えさせるには至らなかった。

今までわたしは友人たちから、こんなアメリカの敵意をいったいどうやって引き出してしまったのか、と何度も訊かれてきた。わたしの並外れた罪とは、非協調主義者だったこと、そして今でもそうであることだ。わたしは共産主義者ではない。だが、共産主義者を憎む連中に与《くみ》することを潔《いさぎよ》しとしなかったのだ。もちろんこれは多くの者を怒らせることになり、全米在郷軍人会も例外ではなかった。わたしはこの団体について、その真の建設的な意味においては、反対するものではない。復員者救援法や、退役軍人およびその貧しい子供たちに対する支援などはとても素晴らしい人道的な活動だと思っている。だが、会員たちがその合法的な権利の範疇《はんちゅう》を超え、愛国心という見せかけのもとに、組織の力を利用して他者の権利を侵害するようになれば、アメリカ政治の根本的な基盤は侵される。そういった超愛国者は、アメリカをファシスト国家に変える下部組織になりかねない。

第二に、わたしは非米活動委員会に反対していた。この委員会は、そもそも、その名称からして不誠実だ。少数派の誠実な意見を持つアメリカ市民の喉元《のどもと》を締めあげて、その声を封じるに十分な曖昧《あいまい》さを持つ名である。

第三に、わたしはアメリカ市民になろうとしてこなかったことがある。とはいえ、イギリスで生計を立てているのに、一度もイギリス人になろうとしたことのないアメリカ人は大勢いる。たとえば、ドルで四桁《けた》になる週給を得ている、あるMGMのアメリカ人重役などは、イギリス国民にならずに三五年以上もイギリスで暮らし仕事をしてきているが、イギリス人がそのことについてとやかく言ったことは一度もない。

今言ったことは釈明ではない。本書の執筆を始めたとき、わたしは、なぜ自伝を書こうとしているのかと自問した。その理由はたくさんあったが、その中に釈明はなかった。わたしの立場を要約するとすれば、強大な影響力を持つ小集団と目に見えぬ政治の力が支配する雰囲気のもとで、わたしは国民の反感を招き、その結果、残念なことにアメリカの大衆の愛情を失ってしまったということになるだろう。

＊

『ライムライト』は、レスタースクエアのオデオン座で封切られることになった。いつものチャップリン喜劇とは異なる作品だったので、どう受け取られるかが気がかりだった。封切り初日に先立って、まずは報道関係者向けの試写会を開いた。客観的に観《み》られるだけの十分な時間が経っていたので、正直なところ、わたしは久しぶりに見たこの作品に感動した。ナルシシズムに陥っていたわけではない。というのも、自分の映画には、好きなシークエンスもあれば、嫌いなシークエンスもあるからだ。それにしても、どこかの嫌味な記者が書いたように、わたしが涙を流したというのは嘘《うそ》である――それに、たとえ本当だったとしても、そのどこがいけないというのか？　もし作者が自分の作品に感動できなければ、大衆に感動してもらうことなど期待できないだろう。率直に言って、わたしは自分のコメディーを観客より楽しんでいる。

『ライムライト』のプレミア上映会は慈善興行で、マーガレット王女も臨席された。一般の観客には、その翌日に封切られた。批評は生温《なまぬる》いものだったが、この映画は世界記録を更新し、アメリカでボイコットされたにもかかわらず、わたしが制作した作品の中で最高の収益を上げることになった。

パリに向かう前、ウーナとわたしは、ストラボルジ卿《きょう》から上院での夕食会に招かれた。わたしの隣に座っていたのはハーバート・モリソン（イギリス労働党の政治家。一八八八～一九六五）で、社会主義者である彼が核による防衛策を支持していると言うのを聞いて意外に思った。わたしはモリソンに、どれだけ原子炉を増やしたところで、イギリスは常に無防備な標的になるだろうと言った。イギリスは小さな島国だし、灰燼《かいじん》に帰してしまったあとでは、報復など何の慰めにもならないと。イギリスの防衛にとってもっとも賢明な戦略は完全な中立にあるとわたしは信じている。なぜなら、たとえ核の時代でも、絶対中立が侵されることはないだろうからだ。だがわたしの見解はモリソンの考えと相容《あいい》れるものではなかった。

核兵器を支持する知識人が多いことにも驚かされる。下院ではソールズベリ卿（イギリス保守党の政治家。一八九三〜一九七二）に会ったが、彼もまたモリソンと同意見で、核武装への嫌悪《けんお》感を表明したわたしは、卿には受けが悪かったようだ。

この時点で、わたしの目からみた今日の世界状況をかいつまんで述べておくのは適切なことだと思う。ますます複雑になる現代生活という二〇世紀の動的な侵略により、個人は、政治的、科学的、経済的なすべての面で脅しをかけてくる巨大な諸組織に取り囲まれてしまった。わたしたちは魂の条件付けおよび制裁と許可の犠牲者になりつつある。

わたしたちがこうした状況に自らを投じることに甘んじてしまった理由は、文化的な洞察力の欠如にある。盲目的に醜さと混乱に突き進み、美を愛《め》でる心を失《な》くしてしまったのだ。わたしたちの生の感覚は、利潤と権力と独占力によって鈍ってしまったのである。こうした力に牛耳られることを、不吉な結果も考えずに自ら許してしまったのだ。

科学は、思慮に満ちた方向性や責任感を持たずに、あれほどの破壊力を持つ武器を政治家や軍人に受け渡してしまった。そのため今では、地球上のあらゆる生命体の運命が、そうした者たちの手に握られている。この過剰な威力を、道徳的責任感や知的能力が控えめに言っても完全無欠ではない者たち——多くの場合にはそんなものがあるかどうかも疑わしい者たち——の手に委《ゆだ》ねてしまった結果、地球上の全生命を絶滅させる戦争さえ引き起こしかねない状況が生まれている。にもかかわらず、わたしたちは盲目的に邁進《まいしん》しているのだ。

ロバート・オッペンハイマー博士（アメリカの理論物理学者。「原爆の父」として知られるが、後に核兵器に反対した。一九〇四〜一九六七）が、かつてわたしに語ったことがある。「人間とは知りたいという気持ちに突き動かされて進むものだ」と。それはそうだろう——だが多くの場合、人間は結果まで考えて行動したりはしない。この点については、博士も同感だった。科学者の中には、宗教的狂信者のような者がいる。そういう人間は、自分が発見したものは常に善なるものであり、知ることへの信条は道徳的だと思い込んで、やみくもに突き進むのだ。

人間は、生存本能をなにより優先する生き物だ。その結果、最初に発達したのは創意工夫の才で、魂の発達は後手に回った。そのため、科学の進歩は人間の倫理観よりずっと先を走っている。

利他主義は人類の進歩に伴って発達したものの、その歩みはのろい。それは、ヨタヨタよろめきながら科学のあとについてゆく。そして、状況という外部からの圧力が加わったときにだけ、機能することを許される。貧困は、利他主義や博愛主義や政府にではなく、弁証法的唯物論《ゆいぶつろん》によってのみ解決を見たのだった。

カーライル（スコットランド出身の歴史家・評論家。一七九五〜一八八一）は、世の中の救済は人々が考えることによってもたらされると言った。だが、それをもたらすためには、人々は深刻な状況に追い込まれる必要がある。

こうして、原子核を分裂させることにより、人々は追い詰められ、考えざるを得なくなる。選択肢は二つある。自滅か自制かだ。科学の勢いは、今、この決断を迫っている。だが、こうした状況のもとで、最終的には人々の利他主義が生き残り、人類に対する善意が勝利を収めるものと、わたしは信じている。

*

アメリカを出発してから、わたしの生活はまったく違う次元のものになった。パリとローマでは凱旋《がいせん》してきた英雄のような歓待を受け、ヴァンサン・オリオール大統領（一八八四〜一九六六）にエリゼ宮での昼食会に招待されたほか、英国大使館からも昼食会に招かれた。そのあとフランス政府は、レジオンドヌール勲章の等級をオフィシエ（四等）に引き上げてくれ、その同じ日に、劇作家・劇音楽家協会《ソシエテ・デ・ゾトゥール・エ・コンポジトゥール・ドラマティーク》から名誉会員に叙せられた。授与式に関して会長のロジェ・フェルディナン（フランスの劇作家。一八九八〜一九六七）から寄せられた手紙は、まさに心の琴線に触れるものだった。次はそのフランス語の原文を翻訳したものである。

親愛なるチャップリン殿

フランスに来られたあなたに寄せられる関心の高さに驚く人が万一いたとしたら、それは、わたしたちがあなたを敬愛する理由を知らないからにほかなりません。そうした人たちは、人間の価値を適切に判断できない者、過去四〇年間にあなたが惜しみなく与えてくださった恩恵を数える手間を惜しむ者、そしてあなたが教えてくださった教訓や、わたしたちにもたらしてくれた喜びと感動の本質を正しく評価してこなかった者です。控えめに言っても、そんな人は、まったくの恩知らずだと言えるでしょう。

あなたは世界的な偉人のひとりであり、あなたの名声はもっとも著名な人物たちと同等の地位に据えられてしかるべきものです。

なぜなら、あなたは天才だからです。このよく乱用される「天才」という言葉は、素晴らしいコメディアンであるのみならず、作家、作曲家、プロデューサー、そしてなにより心が温かく度量の大きな人物について使われるとき、その真の意味を持ちます。あなたはそのすべてです。さらにあなたは、それらを飾ることなく成し遂げています。この飾り気のなさこそ、さらにあなたの偉大さを高めるものであり、計算高くなったり無理に努めたりせずに、温かく巧まぬ魅力を、あなたと同じように苦しみ悩む現代人の心に訴えかけるものです。しかし、天才というだけでは、尊敬を勝ち得るには十分ではありません。さらには、愛情を生み出すにも十分ではありません。しかし、あなたが呼び起こす感情は、まさに愛情そのものなのです。

『ライムライト』を観たわたしたちは、笑い――ときには爆笑し――そして、本物の涙を浮かべて泣きました。それはあなたの涙でした。なぜなら、涙という貴重な贈り物をくださったのはあなただからです。

実のところ、真の名声は決して奪われることはありません。名声は、立派な大義に使われたときにのみ意味と価値を持ち、時の試練に耐えるものになります。

あなたの勝利は、人道的な寛大さと自然さをお持ちであることにあります。それはルールやずる賢さに制約されることなく、あなた自身の苦悩、喜び、希望、そして落胆の中から生まれ出たものです。これらすべてを、自分の力ではどうにもできない苦しみに苛《さいな》まれ同情を求めている人々、常に慰められたい、しばし苦しみを忘れさせてほしい、と願う人々は理解しています。こうした人々は、苦悩をなくすふりをするのではなく、慰めを与えようとする笑いを求めているのです。

わたしたちを笑わせるかと思うと、ふいに泣かせてくれる――このすばらしい才能が、あなたの払ってきた多大な犠牲の上に成り立っているということは、たとえ事実を知らずとも想像に難くありません。わたしたちの心の琴線に深く触れるささやかな出来事は、あなたご自身の人生から取り出してきたものであり、そうした出来事をあれほど細やかに描写できるということは、あなたがどれほどの苦悩をくぐりぬけてきたかを想像させます。いや、むしろ感じ取らせると言うべきでしょう。

なぜなら、あなたは素晴らしい記憶力をお持ちだからです。あなたは幼少期の記憶に正直です。その記憶にある悲しさ、別れもまったく忘れてはいません。そして、ご自分が被《こうむ》った痛手をほかの人は被らないですむようにしたいと望んだのです。少なくとも、希望が持てる理由をみなに与えたかったのです。あなたは決してご自分の悲しい青春を裏切りませんでした。そして、あなたの名声も過去に別れを告げさせる力を持ちませんでした——残念なことに、他の人の場合はそうなってしまうことが往々にしてあるのですが。

幼い頃の思い出に忠実であることは、おそらくあなたの最大の長所であり、あなたのもっとも貴重な財産でしょう。そしてそれこそ、大衆があなたを敬愛する真の理由なのです。人々は、あなたの繊細な演技に反応します。あなたは常に人の心と直接結びついているように見えます。実際、人道的な善きものを作り出すために協働作業をする作家、俳優、監督の組み合わせより見事な調和を示すものもないでしょう。

あなたの作品が常に心豊かなものである理由もそこにあります。それは理論に制約を受けるようなことはありません——さらに言えば、技術にさえ。あなたの作品は永遠の告白であり、打ち明け話であり、祈りです。そして観る者は、あなたの共犯者になります。なぜなら、あなたと同じように考えて感じるから。

あなたは、その才能だけで批評家たちを征服しました。彼らをとりこにしてしまったのです。これは簡単なことではありません。批評家たちは、あなたの作品が古風なメロドラマの魅力にもフェイドー（フランスの通俗喜劇作家。一八六二〜一九二一）の辛辣《しんらつ》な笑いのエッセンスにも同じように通じていることを、決して認めようとはしないでしょう。しかし、それは事実です。さらには、ミュッセ（フランスのロマン主義の小説家・詩人・劇作家。一八一〇〜一八五七）を思わせるある種の優美ささえ、たたえています——とは言っても、あなたの作品は誰の模倣でもありませんし、誰かのものに似ているようなところもありません。これもまた、あなたの栄光の秘訣《ひけつ》です。

今日、当劇作家・劇音楽家協会は、あなたをお迎えできることを誠に光栄かつ嬉《うれ》しく思っております。そのためどうか、あなたが果敢にこなしていらっしゃるご多忙なスケジュールから、ほんの少しだけ、お時間を頂戴《ちょうだい》することをお許しください。わたしたちは、あなたをお迎えし、どれほどあなたを敬愛しているか、そしてあなたは真にわれわれの一員であるとお伝えできることを心待ちにしております。なぜなら、あなたの映画の脚本はチャップリン氏本人によって書かれているからです。さらには、作曲も、監督も、チャップリン氏によるものです。そして、あなたの喜劇俳優としての役割は本協会にとっては付随的なものではありますが、これもまた第一級の貢献であります。

当協会には、フランスの作家たち――戯曲と映画の作家、音楽家、プロデューサーが集っています。それぞれのやり方は異なるものの、すべてみな、あなたと志をひとつにする者たちです。すなわち、人々の心を動かして楽しませ、人生の喜びと悲しみを教え、愛を失うことの怖《おそ》れや不当な苦しみへの同情を描くために、あなたもよくご存知の厳しい仕事を手がけ、それに対する誇りと自己犠牲について知り抜いています。そしてみな、平和、希望、友愛の精神のもとに、損なわれたものを修復したいという大志を抱いているのです。

チャップリンさん、ありがとう。

（署名）ロジェ・フェルディナン

『ライムライト』のプレミア上映会は、フランス政府閣僚や外国の大使を含む賓客を招いて行われた。だが、駐仏《ふつ》アメリカ大使は姿を見せなかった。

わたしたちは、コメディ・フランセーズ（ルイ一四世により創立された国立劇場で、劇団を持つ）でフランスの代表的芸術家によって演じられるモリエールの『ドン・ジュアン』特別公演に主賓として招かれた。その晩、パレ・ロワイヤルの噴水は勢いよく流れて照明がともされ、ウーナ

コメディ・フランセーズにて、チャップリンとウーナ。

とわたしは、一八世紀のお仕着せを着込み手に灯のともった枝付き燭台《しょくだい》を持ったコメディ・フランセーズの研究生たちに迎えられて、全ヨーロッパから来た美女たちで埋めつくされた二階正面桟敷席《グランド・サークル》に案内された。

ローマでも、同じような歓待を受け、わたしは栄誉と勲章を授与されて、大統領や閣僚たちに迎えられた。ローマでの『ライムライト』のプレミア上映会では、愉快な事件が起きた。美術大臣から、群衆を避けるために楽屋口から入るようにと助言を受けたのだが、奇妙な助言だと思ったわたしは、ファンがわたしを見るために劇場の外で立って待ってくれているなら、少なくとも堂々と正面から劇場に入って姿を見せるのが礼儀でしょうと答えた。すると大臣は、どこか不可思議な表情を浮かべて、裏から入った方があなたのためです、とまたやんわり繰り返した。だが、わたしが言い張ったので、大臣もそれ以上は何も言わなかった。

その晩のプレミア上映会は、いつもながらのきらびやかなものだった。リムジンで劇場に近づくと、通りのはるか遠くの方に規制線が張られ、群衆が足どめされていた——いくらなんでも、遠すぎるように思えたが。わたしは、持てる限りの慇懃《いんぎん》さと魅力を振りまき、リムジンを降りて道の中央に進んだ。そしてアーク灯の光の洪水の中、にっこり笑みを浮かべ、ド・ゴール流に両手を上げて挨拶《あいさつ》をした。そのとたん、キャベツやトマトが飛んできて横をかすめたのだった。後ろにいたイタリア人の友人の通訳が「わたしの国でこんなことが起きるとは」と恨めしそうにつぶやくまで、それらが何なのかも、いったいなにが起きているのかも、まったくわからなかった。幸い何も当たらず、わたしたちは大急ぎで劇場の中に入った。そのときになってはじめて、その状況の滑稽《こっけい》さに気がつき、わたしは笑いが止まらなくなってしまった。イタリア人の友人さえ、つられて笑い出す始末だった。

のちに、犯人たちは若いネオ・ファシストだったと聞かされた。彼らの投げ方にも激しさは感じられず、単なる示威行動のようなもので、ただちに四人が逮捕され、警察から告訴したいかどうか尋ねられた。「もちろん、そんなつもりはありません。まだほんの子供なのですから」とわたしは答えた。実際、犯人は一四歳から一六歳までの少年だった。こうして、この一件はおとがめなしに終わったのだった。

パリを発《た》ってローマに来る前に、『レ・レトル・フランセーズ』（フランス共産党の文芸新聞）の編集長で、詩人のルイ・アラゴン（一八九七〜一九八二）から電話があった。ジャン＝ポール・サルトル（フランスの作家・哲学者。一九〇五〜一九八〇）とピカソ（スペインの画家。一八八一〜一九七三）がわたしに会いたがっていると言う。そこで、わたしは三人を夕食に招くことにした。どこか静かなところで、と言われたので、ホテルのわたしの部屋で食事をとることにしたのだが、それを聞きつけた広報担当のハリー・クロッカーは怒りでひきつけを起こしそうになった。「これで、アメリカを出てからの努力がすべて水の泡になってしまいますよ」

「でもね、ハリー、ここはヨーロッパなんだよ。アメリカじゃない。それに、この三人は世界最高の著名人たちなんだ」わたしはハリーにも、ほかの誰にも、アメリカに戻る気がないことを明かしてはいなかった。まだアメリカには処分すべき財産が残っていたからだ。ハリーは、アラゴンとピカソとサルトルに会うことは、欧米の民主主義を転覆させる陰謀だとあまりにもしつこく主張したので、わたしも危うく信じ込まされるところだった。それでもハリーは、ゲストが到着したときしばらく留まって、ちゃっかり自分のサイン帳にサインをもらうことは忘れなかった。ハリーは食事には招かれなかった。あとでスターリンもやって来るので秘密厳守の内輪の会にしなければならないからだ、とわたしは嘘の言い訳をした。

その晩が果たしてうまくいったのだったかどうかは自信がない。英語を話せたのはアラゴンだけで、通訳を介した話は、まるで遠くの的を射たあとに、その結果をじりじり待つようなものだったからだ。

アラゴンは、目鼻立ちの整ったハンサムな男だ。ピカソは疑わしげでユーモラスな顔つきをしていて、画家というより曲芸師か道化と言ったほうが通りそうである。サルトルは丸顔で、目鼻立ちは分析に値するものではないが、その顔にはそこはかとない美しさと繊細さが宿っている。サルトルは、考えをほとんど明かさなかった。その晩、パーティーがおひらきになったあと、ピカソは現在も彼が使っているセーヌ川「左岸」のアトリエにみんなを案内してくれた。階段を上がっていくと、彼のアパルトマンの下の階の部屋のドアにこんな札がかかっていた。「ここはピカソのアトリエではありません——もう一階上がってください」

辿《たど》りついた先は、農家の物置のようなみじめな屋根裏で、あのチャタートン（イギリスの詩人。生活苦により屋根裏部屋で自殺した。一七五二～一七七〇）でさえ、そんなところでは死のうとしなかっただろうと思われた。垂木《たるき》に打ち付けられた釘《くぎ》にむき出しの電球がかかっており、そのおかげでガタつく鉄製のベッドと壊れたストーブを見ることができた。壁には埃《ほこり》っぽい古いキャンバスがもたせかけられていた。ピカソは、その中の一枚を取り上げて見せた——セザンヌだった。それも実に美しい作品である。もう一枚、もう一枚、とピカソは絵を見せていった。わたしたちは全部で五〇点を下らない傑作を目にしたにちがいない。わたしはすべてまとめて譲ってもらうために金額を申し出たい衝動にかられた——ごたごたを片付けるだけのためにも。あのゴーリキー（ロシア・ソ連の作家。戯曲『どん底』は代表作の一つ。一八六八～一九三六）のいう〝どん底〟は金の鉱脈だったのだ。

第三一章

パリとローマでの封切りを終えたあとは、ロンドンに戻って数週間滞在した。わたしには、まだ家族と暮す家を探す仕事が残っていた。そんな折、友人のひとりが、スイスはどうかと言った。もちろんロンドンに住みたいのは山々だったが、気候が子供たちに合うかどうかは疑わしかった。それに、その時点ではまだ、預金が封鎖されて引き出しができなくなるかもしれないという心配があったのだ。

そんなわけで、一抹のもの悲しさを抱きながらウーナとわたしは荷物をまとめ、四人の子供たちと一緒にスイスに向かったのだった。とりあえずはローザンヌの湖畔にあるボー・リヴァージュ・ホテルに落ち着いた。季節は秋で、かなりわびしい雰囲気だったが、山々の景色は美しかった。

住むにふさわしい家が見つかるまで四カ月かかった。五人目の子の出産を控えていたウーナは、退院後にまたホテルに戻るのは嫌だときっぱり言った。この緊急事態が、わたしに精力的に家探しをさせることになり、ついにヴヴェイから少し登ったところにあるコルシエ村のマノワール・ド・バンに居を定めたのである。驚いたことに、この家の敷地は一五ヘクタールもあり、果樹園では、大粒のブラックチェリーをはじめ、おいしいグリーン・プラム、リンゴ、洋梨《ようなし》などの果物がとれ、菜園では、イチゴや見事なアスパラガスやトウモロコシが育てられていた。こうした収穫物がとれるときには、たとえ世界のどこにいようが、いつも家に戻って来たものである。テラスの前には二ヘクタールの芝生が広がり、立派な大木が、遠くの山々と湖を囲む額縁の役割を果たしている。

スタッフにはとても有能な人材を集めることができた。ミス・ラシェル・フォードは、家政を見事に取りしきってくれ、のちにわたしのビジネス・マネージャーになった。スイスと英語圏双方の背景を持つ秘書マダム・ブリュニエは、本書の原稿を幾度となくタイプしてくれた。

わたしたちは、このやや気取った屋敷に恐れをなし、自分たちの収入でやっていけるのかどうかと心配になったが、持ち主が維持費について教えてくれ、予算の範囲内でまかなえることがわかった。こうして、人口一三五〇人のコルシエ村に定住することになったのである。

新しい生活に慣れるには、少なくとも一年はかかった。しばらくのあいだ、子供たちはコルシエ村の学校に通ったが、突然あらゆることをフランス語で学ばなければならなくなったのは大問題で、ウーナとわたしは、子供たちに心理的悪影響が及ぶのではないかと心配になった。けれども、ほどなくして子供たちはフランス語を流暢《りゅうちょう》に話すようになった。スイスの暮らしぶりにうまく順応した彼らの姿を見るのは、じつに感動的だった。子守係のケイケイとピニーでさえ、フランス語を習得しようと格闘しはじめた。

次はアメリカとのあらゆる結び付きを手放す作業にとりかかる番だった。これには思いのほか時間がかかった。アメリカ領事館に出向き、アメリカで暮らすことを断念したと説明して、再入国許可証を返上した。

「もう戻らないんですか、チャーリー？」と領事が訊《き》いた。

「戻りません」とわたしは、ほとんど詫《わ》びるように言った。「あんなナンセンスにこれ以上立ち向かうには、少し年を取り過ぎましたのでね」

領事はこれについては何も言わず、ただこう話しただけだった。「それなら、戻りたいと思われたときは、いつでもふつうのビザをとればよろしいですからね」

わたしは微笑《ほほえ》んで、首を横に振りながら言った。「いや、スイスに定住することに決めました」わたしたちは握手し、これで終わりだった。

今度は、ウーナがアメリカの市民権を放棄することを決めた。そこでロンドンを訪れたときに、アメリカ大使館にその旨《むね》を通告した。だが、手続きを踏むために、少なくとも四五分はかかるという。「なんたるナンセンス！」とわたしはウーナに言った。「そんなにかかるなんて、馬鹿《ばか》げているとしか思えない。ぼくも一緒に行こう」

大使館に着くと、過去に被《こうむ》った侮辱や中傷の記憶が風船のように膨らんできて、爆発しそうになり、わたしは大声で移民課の所在を尋ねた。ウーナは気恥ずかしく思ったようだった。ドアのひとつが開いて、男が姿を現すと言った。「こんにちは、チャーリー。奥さんと一緒にお入りになりませんか？」

彼はわたしの心を読み取ったに違いない。なぜなら、こんなふうに口火を切ったからだ。「国籍を放棄しようとするアメリカ人は、自分が何をしようとしているのか、そして自分が正常な精神状態にいるのかどうかについて、きちんと理解している必要があります。だからこそわれわれは、この質問という手続きをとらせていただいているのです。つまり、これはアメリカ国民を保護するための手続きなんです」

当然のことに、これは道理にかなっていた。

担当官は五〇代後半の男性だった。「一九一一年にデンバーの旧エンプレス劇場で、あなたの演技を観《み》ましたよ」と彼はとがめるようにわたしを見て言った。

もちろんわたしのわだかまりはすぐに消え、ふたりで古き良き時代について語り合ったのだった。

質問が終わり、最後の書類への署名も済んで、わたしたちは陽気に別れた。だが、この件に何も感慨を抱かなかったことに、わたしはかえって一抹の寂しさを覚えた。

*

ロンドンに出かけるときは、ときどき友人に会う。たとえば、シドニー・バーンスタイン（イギリスの劇場チェーンの経営者から身を起こしグラナダ・テレビを創設した。一八九九～一九九三）、アイヴァー・モンタギュー、サー・エドワード・ベディントン＝ベーレンス（イギリスの実業家で芸術の庇護者。一八九七～一九六八）、ドナルド・オグデン・ステュワート（アメリカのユーモア作家・劇作家。一八九四～一九八〇）、エラ・ウィンター（オーストラリア生まれのジャーナリスト。オグデン・ステュワートの妻。一八九八～一九八〇）、グレアム・グリーン（イギリスの小説家。一九〇四～一九九一）、J・B・プリーストリー（イギリスの小説家。一八九四～一九八四）、マックス・ラインハルト（イギリスの出版社「ボドリー・ヘッド」の社主。一九一五～二〇〇二）、ダグラス・フェアバンクス・ジュニア（ダグラスの最初の妻の息子。俳優になりイギリスでも活躍した。後年は映画やテレビの制作に関わった。一九〇九～二〇〇〇）、といった面々だ。この中には、めったに会わない人もいるが、彼らの存在は心の支えになっている。それはちょうど、ときおり港に避難したいときに錨《いかり》を下ろせる場所があると知っていて安堵《あんど》できるようなものだ。

ロンドンに出かけたあるとき、フルシチョフ（ソ連第四代最高責任者兼ソ連共産党中央委員会第一書記。西側陣営との平和共存を図った。一八九四～一九七一）とブルガーニン（ソ連閣僚会議議長（首相）を務めた。一八九五～一九七五）が、クラリッジ・ホテルで開かれるソ連大使館主催のレセプションでわたしたちに会いたがっているというメッセージが届いた。ホテルに到着したとき、ロビーは笑顔を浮かべて興奮する野次馬でごった返しており、ソ連大使館のスタッフの助けを借りて、群衆をかき分けかき分け、なんとか前に進んだ。そのとき突然、反対の方向からフルシチョフとブルガーニンがやってくるのが見えた。このふたりも人波をかき分けて進んでいたが、その表情から察するに、すっかり嫌気がさして前に行くのはあきらめ、戻ろうとしているらしかった。

たとえ窮地にあっても、フルシチョフがユーモラスな人物であることは、誰がみてもわかる。出口に向かう彼に、わたしたちの随行員が大声で叫んだ。「同志フルシチョフ！」だが彼は振り払うように手を振った。うんざりしていたのだ。「同志フルシチョフ、チャーリー・チャップリンです！」と随行員がまた叫んだ。するとブルガーニンもフルシチョフも歩みを止めてこちらを振り返った。その顔がパッと輝いたので、わたしは心底嬉《うれ》しくなった。寄せては渦巻くような大混雑のなかで、わたしたちは紹介された。通訳を介し、フルシチョフは、ソ連の人々がどれほどわたしの映画を楽しんでいるかというようなことを述べ、わたしたちはウォッカを勧められた。ピリリと辛いウォッカだったので、胡椒《こしょう》が入りこんでしまったのではないかと思ったが、ウーナはとても気に入った。

一緒に写真に入れるように、わたしたちは小さく固まった。その場の騒音のせいで、わたしは何一つ話すことができなかった。「隣の部屋に行きましょう」とフルシチョフが言った。だが、それを見抜いた群衆たちのあいだでただちに乱闘が始まり、四人の男たちの助けを借りて、わたしたちは投げ込まれるようにプライベートな部屋に押し込まれた。やっとわたしたちだけになったとき、フルシチョフもわたしたちも、みな「ふうっ！」と安堵のため息をついた。ついに、気持ちを落ち着けて話すチャンスがやってきた。フルシチョフは、ロンドンに到着した際に、苦境の中から漏れくる一筋の明るい陽射《ひざ》しのようなすばらしい善意のスピーチをしていた。そこで、わたしはそのことを伝え、彼のスピーチは、世界中の無数の人々に希望の光を与えてくれたと話した。

そのとき、アメリカ人のレポーターが割り込んできた。「ミスター・フルシチョフ、昨晩、息子さんが街に繰り出して、楽しまれたそうですね」

フルシチョフは笑みを浮かべたが、それは、イラつきながらも面白がっているというような感じだった。「息子は真面目《まじめ》な若者で、エンジニアの勉強に励んでいる——

だがときには楽しむこともあるだろう。そう願うよ」

数分後、ミスター・ハロルド・スタッセン（アメリカの政治家。一九〇七〜二〇〇一）が外にいて、ミスター・フルシチョフに会いたがっているというメッセージが届いた。フルシチョフはわたしに向かって、冗談めかして言った。「構わないかね——彼はアメリカ人だが？」

わたしは笑って答えた。「構いませんとも」そのあと、スタッセン夫妻とグロムイコ（ソ連の外交官。二八年間外務大臣を務めた。一九〇九〜一九八九）夫妻がドアから押し込まれてきた。フルシチョフは、数分で済む、と言い残して部屋の隅に移り、スタッセンとグロムイコと話し始めた。

座を取り持つため、わたしは、その場に残ったグロムイコ夫人に、ソ連に戻られるのですか、と尋ねた。彼女はアメリカに戻りますと答えた。わたしは、あなたとご主人は、アメリカ暮らしがずいぶん長いですね、と言うと、グロムイコ夫人は、ちょっと気まずそうに笑った。「構いませんわ。気に入っていますから」

わたしは続けた。「ほんもののアメリカは、ニューヨークや太平洋沿岸ではないと思いますね。個人的に言って、わたしは中西部のほうがずっと好きです。ノース・ダコタやサウス・ダコタ、ミネアポリスやセント・ポールのようなところのほうが。そうしたところにいる人こそ、ほんもののアメリカ人だと思いますよ」

それを聞いたスタッセン夫人が、突然声を上げた。「まあ、そう言っていただいて、ほんとうに嬉しいですわ！　ミネソタは、主人とわたしの出身地なんですの」（ミネアポリスとセントポールはミネソタ州にある）。彼女は神経質に笑って繰り返した。「ほんとうに、そう言っていただいて嬉しいわ」たぶん彼女は、わたしがアメリカの悪口をさんざん言うと思ったのだろう。そして、わたしがあの国から浴びせられた石やら矢やらのせいで、すっかり苦々しい思いをしていると考えていたに違いない。だが、そんなことはなかった――それに、たとえそう思っていたとしても、わたしは、スタッセン夫人のようなチャーミングなご婦人に怒りをぶちまけるような人間ではない。

　フルシチョフの話は長引きそうだったので、ウーナとわたしは立ち上がった。フルシチョフはこちらの動きを見てとると、別れを告げるために、スタッセンをあとに残してやってきた。握手をしたとき、スタッセンの姿が目に入った。彼は背を壁に向けて、感情を表さずにまっすぐこちらのほうを見ていた。わたしはみなに別れを告げたが、スタッセンは無視した――そのときの状況では、それが外交的にふさわしい振る舞いだと思えたからだ――が、ちらりと見た限りでは、わたしは彼が気に入った。

　翌日、ウーナとわたしは、サヴォイ・ホテルの《グリル》でふたりきりで食事をした。デザートが供されたとき、サー・ウィンストン・チャーチル夫妻が入って来て、わたしたちのテーブルの前に立った。サー・ウィンストンとは、手紙をもらうのも、本人に会うのも、一九三一年以来絶えてなかった。だが『ライムライト』のロンドンでの封切りのあと、配給会社だったユナイテッド・アーティスツから、サー・ウィンストンに自宅で映画を見せる許可について問い合わせがあった。もちろん、わたしは喜んで応じた。その数日後、彼から、この映画をとても楽しんだという旨のチャーミングな礼状が届いたのだった。

そして今、サー・ウィンストンがテーブルの前に立って、わたしたちに面と向かっていたのである。「はてさて！」と彼は言った。

この「はてさて」には、非難めいた調子があった。

わたしはにっこり笑みを浮かべてすぐに立ち上がり、ウーナを紹介した。彼女はちょうどホテルの部屋に戻ろうとしていたところだった。

ウーナが去った後、わたしはコーヒーを一緒に飲んでもいいかと尋ね、夫妻のテーブルについた。チャーチル夫人は、わたしがフルシチョフと会ったことを新聞で読んだと言った。

「フルシチョフとは、いつもうまがあったものだ」とサー・ウィンストンが言った。

けれども、その間じゅう、サー・ウィンストンは何か不満を抱えているのが見てとれた。もちろん、一九三一年以来、さまざまなことが起きていた。彼は不屈の精神と人心を鼓舞する弁舌でイギリスを救った。けれども、わたしは、「鉄のカーテン」にまつわる彼のフルトンでの演説（アメリカのフルトン市で一九四六年三月に行った演説）には、なにも資するところはなく、かえって冷戦を熾烈《しれつ》なものにしてしまったと考えていた。

話題は『ライムライト』に移った。そしてついに彼が言ったのである。「二年前に映画を褒めた手紙を送ったんだが、届いたかね？」

「ええ、もちろん」とわたしは熱を込めて答えた。

「じゃあ、なぜ返事をくれなかったんだね？」

「返事が必要な手紙だとは思わなかったので」とわたしは恐縮して答えた。

けれどもそれで気持ちが和らぐような相手ではなかった。「ふうむ」と彼は不機嫌そうに言った。「返事がなかったんで、腹を立てているんじゃないかと思っていたんだ」

「いや、そんなこと、とんでもない」とわたしは言った。

「ともあれ」と彼は、話を切り上げる目的で付け加えた。「君の映画はいつも面白い」

わたしは、二年前に返事がなかった手紙のことまで覚えているという、この偉大な男の謙虚さに魅了された。だが、彼の政治的見解とわたしの考えは、決して相容《あいい》れることはなかった。「わたしは大英帝国の崩壊を目にするために首相になったわけではない」とかつてチャーチルは言った。これは巧みな弁舌ではあるかもしれないが、現代の事実に即して言えば、愚かな発言だった。

大英帝国の崩壊は、政治の結果でも、革命軍や共産主義のプロパガンダや民衆扇動や街頭演説《ソープ・ボクシング》の結果でもない。陰謀家は石鹸《せっけん》の包装紙《ソープ・ラッピング》のほうだったのだ。すなわち、ラジオ、テレビ、映画などの国際的な宣伝媒体、自動車やトラクター、科学の発明、スピードの加速や通信の発達といったものこそ、大英帝国の崩壊をもたらした革命家だったのである。

＊

スイスに戻ってすぐ、わたしはネルー（インドの初代首相。イギリスの名門校ハーロー校を経てケンブリッジ大学で学んだ。一八八九～一九六四）から手紙をもらった。それには、マウントバッテン卿《きょう》夫人からの紹介状が含まれていた。彼女の手紙には、ネルーとあなたには、多くの共通項があると信じており、ネルーはコルシエ村を通る予定があるので、お会いになったらよろしいと思う、としたためられていた。ネルー自身からは、ルツェルンで毎年恒例の大使たちの会合を催すので、もしそこに来て一晩泊まっていただけたらとても嬉しい、翌日にマノワール・ド・バンまで車でお送りします、とあった。そこでわたしは、ルツェルンに出かけて行った。

　ネルーに会ったときには、まず、わたしと同じように小柄であることに驚いた。令嬢のガンジー夫人（インディラ・ガンジー。のちに二度インド首相を務めた。一九一七〜一九八四）も一緒だった――チャーミングで物静かな婦人だ。ネルーの印象は、気分屋で真面目で繊細、そして非常に機敏で鋭い判断力の持ち主というもの。最初は遠慮がちだったが、ルツェルンを出て、マノワール・ド・バンに向かうころには、うちとけてきた。わたしは自宅での昼食に彼を招待していた。令嬢も、ジュネーヴに向かうため、もう一台の車でわたしたちのあとについて来た。道中、わたしたちは興味深い話をした。ネルーは、インド総督としてイギリスによるインドの搾取《さくしゅ》を終わらせるのに素晴らしい貢献をしたマウントバッテン卿（イギリスの軍人で最後のインド総督。一九〇〇〜一九七九）を高く評価していた。

　インドは、どのようなイデオロギーの方向に進もうとしているのかと尋ねたところ、彼はこう答えた。「たとえどのような方向に進もうとも、それはインド人民の生活を向上させるためのものです」そして、すでに五カ年計画を発足させたと付け加えた。

道中ネルーは、雄弁に語り通したが、その間、運転手は時速一一〇キロ以上で急峻《きゅうしゅん》な崖《がけ》に臨む狭い道を驀進《ばくしん》し、急カーブを回り込むという運転を繰り返していた。ネルーはインドの政治の説明にどっぷり浸って滔々《とうとう》と話し続けたが、後部座席から運転手に注意するのに忙しかったわたしは、正直なところ、その半分は聞き逃してしまった。急ブレーキがかかって、前に投げ出されたときも、ネルーは何事もなく話を続けた。ようやく車が分岐点で止まって小休止したときは、まさに天の恵みだと思えた。そこで令嬢はわたしたちと別れることになっていたのだ。そのときネルーは、娘を気遣う愛情深い父親の姿になった。娘を腕に抱いて、「体に気をつけるんだよ」と言ったのである——むしろ娘のほうから父親にかけたほうがふさわしい言葉だった。

＊

世界中が固唾《かたず》をのんで戦争勃発《ぼっぱつ》の危機を見守っていた朝鮮動乱の最中、中国大使館から電話があって、ジュネーヴで『街の灯』を周恩来（中華人民共和国成立後死去するまで首相を務めた。一八九八〜一九七六）に見せたいのだがよろしいか、と尋ねてきた。そのとき、平和になるか戦争になるかの鍵《かぎ》を握っていたのが、この周恩来だった。

翌日、周首相はジュネーヴでの会食にわたしたちを招いてくれた。ジュネーヴに向かおうとしていると、彼の秘書から電話があった。会議で突然重要な用件が持ち上がり（これは控え目な表現だった）首相は遅れることになったため食事は先に進めてほしい、首相は後に加わるから、という。

到着すると、驚いたことに、周恩来その人が公邸玄関前の階段に立ってわたしたちを迎えてくれた。世界中の人たちと同様に、会議の結果が知りたくてたまらなかったわたしは、そのことを尋ねてみた。すると周恩来はわたしの肩を自信たっぷりに叩《たた》いてこう言った。「すべて友好的に解決しましたよ。五分前にね」

わたしは、一九三〇年代に共産党員が中国の奥地に追いやられたこと、そして毛沢東の指導の下で、いかに散り散りになった少数の幹部が再編成されて北京《ペキン》への進軍を開始し、その途中で兵力を増強していったかについて、興味深い話を多々耳にしていた。この行軍が、六億人におよぶ中国人民の支持を勝ち取ったのだ。

その晩、周恩来は毛沢東が北京に入城した際の感動的な逸話を聞かせてくれた。そこには、毛沢東を迎えるために一〇〇万人の中国人が参集していたという。高さ四・五メートルほどもある巨大な演壇が広大な広場の端に設置され、その背後の階段を上る毛沢東の頭部が現れると、一〇〇万人の喉《のど》から歓迎の歓声が沸き上がり、その声は、全身が現れるにつれて、いよいよ高まっていったそうだ。この大群衆を目にしたとき、中国の征服者である毛沢東は一瞬立ち止まり、両手で目を覆《おお》って涙にくれたという。

周恩来は、この有名な「長征」の艱難《かんなん》辛苦を毛沢東と分かち合ったわけだが、その精力的でハンサムな顔を見たとき、いかに穏やかで若々しく見えるかに驚かされた。

わたしは、最後に上海《シャンハイ》を訪れたのは一九三六年だったと話した。

「そうですか」と周恩来は考えるように言った。「それは、まだ進軍を開始する前のことです」

「もう進軍は必要ありませんね」とわたしは冗談を言った。

夕食の席では中国のシャンペンが出され（なかなかいけた）、ロシア人と同じように、何度も乾杯の音頭がとられた。わたしは中国の将来を祝して乾杯し、自分は共産主義者ではないが、中国人民の、ひいては世界中の人々の暮らしをよくするという彼らの願いに、心から賛同すると述べた。

*

ヴヴェイでも新しい友人ができた。そのなかに、エミール・ロシエ氏とミシェル・ロシエ氏、そしてそれぞれの家族がおり、全員が音楽の愛好家だった。エミールを通して、コンサート・ピアニストのクララ・ハスキル（ルーマニア出身のピアニスト。一八九五〜一九六〇）とも出会っ

左から、パブロ・カザルス、クララ・ハスキル、一人おいてチャップリン。

た。クララはヴヴェイに住まいがあり、家に戻ったときには、いつでもロシエ家の人々とともに我が家に食事に来て、そのあと演奏を聴かせてくれた。六〇歳を過ぎていたが、キャリアの絶頂期にあり、ヨーロッパとアメリカで大成功を収めていた。だが一九六〇年にベルギーで列車のステップを踏み外し、病院に運ばれたあと、そこで亡《な》くなったのである。

わたしは今でもよく彼女のレコードを聴く。亡くなる前に録音したレコードだ。本書の六度目の推敲《すいこう》にとりかかる前には、クララがピアノを弾き、マルケヴィッチが指揮したベートーヴェンのピアノ協奏曲第三番をかけた——

それはわたしにとって、偉大な芸術作品が到達しうる最高の真実に迫るものであり、本書を締めくくる勇気をどれだけ与えてくれたかしれない。

もし家族のことにこれほど気をとられていなかったら、ウーナとわたしはスイスでかなりの社交生活を楽しむことができただろう。というのも、わが家は、わたしたちを厚遇してくださるスペイン王妃やシェヴロー・ダントレーグ伯爵《はくしゃく》夫妻のすまいからさほど遠くなく、映画俳優や作家も大勢近くに住んでいるからだ。ジョージ・サンダース（イギリスの俳優。一九〇六～一九七二）とその奥さんのベニータにはしょっちゅう会っているし、ノエル・カワード（イギリスの俳優・作家・演出家。一八九九～一九七三）も近所の住人だ。春には、アメリカやイギリスから多くの友人がやって来る。ときどきスイスで仕事をするトルーマン・カポーティ（アメリカの小説家。一九二四～一九八四）も頻繁に立ち寄る。復活祭の休暇には、子供たちをアイルランド南部に連れて行っている。これは、家族が楽しみにしている年中行事だ。

夏には、ショートパンツを穿《は》いてテラスで食事をし、夜の一〇時ごろまで黄昏《たそがれ》を楽しむ。急に思い立って、ロンドンやパリ、ときにはヴェニスやローマに出かけることもある——どこも数時間で行きつける距離だ。

パリでは、とても親しい友人のポール＝ルイ・ウェイエ（二二六頁に登場）によくもてなしを受ける。彼はまた八月になると、わたしたち家族全員を地中海沿岸の美しい別荘、ラ・レイヌ・ジャンヌに一カ月招待してくれる。子供たちはそこで、海水浴や水上スキーを思う存分楽しむのだ。

わたしは友人たちから、アメリカが恋しくないか、と訊かれることがある。とりわけニューヨークに行きたくないか、と。率直に言って、まったくそうは思わない。アメリカは変わったし、ニューヨークも変わった。巨大な大企業、新聞、テレビ、商業広告などは、アメリカ的な生活からわたしを完全に切り離してしまった。わたしは、そのコインの裏の面、すなわち素朴で人間的な暮らしぶりが好きなのだ——大企業やその退屈な業績を常に思い起こさせる、これ見よがしの大通りや天を衝く建物ではなく。

アメリカにあるすべての財産を現金化するには一年以上かかった。政府は一九五五年までわたしがヨーロッパで得ていた『ライムライト』の収益に課税しようとした。一九五二年にわたしの入国を禁止しておきながら、一九五五年までアメリカ居住者だったと言うのである。出国以来、わたしは法的住所を持っていなかったので、弁護士も言うとおり、法的手段に訴えるためにアメリカに戻れる可能性はほとんどなかった。わたしが所有していたすべてのアメリカの会社は解散し、アメリカにあった財産もすべて処分していたので「黙って消えろ」と言ってやることもできた。だが、またしてもうひとつの国の世話にはなりたくはなかったので、支払うべき額としては不当に高すぎたが、それでも要求されていたものをかなり下回る額を支払って示談にしたのだった。

アメリカとの最後の絆《きずな》を断ち切ってしまうのは悲しかった。ビバリーヒルズの家にいたメイドのヘレンは、わたしたちがもう戻ってこないと聞いて、次の手紙を送ってきた。

親愛なるチャップリン様、奥様

今まで何度もお手紙を書いたのですが、投函《とうかん》するのはこれが初めてです。おふたりがこの家を去られてから、あらゆることがうまくいかなくなってしまったように思います――自分の家族以外のことで、これほど悲しい思いをしたことはありません。すべてのことが、あまりにも余計で、不必要で、不当なので、とても乗り越えることができないのです。そんなとき、わたしたちがずっと心配してきた悲しい知らせが届きました――ほぼすべての持ち物をまとめてほしいと――そんなことが現実であるはずはありません――そんなことは――わたしたちがまとめたものは涙で流されそうになってしまい、今でも悲しくて頭痛がします――あなたがたがどうしてこんなことに耐えられるのか、とてもわかりません。どうか、どうか、奥様、できるならば、どうか旦那《だんな》様にこの家をお売りにならないようにお願いしてください。今でも、どの部屋にも個性があります。といっても、残っているのは敷物とカーテンぐらいですが――わたしはこの家にとても愛着を抱いているので、誰にも渡したくはありません。もしわたしにお金があれば、といっても、それは馬鹿げたことで、理屈に合わないということはわたしにもわかっています。もしお望みであれば、どうぞ余分な経費は削ってください。でも、どうか、どうか、家はお売りにならないでください。差し出がましいことを言うべきではないことはわかっているのですが、でもそうするしかありません――そして、いつの日か、みなさまが戻られるという希望は絶対に捨てないつもりです。奥様、この話は、もうやめることにいたします――お送りすべきあなた様宛《あて》の手紙が三通手許《てもと》にありますが、もっと大きな封筒を探さなければなりません。どうかご家族のみなさまによろしくお伝えください。そして、鉛筆で書きましたことをお許しください。わたしのペンまで、おかしくなってしまいました。

執事のヘンリーからも手紙が届いた。

親愛なるチャップリン様、奥様

わたしのスイス英語では気持ちを正確に表すのに四苦八苦するため、長いことご無沙汰《ぶさた》してしまって大変失礼いたしました。数週間前に嬉しいことがありました。『ライムライト』を拝見することができたのです。それはプライベートな映写会で、ミス・ランサーが呼んでくださいました。二〇人ほどの人がいましたが、わたしにわかったのは、シドニー・チャップリン夫妻、ミス・ランサーとロリーだけでした。わたしは後ろの席に座りました。ひとりで感慨にふけりたかったからです。それは正解でした。そこにいた中で、もっとも大きな声で笑い、もっとも目に涙を浮かべたのは、たぶんわたしでしたから。それは、今まで観たなかで最高の映画でした。ロサンゼルスではまだ一度も上映されていません。ラジオでは、『ライムライト』の音楽レコードのなかから、何曲かが流されています。ほ

敬具　ヘレンより

んとうに美しい曲です。その曲を聴くと、体に電流が走るような気がいたします。けれども、作曲されたチャップリンさまのお名前が伝えられることは決してありません。お子様たちがスイスを気に入られたと伺い嬉しく思っております。もちろん、大人にとっては、外国になじむには、もっと時間がかかることでしょう。でも、スイスはそうした面で、よい国のひとつだと思います。学校は世界一です。それに一一九一年以来の世界最古の共和国です。そこの八月一日はアメリカの七月四日にあたる独立記念日です。休日ではありませんが、あらゆる山の頂に炎が灯《とも》されるのがご覧いただけるでしょう。全体的に言って、保守的ながら繁栄している数少ない国のひとつであります。わたしは一九一八年に国を出て南米に行きました。それ以来、二度帰国しています。二期にわたりスイス国民軍で兵役も果たしております。生まれ故郷は、スイス東部のサンクト・ガレンです。ベルンにひとり、サンクト・ガレンにひとり弟がいます。

みなさまのご多幸をお祈りしております。

敬意をこめて、ヘンリーより

カリフォルニアで働いてくれた人たちにはいまだに給料を払っていたが、スイスに居を定めた今となっては、支払いを続ける余裕がなくなった。そこでわたしは、それぞれにボーナスと解雇手当を支給する手筈《てはず》を整えた。それは合計で八万ドルにもなった。エドナ・パーヴァイアンスだけは、ボーナスに加え、死を迎えたその日までわたしの被雇用者として給与を受け取り続けた。

『殺人狂時代』の配役を決めるとき、わたしはマダム・グロネーという大役をエドナにやらせることを考えた。しかし彼女には、二〇年間も会っていなかった。というのも、週給の小切手はオフィスから郵送されていたので、彼女がスタジオに出向いてくることはなかったのだ。エドナはのちに、スタジオから出演依頼の電話を受けたときには、嬉しさを通り越して驚いたと打ち明けた。

エドナがスタジオにやってきたとき、カメラマンのロリーがわたしの楽屋にやって来た。彼もエドナに会うのは二〇年ぶりだった。「来ましたよ」と彼は言った。その目は潤《うる》んでいた。「もちろん昔と同じというわけじゃありませんが——今でも素晴らしいです！」エドナは自分の楽屋前の芝生で待っているという。

わたしは、感極まる再会のシーンなどは望んでいなかった。そこで、ほんの数週間前に別れたばかりという事務的な雰囲気を装《よそお》って陽気に言った。「やあ！　やあ！

やっと会えたね」

降り注ぐ陽ざしの中で微笑む彼女の唇が小刻みに震えるのがわかった。そこでわたしは、あわてて彼女を呼んだ理由を伝え、映画について熱っぽく語り始めた。「素晴らしい映画になりそうね！」とエドナは言った——いつだって彼女は感激屋だった。

本読みをやってみたところ、悪くなかった。だがその間じゅう、彼女の存在は気が滅入《めい》るノスタルジアとなってわたしを悩ました。というのも、エドナはわたしの初期の成功と結びついていたからだ——すべてが明るい未来だったときに！

エドナは全身全霊を傾けてこの役に打ち込んだが、それは所詮《しょせん》、無理だった——この役にはヨーロッパの洗練された雰囲気が必要だったのだが、彼女にはそうしたものがなかったのだ——こうして、三〜四日稽古《けいこ》をしたあと、彼女は適役ではないと認めざるをえなくなった。エドナ自身も、がっかりしたというより、むしろほっとしたようだった。それ以降は会うこともなく、音信も絶えていたのだが、手当に対する礼状が、スイスにいるわたしの許に届いたのである。

親愛なるチャーリー、

長年にわたる友情とわたしにしてくださったすべてのことについて、ようやく初めて感謝を述べることができるようになりました。若い頃というものは、多くの問題を抱え込むようなことはないように思えます。でも、あなたが苦労されたことは、よくわかっています。今ではチャーミングな奥様とお子さんたちに囲まれて、あなたの幸せのカップは満杯になっていることでしょう……

（ここで彼女は、病気のことと、医者や看護師にかかる莫大《ばくだい》な費用について述べたが、いつものように、手紙は小噺《こばなし》で締めくくられていた）。

受け売りの小噺をひとつ。人間がどれだけの高さまで到達できるか調べるために男がひとり宇宙船に乗せられた。男は、高度を記録するように指示されていたので、言われた通り数え始めた。二万五千フィート……三万フィート……一〇万フィート……五〇万フィート……。あまりにも高いところに来たときに、男は思わず自分に向かって「ジーザス《イエス》・クライスト！」とつぶやいた。すると、かすかに優しい声がした。「なんだね？」と。

どうか、どうか、チャーリー、近いうちにお返事を下さい。そして、どうかアメリカに帰ってきてください。あなたの居場所はここなのですから。

あなたの真の、そして最良の崇拝者より

愛を込めて、エドナ

長い付き合いのあいだ、わたしは一度もエドナに手紙を書いたことがなかった。常にスタジオを通してやりとりしてきたからだ。彼女からの最後の手紙は、今でも給与をもらっていることに対する礼状だった。

一九五六年一一月一三日

親愛なるチャーリー

ここにもう一度、あふれんばかりの感謝を込めてお手紙を送ります。今、病院(シーダーズ・オブ・レバノン病院)に戻って、首にコバルト照射を受けています。ここよりひどい地獄はもうないでしょう！ 地獄は小指をちょこっと動かしただけでやってきます。でも、わかっている限り、わたしの病気には、これが最良の治療法なのです。今週の末に退院して、通院患者になれるかもしれません

（そうなったら、どんなにいいか！）。内臓に問題がないのはありがたいことです。転移はしてないと言われています――そこで思い出したのが、七番街とブロードウェイが交わる角に立って紙をちぎり、空中に放り投げている男の話です。警官がやって来て、いったい何をやっているのかと訊かれ、男が答えます。「象がやってこないようにしているんですよ」警官が言います。「この地区に象なんかいるもんか」すると男が答えます。「そうでしょ、効いているからですよ」きょうのおふざけでした。ごめんなさい。

あなたとご家族がお健やかに過ごされ、あなたが努力して摑《つか》んだことを楽しんでいらっしゃいますように。

つねに変わらぬ愛を込めて、エドナより

この手紙を受け取ってからしばらくしてエドナは死んだ。こうして世界は若返る。若者にとって代わられるのだ。そして少し長生きした者は、その先の道を辿《たど》る中で、また少し世の中と疎遠《そえん》になってゆく。

さて、わたしの「オデッセイ」も、このへんで終えることにしよう。わたしは、時代と環境に厚遇されてきたと思っている。世間の愛情に甘やかされ、愛され、そして憎まれてきた。そう、世界はわたしに与えうる最上のものを与えてくれ、最悪のものはほとんどもたらさなかった。わたしの苦難がどのようなものであったとしても、もともと運・不運というものは、雲のように行き当たりばったり流れ来るものなのだ。これがわかっているからこそ、わたしは不運に見舞われても過度にショックを受けたりせず、幸運に見舞われたときには快く驚いてきた。わたしには、どう生きようという設計図もなければ哲学もない——賢人だろうが愚人だろうが、みなもがきながら生きるしかないのだ。わたしは矛盾のなかで揺れ動く。ときには、ささいなことで腹を立てることもあれば、破滅的な物事に見舞われながら気にかけないこともある。

とはいえ、今のわたしの人生は、かつてないほどスリリングだ。健康は申し分なく、創造力は未だに旺盛《おうせい》で、もっと映画を作る計画もある——わたし自身は出ないかもしれないが、家族のために脚本を書き、監督するつもりだ——幸い、子供たちの何人かには、かなりの演技の才能がある。わたしは今でも非常に野心的だ。隠退など考えてもいない。やりたいことは山ほどある。未完成の映画の脚本もいくらかあるし、戯曲も書きたい、オペラも作りたい——もし時が許せば、だが。

ショーペンハウエルは、幸福とは消極的な状態だと言った——だが、わたしはそうは思わない。過去二〇年間、わたしは幸福の真の意味を肌身で感じてきた。素晴らしい妻を得るという幸運に恵まれたからだ。このことについて詳しく書けたらよいのだが、それには愛が関わってくる。そして、完璧《かんぺき》な愛とは、あらゆるフラストレーションのなかで、もっとも美しいものだ。なぜなら、それを表現するのは不可能だから。ウーナと一緒になって以来、わたしは彼女の性格の奥深さと美しさに絶えず驚かされてきた。引き締まった小柄な体を真っ直《す》ぐに伸ばし、二、三の銀色の筋がまじる滑らかな黒髪をなびかせてヴヴェイの狭い歩道をわたしに先立って歩くウーナ。その素朴で威厳のある姿を目にしただけで、彼女のすべてに対する愛と称賛がこみ上げてくる——そして目頭が熱くなるのだ。

こうした幸福感に包まれて、わたしはときおり夕暮れ時にテラスに座り、広大な緑の芝生越しに、遠くの湖や、湖の向こうの悠然とした山並みを眺める。そんなときは何も考えない。ただこの幸福感に浸って、雄大な静けさを心ゆくまで楽しむのだ。

完

解　説

大野裕之

本書は、世界の喜劇王チャーリー・チャップリンが、七五歳の時に出版した自伝"My Autobiography"の新訳である。日本では、長らく中野好夫氏による、格調高く、かつ翻訳であることを忘れてしまうほど自然な日本語による名訳で親しまれてきたが、なにぶん時代の制約のせいで多少の取り違えもあった。今回、チャップリン没後四〇年を記念して、また資料が出揃《でそろ》いつつあるタイミングで、若い世代に向けて装《よそお》いを新たにすることになった次第だ。中里京子氏の新訳も、訳文の厳密さと情感をあわせもった、チャップリンその人の筆使いが感じられる名訳と言えよう。

一九五二年に『ライムライト』を製作した後、チャップリンは四〇年間住みそこで映画を作り続けてきたアメリカから、赤狩りのために事実上国外追放にされた。その後はスイスに居を定め、一九五七年には最後の主演作となる『ニューヨークの王様』

を発表。七〇歳となった一九五九年には、チャップリン撮影所での初期作『犬の生活』『担《にな》へ銃《つつ》』『偽牧師《にせ》』を再編集し、みずから作曲した音楽をつけて、『チャップリン・レヴュー』として公開した。初期作を再公開したことで過去を再訪する気持ちになったのだろうか、チャップリンはその頃から自伝を執筆し始める。

四男のユージーンによると、スイスでのチャップリンの仕事ぶりは規則正しいものだった。朝食の後、まるでオフィスに行く前のように妻ウーナにキスをしてから書斎にこもり、昼食とお茶の時間以外はずっと夕方まで作業をした。執筆は、基本的に口述筆記で、秘書にタイプを打ってもらい、それを印字したものをチャップリンが手書きで修正し（彼は必ず鉛筆を使った）、またタイプで打ち直すということを繰り返した。友人が家に来た時には、書いたばかりの原稿を読み聞かせることもあった。

『チャップリン自伝』は、他のハリウッド・スターたちの自伝と違って、ゴーストライターの手を一切借りていない、正真正銘チャップリンの筆によるものだ。監督・脚本・主演はもちろんプロデューサーから作曲に至るまでこなしたチャップリンは、創作の隅々まで自分の手でやることを好んだ。"My Autobiography"という奇妙なタイトル――直訳すれば「私の自伝」――は、究極のワンマンに念を押すような書名だ。ゴーストライターの想像力では幼年期の鮮やかな描写はとうてい不可能であるし、逆にわかりにくい箇所（たとえば、『殺人狂時代』の脚本を見たブレヒトが「中国式に書くのですね」〔本書五六二頁〕と言った挿話など、どういう意味なのかさっぱりわからない）には、編集者がいれば、説明を加えるように指摘が入ったことだろう。

さて、一九六四年に『チャップリン自伝』が出版された時、当然のごとく、世界各国で大ベストセラーとなった。

新潮文庫では「若き日々」として出版されている前半生の描写は、ディケンズばりの滲《にじ》み出るユーモアと心躍らせるドラマに満ちた冒険小説のようだ。一九世紀末のロンドンの貧民街に生まれ落ちた少年が、屋根裏部屋と救貧院とを行き来する極貧の生活や、最愛の母の精神の病などの苦難を、しなやかに乗り越えていく。そして、やがて舞台俳優として頭角をあらわし、才能が運と時代を呼び寄せて大スターへの階段を駆け上っていく様は、読むものすべてを興奮させる。本当の極貧を経験したからこそ、チャップリンは「貧困とは、魅力的なものでも、自らを啓発してくれるものでもない」（本書二〇六頁）と、貧苦の時代を懐《なつ》かしんだりことさら悲劇的に描いたりすることをしない。その代わりに、どんな困難であれ自分の運命を素直に肯定して生き抜く様が書かれている。

チャップリン研究の世界的権威であるデイヴィッド・ロビンソンが、「若き日々」の序文に書いている通り、チャップリンは資料を見ずに、ほとんど自分の記憶だけをたよりに本書を書いたのだが、その記憶力は驚くべきもので、後の研究者が資料に基づいて検証するとたいていの場合、『自伝』の記述の正しさが証明されている。とりわけ、生い立ちを反映してか、細かい金額についての記述は極めて正確で、例えば、幼い頃に兄シドニーからもらった仕送りの金額が、チャップリンの死後に発見された船会社の伝票と完全に一致したといった具合だ。また、この手の自伝には珍しく、(取捨選択されているものの)書いている内容にとんでもない創作がないのも、彼の誠実さを反映している。ただし、近年の研究で、青年期に舞台に立った年齢については、半年から一年半程度早く書かれていることがわかっている。今更そんな必要もないのに、自身の早熟さを印象付けようとしたのだろう。なんとも微笑《ほほえ》ましい話だ。

筆舌に尽くしがたい人生の困難をどこか楽しげに描いた前半に対して、新潮文庫では「栄光と波瀾《はらん》の日々」と題された後半生は、未曾有《みぞう》の世界的成功の行間に孤独がにじみ出る。ただし、当時の批評家たちの中には、前半には熱烈な賛辞を送ったが、後半には落胆を表明するものも多かった。

というのも、後半の記述は、著名人との交遊にその大半が費やされていて、誰もが知りたい映画製作の裏話がほとんど書かれていない。むろん、二〇世紀史の生々しい記録としては無類に面白いし、時折挟まれる演技論や舞台の名優についての記述は貴重である。ただ、大部分は偉人カタログのような趣になっている。つまりは、「ロンドンの貧民街から這《は》い上がり、今やこんな有名人と交流できるようになりました」とばかりに底辺から身を立てた喜びを無邪気に表明しているわけで、本書の登場人物のなかで彼自身がもっとも有名な人物であることを、本人だけがわかっていないのだ。映画作りの内実が書かれていない理由は簡単で、まだ彼が現役の映画人としてアイディアでいっぱいだったからだ。「映画界はなんでも盗んでしまうからね」というのが彼の口癖だった。

実際、本書の出版後も、チャップリンは旺盛《おうせい》に創作活動をしている。一九六七年に最後の監督作となった『伯爵《はくしゃく》夫人』を発表し、興行的には成功しなかったものの主題歌が大ヒットを記録。さらに、かつてのサイレント映画に自作の音楽をつけて再編集し、一九七〇年代に「ビバ！チャップリン」と銘打って再公開すると、世界的なリバイバル・ブームとなった。この時に、配給会社がチャップリンに支払った前金の五〇〇万ドルは、日本一国の売り上げで元を取ったという。一九七二年にアカデミー特別名誉賞受賞のために二〇年ぶりにアメリカを訪れたのは、新作の撮影に必要な最新の機材が見たかったという理由が大きいし、一九七五年にイギリスでナイトに叙された時には「もう一本映画を作ります」と宣言している。その年に、かつて監督に徹して作り上げたメロドラマ『巴里《パリ》の女性』の音楽を作曲したのが、結果的には八〇年に及ぶ創作活動の締めくくりとなったが、最後の公《おおやけ》の発言は、亡くなる一年ほど前の声明「仕事をすることは生きること。私は生きたい」だった。チャップリンは最後まで現役だった。

映画作りの内幕が書かれていない理由はもう一つある。裏話を書くと、魔法の種明かしのように、作品の面白さが消えてしまうと彼は考えていたからだ。さらに言うと、そもそもチャップリンは苦労話をするのが好きではなかった。本書には、『街の灯』での放浪紳士と盲目の娘との出会いのシーンについて、「気のすむまで何度も撮り直したため、結局五日間もかかってしまった」（三三二頁）と、そこにのべ一年かけた苦労をなぜか矮小化《わいしょうか》している。『独裁者』の撮影についても、その製作に五五九日間を費やしたことや、アメリカ当局や各新聞が激烈な妨害キャンペーンを展開したこと、さらにはイギリス政府から製作中止を求める役人が撮影所まで来たことなど、数々の困難は書かれていない。そして、実のところ、興行収入の記録などの破格の成功の記述も控えめだ。

そう考えると、本書は、老年に達してから過去を振り返ったものというより、ロンドンっ子の率直さと無邪気な虚栄心、現役映画人の自負と迷い、苦闘を知られたくない自意識、成功を引けらかすことを良しとしない慎み深さなどが、矛盾をはらみつつ素直に刻まれた一冊とは言えまいか。


ところで、チャップリンは、映画作りにおいて、納得のいくショットが得られるまで、何度も撮り直した完璧《かんぺき》主義者として知られている。保管されているＮＧフィルムを見ると、彼が何を捨てて何を残したのかがわかる。捨てたアイディアから、彼の思考回路が推測できるというわけだ。

実は、彼は自伝の執筆の際も、同じ作業を行なった。チャップリン家の資料庫には、『チャップリン自伝』に使われなかった草稿が多く保管されているので、自伝執筆時の彼の構想の移り変わりをある程度たどることができる。なかでも、序文として使うつもりだった文章は興味深い。その「幻の序文」は、次の文章から始まる。

「最良の自伝においてさえ、書き手がどれだけ自身と読者に率直で正直でありたいと思ったとしても、それは要約に過ぎず、自身に良いものを与えたいという欲望に導かれて簡略化されるのだ」

この部分は、ある意味、至極当然のことを言っているのだが、その後に、「ギロチンの横に座って首がころがるのを見ている魔女たちには、完全に彼女ら独自のストーリーがある」と続けているのを読むと、冷戦時代に赤狩りの狂気の標的とされ、さんざん悪評を捏造《ねつぞう》されてバッシングを受けた傷がまだ癒《い》えていなかったことがわかる。序文は「いかなる道徳規定よりも私の自我が人生を編集する。そして、それを恥じ入ってやめることもしない。というのも、私は私自身と生きなければならないのだから」と締めくくられているのだが、かつて根拠のない攻撃を繰り返したアメリカのジャーナリズムに対する挑戦の言葉のようにも、あるいは諦《あきら》めの言葉にもとれる。

しかし、チャップリンは、この怒りと絶望に満ちた序文を破棄して、かわりに世紀の変わり目の輝くばかりに美しいロンドンの描写から始めることにした。そして、反共ジャーナリズムから受けた傷なんかよりも、もっと本質的な傷――すなわち、最愛の母を助けてあげられなかった根源的な後悔を序文に持ってきた。

『ライムライト』のヒロインのクレア・ブルームから聞いたことだが、当時六二歳のチャップリンは彼女の衣裳《いしょう》を、「母はこんな服を着ていた。（初恋の）ヘティはこんなスカートを穿《は》いていた」と言いながら選んでいたという。最愛の母を助けてあげられなかった悔恨と初恋の人に想《おも》いを伝えられなかった痛み、そのことに対する償いのような気持ちが彼を動かしているのかと想像して、クレアは胸がいっぱいになった。

チャップリンが怒りの序文をやめて、愛する人への果たせなかった想いから始めたのは、やはり正しい、チャップリンらしい判断だったと思う。どれだけ成功しても癒えなかった傷はチャップリンを支配していた。しかし、彼の生とは、痛みや怒りではなく、それを乗り越える大きな愛と笑いを世界中に与え続けた八八年だったからだ。

それゆえに、本書のラストシーン――映画の青春時代を共にしたエドナ・パーヴァイアンスへの追憶と妻ウーナへの「完璧な愛とは、あらゆるフラストレーションのなかで、もっとも美しいものだ。なぜなら、それを表現するのは不可能だから」（本書六七八頁）という限りない感謝の念、「世界はわたしに与えうる最上のものを与えてくれ、最悪のものはほとんどもたらさなかった」（本書六七七頁）と人生を肯定しつつ、雄大な山並みとレマン湖の情景に浸る様子は、それがどれだけの苦闘と葛藤《かっとう》を乗り越えた末の境地だったかと思うと、なおのこと深い感動に包まれる。あの、著名人たちとの交遊の無邪気な自慢話でさえ、私には愛《いと》おしく思えてくる。それは自伝としてはあまりに下手くそで、しかしありえないほど率直な想いの吐露であり、そんなところも含めて私たちが大好きなあのチャップリンだからだ。「父は私たちに人生とは素晴らしいものだということだけを教えてくれました」と次女のジョゼフィンは言う。娘の記憶のなかの、父の口癖は、「人は優しいものなんだよ。だって、風でお前の帽子が飛んでしまったとしたら、後ろの誰かが拾ってくれるだろ？」だった。その人生を思うと、なんと力強く美しい言葉であろうか。

チャップリンは最後に、『フリーク』という作品を作ろうとしていた。羽の生えた少女が、新興宗教の教祖に祭り上げられ、しかしある事件に巻き込まれてからはバッシングを受けて大騒動になるという、現代的なテーマを持つファンタジーにして彼自身の生涯を思わせるストーリーだ。そのラストで、羽の生えた少女は本当の自由を求めて飛び上がるも力尽きて海に落ちてしまう。チャップリンは、「人間の魂は翼を与えられ」ていたという『独裁者』のラストの演説の通り、最後まで羽ばたくことを夢見ていたのだ。本書も、人生を締めくくろうとしている人の文章とはとうてい思えない。今を生きるクリエーターの葛藤や矛盾と夢に満ちている。そして、矛盾と夢に満ちたあの放浪紳士のキャラクターも、いまだ自由な足取りで歩み、私たちに温《ぬく》もりに満ちたユーモアを与え続けてくれている。

（二〇一七年一一月、脚本家・日本チャップリン協会会長）

イギリスでの作品

1957年

『ニューヨークの王様』A King in New York

1967年

『伯爵夫人』A Countess from Hong Kong

（作成：大野裕之）

1923年
『偽牧師』The Pilgrim

ユナイテッド・アーティスツ時代
1923年
『巴里の女性』A Woman of Paris

1925年
『黄金狂時代』The Gold Rush

1928年
『サーカス』The Circus

1931年
『街の灯』City Lights

1936年
『モダン・タイムス』Modern Times

1940年
『独裁者』The Great Dictator

1947年
『殺人狂時代』Monsieur Verdoux

1952年
『ライムライト』Limelight

『チャップリンの放浪者』The Vagabond
『午前一時』ONE A.M.
『チャップリンの伯爵』The Count
『チャップリンの質屋』The Pawnshop
『チャップリンの舞台裏』Behind the Screen
『チャップリンのスケート』The Rink

1917年
『チャップリンの勇敢』Easy Street
『チャップリンの霊泉』The Cure
『チャップリンの移民』The Immigrant
『チャップリンの冒険』The Adventurer

ファースト・ナショナル時代
1918年
『犬の生活』A Dog's Life
『公債』The Bond
『担へ銃』Shoulder Arms

1919年
『サニーサイド』Sunnyside
『一日の行楽』A Day's Pleasure

1921年
『キッド』The Kid
『のらくら』The Idle Class

1922年
『給料日』Pay Day

エッサネイ時代

1915年

『チャップリンの役者』His New Job
『アルコール夜通し転宅』A Night Out
『チャップリンの拳闘』The Champion
『アルコール先生公園の巻』In the Park
『チャップリンの駆落』A Jitney Elopement
『チャップリンの失恋』The Tramp
『アルコール先生海岸の巻』By the Sea
『彼の更生』His Regeneration（監督はG・M・アンダーソン。チャップリンはカメオ出演、監督協力、脚本）
『チャップリンの仕事』Work
『チャップリンの女装』A Woman
『チャップリンの掃除番』The Bank
『チャップリンの船乗り生活』Shanghaied
『チャップリンの寄席見物』A Night in the Show

1916年

『チャップリンの改悟』Police
『チャップリンのカルメン』Charlie Chaplin's Burlesque on Carmen（エッサネイ退社後、本人の承諾なく改変・追加撮影された。）
『三つ巴事件』Triple Trouble（エッサネイ退社後、本人の承諾なく編集・製作されたもの。公開は1918年。）

ミューチュアル時代

1916年

『チャップリンの替玉』The Floorwalker
『チャップリンの消防士』The Fireman

『命取りの木槌』The Fatal Mallet（監督：マック・セネット）
『彼女の友人は詐欺師』Her Friend the Bandit　（監督：マック・セネット）（唯一現存しない作品。）
『ノックアウト』The Knockout（監督：マック・セネット）
『メイベルの多忙な一日』Mabel's Busy Day（監督：マック・セネット）
『メイベルの結婚生活』Mabel's Married Life（監督：マック・セネット）
『笑いのガス』Laughing Gas
『チャップリンの道具方』The Property Man
『チャップリンの画工』The Face on the Barroom Floor
『リクリエーション』Recreation
『男か女か』The Masquerader
『チャップリンの新しい仕事』His New Profession
『両夫婦』The Rounders　（チャップリンとロスコー・アーバックルの共同監督）
『新米用務員』The New Janitor
『恋の痛手』Those Love Pangs
『チャップリンとパン屋』Dough and Dynamite
『アルコール自動車競走の巻』Gentlemen of Nerve
『アルコール先生ピアノの巻』His Musical Career
『他人のコート』His Trysting Places
『夫婦交換騒動』Getting Acquainted
『アルコール先生原始時代の巻』His Prehistoric Past
『醜女の深情』Tillie's Punctured Romance（監督：マック・セネット）

チャールズ・チャップリン出演作　フィルモグラフィ

(特に明記していない作品は、すべて監督・脚本＝チャールズ・チャップリン)

キーストン時代

1914年

『成功争い』Making a Living （監督：ヘンリー・レアマン）
『ヴェニスの子供自動車競走』Kid Auto Races at Venice, Cal.（監督：ヘンリー・レアマン）
『メイベルのおかしな災難』Mabel's Strange Predicament（監督：マック・セネット）
『泥棒を捕まえる人』A Thief Catcher（監督：フォード・スターリング）
『夕立』Between Showers（監督：ヘンリー・レアマン）
『チャップリンの活動狂』A Film Johnnie（監督：ジョージ・ニコルズ）
『タンゴのもつれ』Tango Tangles（監督：マック・セネット）
『アルコール先生お好みの気晴し』His Favorite Pastime（監督：ジョージ・ニコルズ）
『痛ましの恋』Cruel, Cruel Love（監督：ジョージ・ニコルズ）
『幻燈会』The Star Boarder（監督：ジョージ・ニコルズ）
『メイベルの身替り運転』Mabel at the Wheel（監督：マック・セネット、メイベル・ノーマンド）
『恋の20分』 Twenty Minutes of Love
『チャップリンの総理大臣』Caught in a Cabaret（監督：メイベル・ノーマンド）
『雨に降られて』Caught in the Rain
『多忙な一日』A Busy Day（監督：マック・セネット）

本書は『チャップリン自伝』の第一二～第三一章である。

ヘレン・ケラー
小倉慶郎訳

奇跡の人
ヘレン・ケラー自伝

一歳で光と音を失い七歳まで言葉を知らなかったヘレンが、名門大学に合格。知的好奇心に満ちた日々を綴る青春の書。待望の新訳！

H・A・ジェイコブズ
堀越ゆき訳

ある奴隷少女に
起こった出来事

絶対に屈しない。自由を勝ち取るまでは――残酷な運命に立ち向かった少女の魂の記録。人間の残虐性と不屈の勇気を描く奇跡の実話。

E・ハレヴィ
河野純治訳

イスラエル秘密外交
―モサドを率いた男の告白―

世界最強のスパイ組織「モサド」を率いた人物による回想録。中東世界を裏側から動かしてきた男が語るインテリジェンスの精髄とは。

M・クマール
青木薫訳

量子革命
―アインシュタインとボーア、偉大なる頭脳の激突―

現代の科学技術を支える量子論はニュートン以来の古典的世界像をどう一変させたのか？量子の謎に挑んだ天才物理学者たちの百年史。

N・ワプショット
久保恵美子訳

ケインズかハイエクか
―資本主義を動かした世紀の対決―

大きな政府か、小さな政府か――。いまなお経済学を揺るがし続ける命題の中心にいた二人の天才、その知られざる横顔を描く。

D・ボダニス
吉田三知世訳

電気革命
―モールス、ファラデー、チューリング―

電信から脳科学まで、電気をめぐる研究と実用化の歴史は劇的すぎる数多の人間ドラマの集積だった！愛と信仰と野心の科学近代史。

Title : MY AUTOBIOGRAPHY——DAYS OF GLORY, DAYS OF TURMOIL
Author : Charles Chaplin

First published as My Autobiography by Bodley Head
Japanese translation rights arranged with Bodley Head, an imprint of The Random House Group Limited, London through Tuttle-Mori Agency, Inc., Tokyo

チャップリン自《じ》伝《でん》

栄光と波瀾の日々

新潮文庫　チ－2－2

Published 2018 in Japan
by Shinchosha Company

平成三十年一月一日発行

訳者　中《なか》里《ざと》京《きょう》子《こ》

発行者　佐藤隆信

発行所　株式会社新潮社

郵便番号　一六二—八七一一
東京都新宿区矢来町七一
電話　編集部(〇三)三二六六—五四四〇
　　　読者係(〇三)三二六六—五一一一
http://www.shinchosha.co.jp

価格はカバーに表示してあります。

乱丁・落丁本は、ご面倒ですが小社読者係宛ご送付ください。送料小社負担にてお取替えいたします。

印刷・錦明印刷株式会社　製本・錦明印刷株式会社

ISBN978-4-10-218504-9 C0174